数智重构

新一代信息技术与新闻传播新生态

张锐 等著

中国国际广播出版社

本书系国家社会科学基金项目“新一代信息技术对新闻传播的运行方式影响研究”（项目编号：18BXW037）研究成果。

课题组成员

课题负责人： 张　锐

课题组成员： 栾凌菲　方　浩　修雨薇　张美伦
陈芷宜　刘靖晗　张筱佩　覃剑虹
张琪瑶　杨文火　刘华群

前　言

人类社会的产业演进史，本质上是技术集群重构生产要素配置效率的历史。从机械动力重塑生产组织方式，到电力革命催生全球产业链，再到数字技术颠覆价值创造逻辑，每一次技术革命都推动产业体系向更高维度跃迁。当前，以 5G、区块链、大数据、虚拟交互技术和人工智能技术为核心的新一代信息技术集群，正以前所未有的渗透力重构着传媒产业的底层架构。这场变革不再局限于传播工具的迭代升级，而是从根本上改变了传媒产业的要素结构、价值分配规则和全球竞争格局，标志着传媒业从“内容产业”向“数字生态”的范式迈进。本书基于国家社会科学基金项目的研究成果，系统梳理了技术变革的演变层级，深入挖掘了新的技术逻辑机制和影响机制，进而从价值链重塑、流程再造和组织变革等三个角度进行剖析，最后探讨新闻产品与新闻场景的创新变革。

技术的变革不是仅停留在高屋建瓴的自我迭代层面，而是以不同的方式改变了各行各业的发展格局。在新闻传播行业中，底层技术以层叠的方式影响了整个行业的价值链，由内而外的重塑了生产流程和组织架构，共同打造智媒时代的创新产品，每一个板块都互相连接，构建了全新的生态系统。从新一代信息技术自身出发，技术变革实现了互联网从 Web1.0 到 Web3.0 的跃迁，改变了信息的存在方式与传播环境，也催生出服务于信息生产的“数字基础设施”，其中包括网络基础设施、云计算平台、大数据处理系统、物联网设备、数字支付系统等。尤其是人工智能技术在近年来逐渐崭露头角，影响了传播主体角色的转变、从业者实践与团队构成，人机协作成为新趋势。人工智能的应用还改变了媒体从业者的思维方式、实践方式与权力关系。未来，新闻传播业将走向一种以技术驱动、人机协作为主导的增强新闻时代。

在此基础上，新一代信息技术对新闻传播业的发展有着深远的影响。这种影响并不是强调单一的技术决定论，而是将技术嵌入社会制度的框架中，将其作为能动的传播生态行动者与其他参与主体交互共创，而这个过程是一种复杂的社会互动过程。数字技术首先通过与媒介环境的共同作用引起媒体组织的价值感知，继而引发下一步技术的扩散和整体变革。只有通过研究新一代信息技术如何影响新闻传播业的创新发展，从具体价值创造方式、产品流程、组织变革等方面给出可行的战略蓝图，才能拓宽融合广度，使其从单部门扩展到跨部门，最后达到系统化、生态级的整体融合，同时提高融合的深度，实现机械式融合—有机式融合—创新式融合的跨越，形成可持续的数字传播生态系统。

在这一影响机制的作用下，新型主流媒体在瞬息万变的环境中亟须探索新型价值创造模式，完成从价值链、价值网到平台生态系统的转型升级。一方面，用户需求成为新闻生产的核心价值主张，互联网、Web3.0 等数字技术解构了信息生产与分发的权力关系，降低了技术使用门槛，用户要求自主选择想看的内容并主动成为内容的参与者、传播者和生产者。另一方面，数字时代的关系连接成为核心价值源泉，让媒体的价值创造模式从过去单维度的“点”升级为双向互联的“线”。关系连接强调媒体与各种利益相关者建立合作关系，转变过去的竞争思维，强调多主体的互利共生与协同发展，以此提高自身的抗风险能力。价值网的提出改变了价值链封闭、静态、线性的思维，将重心从组织自身转向网络关系，从价值分配转向价值创造，从关注产品转向关注服务，实质是价值链的外向拓展。不过，为适应传播环境的变迁，最大限度上调用资源与连接群众，主流媒体还需要更进一步建立起内部平台，与其他利益相关者合作共创，向去中心、可持续的平台生态系统衍化。在当前的颠覆性竞争格局下，新型主流媒体需要强调以关系价值为连接，在多主体的互动互联中谋求共创共赢，由媒体平台内部的“小生态”过渡到社会技术系统中的“大生态”。平台生态是由多个平台组织通过焦点活动吸引大规模对等行动者聚集的协同系统，是多个价值网络的叠加，可以通过吸纳互补性资源助力主流媒体持续创新发展。

新闻传播生态系统的运行实践依靠“流程”和“组织”两座“大山”。首先，所谓“流程”，简单来说是指生产的前后顺序及环节，涉及产品生产与流通的全部过程。随着新一代信息技术的强势入侵，新闻的自动化、模块化生产被广泛提出，传统的线性新闻采编与分发已被悄然重塑。在新的智能化生产流程链中，新闻的发现不再仅仅依靠记者之“眼”，而是多了无数个向外延伸的数字传感器。传感器能够在各个应用场景中广纳素材，捕捉潜在的有价值的新闻，从而汇聚成庞大的新闻素材库。在新闻编写环节，人工智能写稿机器人会继续从数以万计的素材库中提炼信息，判断其潜在的新闻价值，再利用人工编写好的新闻模板进行内容生成，代替新闻记者之“手”。在新闻的整个编写过程中，记者的职能逐渐被技术削弱，正在逐步实现自动化。已经生成好的新闻产品会运用云计算技术进行标签分类，再在已有的用户画像数据库中定位出新闻的目标受众，实现新闻传播的精准投放。

而流程的颠覆同样也会带来诸多挑战。在智媒时代下，新兴技术重构了新闻生产流程，使得传统媒体的生存空间受到挤压，生产模式的故步自封以及新技术的应用困境导致传统媒体的新闻理想正逐渐被现实瓦解，传统媒体的生存岌岌可危，智能化转型迫在眉睫。在新闻的智能化流程再造中，传统记者必将要在大环境变革的洪流中与新兴技术进行权力博弈，以确保自身在生产网络中核心行动者的地位。传统记者正在主动进行角色转变——从传统采写型记者向元记者过渡。元记者在全新的流程中逐渐走向生产网络的中心，统筹协调着整个新闻生产格局。相应地，媒体组织应当以培养元记者为变革核心，建立扁平化的组织结构，进一步助力新闻生产的再造与嬗变。无论是新闻的流程再造还是媒体的组织变革，都是传统媒体向新型主流媒体转型的必经之路，在这个过程中，元记者起着关键的“转译”作用，将技术应用困境和媒体转型困境能动地化解为相应的外部塑造力，联合新闻媒体的相关从业者共同在新的媒体矩阵中构建集体图景，实现人与技术的博弈、聚合以及嬗变过程。除了脱离于“流程”的行动者主体，更重要的还有新闻生产云智一体平台的构建，如云上新闻、媒体大脑、AI编辑部等采编协同产品。这些云智一体系统和平台依靠智媒时代的强力算法和深度学习而建立，实现了新闻生产的智能选题、融合发布、资源共享以及流程再造，重塑了新闻业态，描绘了一个全方位、多样态、共建、共享、共创的新闻生产图景。

其次，放眼“组织”层面，传统媒体组织面临着强大的市场竞争与流动性压力，亟须通过组织变革适应颠覆性环境，推动组织内外部数字化转型，这既是适应新型战略与流程、提高内容生产传播效率的需要，也是媒介融合下打造全媒体传播体系的必然要求。组织结构实质上是一种为了达到组织的战略目的而形成的分工合作系统，是一个完整的媒介组织的“骨骼”。一直以来，组织结构的变化往往顺应着技术发展的趋势，而数字时代，平台型组织成为一种重要的组织形态，媒体组织通过平台架构维持整体需求的一致性，合作伙伴则可以在平台内部寻求各自的位置。正是这种不对称的联盟结构，才使平台中的信息资源随价值导向而不断倾斜、流动。对于传统媒体来说，有两种平台衍化模式。大型传媒机构可以通过自建平台发挥平台效应。对于中小型媒体组织来说，建构平台化组织的风险性较大。它们需要积极挖掘或寻求传媒行业中的联盟合作关系，通过主动嵌入大型媒体平台获取可见性，寻求自身资源的差异化优势，基于核心竞争力借力打力，为平台衍化积蓄力量。如湖南广播电视台践行了“平台包络”

策略，所谓平台包络，即以用户基础为底层支持，将平台自身功能与目标市场进行捆绑，以相对较低的成本，进入另一个市场，发挥规模经济优势，实现用户的进一步扩张。整体来看，“芒果 TV”是湖南广播电视台汇集全集团优势，通过“融合共生”战略，打造的具有创新基因的互联网视频平台。随着平台的逐步衍化，媒体组织逐渐向数智赋能、系统开放、多元共生、价值共创的生态圈跃迁，生态型组织能够通过多主体协同将资源和人员进行最高效的安排，促进媒体组织的可持续发展。为建设生态型组织，媒体需要以用户为中心、以技术为支持，打破不同部门的壁垒，共享 IP、信息、数据和工具能力，鼓励不同部门的协同合作以打造内生态，同时立足多元场景，与不同终端、品牌方等共生共创打造组织外部生态，持续创新，推动媒体融合的纵深发展。

“流程”和“组织”的两座“大山”成为产品创新最坚实的依靠，也开启了技术赋能下新闻智能产品的形态创新、多维体验、场景转向与场域共生。在形态上，随着人工智能技术的发展，越来越多的传媒企业开始尝试将人工智能应用于内容创作和产品开发中，开辟了拟人化内容产品的新领域。AI 技术可以模拟人类的思维和行为，生成具有人类特征的虚拟人物，并且可以让这些虚拟人物在内容产品中发挥重要作用。以虚拟主播为例，将语音合成技术、自然语言处理技术、面部识别技术等人工智能技术结合起来，可生成一位能够模拟真人主播表情、声音、语调等特征的虚拟主播。虚拟主播可以根据预设的剧本自主进行语音转换和语音合成，同时还能够在直播和视频制作等领域中发挥作用。在体验上，虚拟交互技术能提供身临其境的感知体验，创建沉浸式的新闻报道、纪录片或娱乐内容，以沉浸式、交互性体验提高传媒产品的吸引力与参与度，为受众带来更加生动、互动和引人入胜的体验。在场景中，新闻的使用（如搜索、回避、接受、解释、分享、反馈等）必然会与具体的使用场景相联系。体验经济时代，用户需求正逐渐由表层的感官体验转变为对情感体验和价值认同的深层追求。交互的体验、情绪的交流、价值的共振在注意力集聚、信息传播与集体认同过程中发挥着越发重要的作用。用户对场景的要求也上升到身心沉浸、社群连接、价值共振的三维场景体验，这也是主流媒体衡量自身“破圈”影响力的关键性指标。在产品创新的多元化突破下，新兴的竖屏模式逐渐闯入大众视野。竖屏的媒介形式突破了时空限制，视频时间由长变短，格式由横转竖，正在成为移动短视频生产和消费的主要方式。竖屏新闻短视频也以轻量化、竖屏化和平民化满足着当下大众对新闻内容的消费需求。

本书从多元的视角展现了新闻传播生态系统的构建逻辑与过程，不仅从理论角度对纵向的热点议题进行了深入挖掘，而且从实践角度提供了当下主流媒体的实践对策；不仅有宏观层面的对整个新闻行业发展现状和格局的精准剖析，而且从微观层面下沉到元记者个体的自我转型。期待本书能够抛砖引玉，为未来新闻传播行业的发展带来有效的参考价值，助力新闻传播新生态系统的共进衍化。

在历时五年的研究中，课题组对河南广播电视台、深圳广播电影电视集团、云南广播电视台、湖南广播电视台、西部电影集团等媒体机构进行了案例研究，对100多家国内媒体机构进行了问卷调研，感谢上述媒体机构同人的大力支持！感谢北京交通大学刘晓燕副教授、中国传媒大学李春芳副教授和金海娜教授、北京工商大学谢刚教授、浙江工商大学丛国栋副教授在研究方法和数据分析领域对项目组的支持和帮助。最后要感谢课题组成员栾凌菲博士、方浩教授、张琪瑶老师、杨文火老师和刘华群教授。感谢我的几位硕士研究生修雨薇、张美伦、陈芷宜、刘靖晗、张筱佩、覃剑虹等，祝福她们在各自的工作岗位上前程远大，拥有光明的未来！感谢中国国际广播出版社的编辑老师！

张锐

2025年6月于北京电影学院

目　录

第一章

新一代信息技术：数字媒介技术基础设施

一、互联网进化路径：Web1.0—Web3.0

（一）早期阶段：Web1.0

1996 年，万维网开始在全球范围内得到普及，人们可以通过浏览器访问网页并获取信息，这引发了互联网使用的迅速增长，人们开始广泛使用“internet”（互联网）这个词。互联网基于 IP（互联网协议）的设计理念成功容纳了各种不同的底层网络技术和丰富的上层应用，这使得互联网在全球范围内迅速风靡起来，开启了 Web1.0 的门户网站时代。Web1.0 是互联网的早期阶段，它是静态的，信息主要由网站所有者提供，用户只能被动地接收信息，无法直接对网页内容进行修改和交互，网站没有任何社交功能。

在 Web1.0 时代，许多传媒机构和媒体公司创建了自己的网站，提供新闻报道、文章、图片和视频等内容，这些网站成为用户获取新闻和信息的重要来源。同时，一些门户网站如雅虎（Yahoo）、MSN 等也纷纷崛起，成为集合各种媒体内容的平台，为用户提供多样化的信息。

（二）进化阶段：Web2.0

随着 4G 等移动通信技术的发展，基于移动设备的移动互联网成为主流，允许信息的自由流动与用户的跨时空交流。手机被认为是第七种大众媒体，能够将多种功能结合为个人使用的对象，无处不在，促使人们进入Web2.0的社交媒体社会。在Web2.0时代，互联网不再只是单向的信息传递工具，而是成为用户参与和互动的平台，用户可以通过各种应用程序和社交媒体平台主动生产内容、分享信息、参与社交活动，网络变得更加开放和协作。Facebook（脸书）、Twitter（推特）、Instagram（照片墙）等社交媒体平台成为人们获取信息和进行交流的重要渠道。

Web2.0时代的一个重要特点是用户生成内容（UGC）。通过社交媒体、博客、论坛等平台，用户可以自主创建和分享内容，包括文字、图片、视频等多模态内容。UGC的剧增使得传媒业更加注重用户参与和反馈，传媒机构也需要更加灵活地适应用户需求，利用这些社交媒体平台来传播和推广内容，与用户建立联系，进行互动合作。同时，传媒业在这一趋势下面临着由传统媒体向社交媒体的转型，通过视频新闻、互动游戏、直播等形式提供互动性、个性化内容。

（三）未来阶段：Web3.0

而后，伴随着数字技术的指数级自生成，人们进入信息爆炸时代，摩尔定律大规模的并行化和功能可靠性导致市场和社会的破坏性转变，随着互联网从“消费型”转变为“生产型”，互联网从信息的获取和交流平台转变为智能化的生态系统，通过更加智能的算法和技术实现更高级的应用和服务，以满足工业级应用对大带宽、低时延和确定性抖动等高精准度网络的需求。在此背景下，在互联网基础上延伸的物联网连通了信息设备与网络，让人们正式迈入了“万物皆终端”的Web3.0时代。Web3.0也被称为“语义互联网”，它基于人工智能、大数据和区块链等新技术，可以智能化地连接和理解信息，从而提供更加个性化和精准的服务，进一步提升了互联网的智能化和人机交互体验。Web3.0的目标是将互联网变成一个更加智能、可信和安全的网络。

Web3.0 注重数据的语义化和智能化处理，传媒业可以利用语义分析和智能算法，自动识别和分类内容，更好地理解和处理海量数据，为用户精准提供更智能、满足个性化需求的信息和服务。Web3.0 倡导分布式计算和去中心化的理念，传媒业可以通过区块链和去中心化技术，实现更加公平、透明和安全的内容分发，与内容创作者和用户直接建立联系，避免中间商和平台的垄断。Web3.0 将进一步推动跨平台和跨设备的体验，传媒机构跨平台提供应用和服务，打造内容生态，用户则可以在不同设备上无缝访问内容。例如，通过智能合约和区块链技术，用户可以在不同平台之间共享和订阅内容，而不受特定平台的限制。

如果说 Web1.0 是“可读”（read）的互联网，Web2.0 是“可读 + 可写”（read+write）的互联网，那么 Web3.0 则是“可读 + 可写 + 拥有”（read+write+own）的互联网，能够真正实现人、机、物的三度融合，实现从信息展示到社交互动再到智能化、语义化的演进过程。未来，Web 趋向智能化和人性化，将为人们的生活和工作带来更多的便利和创新。

（四）区块链：底层技术支撑 Web 发展

区块链是一种分布式账本技术，通过密码学和共识算法等手段保证了数据的可靠性、不可篡改性和去中心化等特点。这些特点与 Web3.0 的核心理念“去中心化”不谋而合，数据资源不由某个中心化平台或媒体掌握，大众共同拥有所有权和使用权，因此，区块链在 Web3.0 中扮演着关键底层技术的角色。

区块链的概念雏形是分布式账本，由一位名叫中本聪的学者于 2008 年提出。他在论文《比特币：一种点对点的电子现金系统》（Bitcoin：A Peer-to-peer Electronic Cash System）中认为，分布式账本可以在点对点网络上通过链式数据结构验证与存储数据，实现分布式网络下的加密传输，解决交易的信任缺陷。[①] 在此情形下，以比特币这一新型数字货币形式为核心的P2P（peer-to-peer，点对点）虚拟货币系统应运而生。比特币的火热带动了区块链技术的发展，相对于互联网，区块链可以解决价值传输问题。

首先，从与比特币的关系来看，区块链是比特币的一项关键底层技术，以开放式公共账本的形式，通过哈希值算法形成保护网，将不同时段的区块化的数据包连接起来，存储与验证数据。[②] 其次，从技术视角来看，区块链是一项具有多层次与多类型应用的综合信息技术，重构了产品从生产到交付的组织流程。[③] 最后，从数据视角来看，区块链即将区块以链的方式组合在一起，使整个交易系统中的节点基于价值交换协议共同参与到区块网中来。[④]

综上，区块链是一种新的计算应用模式，涵盖了分布式数据存储、点对点数据传输、共识建立机制和加密算法等多个方面。从概念上讲，区块链可以分为两种定义。从狭义上来说，区块链是一个基于密码保护的、经过共识验证的区块的顺序链接的分布式账本。从广义上来说，区块链结合了链式数据结构、分布式共识算法、加密方法和智能合约技术，形成一个新的分布式基础设施和新的计算范式。区块链从多个方面赋能传媒业发展。

1. 重塑新闻业态的底层秩序

区块链技术可通过赋能信源认证，使人人都可生产新闻内容，促使社

---

① NAKAMOTO S. Bitcoin：a peer-to-peer electronic cash system［EB/OL］.（2008-10-31）. https://git.dhimmel.com/bitcoin-whitepaper.

② 纳拉亚南，贝努，费尔顿，等. 区块链：技术驱动金融［M］. 林华，王勇，帅初，等译. 北京：中信出版社，2016：14-18.

③ 斯万. 区块链：新经济蓝图及导读［M］. 韩锋，主编. 北京：新星出版社，2016：5-6.

④ 林小驰，胡叶倩雯. 关于区块链技术的研究综述［J］. 金融市场研究，2016（2）：97-109.

交媒体的使用率明显升高，同时，虚假新闻等乱象也使公众产生信任危机。而区块链的可追溯性和不可篡改性使其在信源认证层面起到重要作用，保证了新闻业有序发展。喻国明、冯菲认为区块链通过“分散—聚合”的方式对“后真相”进行重构。[①] 传媒公司新闻内容的版权信息、来源和修改历史可以被记录在区块链上，确保新闻的真实性和可追溯性，运用“去黑箱化”的技术手段解决公众信任危机。并且，代币激励机制可以用于奖励那些参与验证并提供有价值信息的人员。

2. 技术赋能新闻分发

区块链可以集合数据优势，实现场景广告效果的实时监测。[②] 迪士尼、NBC 环球、考克斯通信公司等媒体组成联盟，分离自身广告业务，创建“区块链洞见平台”（Blockchain Insights Platform）。[③] 区块链洞见平台是基于区块链技术构建的数据平台，旨在提供更可靠、透明和安全的数据洞见服务。该平台利用区块链去中心化、不可篡改和智能合约的特性，实现数据透明与共享，保证广告数据真实性，保护用户隐私。

除此之外，区块链可以减少新闻生产者与受众之间的信息壁垒，提升多元媒体的运作效率，建立有序开发、一键式传播的新闻推广平台。区块链技术提供了一种去中心化的解决方案，使内容的分发更加公平、透明和去中介化。由此，传媒机构直接与内容创作者及受众进行交互，实现点对点内容分发和交易，避免中间商和平台的垄断。

---

① 喻国明，冯菲．区块链对后真相的重新建构：“分散—聚合”模式的设想［J］．现代传播（中国传媒大学学报），2019（5）：1-4，11.

② 张收鹏．区块链技术在传媒业的创新应用［J］．新闻战线，2018（23）：120-122.

③ 维格纳，凯西．区块链：赋能万物的事实机器［M］．凯尔，译．北京：中信出版集团，2018：291.

3. 有效加强版权管理

版权管理的复杂性体现在两个层面：一是内容的多样性；二是主体的多元化。区块链技术可以通过在交易发生时为其添加时间戳，确保交易的准确性和不可篡改性。通过将版权信息与作品的时间戳及加密签名关联起来，区块链技术可以建立确权机制，凭借可追溯的特性使系统认证并记录新闻原创者上传的版权信息。这意味着作者可以使用区块链记录来证明他们的作品存在的时间和内容，从而获得版权保护。这种确权机制可以防止他人未经授权而使用作品，并为作者提供法律依据。交易环节中，区块链结合不可篡改的特性，使“元数据”发挥效应，在交易前帮助交易双方核实认证信息，在此基础上，UGC 内容也拥有了获取收益的权利。

区块链技术不断发展，现在已经进入了第四个阶段——NFT 的广泛应用阶段。NFT（Non-Fungible Token）即非同质化代币，它在本质上不同于传统的加密货币（比特币 / 以太币），每个 NFT 都具有唯一性和独特性，因此在交换和价值上是不可互换的。NFT 的目的不是作为交换媒介或支付工具，而是用于表示和证明某种独一无二的资产或数字物品的所有权。根据区块链技术的不可篡改性和去中心化属性，NFT 被应用于艺术品交易和收藏等领域，可以对每个商品进行身份认证和确权，确保商品的数字所有权和可验证性。

二、数字基础设施与数据洞察

“数字基础设施”是支撑数字化经济和社会运行的技术基础架构和资源，包括网络基础设施、云计算平台、大数据处理系统、物联网设备、数字支付系统等。其中，物联网、大数据、云计算技术直接关系到传媒业数字化转型、服务生态构建，通过数据采集、存储、处理、分析等赋能传媒组织数据洞察，共同构建了数字化时代的数据基础设施和底层技术生态。

物联网、大数据、云计算都以数据为核心，通过采集、传输、存储、处理和分析数据来驱动各自的应用场景。物联网技术将物理世界中的各种传感器、设备、物品等与互联网相连接，产生了海量的实时数据和事件流，可以实现智能化的感知、控制和管理。大数据技术可以处理海量的异构数据，提供数据挖掘、机器学习、预测分析等功能，帮助用户发现数据中的规律和价值。云计算技术提供高性能、弹性、可靠的计算和存储资源，可以支持大数据的存储和处理，并提供分布式计算、容器化部署、自动化管理等服务。

物联网技术的发展使得海量的传感器和设备能够不断地产生数据，这些数据量非常庞大，需要采用大数据技术进行存储、处理和分析。大数据技术需要强大的计算和存储能力来处理这些数据，而云计算技术可以提供高效的计算和存储资源，支持大数据的处理和分析。云计算技术可以将大数据的处理和分析工作移动到云端，实现高效、灵活、低成本的数据处理方式，从而进一步推动物联网技术的发展。

（一）物联网：传感器与数据源

狭义上的物联网是指将射频识别（RFID）设备、传感器、条码与二维码、定位系统等设备按照网络通信协议相互连接，使现实与虚拟物品通过智能接口及交互界面与用户场景无缝连通，实现信息共享与智能管理。而从广义上来说，物联网的发展能够使一切事物信息化、数字化、网络化，允许人和物在任何时间、任何地点与任何事物和任何人进行连接[①]，这标志

① BORGIA E. The internet of things vision：key features，applications and open issues［J］. Computer communications，2014，54：1-31.

着人—机—物的泛在感知与多域融合。

物联网的技术架构可以分为三层：第一层是感知延伸系统，通过传感器、RFID、NFC（近场通信）、二维码等感知与标识技术感知物理环境与人类社会生活获取信息。物联网的第二层是异构开源的网络层，包括互联网、移动互联网、广电网及各种接入网和专用网，能够自动感知、自动监测数据的追溯技术，并通过云计算、边缘计算等泛在计算对信息进行处理分析，最后接入第三层的应用服务中，为移动终端场景提供信息与平台支撑和智能服务。① 还有学者将物联网的技术体系分为七层：第一层是物品，第二层是对物品的连接与对信息的感知，第三层是融合网络和共享资源，第四层是融合数据和智能处理，第五层是融合业务和智慧服务，第六层是统一门户和身份认证，第七层是用户。②

物联网技术不仅引起了信息与意义的“内爆”，也颠覆了传媒业的产品流程与组织形式，赋能智慧媒体系统的创新衍化，主要体现在三个层面。

1. 物联网改变了传统媒介感知体验与传播逻辑，推动人类进入场景时代

如同麦克卢汉（Marshall McLuhan）在《理解媒介——论人的延伸》中所预言的“媒介即人的延伸”③，物联网与传感器可以让身体成为日常行动的交互界面。随着物联网的发展，人、物、媒介已成为密不可分的整体，彼此感知互联，最后会形成一种“万有网”（Internet of Everything），我们

---

① YAN Z，ZHANG P，VASILAKOS A V. A survey on trust management for internet of things［J］. Journal of network and computer applications，2014，42：120-134.

② 朱洪波，杨龙祥，于全 . 物联网的技术思想与应用策略研究［J］. 通信学报，2010（11）：2-9.

③ 麦克卢汉 . 理解媒介：论人的延伸［M］. 何道宽，译 . 北京：商务印书馆，2000.

也将生活在一个永远在线、万物皆媒的场景下。[①] 信息无时不在、无处不在，人们对信息的感知将更加即时、弥散，此时，按照场景需求来筛选、组织信息与数据成为必然趋势。可以说，物联网重构了传统的传播模式，形成了一个去中心化、无边界的智慧媒介生态。其通过传感器或其他智能设备能够探测到用户的空间位置、身体状态、运动状态，甚至心理反应，这种可量化和可跟踪的能力为个人提供了更多的个性化和即时场景的信息生产与推送依据。传统的广播媒体模式通常是一对多的广播，无法满足个体的个性化需求，而物联网技术使得信息的生成和传播更加个体化、定制化。因此，未来传媒也可以根据“物”来理解人[②]，并根据场景组织信息生产与传播。

2. 在物联网的影响下，新的媒介产品形态涌现

有学者将基于物的媒体产品形态称为 MOT（media of things），MOT 可以分为物基媒体和物向媒体。物基媒体是以人之外的智慧物体为信源的媒体产品，包括机器人新闻、自然痕迹媒体、物联社交网、类微信服务媒体、人机演艺等；物向媒体是以人之外的物为受众的媒体形态，动植物、微生物等生物体均可以作为受众，通过交互机制进行信息展示、传递和交换，从微观到宏观的各种尺度的信息都可以被捕捉和交互，即无尺度感知。[③] 物向媒体将非人类实体纳入媒体的范畴中，通过统一的信息展示与交换机制，实现了各种事物之间的信息自由流通。此外，传感器新闻（sensor journalism）、环境新闻（environmental journalism）、定位新闻（locative

① 胡泳．未来的传播媒介：物联网与可穿戴设备［J］．新闻与写作，2016（11）：11-14.

② 彭兰．未来传媒生态：消失的边界与重构的版图［J］．现代传播（中国传媒大学学报），2017（1）：8-14，29.

③ 曹三省，鲁丹．万物互联时代的“物联网新媒体”［J］．新闻与写作，2016（1）：21-24.

journalism）、互动新闻（interactive journalism）均在物联网的赋能下获得了新的发展。

3. 拓展信息收集维度，提升效率，众包生产成为常态

物联网不仅拓展了信息收集的时空维度与信息挖掘渠道的广度与深度，提升了信息和数据的准确性与聚合效率，还使内容的众包生产成为常态。

首先，基于传感器与无人机，媒体可以从水、空气等环境以及人脸、声音、脑电波等人体层面收集丰富庞杂、多元异质的信息与数据，并以量化方式对信息进行处理、可视化呈现与走势预测，提高了信息采集的效率，实现了内容的多模态应用与自动化生成。传媒机构可以从多个数据源中获取信息，通过分析判断，以提高数据的可信度和降低不确定性。这为媒体构建“源数据”感知网络提供了现实基础，并为多源异构数据体系的发展创造了有利条件。①

其次，物联网的创客性质意味着黑客行动者和众包实践社区在未来新闻业中发挥重要作用。在物联网技术的赋权下，基于多主体参与的公共信息生产成为可能，促进民众参与新闻报道与社会治理。人人都可以与物联通，因此，人人均成为信源，这促使信息兼具个性化与公共化的双重属性。

当前，物联网技术不断进化，出现了触觉互联网、多媒体物联网、智能微尘、以人为中心以及物、网络、语义三度融合的物联网等创新实践，并与人工智能、5G、区块链、边缘计算等其他新一代信息技术互补进化。物联网未来的机遇与挑战主要在于泛在信息、机器操作和用户控制以及隐私与安全等方面，这些问题将决定用户与物联网设备的交互方式，也将影响公共媒体场域在群体智慧与群体极化间的摇摆程度。

---

① 杨溟，鞠靖．源数据在人机智能融合发展中的意义及逻辑［J］．青年记者，2021（19）：55-60.

（二）大数据：海量异构数据处理

现代社会是一个信息化、数字化的社会，数据也成为一种新的自然资源。[①] 作为资源的数据可以包含很多内容，科学研究数据（如实验信息存储）、物联网应用数据（如人与人之间的交互信息）、海量网络信息数据（如数据流量）等都是社会数据集的重要构成。[②] 人类正处于信息爆炸的大环境中，这些数据在互联网技术下呈井喷式增长，逐渐开启了大数据时代。

大数据指的是难以被普通数据处理软件处理的大量数据集，可以在人们使用互联网时留下的各种信息和痕迹中找到。在大数据时代，社会上现有的数据量已经远超过传统数据库软件工具所能处理的范围，而不同行业和领域的数据交换和利用也变得越来越常见。针对前所未有的庞大数据，对数据的处理、分析、分享、挖掘等能力也同样需要得到提升以应对时代的变化。[③] 从“数据”延伸到“大数据”，其实关键的转变在于，所谓的数据已经不再是等待被处理的信息合集，而是一种重要的“数据思维”，人类需要借助这种思维从大量看似杂乱、繁复的数据中进行深度挖掘、分析、呈现，以达到对自身和社会的整体预测，映射出各个领域现存的隐患及其原因。[④]

随着科技的不断进步，大数据成为国内一项备受关注的新兴技术，被广泛地应用于传媒行业。

---

① 于艳华，宋美娜．大数据 1［J］．中兴通讯技术，2013（1）：57-60.

② 刘智慧，张泉灵．大数据技术研究综述［J］．浙江大学学报（工学版），2014（6）：957-972.

③ 彭兰．社会化媒体、移动终端、大数据：影响新闻生产的新技术因素［J］．新闻界，2012（16）：3-8.

④ 刘智慧，张泉灵．大数据技术研究综述［J］．浙江大学学报（工学版），2014（6）：957-972.

首先，大数据技术能提高传媒业数据洞察力，创新内容生产方式，提供个性化和定制化服务。传媒业通过大数据分析用户行为、兴趣和偏好等数据，可以更好地了解受众需求，有针对性地开展数据驱动的内容创作和传播。通过大数据分析，传媒公司可以精确识别目标受众，深入了解受众的喜好、观看习惯和反馈意见，从而改善产品和服务，调整内容呈现方式、节目编排、界面设计等，提供更符合用户需求和口味的体验，实现更精准的广告投放和营销策略。

其次，大数据与新闻的结合重塑了整个新闻生产格局，数据新闻则是大数据时代最热门的新闻产品。数据新闻是通过采集、整理、分析和可视化大量数据来报道新闻事件和趋势的一种新闻形式，它借助数据科学和可视化技术，将数据转化为有意义的故事，帮助受众更好地理解复杂的信息和问题。数据新闻并不是对数据进行简单陈述与交代，而是在宏观的数据分布中对社会的动态结构进行把握。① 使用相关的技术工具对大量数据进行抓取与分析，能够帮助记者梳理新闻故事的发展趋势及来龙去脉。另外，可视化的呈现也能够使受众在众多数据中找出与自身相关的主要部分，获得关键的目标信息。

最后，大数据通过数据驱动和决策支持赋能传媒组织管理。传媒机构通常拥有众多的资源，如人力、财务、技术等。通过大数据分析，我们可以对这些资源的使用情况进行评估和优化。大数据分析还可以帮助传媒公司识别哪些业务领域或产品线具有更强的增长潜力，从而合理分配资源，优化业务结构。

---

① 喻国明．大数据方法与新闻传播创新：从理论定义到操作路线［J］．江淮论坛，2014（4）：5-7.

（三）云计算：数据计算与存储

从目前的应用场景来看，云计算是指通过互联网提供计算资源和服务，实现数据存储、处理和应用的技术。[①] 云计算可以帮助企业节约成本，降低 IT（信息技术）基础设施运营和维护的成本，提高企业的效率和生产力。云计算实现了用户对于高性能终端设备使用依赖的摆脱，依托于高速网络便可以实现随时随地的计算资源调用。除此之外，云计算还可以带来更高的安全性和可靠性。云计算服务商通常配备专业的安全团队和技术手段，可以提供更高级别的安全保障和数据备份服务，有效防止数据丢失或被攻击。

随着云计算技术的不断成熟，越来越多的行业开始利用云计算来实现企业的技术转型，其应用范围也越来越广泛，包括企业管理、大数据分析、人工智能、物联网等领域。作为新兴技术应用的前沿阵地，传媒行业也充分利用云计算技术实现自身的转型升级。

传媒行业对于云计算技术的应用思路主要有两种：一种是通过与成熟的云计算服务提供商的合作来搭建企业云计算平台，另一种是通过云计算技术的自行开发来搭建企业云计算平台。第一种思路适用于刚起步的中小规模公司，可以在成本可控的前提下实现云计算技术的快速应用，进而提升企业的运作效率。例如，国内的腾讯云和阿里云就是成熟的云计算服务提供商，它们利用自身高性能、大规模的计算设备以及多年的计算机技术经验积累，为行业搭建了公有云计算平台。它们为多家传媒公司提供云计算服务，包括视频处理、内容分发、广告投放等服务，企业在传媒内容生成的全流程上都可以利用云计算技术实现工作效率的全方位提升。同时，

---

① 陈全，邓倩妮．云计算及其关键技术［J］．计算机应用，2009（9）：2562-2567.

腾讯云和阿里云还通过与传媒企业签订私有协议，来满足企业的个性化需求并确保上云数据的安全性。

云渲染是一种基于云计算技术的图形渲染方法。传统的图形渲染需要大量的计算资源和时间来生成高质量的图像或动画，而云渲染通过将渲染任务提交到云端的强大计算集群中进行处理，可以大大加速渲染过程并提供更高质量的渲染结果。例如，深圳瑞云作为一家云计算服务提供商，可以提供强大的计算资源和高效的渲染引擎，帮助影视特效团队快速生成逼真的视觉效果。

第二种思路适用于已经具有一定规模的传媒企业，通过组建专门的云计算研发团队或者部门来实现私有云计算平台的搭建。例如，在国外，作为全球性的流媒体视频服务公司，Netflix（网飞）将大部分内容存储在云端，采用云计算技术来处理和分发视频内容，从而能够快速、高效地满足用户需求。在国内，新华社和爱奇艺都依靠云计算技术搭建了自己的云端处理平台，保障了数据处理和分析的高效进行，并且可以实现新闻内容、广告投放等服务的精准直达。

云大脑是指基于云计算和人工智能技术构建的一种智能化服务平台，结合了大数据处理、机器学习、深度学习等技术，通过云计算的强大计算能力和资源共享特性，为用户提供智能化的数据处理、分析和决策支持服务。云大脑的核心理念即将大规模的数据存储和计算任务转移到云端进行处理，借助云计算平台的强大计算和存储能力以及人工智能算法的智能分析和学习能力，实现对大数据的高效处理和洞察。新华社发布的“媒体大脑”就是云端平台，能够提升内容生产和传播的智能化水平，同时也帮助传媒机构更好地了解用户需求，掌握市场动态，并做出有针对性的决策。

目前，云计算在日常的媒体内容生产、服务系统架构和用户体验中发挥着重要的作用。未来，人工智能算法、云边协同计算等技术可以赋能海量的边缘数据，边缘智能将成为5G时代的显著特点。媒体行业通过布局边缘智能，可以重获稀缺内容生产方面的专业性地位，提升用户洞察力及体验，从而实现精准定位和商业模式的创新。

三、虚拟交互与视觉呈现

5G 技术为虚拟交互技术和元宇宙的发展提供了更好的基础设施支持，反过来，虚拟交互技术和元宇宙也为 5G 技术的应用提供了更加广阔的场景和需求。5G 具有更高的带宽和更低的延迟，可以为虚拟交互技术提供更好的网络支持，通过提供快速、稳定的数据传输，实现更加流畅的虚拟交互体验。在元宇宙中，用户可以通过虚拟交互技术进行虚实交互，探索和创造虚拟世界中的各种内容，如游戏、社交、教育、娱乐等。

（一）5G：交互基础

在过去的几十年里，移动通信技术经历了显著的变化。移动通信技术的代际演进一般是指系统性质、速度、技术、频率、数据容量、延迟等方面的变化。每一代都有一些标准、新技术和新功能，都比上一代有所进步。第一代（1G）移动通信技术是模拟的，仅用于语音通话。第二代（2G）是一种数字技术，支持文本和图片信息的低速传输。第三代（3G）移动通信技术提供更高的数据传输速率，采用宽带无线网络，并提供多媒体支持，包括电视 / 视频访问等。第四代（4G）将 3G 与固定互联网相结合，支持移动互联网，是移动技术的一种演进，4G 增加了带宽，降低了资源成本，支持视频聊天、高清电视内容等服务。5G 即第五代移动通信技术，成为移动市场的一场新的革命，它改变了在高带宽环境下使用手机的方式，克服了 4G 的局限性，有如下三点技术特征：

一是高速率。5G 理论上可以实现远高于之前蜂窝网络的用户使用速率。其千兆的接入速率将从根本上改变终端用户的体验，大幅提高无线数据传输速率和带宽，提高覆盖面积和连通性，开启“无限网络容量”时代。二是低时延。5G 端对端数据传送时间大幅降低，网络往返延迟时间有望降至 1 毫秒，仅相当于人眨眼时间的 1/100。也就是说，5G 数据传输时间远低于人的视觉感知的延迟时间，接近于实时反应，给用户远程零距离的临场感。三是泛连接。5G 的无线连接容量使更多设备共同连接，实现从人到物的海量互联，在人口密集、使用量高的区域依然可以保证数据高速传输，真正迎来“万物互联”的数智时代。

5G 网络支持不同性质的设备及其相关的服务需求，5G 的商用为大量重量级新兴应用提供了原生的网络解决方案。5G 使得相邻设备在微基站网络覆盖下直接连接，实现 D2D（设备间）通信以及覆盖范围更广、连接大量智能设备、人工干预更少的 M2M（机器间）通信。搭载了 5G 无线功能的智能对象成为物联网的基础，物体与社交网络自主通信形成社交物联网。在具体应用方面，5G 面向的是增强型移动宽带（eMBB）、海量机器类通信（mMTC）、超可靠低时延通信（uRLLC）三类应用场景。[①] 例如，5G 无线网络的更高带宽和数据速率可以实现患者健康数据的实时采集和监控，支持可穿戴设备和紧急医疗设备的应用。

5G 网络高速率、低时延和泛连接的特征为移动终端用户体验、音视频通信和娱乐场景拓展以及超高清内容生态提供了无限可能，为传媒业转型发展提供了重大契机。

1. 5G 提高受众体验

5G 高速率、低时延的特征，使得内容传输以几乎无网络延迟的方式进

① 黄陈横 . 3GPP 5G NR 物理层关键技术综述［J］. 移动通信，2018（10）：1-8.

行，通过媒介力量影响用户的交互感知，增强交互效果。无论是人与物/媒介实现人机交互，还是人与人通过媒介交互，都会有近在咫尺、无阻碍交流和接触的感觉。基于5G网络，个体与媒介进行交互，由于几乎察觉不到的超低时延，会更专注于眼前的传播内容和视觉奇观，陷入沉浸体验之中。超高清直播、沉浸式新闻、交互视频等媒介融合内容有了5G支持，技术边界将不再影响用户视听感受。同时，5G通信网络覆盖下，个体之间可以通过文字、语音和视频形式自由对话，信息传播将不受地域和网络延迟的限制，在任何时间和地点都可以方便快捷地连接，实现无阻交流，增强人与人之间的心理亲密度，提升社交临场感。

2. 5G重塑传媒内容生产和分发

5G与新闻媒体深度融合呈现内容生产新样态，赋能新闻采编、制作、传输等领域。5G使新闻智能采编得以实现，引进具有云采集、云分发、云导播、云报道等功能的新闻生产工具，新闻的生产和传输效率大大增加。例如，搭配千兆光纤网络，新闻媒体通过5G+8K超高清实时传输和剪辑完成集成制作和报道，联动大小屏，实现电、网、端跨屏智能报道。5G技术实现异地同屏访谈，解决以往现场视频连线延迟、卡顿等问题。5G不到1毫秒的低时延为新闻直播提供稳定而流畅的大流量数据传输，实现点对点终端设备高度联结。从春晚、两会4K全景高清直播，到火神山医院搭建24小时不间断同步慢直播，5G支撑了数千万人的同时在线观看。

在5G塑造的高速率、低时延的新型媒介环境下，独立于传统媒体的互联网内容聚合商业平台垄断了内容分发渠道，新闻内容生产与分发出现分离趋势，对新闻生产者的内容制作和分发产生较大影响。短视频细节化聚焦表达的呈现方式，适合热点话题和新闻焦点的传播，逐渐成为新闻生产和传播的主流形态，新闻媒体智媒化发展。“央视新闻”等传统媒体入驻抖音等平台，推出《康辉Vlog》《主播说联播》等风格化、亲民化的内容。

同时通过网民拍客的现场视频获得更清晰真实的新闻素材，MCN（多频道网络）机构和 UGC 内容助力传统媒体智能化和专业化生产。

3. 5G 推动传媒业组织结构变化

5G 给传媒业从内容生产到制作再到分发的全链条带来直接影响，推动传媒业向信息化、数字化转型，向去中心分布式形态迈进。借助 5G 移动互联网，用户主动性增强，传统媒体权威性逐渐消解，网络个体掌握新闻生产权，产出公民新闻（citizen journalism）和参与式新闻（participatory journalism）等原创用户生成内容，传统媒体逐渐向社交媒体平台内容分发规则靠拢，与新媒体形式和用户内容相融合，带来“融合新闻”新样态，实现新闻价值体系的更新，使得多主体价值共创的数字新闻生态（digital news ecosystem）得以实现。在 5G 进一步开启的 Web3.0 泛众化传播时代，个体表达权和传播权进一步提高，所有终端都可成为生产主体，共同构成去中心化、去组织化的传播网络，使得传统组织结构解体，而未来的传媒业整合协同多传播主体和裂变的碎片化信息，则需要“再组织化”的调整。

（二）虚拟交互技术：VR、AR、MR、XR

虚拟交互技术在各个领域中的研究与应用已成为一大热点，虚拟交互技术的目标是让参与者能够通过手势、眼神、触摸命令、语音控制等方式，调动感官和身体部位的动作，与虚拟世界进行实时互动。这种互动可以通过各种输入设备和传感器实现，如手柄、触摸屏、眼球追踪器、声音识别器、运动捕捉器等。虚拟交互技术给数字影像领域带来巨大影响，以全新技术规格、先进技术标准、创新技术理念推动高规格影像技术进展，升级制作流程，也被影视行业称为“先进影像技术”。虚拟交互技术主要包括虚拟现实、增强现实、混合现实技术和扩展现实等四类技术。

1. 虚拟现实（VR）技术

虚拟现实技术利用计算机自动虚拟环境和头戴式显示器等设备，辅以仿真技术、多媒体技术和传感技术的加持，实现了沉浸式交互场景的构建，依靠三维立体头部和身体跟踪传感技术来提供身临其境的多感官体验。虚拟现实可以被定义为一个高度交互的三维数字媒体环境，用户可以直观地体验模拟环境并获得听觉、触觉和视觉等多感官反馈。[①]

VR 可以说是幻觉基础上的科学，致力于再现真实世界的场景。VR 体验是一个重要的话题，因为它创造了一个拟真性、交互性的“3D 世界”。借助于 VR 设备，人们可以逃离现实世界，实现在虚拟世界之中的沉浸式体验。VR 可以通过对于真实场景或者想象场景的算法模拟，使得用户在虚拟世界中的体验变得身临其境。VR 通过计算机模拟虚拟环境，利用多样信息的融合，实现了对于三维动态、交互式下的真实场景和行为的仿真模拟，从而使得用户通过佩戴 VR 眼镜或头戴式显示器沉浸于虚拟世界中。VR 属于集成多种学科门类的科学技术领域，与人工智能等其他相关领域相整合，促使其具备了智能化和自我进化的特点。

2. 增强现实（AR）技术

增强现实技术是在 VR 技术的基础上诞生出来的一种新兴技术形态。基于计算机显示交互系统和网络定位等技术成果，AR 技术将计算机设备所生成的虚拟场景内容与现实中的真实场景进行叠加处理，从而增强物体与现实世界的融合效果，实现用户对现实场景的体验，对现实环境进行补充，增强用户的感官体验。AR 技术是一种通过将数字化信息在现实场景中进行实时的叠加显示来实现与真实事物或用户自然互动的人机交互技术。它实

① 杨青，钟书华．国外“虚拟现实技术发展及演化趋势”研究综述［J］．自然辩证法通讯，2021（3）：97-106.

现了虚拟空间与真实场景的糅合，给予了自然交互感，为人们提供了一种新的认知和体验方式。增强现实的最终效果，可以通过头戴、手持显示设备以及空间展示等形式实现，它具有广泛的实操空间，是基于人机交互的一种技术。

3. 混合现实（MR）技术

近年来，混合现实技术发展迅速。混合现实是虚拟现实技术的进一步发展，它将虚拟空间信息呈现在真实空间中，将真实场景、虚拟空间和用户进行叠加，获得交互信息并及时形成反馈。简言之，MR 技术糅合了 VR 技术和 AR 技术的独特优势，能体现出增强现实的实际效果。与此同时，MR 技术在显示效果、逼真感、实时交互等方面具有优势，是实现自然人机交互的天然场所。MR 技术与 AR 技术的区别在于，MR 技术可以让用户透过摄像头或虚拟设备看到平常肉眼所无法看见的现实场景，而 AR 技术并没有考虑到现实本身与虚拟环境的融合，只是对虚拟环境的简单叠加。

4. 扩展现实（XR）技术

扩展现实技术被看作物联网技术和人联网技术结合之下的成果，是 VR、AR、MR 以及后续因其他技术进步而产生的沉浸式技术的总代言词。[①] XR 是虚拟现实技术所发展到的高阶状态，虚拟现实发展到扩展现实阶段，现实与虚拟的界限趋于模糊，用户越来越难以区分自身到底是生存在虚拟

---

① Qualcomm. The mobile future of extended reality（XR）[EB/OL] . https://www.qualcomm.com/content/dam/qcomm-martech/dm-assets/documents/awe_2017_-_the_mobile_future_of_extended_reality_-for_pdf_1.pdf.

世界还是真实世界。[①]

与 VR、AR、MR 相比，XR 强调的是多感官参与、以用户为中心、场景驱动的个性化情景体验，这就需要更自然的交互手段和更轻量的硬件，使得人们在使用时可以不自觉地忽略掉使用过的技术痕迹，直接沉浸在内容体验中，激发创造性思维。XR 技术具有极强的开放性和包容性，通过将 VR、AR、MR 等虚拟交互技术融合，达成在现实和虚拟之间的无缝切换。XR 注重用户的天然感知[②]，即用户不需要任何经验和培训即可直接与虚拟内容交互，还包括多源感知和生理计算交互，如表情交互、情感交互以及味觉、触觉和嗅觉交互。

从学术角度和实践层面来看，虚拟交互技术与传媒业有着密切的联系。

在研究层面上，至少有三种 VR 发展历史的定位和分类的经典观点。第一种观点将 VR 与新闻媒介相结合，认为 VR 是新闻真实性发展的重大迭代，例如，沉浸式新闻生成就被看作最趋近于新闻现实的应用场景。第二种观点认为，VR 与戏剧、电影、文学等叙事媒介有着千丝万缕的关系，应该被视为一种叙事媒介。在研究 VR 叙事方面，包含现场角色扮演游戏、互动与即兴表演戏剧的参与式叙事形式更加具有启示意义。第三种观点将 VR 置于视觉传播的发展历史长河中，认为虚拟现实所构建的幻象空间已经存在[③]，360 度全景图片的应用已随处可见。

---

① 翟振明．黑科技惊爆出世，抹掉现实和虚拟界限的 ER 你知道吗?［EB/OL］．（2016-12-14）．http://mp.weixin.qq.com/s?__biz=MzAwOTU5NTYyOQ==&mid=2658506720&idx=1&sn=0292f25ddde6cc0ebdd45ca4ec99a318&chksm=80dc0862b7ab8174a635ebe8da6e8c3dce24bea34cdbd8beaa00147f1fa12484a9ea02673b9c&mpshare=1&scene=23&srcid=1214odt7K3yBxP5Qn5tGQS58#rd.

② 褚乐阳，陈卫东，谭悦，等．重塑体验：扩展现实（XR）技术及其教育应用展望 兼论“教育与新技术融合”的走向［J］．远程教育杂志，2019（1）：17-31.

③ LOUCHART S，AYLETT R. Towards a narrative theory of virtual reality［J］. Virtual reality，2003（1）：2-9.

随着增强现实的使用，新闻已经不再是单独的、孤立性的事件，而是被置于具有更加广泛的“宏观背景”中进行思考。与 VR 需要借助二维码唤醒不同，AR 的便利程度更高，文字、图片等形式都可以是 AR 的唤起开关。AR 技术利用移动终端设备，搭建了有限叙事场景和无限网络空间之间的“虚拟桥梁”。同时，AR 技术也实现了对于平面媒体延伸感的加强。原本生硬的文字和图像可以“动起来，响起来”，从而实现“哈利·波特”系列等文学作品中描绘的魔法一般的奇妙效果。《今日美国》等在 2010 年率先运用增强现实来辅助新闻报道，随后，从《纽约时报》的应用软件图片动态到国内《成都商报》的“拍拍动”，越来越多的新闻机构着手于运用该技术辅助新闻报道。AR 技术作为 VR 技术的延伸，理论上更能真实还原新闻事件本身，但由于其制作手段较为复杂，目前不适合制作时效性强的新闻报道。①

MR 让受众以一种全新的感知和体验去往和过去迥然相异的一个世界。MR 利用混合现实场景技术，在新闻传播领域的应用具有交互性、场景化以及融媒体这三大形态特征。与 VR 相比，MR 技术在整体的交互性和真实性层面拥有更加强大的效果，并且远远超过了 AR 技术所拥有的功能。MR 最突出的特征是现实和虚拟的高度融合，其在真实环境和虚拟环境之间搭建了一个连接的平台。同时，其场景化的特点也实现了新闻传播认知的高维突破，提升了新闻报道的广度与深度。在媒体领域，MR 具有融媒体的显著特征，它打通了纸质媒体和电子媒体之间的区隔，高效完成了各种传播方式的大融合。MR 通过打通人的视听感受以及触感，促成了思维、体验与行为的同步沉浸，呈现出极强的交互性。作为 MR 技术加持下的出版业先行实践，MR“魔法报刊”已经在国内多个实验室完成了研发工作，并

---

① 彭立，彭泺 . 新媒介技术正改变与增强新闻传媒：基于 VR 技术、AR 技术及 MR 技术的考察［J］. 西南民族大学学报（人文社会科学版），2016（10）：153-157.

且在实践应用中取得了突破。[①]

（三）元宇宙：虚拟世界的最终幻想

“元宇宙”的概念起源于作家尼尔·斯蒂芬森（Neal Stephenson）的科幻小说《雪崩》。数年来，互联网经历几次迭代，发展成为万物互联的时代，扩展现实、虚拟现实乃至混合现实技术和区块链等一系列高新技术的发展带来了前所未有的产业科技风暴，伴随着游戏业的火热响应，尤其是大型多人在线游戏的几波发展浪潮，元宇宙发展至今，成为网络科技界和学界讨论的焦点。

从元宇宙（Metaverse）本身的词义来看，它指向超越下一代互联网的意思，在这种互联网中，用户可以作为虚拟化身，在三维虚拟空间中与他人及软件应用程序进行交互。元宇宙的概念发展至今，并无一个完整确凿的定义。曾有学者将元宇宙概括为虚拟空间，认为元宇宙是完全沉浸式的、计算机生成的三维数字环境，是个体虚拟世界的放大版本，是相互连接的虚拟世界的大型网络。[②]也有学者提出元宇宙综合了现实和虚拟，是现实世界与覆盖在物理世界之上的虚拟世界的融合空间。[③]具体到元宇宙相关的高新技术，元宇宙就是新一代互联网集合了5G、VR、AR、AI、云计算、数字孪生、脑机接口、区块链等技术全要素的未来融合形态，又被称为“共享虚拟现实互联网”和“全真互联网”，是一系列技术“连点成线”的创新

---

① 张雷．混合现实（MR）出版的理论与实践探索：以“魔法报刊”为例［J］．出版广角，2017（24）：31-34.

② DIONISIO J D N，BURNS Ⅲ W G，GILBERT R. 3D virtual worlds and the metaverse：current status and future possibilities［J］. ACM computing surveys，2013（3）：1-38.

③ 张志伟．清华大学新媒体研究中心发布《2020-2021元宇宙发展研究报告》［EB/OL］．（2021-10-26）. https://baijiahao.baidu.com/s?id=1714658282730354191.

集合。[①] Roblox（罗布乐思）公司将元宇宙界定为“虚拟宇宙中共享的三维虚拟空间”，具有身份、社交、沉浸感、随时随地、低延迟、内容多元化、经济系统和数字文明等八个特征。[②]

元宇宙在游戏、社交、艺术、教育、营销、传媒等多个领域都将实现突破性应用，并对经济和社会的数字化转型产生巨大推动作用。除了元宇宙相关的科学技术领域的研究，部分学者还从影视学、传播学、社会学等多个学科视角综合研究元宇宙的概念，并对元宇宙在科技和资本圈的引爆现象进行批判性反思。

关于人与元宇宙技术的关系的思考。元宇宙虚实相融的世界中除了软硬件设备和基础设施构成的技术逻辑，其以“人”为中心构建的虚拟社会还需要人文逻辑。[③] 现实中的人以数字替身的形式现身于元宇宙世界，这需要人工智能等信息技术的支撑，用户还能以“第二身份”与其他人进行具身交互，建立虚拟社群，重构人类文明。这意味着元宇宙需要有区别于现实世界的社会运行规则和独立的世界观。[④] 麦克卢汉所说的“媒介即人的延伸”将在元宇宙中得到充分印证，而在以高度信息化的数字身份进行交互时，人类是否会被媒介所代替、人的主体意识是否会丧失等问题也会浮出水面。[⑤]

关于元宇宙数字意识形态的思考。元宇宙是互联网发展的最终形态，

---

① 喻国明，耿晓梦．元宇宙：媒介化社会的未来生态图景［J］．新疆师范大学学报（哲学社会科学版），2022（3）：110-118，2.

② 刘中华，焦基鹏．元宇宙赋能数字非遗的场域架构、关键技术与伦理反思［J］．浙江大学学报（人文社会科学版），2023（1）：19-29.

③ 方凌智，沈煌南．技术和文明的变迁：元宇宙的概念研究［J］．产业经济评论，2022（1）：5-19.

④ CHATURVEDI A R，DOLK D R，DRNEVICH P L. Design principles for virtual worlds［J］. MIS quarterly，2011（3）：673-684.

⑤ 许鑫，易雅琪，汪晓芸．元宇宙当下“七宗罪”：从产业风险放大器到信息管理新图景［J］．图书馆论坛，2022（1）：38-44.

是社会虚拟化发展的必然趋势。元宇宙将推动数字平台极大发展，未来人们的社交、工作、生活、消费和娱乐等都将在数字平台上得以实现。人们投身于此，给予元宇宙美好的愿景，推动着元宇宙相关的技术、商业模式、娱乐方式等加速发展。齐泽克将这种意识形态得以运行解释为人对“剩余快感”的上瘾，在元宇宙中，人们获得了现实世界难以获得的快感，以数字具身形式时刻在场的便捷、逼近物理真实的沉浸式娱乐体验、对去中心化赋予之消费权力的掌控，这一切是元宇宙营造的自由开放的乐园。但同时，数字资本主义的剥削、数字劳动的异化、算法控制以及技术乌托邦等问题被数字化平台所隐藏。①

四、人工智能与内容产出

算法是一种解决问题的步骤和规则的集合，可以用来进行数据处理、优化、决策等。在人工智能领域中，算法是实现机器学习和深度学习的核心。人工智能可以通过使用算法和数据来训练和优化模型，以解决各种任务和问题，如图像识别、自然语言处理和机器翻译等。ChatGPT 是一种生成式人工智能技术，其内容智能生成是基于算法和数据训练出来的，人工智能为其提供了智能响应和迭代优化的能力。

（一）算法：核心规则

算法是一种编码程序，它通过特定的运算将输入数据转化为输出结果，以解决特定问题或完成特定任务。算法被定义为有限、抽象、有效并且符

① 吕峰．元宇宙：从数字 DNA 到意识形态整合器［EB/OL］.（2021-12-15）. https://www.thepaper.cn/newsDetail_forward_15656452.

合规律的复合控制结构，是计算机科学的重要组成部分。

算法在计算机科学和其他领域被广泛使用，被用于解决各种问题，如排序、搜索、优化、数据挖掘、机器学习等。算法可以是手动设计的，也可以通过自动学习、自动优化等技术生成。在计算机科学中，算法的效率是一个重要的考虑因素，因为它们的速度和资源使用情况直接影响程序的运行时间和效率。

算法于新闻分发端的介入，最为突出的产品便是推荐算法的诞生。它通过数据抓取，获得用户的身份信息、浏览记录、购买行为以及评分状况等，最终向用户推荐符合其潜在兴趣的信息或商品。就目前而言，个性化是大势所趋，推荐算法已经得到了广泛的应用，如电子商务平台中的商品推荐、流媒体平台中的视频推荐、社交网络中的好友推荐、音乐平台中的专属音乐个性化推荐等。在未来，场景将与推荐算法结合得更加紧密，个性化程度也将拥有更显著的提高。

“算法新闻”是指利用机器学习、神经网络、自然语言处理等技术来进行新闻的生产与分发。算法新闻的“I-T-O”模式，主要由三个阶段组成，即数据输入、数据处理和新闻产品输出。第一阶段是数据输入，包括从公共或私人来源抓取数据，作为算法新闻的原材料。第二阶段是数据处理，通过监督式或无监督式机器学习形成一套规则，并以此为依据建立新的语法和句式规则，最终生成自然语言的新闻产品。第三阶段是新闻产品输出，包括将新闻自动上传到内容管理系统，并自动发布或提交给人工编辑审批，最终实现线上和线下的发布。[①]

---

① 仇筠茜，陈昌凤 . 基于人工智能与算法新闻透明度的“黑箱”打开方式选择［J］. 郑州大学学报（哲学社会科学版），2018（5）：84-88，159.

（二）人工智能

1. 定义

早在“人工智能”这一概念出现之前，就有学者围绕计算、逻辑、推理、人工大脑等话题开始了研究和探讨，研究表明推理的某些方面可以用简单的结构形式化。[①]1943 年，沃伦·麦卡洛克（Warren McCulloch）和沃尔特·皮茨（Walter Pitts）提出“似脑机器”（mindlike machine），这是世界上第一个神经网络模型（MP 模型）。[②]1950 年，图灵在其重要文章《计算机与智能》中开始研究神经系统是否能促进大脑功能，并为试图解决计算机是否有智能的问题，提出了“图灵测试”。[③] 图灵测试设计了一个模仿游戏，由一个人向封闭的房间内提问题，回答他的可能是真人也可能是机器，如果这个人无法根据回答的内容判断回答者究竟是真人还是机器，那么我们就认为这台机器具有智能，图灵测试被认为是“机器是否存在智能”的唯一可操作的检验标准。[④] 图灵的这篇文章被认为是对机器智能最早的系统化、科学化论述。

人工智能是指通过计算机等信息技术手段实现对智力过程的模拟和扩展，让计算机具有类似于人类智能的某些能力，如学习、推理、理解自然语言、感知、决策等。

---

① 蔡自兴，蒙祖强 . 人工智能基础［M］. 3 版 . 北京：高等教育出版社，2016：3.

② MCCULLOCH W S，PITTS W. A logical calculus of the ideas immanent in nervous activity［J］. The bulletin of mathematical biophysics，1943（4）：115-133.

③ TURING A M. Computing machinery and intelligence［J］. Mind，1950（236）：433-460.

④ 成素梅 . 人工智能研究的范式转换及其发展前景［J］. 哲学动态，2017（12）：15-21.

人工智能从进化阶段方面来看可分为弱人工智能和强人工智能，也可以分为人工狭义智能、人工一般智能和人工超级智能；从智能类型（认知智能、情感智能和社会智能）方面来看可分为分析型、人工启发型和人性化人工智能三类。① 人工智能具备以下功能：监控、发现、预测、解释以及与物理环境、人类或机器的交互。流行的人工智能技术包括机器学习、人机交互技术、自然语言处理等，其中机器学习是人工智能的一个分支，通过构建模型从数据中提高性能，而不需要预先存在的解决方案。② 除此之外，人工智能技术还不断演进，出现了智能芯片、群体智能、脑机接口、自动驾驶等核心技术 ③，这些人工智能产品具备感知和获取信息能力、记忆与思维加工能力、学习和自适应能力、行为决策能力等。

人工智能离不开“研究人类智能的规律”这一核心，因此，我们将人工智能界定为“借助非生物载体对人类智能规律的挖掘和模拟，从而达到、延伸甚至超越人类智慧的一门技术科学”，作为模仿人类表现的一种手段，人工智能具有通过学习得出自己结论的潜力，并能够在速度、灵活性、大规模定制化、创新等方面实现性能改进。

随着大量的数据、改进的算法和更好的计算软件的演进，大型技术导向型组织越来越关注人工智能的具体应用。人工智能技术作为第四次工业革命的引擎，其发展从根本上改变了新闻编辑室，特别是媒体内容制作和传播的各个方面及外部的竞争格局。科技公司打破了新闻媒体的商业模式，大型科技平台已成为新闻业的重要资金来源和创新颠覆者。探索人工智能

① KAPLAN A M，HAENLEIN M. Siri，Siri，in my hand：Who’s the fairest in the land? On the interpretations，illustrations，and implications of artificial intelligence［J］. Business horizons，2019（1）：15-25.

② CASTRO D，NEW J. The promise of artificial intelligence［J］. Center for data innovation，2016（10）：32-35.

③ 韩雨，韩丛英 . 2021 年人工智能领域科技发展综述［J］. 战术导弹技术，2022（2）：42-51.

在社会及传播的各个层次的应用是信息时代媒体数智化转型的必然要求。

2. 实现人工智能的途径

（1）机器学习

机器学习的主要研究内容就是如何设计一个能够与经验（数据）相适应的学习算法，使模型得以顺利被提取，最终让模型通过训练能够适应新的数据样本，达到预判的目的。机器学习需要不断优化学习算法的性能，而学习算法的性能很大程度上取决于经验（数据）是如何表示的，因此寻找“表示方法”就成为关键的一步。很多人工智能的任务都采取这样的基本解决途径——选取一个合适的特征集合，把它提供给学习算法从而提取出模型，但由于原始数据中的概念或特征环环相扣，有些十分抽象，我们难以判断哪些是应该提取的。因此，我们可以让机器去学习如何表示原始数据的特征，再用学到的表示方法去表示更复杂的特征，即通过简单概念来构建复杂概念。① 这个过程便是深度学习（deep learning），它是一种特别的、更高层次的机器学习，是通向人工智能的重要途径之一。深度学习、机器学习和人工智能的关系如图 1-1 所示。

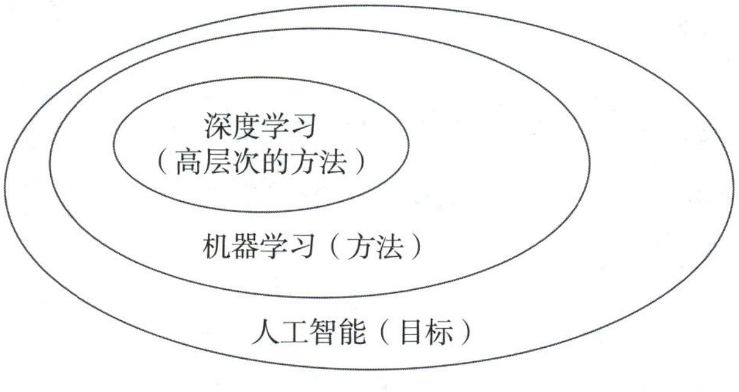

图 1-1　深度学习、机器学习与人工智能的关系图

① HEATON J. Ian Goodfellow，Yoshua Bengio，and Aaron Courville：deep learning［J］. Genetic programming & evolvable machines，2018（1/2）：305-307.

（2）自然语言处理

自然语言处理（natural language processing，NLP）研究的是如何用自然语言使人与计算机实现有效沟通的理论和方法，它旨在解决我们采用怎样的标准来与智能系统进行包括口语和文字在内的交流互动[①]，其将人类语言与计算机语言融会贯通，在物联网领域有突出作用。

近十年来，随着深度学习技术的出现和发展，自然语言处理技术也颠覆了传统的技术范式，特别是在词语分离、命名实体识别、介词识别、句法依赖分析、实体关系提取和语言模式分析等方面，得到工业化和商业化的广泛应用。例如，通过使用语音技术捕捉音轨中的目标单词，视频公司能为网络上成千上万的视频提供搜索服务（信息检索）；自动化系统能够分析成千上万的文本，并根据标准进行分级和评分，甚至还能自动评估文本深层次的意见、重要性、偏好和态度（文本分析）；交互式虚拟智能体模拟的动画人物也是运用之一。[②]

语音识别是自然语言处理的功能之一，是人工智能最早使用深度学习且迅速取得突破的领域之一。例如，科大讯飞于 2010 年上线语音识别系统，用短短 7 年左右，就将刚上线时 55% 的准确识别率提升至 95%。[③] 语音识别使机器能准确地听出人的语音内容，即准确地识别所说的话。

（3）机器人

机器人系统是能使用传感器感知环境，通过算法实现对事件的认知，并制订响应计划，执行一系列动作的机器或装置。自动感知、认知和行动

① 卢奇，科佩克．人工智能：第 2 版［M］．林赐，译．北京：人民邮电出版社，2018：374.

② JURAFSKY D，MARTIN J. Speech and language processing［M］. 2nd ed. Upper Saddle River：Prentice Hall，2008.

③ 邓乐园．传媒产业价值链重构：基于人工智能的考量［J］．新闻研究导刊，2019（15）：197-198.

的反馈循环是机器人与其他自动化机器的根本区别。① 智能机器人是由人工智能程序控制的机器人，具有感知功能和一定的自适应能力，能充分识别工作对象和工作环境，并结合给定指令、自身训练及学习经验给出判断结果 ②。

3. 人工智能在新闻与传播领域的应用

（1）人工智能影响了传播主体角色与人机关系的转变，人机协作成为新趋势

一方面，技术嵌入身体的赛博人代替自然人成为传播主体，促进了人机关系的协同和融合。人工智能可以完全脱离生物性的身体，或者说寄居于"虚拟身体"。③ 因此，人工智能技术带来的媒介融合重塑了人机关系，革新了生产主体。另一方面，人工智能的应用改变了媒体从业者的思维方式、实践方式与权力关系。尼古拉斯·迪亚科普洛斯（Nicholas Diakopoulos）在其著作《自动化新闻：算法如何重写媒体》（*Automating the News: How Algorithms Are Rewriting the Media*）的基础上，提出人工智能是一种新媒体，记者可以通过他们实施的代码来表达与行使他们的道德和规范价值观。④ 虽然许多任务可以通过机器来增强，但很少有任务可以被它们完全取代。未来，新闻传播业将走向一种以技术驱动、人机协作为主导的增强新闻时代。⑤

---

① 汤嘉敏，邹亮梁．智能机器人基础［M］．上海：上海教育出版社，2019：5.

② 汤嘉敏，邹亮梁．智能机器人基础［M］．上海：上海教育出版社，2019：7-8.

③ 孙玮．赛博人：后人类时代的媒介融合［J］．新闻记者，2018（6）：4-11.

④ DIAKOPOULOS N. Computational news discovery：towards design considerations for editorial orientation algorithms in journalism［J］. Digital journalism，2020（7）：945-967.

⑤ 王沛楠．人工智能与全球新闻编辑室的转型［J］．中国编辑，2018（7）：9-13.

（2）人工智能技术能够通过嵌入媒体组织的产品、流程与管理，赋能媒体数字化转型升级

首先，在由于数据的规模和复杂性而无法精确识别的情况下，人工智能可以成为一种突破性工具协助信息搜集聚合，新闻媒体组织可以使用人工智能来调查以前由于缺乏信息而无法报道的事。计算机视觉是人工智能的子领域，需要强大的工具来模拟人类视觉，并使机器能够学习识别图像中的抽象模式，辅助媒体更高效地进行调查性报道。

其次，人工智能催生了一系列智能媒体产品，包括自动化新闻、机器写作、叙事科学（narrative science）、社交聊天机器人、智能语音助手、AI虚拟主播等，被应用到短视频、新闻游戏等融合性视听内容生成领域。

自动化新闻是指通过算法程序对数据进行处理和分析，自动生成新闻报道的一种方式。① 它是数据科学中机器学习的一个分支，通过计算机程序学习和处理数据，实现人类时间和劳动密集型任务的自动化。自动化新闻也被称为算法新闻、计算新闻或机器人新闻，可以组织、解释和呈现结构化数据集中的新闻片段，是一种针对特定新闻任务的自动化应用。

机器写作依托算法和模板规则，重新智能地整合文字、视频或音频素材，生成完整的新闻。其特点包括高效、全天候工作、反应迅捷、根据用户偏好制作、私人定制产品以及优化传播效果的技术支持。② 机器写作能够通过收集用户信息，分析用户偏好，有针对性地制作相应的新闻内容，根据个人生活场景定制私人新闻产品。

AI 虚拟主播也是人工智能的一种创新应用。AI 虚拟主播经历了三个发展阶段。第一阶段是将文本转化为声音，将已有文本转化为语音播报。第

---

① 喻国明．人工智能的强势崛起与新闻传播业态的重构［J］．教育传媒研究，2018（1）：95-96.

② 喻国明，兰美娜，李玮．智能化：未来传播模式创新的核心逻辑 兼论“人工智能＋媒体”的基本运作范式［J］．新闻与写作，2017（3）：41-45.

二阶段是智能语音对话，使得人工智能语音可以自动化地发布信息和进行语音交互。第三阶段是多模态交互，如能够模仿人类肌肉运动，实现面部表情、肢体语言的传达。这些机器人可以进入实景演播间，参与访谈和播报工作。

（三）ChatGPT：智能应用[①]

GPT（generative pre-trained transformer）即生成式预训练转换器，它是基于互联网大数据训练的文本生成深度学习模型，具有预训练、大模型和生成性的特点。[②] GPT 基于语言转换器（transformer），通过预训练（pre-trained）学习人类语言通用特征，即通过人类反馈来强化机器学习（RLHF）的训练方式[③]，以指示微调技术实现跨任务泛化，并与人类反馈相一致。ChatGPT 具备生成性（generative），属于生成式人工智能（generative artificial intelligence）[④]，通过人类提问、机器回答—人类根据机器回答给予反馈—机器根据反馈精进回答，不断迭代，使模型逐渐具有对生成答案的评判能力[⑤]，并产生与自然人类语言几乎难以区分的相应文本[⑥]。

---

① 张锐，刘靖晗．以 ChatGPT 看生成式人工智能对传媒业的影响［J］．声屏世界，2023（10）：5-8.

② 喻国明，苏健威．生成式人工智能浪潮下的传播革命与媒介生态：从 ChatGPT 到全面智能化时代的未来［J］．新疆师范大学学报（哲学社会科学版），2023（5）：81-90.

③ Introducing ChatGPT［EB/OL］．（2022-11-30）．https://openai.com/blog/chatgpt/.

④ ABUKMEIL M，FERRARI S，GENOVESE A，et al. A survey of unsupervised generative models for exploratory data analysis and representation learning［J］．ACM computing surveys，2022（5）：1-40.

⑤ 朱光辉，王喜文．ChatGPT 的运行模式、关键技术及未来图景［J］．新疆师范大学学报（哲学社会科学版），2023（4）：113-122.

⑥ DALE R.GPT-3：What's it good for?［J］．Natural language engineering，2021（1）：113-118.

与传统的人工智能模型不同，ChatGPT 的特点是具有较高的通用性，凭借其类人的交流能力、强大的内容生成能力以及自适应和迭代能力，势在向通用人工智能跨越，有望被应用于任意领域，面向各类用户。ChatGPT 使用大量公开可用的数字内容数据，利用机器学习等方法，生成与原始数据相似的内容[①]，不仅可以进行多种语言的人机对话，还可以完成写作等复杂任务[②]。也就是说，生成式 AI 不仅能进行对话，还可以实现文本创作，如剧本撰写、代码编写、诗词创作等，这使其成为自然语言处理和人工智能领域的重大创新，重构传媒业底层运行逻辑。

1. 主体更替：技术成为使能者

新闻生产传播主体是将新闻信源主体和新闻收受主体联系起来的中介性主体，传统新闻媒体中，记者和编辑人员等自然人掌握着信息的流入、编辑和输出，是收集、筛选、加工、制作和传播新闻信息的主体。行动者网络理论摒弃将人类行动者作为中心的观点，认为行动者可以是人类，也可以是非人类，将技术视为独立的使能者。[③]新闻领域，ChatGPT 作为技术使能者成为新闻的主要生产者，完成新闻采编分发的多重使命。

媒体运用 ChatGPT 等以人工智能技术为基础的新闻对话机器人，将生产和分发权交给技术使能者。一方面，它们背靠大规模数据集和超大语言模型，帮助媒体实现新闻生产自动化升级，进行细粒度信息采集，从海量

① BURKE B. Summary translation：innovation insight for generative AI［EB/OL］.（2022-06-16）. https://www.gartner.com/en/documents/4002602.

② BAIDOO-ANU D，ANSAH L O. Education in the era of generative artificial intelligence（AI）：understanding the potential benefits of ChatGPT in promoting teaching and learning［J］. SSRN electronic journal，2023.

③ COULDRY N. Actor network theory and media：do they connect and on what terms?［M］//HEPP A，KROTZ F，MOORES S，et al. Connectivity，networks and flows：conceptualizing contemporary communications. Cresskill：Hampton Press，2008：93-110.

数据中学习知识，解决数据采集合成难题，更便利高效地生成新闻文本。另一方面，它们通过 GPT 自然语言处理技术，采取基于人类反馈的强化学习技术对人类偏好数据进行学习和预训练，对人类认知进行深度模拟，以对话模式按需进行新闻生产和分发，实现与用户的个性化交流。

同时，ChatGPT 作为关键中介，在其回答中混合拼接了往昔专业机构的新闻文本素材、互联网用户的碎片信息等，杂糅了专业生产者、业余生产者、新闻受众等多元主体和异质行动者，意味着在智媒深度嵌入的当下社会，以新闻编辑部为中心的生产传播格局进一步被打破，新闻专业化生产的权威性被削弱。生成式 AI 掌握海量素材，具有信息整合能力，摄像、采集、编辑等传统的新闻生产分工可能被取代，催生非正式身份的“自由记者”，人人都可利用人工智能工具生产新闻。

2. 关系重塑：人机深度协同共生

ChatGPT 是人与机器深度融合的实践，人工智能从外在的“准它者”形态逐渐转变为与人类智能相互耦合的形态[①]，人机关系从“主客二分”进一步走向协同和共生。从用户与机器的关系来看，ChatGPT 根据人类反馈的对话式生成机制，向用户提供满足个性化需求的多源信息，向人“传授知识”，同时如“苏格拉底式训练”一般，基于人的询问引导进行深度学习和迭代，改进认识，人机关系就这样经历机器向人类智能学习、人类向智能机器学习循环往复的过程，人与机器趋向协同共生。对话情境中，生产、传播、消费同步进行，构成了个体化的“拟态环境”[②]，人与技术打造的环境合二为一，获得人机一体的具身体验[③]，向虚实融合的元宇宙进发。人对

① 喻国明，苏健威 . 生成式人工智能浪潮下的传播革命与媒介生态：从 ChatGPT 到全面智能化时代的未来［J］. 新疆师范大学学报（哲学社会科学版），2023（5）：81-90.

② 李普曼 . 舆论［M］. 常江，肖寒，译 . 北京：北京大学出版社，2018：25.

③ 梅洛 - 庞蒂 . 知觉现象学［M］. 姜志辉，译 . 北京：商务印书馆，2001.

技术赋权，技术也成就了对个体赋权的过程，形成了以用户为节点的去中心化传播格局，人人都参与到个性化“拟态环境”的建构中。虽然用户接收到的是差异化的内容，但是相比于具有接受门槛的传统媒介，ChatGPT等生成式人工智能平等地连接至每个个体，赋予用户平等对话交流的权力。

新闻媒体与技术的关系同样是人机渐趋耦合。人工智能技术逐渐深入传媒组织，机器与人的关系存在机器服务于人、与人合作、复刻人类的演变趋势[①]，新闻生产中“人”的主体性被弱化，但也并非“技术决定论”当道，而是人与技术的联结关系得到深化，即要发挥人的能动性，在人机连接和交互过程中感知和强化技术可供性[②]。一方面，媒体加强技术研发，运用 ChatGPT 等人工智能技术赋能新闻生产和分发，强化物质可供性；另一方面，将技术作为内容产销中介，构建媒体与用户的强连接，提升关系可供性。[③] 因此，传媒组织的人员配备也需要与机器相适应，使人机相配合。传媒组织应引入技术共生的新工种，如前后端算法工程师、数据分析专家、产品经理、UE 和 UI 设计师等，助力技术研发应用，同时，传统的采编记者要成为全媒体人才甚至是智媒人才，强化智能媒介的受众接受。

3. 流程再造：重构业务流程

将以 ChatGPT 为代表的生成式 AI 内嵌到具体的新闻业务实践中，打破以专业机构和采编记者为中心的制度化、秩序化新闻生产范式，极大提升信息采集、编辑、分发等流程的效率与质量。

新闻采编阶段，由海量第三方数据库和强大算力支撑的生成式 AI，拥

① 申琦 . 服务、合作与复刻：媒体等同理论视阈下的人机交互［J］. 西北师大学报（社会科学版），2022（3）：106-115.

② GIBSON J J. The ecological approach to visual perception［M］. Boston：Houghton Mifflin，1979：127-129，139.

③ 吕婷，俞逆思，陈昌凤 . 可供性视角下新型主流媒体技术融合的生态发展路径转向［J］. 中国出版，2022（13）：5-12.

有庞大新闻资源库，能够提高细粒度信息搜索、文本素材筛选的效率和精确性，突破人工资源收集和整合局限。及时编辑加工，按照人设计的新闻报道主题和侧重点要求，将非结构化数据处理为结构化新闻文本、故事、图表，增强可读性和可接受性，并极大缩短新闻生产流程。

新闻分发与生产近乎同步进行，生成式 AI 根据人的需求和反馈，在与人交互的过程中，瞬间处理请求，实时播报新闻，不受任何主体和技术限制，直接面向个体用户进行信息传播，缩短了传统新闻传播层级，取消了中介设置，从中心辐射式、圈层式传播转换为多节点网络式传播，进一步推动去中心化传播。ChatGPT 等生成式人工智能囊括了素材采集、编辑、主播等多种传统新闻业的专业分工，对职业人员的需要随之减少，媒体人员的专业化则表现为对数据库的充实和维护、与智媒协作等，从而推动了媒体的数智化转向。

第二章

新一代信息技术的影响机制

一、数字技术与数字化

（一）数字技术

1997 年，克里斯坦森（Clayton M.Christensen）在《创新者的窘境》中提出了“颠覆性技术”的概念。颠覆性技术亦被称为颠覆科学技术、创新技术再开发等，是指能够用意想不到的方法取代现有的主导科技的技术创新，通常为后发优势企业所使用，从最低端的利基技术入手，逐渐取代原有的主导技术，并逐步开辟出新的应用领域，进而产生更大的效益，甚至能够彻底改变当前的市场竞争状况。而大数据、云计算、人工智能、区块链等数智技术即可以被看作重要的颠覆性数智技术，以集群、高效的方式助推企业与市场的开拓创新。

一旦便宜、强大、灵活的计算机从组织后台溢出，更中立的通用数字网络也出现，数字设备开始能够通信、存储和处理多种类型的信息（设备融合），同一网络也可以支持任何信息服务（网络融合），数字技术便成为真正的基础设施。[①] 数智技术被视为基础设施，依托底层架构嵌入数字基础设施预示着信息技术发展的新阶段，反映了信息技术已经深深融入社会[②]，

---

① TILSON D，LYYTINEN K，SØRENSEN C. Digital infrastructures：the missing IS research agenda［J］. Information system research，2010（4）：748-759.

② HANSETH O，LYYTINEN K. Design theory for dymamic complexity in information infrastructures：the case of building internet［J］. Journal of information technology，2010，25：1-19.

可以被定义为共享、无边界、异构、开放和不断发展的社会技术系统[①]。

20 世纪 60 年代，埃弗雷特·罗杰斯（E.M.Rogers）提出创新扩散理论，认为技术创新具有相对优势、兼容性、复杂性、可观察性与可试性等五个特征。有学者将数字化技术设施的特征归纳为可编程性、可寻址性、敏感性、可记忆性、可追溯性、关联性、可通信性等七个特征。[②]可编程性是指数字化人工产物接受新的逻辑集以修改其行为和功能的能力。在数字化工件的情况下，它是由嵌入式软件完成的。可寻址性是指数字化工件单独响应发送到许多类似工件的消息的能力。它由诸如 IP 地址之类的标准化协议支持。敏感性是指数字化人工制品监视和响应环境变化的能力。它由与嵌入式软件结合的传感器支持。可记忆性是指数字化人工制品记录和存储其生成、感测或传达的信息的能力。它需要内部或外部存储设备。可追溯性是指数字化工件在时间上按时间顺序相互关联事件和实体的能力。它需要这些事件和实体的唯一标识符以及存储在存储器中的事件和实体的实质信息。关联性是指基于某些共同共享的属性，数字化人工制品与其他实体（如其他人工制品、地点和人物）相关联并被其识别的能力。通过标签，关键字或从属关系模式启用它。可通信性是指数字化工件与其他工件发送和接收消息的能力。它通过某种形式的通信网络和工件的可寻址性来启用。

卡纳迪认为互联网、移动计算等新一代信息技术的泛在性促进了高度

---

① HANSETH O，LYYTINEN K. Design theory for dymamic complexity in information infrastructures：the case of building internet［J］. Journal of information technology，2010，25：1-19.

② YOO Y. Computing in everyday life：a call for research on experiential computing［J］. MIS quarterly，2010（2）：213-231.

的全球互联互通[①]，因此数字技术具有极强的连接性[②]。数字技术还具有模块化特点，从而可以聚合、编纂并增加复杂性，并最终集成到标准化软件平台中，模块层的添加和改进可以将信息和工件分离，启用本来不存在的功能和业务模型并实现信息技术的商品化与平台化。[③]同时，越来越多可利用的数字轨迹与持续进化的机器学习与分析技术为组织数字化转型提供了数据基础。[④]

媒介与其技术特征的不可分离，使得技术力量成为影响传媒环境与用户间互动关系的建设性力量。因此，更强调以技术变革为代表的物质权力对媒介生态建设的系统性影响的技术可供性（technological affordances），也是新闻传播学探讨的理论热点。可供性的概念由吉布森（James J.Gibson）首次提出，主要用来探究经济行为与社会功能之间的共生机制。随着媒介技术对新闻传播业影响的深化，媒体促进了各主体之间的关系连接和意义共享。里瑟等人将媒体可供性（media affordances）定义为：在媒体的潜在特征 / 能力 / 局限领域中，相对于在一定场合下的行动者的意愿或目的，行动者与认识到他们能够使用媒体的形式进行活动的机会间的联系。[⑤]也就是说，媒体的使用方式会跟随技术特征与用户感知的变化而变化。

---

① CANADAY T. Evolving a payments business to meet the demands of a distributed economy［J］. Journal of payments strategy & systems，2017（1）：15-22.

② WEICHERT M. The future of payments：how fintech players are accelerating customer-driven innovation in financial services［J］. Journal of payments strategy & systems，2017（1）：23-33.

③ DHAR V，SUNDARARAJAN A. Information technologies in business：a blueprint for education and research［J］. Information systems research，2007（2）：125-141.

④ CANADAY T. Evolving a payments business to meet the demands of a distributed economy［J］. Journal of payments strategy & systems，2017（1）：15-22.

⑤ RICE R E，EVANS S K，PEARCE K E，et al. Organizational media affordances：operationalization and associations with media use［J］. Journal of communication，2017（1）：106-130.

潘忠党将可供性的概念引入传媒研究领域，并认为媒体可供性能够分为信息的生产可供性（production affordances）、社交可供性（social affordances）和移动可供性（mobile affordances）三部分。[①] 从新媒体技术视角来看，可供性可分为高阶可供性与低阶可供性。高阶可供性也可以被看作数字可供性（digital affordances），具体表现为超链接、多媒体、链接性等；低阶可供性针对某种特定媒介或平台，如博客可供性（affordances of blogging）等。[②] 可供性概念要求研究者从网络视角去解读新闻生态中各行动者（物、技术、人、内容等）间的关系，以德勒兹所言的“根茎思想”重新组织新闻传播学的研究体系技术与媒体，为理解数字技术对新闻传播业的影响机制开辟了新的视角。

作为传播颠覆性技术创新的重要源泉，新型信息技术正呈现指数的上升趋势，并呈现出信息化、数字化、智能化的新特征，既构成了媒介内容、受众、企业等其他利益相关者周围的“环境”，又成为促进媒介应对颠覆性困境、促进媒体深度融合的关键力量。信息技术自身也内嵌在各种制度体系之间，技术创新和体制革新之间相互影响又相互促进，共同引领行动主体的认识深度和媒介整合的发展。[③] 数字技术为新闻界提供了信息、创造力、复杂性、社交力、连通力、可存储力、可搜索力，特别是高效度和灵活性，从而改善了新闻媒体运作的外部环境。新一代信息技术催生了新的用户需求和发展业态，大众传播时代的受众拥有了用户的新身份，互联网成为其重要甚至首要的信息来源。基于数字技术崛起的新媒体平台依靠强大的网络效应、新闻聚合能力快速收割用户的注意力，这让传统媒体感受到较强

① 喻国明，赵睿 . 媒体可供性视角下“四全媒体”产业格局与增长空间［J］. 学术界，2019（7）：37-44.

② 张志安，黄桔琳 . 传播学视角下互联网平台可供性研究及启示［J］. 新闻与写作，2020（10）：87-95.

③ 殷琦 . 创新的转向：中国媒体融合演进的路径与机制［J］. 新闻大学，2021（1）：103-116，121.

的竞争与生存压力，媒体亟须积极采用新技术，进行数字化转型。

（二）创新感知与媒体数字化转型

2019年1月，习近平总书记在中共中央政治局第十二次集体学习时强调，推动媒体融合发展、建设全媒体成为我们面临的一项紧迫课题。[①] 因为在整个媒体的发展过程中，将产生全程媒体、全息媒体、全员媒体、全效媒体，所以我们需要运用大数字的新成果，推动全媒体的全面融合和纵深发展，做大做强新兴传媒。推动新兴媒体融合发展，还需要根据融合发展的实际要求，进行流程优化、机制再造，推动各种信息媒介资源、市场要素的有效整合，推动资讯内容、技术生产、市场价值、信息技术的共融互通，促进信息整合质变，产生整合价值，从而建立一种具有重要吸引力、竞争性较强的新型信息主导媒体体系。

2020年6月，中央全面深化改革委员会第十四次会议审议通过了《关于加快推进媒体深度融合发展的指导意见》。2021年12月，国务院印发《“十四五”数字经济发展规划》，设定了“十四五”期间我国数字经济发展目标、主要任务，力主大力建设、发展数字经济。可以说，随着媒介融合进入深水期，推动媒体的数字化转型已刻不容缓。

在技术环境、竞争压力和政策导向的多重作用下，积极接受、应用智能媒体，推动数智技术在媒体组织内部的感知与扩散，加快推进传统媒体的数字化转型成为当务之急。但现实情况中，新闻媒体行业似乎在短期内适应缓慢，只是随着时间的推移而渐进式发展。反应性、防御性和务实性特征以及普遍不愿意接受创新，导致不实施新实践的各种借口出现。这种

---

① 推动媒体融合向纵深发展　巩固全党全国人民共同思想基础［N］. 人民日报，2019-01-26（1）.

情况以前在文献中被称为“是的，但是（Yes，but）综合征”。[①]然而，渐进式改进确实在几年内发展起来，这些改进不应被低估[②]，因为累积的转型促使该行业产生重大而根本性的变化。总体而言，近年来的这些发展迫使媒体机构变得比以前更具创新性和创造性，即使与其他行业相比，这些变化有限。

数字化（digitalization）意味着使用数字技术和数据改变业务流程，为组织变革创造环境，最终获取企业收益，实现从商业模式到内容产品的全方位变革，从而使数字信息成为价值核心。其重点在于数据与信息技术对组织内部产品流程、价值创造模式等全方位的影响与结合。数字经济是继蒸汽机革命、电气革命和计算机通信革命之后新一轮的数字化革命[③]，正在重塑经济结构，重构竞争格局。数据是数字经济的关键资源要素，不仅加速了信息获取、生产与分享的效率，也带来了超联通的经济模式，意味着人、组织、机器、信息与流程之间通过数据的共享与交换创造价值，通过网络，移动技术和物联网（IoT）使得企业、公司信息和设备之间的互联性进一步增强。数字化企业的产生改变了传统的组织结构、运营方式、与竞争对手的关系，以及用户怎样获取信息、资讯和产品。如果说过去的传统媒体由新闻采编者主导，以新闻产品为价值源泉，进行单向链式传输，遵循单次线性采编流程，呈金字塔结构；那么数字化背景下的媒体则是由数据、人机多元行动者共同主导，以用户场景为核心价值主张，遵循模块化、分布式、自动化采编流程，以平台生态型结构为支撑的数智化

---

① RYFE D M. Why has news production in the United States remained stable at a time of great change?［M］//VALDIVIA A N，NERONE J，GATES K，et al. The international encyclopedia of media studies. Hoboken：Wiley-Blackwell，2012.

② BOCZKOWSKI P J. The processes of adopting multimedia and interactivity in three online newsrooms［J］. Journal of communication，2004（2）：197-213.

③ 张光辉 . 聚焦“四大支柱”，加快传统媒体数字化转型［J］. 新闻爱好者，2022（10）：4-7，1.

信息系统。

数字化转型是指通过将非数字或手动流程替换为数字技术，或将较旧的数字技术替换为较新的数字技术来转变服务或业务。如今，“数字化转型”一词在当代商业媒体中已得到广泛使用，以表示数字技术对企业的变革性或颠覆性含义（新的商业模式、新的产品 / 服务类型、新的客户体验类型）。[①] 除了自动化的效率提升，数字化转型还意味着颠覆性创新的实现、组织的彻底革新以及数字化竞争力的提升。对于媒体机构来说，数字化转型并不是单纯地使用新技术，而是将数智技术应用于新闻采集、生产、分发等各个流程，推动组织结构整体变革以适应技术创新，拓展产品与内容的边界，完成整体价值创造模式的转型，向一个数智赋能的媒体生态系统衍化。我们考察新一代信息技术对新闻传播业的影响机制，并不是强调单一的技术决定论，而是将技术嵌入社会制度的框架中，将其作为能动的传播生态行动者与其他参与主体交互共创，而这个过程是一种复杂的动态互动过程（见图 2-1）。数字技术首先通过与媒介环境的共同作用引起媒体组织的价值感知，继而触发下一步技术的扩散和整体变革。我们只有通过研究新一代信息技术如何影响新闻传播业的创新发展，从具体价值创造方式、产品流程、组织变革等方面给出可行的战略蓝图，才能拓宽融合广度，使其从单部门扩展到跨部门，最后达到系统化、生态级的整体融合，同时提高融合的深度，实现机械式融合—有机式融合—创新式融合的跨越，形成可持续的数字传播生态系统。

---

① BOUTETIRE H，MONTAGNER A，REICH A.Unlocking success in digital transformations［R］. McKinsey insights，2018：1.

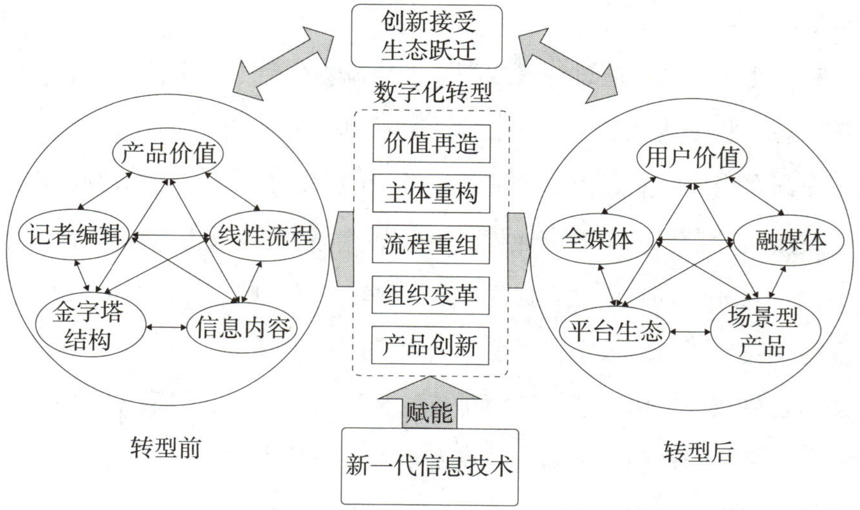

图2-1　新一代信息技术对新闻传播业的影响机制

二、数字化转型逻辑与范式革新

(一) 场景·关系·公共：媒体价值再造

1. 用户场景

信息技术的革命带来了内容的膨胀与意义的“内爆”，我们进入了一个万物皆媒的时代，人们随时随地“触媒”，随时随地消费信息，也要求信息的随时随地生产。用户的重要性凸显，他们要求从内容消费中及时获得丰富的场景体验。一方面，大众传播时期，专业媒体机构掌握着信息的生产与分发权力，受众仅仅是新闻内容的接收者和消费者，此时媒体价值生成遵循的是一种“商品主导逻辑”，即以信息产品本身的价值为核心。社交媒体平台、短视频与流媒体平台通过垄断人们的注意力、提高用户参与度而迅速崛起，对传统行业造成了冲击。随着数字平台对受众注意力的分割，受众的主体地位得到凸显。为了攫取受众注意力，传统媒体需要改变过去的商品逻辑，转向以用户体验为主导的服务主导逻辑。服务主导逻辑强调以受众需求为核心，关注受众的跨平台体验。“新闻是通过服务提供的使用来获取价值的”，媒体借助智能媒体平台，激励新闻受众主动参与，新闻产品也从单纯嵌入资源的载体转变为沟通传受双方、传递价值的媒介，具有了社交属性和服务性质。①

另一方面，麦克卢汉曾预言技术的交互性将改变受众的地位，人们不仅通过数字平台获取信息、娱乐消费，而且基于互联网技术的可编辑性、开放性，消费者得以主动与生产者互动，参与到信息内容的传播与创作中。作为“数字原住民”的Z世代崛起，要求自主选择想看的内容，并根据自身的兴趣与他人沟通、互动、连接，形成了不同的趣缘社群与圈层，在互动中助力信息更快速、广泛传播。更丰富的媒介往往意味着更稀缺的时间，用户消费习惯的改变要求媒体采取与之匹配的运营逻辑，秉持用户至上理念，基于颠覆性、强交互的技术基础与高规模的网络效应，满足受众的场景需求。场景是人与周围环境的关系，是空间环境、行为情境以及心理氛围的总和。以用户的场景体验为价值主张意味着通过移动设备（mobile）、社交媒体（social media）、大数据（big data）、传感器（sensors）和定位系统（location）等数字技术灵活洞察用户需求并随时调整产品与服务，在全渠道打造不同的社群和社交媒体体验空间，实现资源和需求的及时交互，并和受众协同共创，不断提升受众对产品服务多维度、全方位、多层次的感知与体验。

---

① 孙嘉宇，陈堂发 . 理解新闻价值的两种逻辑：商品主导与服务主导［J］. 国际新闻界，2022（2）：6-19.

2. 关系连接

新一代信息技术的生成性、开放性打破了传统媒体的边界，将关系连接提升为重要的生产力，关系属性成为数字社会重要的价值要素。网络时代也是泛在连接的时代。卡斯特尔（Manuel Castells）提出了“网络社会”的概念，“网络社会表面上是媒介技术延伸的结果，其实质却是社会互动关系的投射”，把握当下新闻活动及新闻现象应该以“关系”和“互动”为基本分析单元。① 传统媒体组织内部长期遵循价值链形态，将新闻价值传递归为“采集、生产、分发、接收”的单链式层级结构，内部活动依照瀑布式线性流程设计，价值按从生产者到消费者的恒定方向运动，消费者为最终价值消耗者。而数字技术天然具有去中心化与分布式网络的特征，让媒体机构与受众等利益相关者紧密连接，让信息等资源要素在整个网络中多维流通，从而提升整体网络的价值，这种价值创造形式被称为价值网。价值网是指传统价值链中各个不同主体和各个环节按照整体价值最优的原则相互连接、融合以及动态互动，形成一个以领导企业为核心，在用户、供应商、竞争者和互补者间进行双向资源互换的复杂创新网络。它顺应了媒介融合的趋势，向外拓展了媒体的价值内核。

具体来说，价值网络中这种关系连接体现在人与内容、人与人、人与物、物与物等的联系上。对于媒体机构来说，一方面，受众通过消费新闻内容获取信息，同时基于共享的信息与他人沟通交流，建立新的社交关系，形成对世界和他人的新认知。另一方面，媒体机构建立起与新技术的关系，技术本身作为一个独立的行动者加入媒体的价值网络，如算法、社交机器人、ChatGPT 等，能够与媒体机构共生协作，共同促进内容的生成和分发。同时，媒体机构也建立起和其他媒体机构的联系，包括其他区域媒体、政

---

① 杨保军，余跃洪 . 关系价值：新闻价值论的新维度［J］. 新闻与写作，2022（12）：45-54.

务媒体等不同功能的媒体组织、新媒体平台等。其中，新媒体平台区别于传统媒体的一个关键特点在于，其商业模式就是基于网络外部性的支撑而运营的。网络外部性，即使用该平台的用户越多，就会有越多的用户选择使用该平台。可以说，整个数字平台的运营逻辑都建立在关系连接的基础上，通过泛在互联，平台能够掌握重要的数字资源——可见性。为了获得信息的可见性，许多传统媒体、县级融媒体与数字平台合作，在平台界面建立链接入口，将内容转移到平台型媒体上以提高自身的可见性。无论是媒体内部跨部门的运营协作、人机协同，还是加强与媒体外部利益相关者的资源共享，都是信息时代媒体捕捉关系价值的实践。

3. 公共实践

随着数字资本主义的全球性扩张，数字平台在市场与非市场之间、私人和公共利益之间、商品市场与创意市场之间摇摆不定。[①] 媒体平台既实现了对公共需求的可见性赋权，也增强了自身在媒介生态中的可见性。随着平台的基础设施化，平台获得了公开、推荐和监管商业交易的权力[②]，商业平台的垄断性特征凸显，逐利性逐渐蚕食公共性，用户的隐私数据被监视、计算。传统新闻记者的把关权让位给了“中立”的技术[③]，新闻的“价值弧光”逐渐黯淡。有学者将其延展为“新闻荒漠化”，并指出随着新闻信息的价值逐渐消失，新闻领域将面临内容中空、价值中空和信任中空的严峻情

① VAN DIJCK J. Seeing the forest for the trees：visualizing platformization and its governance［J］. New media and society，2021（9）：2801-2819.

② 郭小平，杨洁茹 . 传播在云端：平台媒体化与基础设施化的风险及其治理［J］. 现代出版，2021（6）：30-37.

③ AVILÉS J A G，LEÓN B，SANDERS K，et al. Journalists at digital television newsrooms in Britain and Spain：workflow and multi-skilling in a competitive environment［J］. Journalism studies，2004（1）：87-100.

况。[①] 正视人工智能技术的颠覆性影响力，用建设性、公共性的观念重构新型人工智能研究形态，不仅是还原新闻的人本价值，同时也是利用人工智能增益社会福利的重要契机。[②] 未来媒体机构如何立足新闻的公共价值与互联网平台等合作者协同生产成为重要议题。

一方面，建设性报道、众包新闻、参与式新闻、解困性深度报道等优质内容形态的出现成为传统媒体良性引导舆论的重要框架。建设性新闻强调积极参与和新闻的公共价值，旨在立足个体、解释并解决问题，激励受众的正面情绪，推动社会治理。

另一方面，以新型主流媒体为治理主体设计生态规划成为谋求最大公约数的必要考量。区别于商业平台，主流媒体平台始终坚持为人民服务，在全媒体传播体系中具备极强的专业性与公信力，其扮演的社会角色要求其以事实标准而非流量标准进行价值判断，以协商合作而非寡头垄断进行价值创造。因此，打造以新型主流媒体为引领的平台生态系统是建设国家全媒体公共传播体系的必然选择。新型主流媒体平台应敢于突破创新，培养多技能媒体人才，加强价值感激励；坚持公平、公正，展示真实、真相，打造既亲民又具备深度的建设性内容，提供诸如教育、医疗、生活资讯等相关公共服务；优化算法推荐逻辑，提高算法与数据透明性；借助区块链技术的加密智能合约建立一套共享的信息权力分散机制与问责机制，设计生态系统的共同目标与规则，选择有共同愿景的良性合作伙伴，并与人民群众、政府相关部门、行业协会联合监督治理。如同平台合作主义（platform cooperativism）思潮所希冀的："我们需要的是一个关于分享、聚

---

① 徐敬宏，袁宇航．重建价值公地：新闻聚合平台的现有问题与未来发展方向［J］．中国编辑，2021（10）：10-15.

② 陈薇，王中宇．智媒时代下建设性新闻的价值理性与实践路径［J］．编辑之友，2020（3）：27-34.

合、开放、合作的新故事。”[①] 主流媒体平台生态中各主体协奏的是一支边界平衡、共治共益的“交响曲”。

（二）主体重构

1. 新要素：数据、知识与融合团队

数字时代，液化的数据、信息与知识以及融合型人才已经逐步替代传统的生产要素，成为新的战略资产与动能资源。为有效地将新要素采纳、吸收、转换为媒体组织转型升级的新动能，实现媒体组织的指数级增长，媒体组织需要通过学习促进媒体技术、管理等多层次地快速成长迭代。

新技术的发展对传统媒体从业者的角色与能力提出了新的要求。2020年，人社部发布的职业名单，将“全媒体运营师”纳入其中。“全媒体运营师”的职业定义是“综合利用各种媒介技术和渠道，采用数据分析、创意策划等方式，从事对信息进行加工、匹配、分发、传播、反馈等工作的人员”。[②] 数字时代的媒体从业者需要同时扮演策展人、口译员、感官制造者、企业家、创新者、设计师和跨媒体讲故事的融合角色，这些角色需要灵活性、创造力和审美洞察力。[③] 媒体从业者应进一步提升自身融合性思维与技能，包括聚合思维、场景思维、感官思维、联动思维等[④]，加强对机器化生产环节的精准掌控能力、深度体验与思考能力、新兴媒介细分工种的迁延

---

① SCHOLTZ T. Platform cooperativism：challenging the corporate sharing economy［M］. New York：Rosa Luxemburg Stiftung，2016.

② 黄楚新 . 全面转型与深度融合：2020 年中国媒体融合发展［J］. 现代传播（中国传媒大学学报），2021（8）：9-14.

③ POSTEMA S，DEUZE M. Artistic journalism：confluence in forms，values and practices［J］. Journalism studies，2020（10）：1305-1322.

④ 蒋琳 . 智媒趋势下新闻编辑思维的转向与拓展［J］. 编辑之友，2018（10）：69-73，83.

能力[①]，培养自身的持续学习与跨界融合能力，建立开放共享、整合迭代的生态观，完成从把关人角色到新闻传播策展人角色、从信息收集者到信息甄别者与知识管理者的调适，通过对跨平台用户生成内容的集成，实现新闻资源的组织化聚合与传播[②]。

同时，媒体组织需进一步平衡人才结构，注重培养与引入技术人才，设立首席技术官（CTO），形成与采编和经营系统协同的技术团队，并通过各业务部门的协同合作，建设为多终端提供服务的跨部门全能记者与超级团队。媒体管理者要加强赋权，灵活调整资源与人力，要通过技术、采编、分发、运营的分布式一体化协作模式，灵活打造产品、分享内容。

2. 新主体：行动者网络与人机协同

智媒时代，越来越多的新主体参与到内容的生产、运营和管理中。在新媒体时代，新闻参与主体包括相应的专业人才与非专业人士。拉图尔（Bruno Latour）提出了行动者网络理论，认为人和非人的行动者协商，达成一致，并重新界定行动者的角色与功能。韦斯特隆德（Westlund）与刘易斯（Lewis）提出了 AMI（agents of media innovations）理论框架，并提出 4a 矩阵的概念，即人类行动者（actors）、非人行动者（actants）以及受众（audiences）在媒介活动（activities）过程中“全方位地相互扣链……定义了新闻组织的主线”。[③] 人类行动者、非人行动者和受众分别主导了三条行动路径，并通过不同方式互动，形成了四种新的路径。计算新闻生产网络中的各行动主体，包括传媒机构及记者编辑与技术人员、搜索引擎 / 社交

---

① 赵渊 . 人机关系与信息传播变革［J］. 现代传播（中国传媒大学学报），2019（6）：150-154.

② 王斌，顾天成 . 智媒时代新闻从业者的职业角色转型［J］. 新闻与写作，2019（4）：29-36.

③ WESTLUND O，LEWIS S C. Agents of media innovations：actors，actants，and audiences［J］. Journal of media innovations，2014（2）：10-35.

媒体平台、网络数据及知识库、算法技术。它们通过代理能动性，共同构建了一种共生关系。[①] 具体来说，这种共生的主体关系包括媒体机构与受众、智能技术及其他媒体的关系。

（1）产消者

随着 Web3.0 的进化及 Z 世代消费者的成长，以往被视为被动的消费者开始具备了产消者（prosumer）这一新身份。产消者被充分数据化，以“生产即消费”逻辑为主导，追求对信息内容的主动参与和自我满足[②]，并催生出用户生成内容（UGC）的众包新闻等，强调信息资源的大众聚合、生产、分发。因此，传统媒体应通过点对点、精准化、场景化的内容服务加强与用户的实时互动，促进用户参与。

（2）技术行动者：人机协同

根据行动者网络理论，技术可以被视为独立的使能者，与人类、组织进行交互，成为媒体组织变革过程中新的主体。而随着虚拟主播、机器人新闻、ChatGPT 等智能技术在组织内的应用，媒体组织可以被看作“人类行动者、技术和物体之间的连接网络化”的结果。[③] 可以说，加强人机交互与人机协作的重要性凸显。媒体组织需搭建并优化新闻从业者与人工智能协同开展新闻工作的平台，打造创新实验室，加强培训，让传统媒体从业者懂技术、学技术，与技术部门跨界合作，让智能机器辅助内容生成和分发的各个环节，提高决策、生产与分发的精准性与效率，建立“人力 + 物力”“技术甄别 + 专业把关”“批量处理 + 精深加工 + 风格化表达”“机器

---

① 张岩松，孙少晶．人—算法共生主体：计算新闻生产网络中的主体创新［J］．编辑之友，2022（3）：55-61.

② 吕尚彬，岳琳．传媒受众：从受教育者到产消者［J］．编辑之友，2019（9）：69-75.

③ COULDRY N. Actor network theory and media：do they connect and on what terms?［M］//HEPP A，KROTZ F，MOORES S，et al. Connectivity，networks and flows：conceptualizing contemporary communications. Cresskill：Hampton Press，2008：93-110.

分发 + 专业分发”的全流程人机协同合作机制[①]。

（3）媒体组织：多元主体共生

中国社会信息传递生态系统中包括四大类型的社会信息媒体：专业媒体、机构媒体（如政务机构媒体）、自媒体和平台型媒体。这些多元主体共同构成了媒体生态系统，彼此共享信息与资源，实现技术、人才、数据、信息、内容等要素的交互流通。在媒体生态中，传统媒体需加强与新媒体平台、政务媒体、技术服务商等各级利益相关者的资源共享与价值共创，真正实现群智赋能。

（三）流程重组

传统的新闻采编流程是一种线性、单向的传播过程，缺少相应的沟通反馈。主体大致经历三个主要步骤，即前期的线索采集、中期的新闻撰写以及后期的新闻分发。[②] 当前，智能技术正在全面渗透并重构传统媒体信息采集、内容开发与分发、受众体验与效果反馈等各个环节[③]，整个运营流程逐渐转变为以数据处理为逻辑主线、以分布式协作团队为实践主体的自动化、叙事化过程[④]，呈现出集约、高效、智能、融合的特点。

1. 新闻采集

在数据收集和选题规划方面，数字技术带来了新的信息渠道，提高了

① 彭兰．智媒趋势下内容生产中的人机关系［J］．上海交通大学学报（哲学社会科学版），2020（1）：31-40.

② 孙旭．融合新闻的报道流程研究［D］．武汉：华中科技大学，2013.

③ 沈浩，袁璐．人工智能：重塑媒体融合新生态［J］．现代传播（中国传媒大学学报），2018（7）：8-11.

④ BRADSHAW P. The inverted pyramid of data journalism［EB/OL］．（2011-07-07）．https://onlinejournalismblog.com/2011/07/07/the-inverted-pyramid-of-data-journalism/.

信息采集的效率。过去媒体对信息线索的获取大多是通过实地走访寻找信源来获取一手资料，这种模式虽能在一定程度上保障信息来源的真实性，但在当前万物互联的时代效率较低，也难以保证信息获取的时效性。依托短视频、社交媒体平台以及便携式移动设备，受众可以随时随地记录、分享周围发生的新闻线索，这让“众包新闻”成为可能，每个个体都能成为信息流参与到整个公共空间的讨论和信息的扩散中。同时，智能技术进一步借助各种信息整合平台的海量数据，通过信息挖掘聚合当下关键热点和话题，实现议程设置的自动化与精准化，使新闻更接近现实驱动与舆论驱动。[①] 此时，传统媒体从业者从“把关人”的角色转变到“策展人”的角色，相比起采集，从业者更多需要去编辑统合各种信息流，整合受众数据，挖掘大众普遍关心的议题。

同时，物联网、传感器以及智能穿戴设备等技术可以被看作人体器官的延伸，可代替人的眼睛、耳朵等去探测和感知信息，成为新闻生产中新的“信源”。[②] 传感器技术能够实时监测、定位、记录、传输被监测对象的信息，拓展了新闻采集的时空广度与深度，提高了信息采集的效率，并能够通过对被监测对象的信息进行自动检测、记录、传输，替代记者前往有危险的现场搜集一手资料，极大地拓展了新闻信息挖掘渠道的广度与深度，提升了信息和数据的准确性。例如，新华社的“媒体大脑”能够整合利用无人机、感应器等拍摄装置以及外部数据来发现、搜集信息，自动筛选、生成包含多维数据的新闻内容。

---

① 王美儿，王景周，王海蓉 . 智能软件对新闻内容创作的辅助实践与思考［J］. 中国编辑，2021（3）：76-80.

② 令狐克睿，薛娇 . 智媒时代的新闻生产：融合、重构与创新［J］. 中国编辑，2021（3）：71-75.

2. 新闻生产

在信息产出方面，新闻的生产流程呈现出智能化、自动化、集成化、精益化的特征。

一方面，以数据新闻、机器人新闻等为代表的智能媒体产品提高了信息生产的效率，提高了内容的质量，为受众带来新奇、沉浸的互动体验。数据新闻从计算机辅助报道（CAR）和精确报道技术发展而来，是一种以信息为基础的收集、挖掘、分析和报道信息的新闻方式。机器人新闻又叫自动化新闻，是指对海量数据进行结构化处理和实时分析，依靠算法机制自动生成内容的新闻报道。机器人写作在内容生产的速度、总量上都有很大提升，能够形成“一触即发”式的突发写作速度，同时在个性化信息产品生产、推送、核查真实性及用户反馈的自动化追踪上也远优于传统方式①，能够有力降本增效。随着ChatGPT的兴起，信息产生方式也逐步地由PGC（专业生成内容）、UGC（用户生成内容）向AIGC（人工智能生成内容）、MGC（机器生成内容）过渡。AIGC虽然在新闻写作、内容呈现等方面简化了生产流程，提高了内容生产效率，但也对新闻事实的核查提出了挑战，媒体工作者对新闻的把关从生产端后移到审核端。这可能会改变原有的扁平化的新闻生产模式。② 此外，人工智能技术也能极大地提高视频剪辑、切条、包装、加字幕以及图文转换等环节的效率。

另一方面，为了支撑内容的高效集成与多渠道传播，媒体在传统采编方法的实践中探索出一套高效的集成化内容生产流程，这种流程以“中央厨房”与“智能融媒体编辑部”为代表。传统媒体时代，同一媒体的不同

① 厉文芳．2016—2018：人工智能技术驱动下的中国传统媒体转型研究述评［J］．东南传播，2019（1）：10-12.

② 郑满宁．人工智能技术下的新闻业：嬗变、转向与应对：基于ChatGPT带来的新思考［J］．中国编辑，2023（4）：35-40.

渠道往往各自为政，容易导致板块分割、效率低下。而基于大数据、云计算、人工智能技术的“中央厨房”打破了各部门之间的沟通壁垒和协作边界，让传统媒体与新媒体、技术部门协同合作，将新闻选题、新闻素材整合打通，实现内容资源在整个编辑部内的共享共用，并根据不同渠道特征进行灵活调整，真正实现“一次采集、多种生成、多元传播”。这种对内容的集成化管理符合精益生产的核心理念，即以较低的资源消耗产出更多的收益，实现多元、批量、全员参与，让整个生产流程更加高效，并能覆盖更丰富的用户场景。

为了更高效、精准地生产内容，大型媒体机构纷纷成立智能融媒体编辑部、智能融媒体中心等，让以人工智能为代表的数智技术深度赋能内容生产全流程。例如，中央广播电视总台（简称总台）的“人工智能编辑部”按照智能策划、智能采集、智能生产、智能运营及智能审核等五“智”进行布局，实现全流程智能生产。在过去的多年运营中，总台累积了大量素材和数据。总台在“人工智能编辑部”的开发过程中不断解码这些珍贵资料，为编辑部搭建起强大的基础数据、算法和模型库。通过跨行业交流合作，总台“人工智能编辑部”目前已具备远程会议交互、高清融合显示及AI智能调播等功能，真正实现了采编播全链条一体化。[①] 又如，新华社的智能编辑部“媒体大脑”能够对语音、图像、音视频等跨媒体数据进行解码分析、自动打标签、分类，并在此基础上对图像 / 文本进行自动转换，实现视频素材智能拼接，根据不同场景灵活调整内容。

3. 新闻分发

新闻分发是智能技术应用最成熟的环节。过去对内容的分发基本分为以媒体为主导的垂直型分发模式和以人际网络为主导的关系型分发模式。

---

① 庞俊 . 人工智能在创新新闻流程中的应用分析：以中央广播电视总台“人工智能编辑部”为例［J］. 传媒，2021（9）：55-56，58.

随着大数据、人工智能与算法技术在媒体领域中的应用，个性化算法推荐系统成为精准分发的工具，传统“人找信息”的模式可以转换为“信息找人”。算法选择内容的核心逻辑是运用大数据分析技术，从互联网中获取网络内部消息、用户的网络信息以及社会信息，根据“信息与人”的匹配原理对信息数据库中的所有信息进行排序，再加以消重、分类以及标记化的处理，然后向用户推送符合其内容偏好的指定内容。[①] 人工智能技术可以利用计算机收集用户在媒体中的行为、兴趣和关联等数据，进而构建和优化信息画像，搭建准确的、个性化的信息发布平台；也可以通过图像识别、人脸识别和情感识别等手段构建信息数据库，挖掘内容数据，利用大数据技术建立信息与应用之间的高效链接。[②] 当前，根据算法使用程度的高低，我们可以将推荐算法分为三类，一是由信息生产者通过协商，根据用户信息选择新闻内容并让用户看到或选择订阅的“人工推荐为主”模式；二是通过记录用户搜索信息推荐新闻的“人工 + 算法”模式；三是基于用户行为数据和社交媒体数据，运用机器学习推荐新闻的“完全算法”传播方式。[③] 由此形成了一种信息分发生态系统，包括以“多源聚合 + 人工分发”为特征的聚合类平台，以“多源搜索 + 算法调度”为特征的搜索引擎平台，以“人际网络 + 大众传播”为特征的社会化媒体平台，以“个性分析 + 算法匹配”为特征的个性化推荐平台，以“临场体验 + 社交传播”为特征的视频和 VR/AR 平台，以“生活场景 + 新闻推送”为特色的信息服务型网络平台。[④] 依托数字技术兴起的互联网新闻聚合类平台很好地应用了个性化算

---

① 宋建武，冯雯璐 . 全媒体时代主流媒体的数据化生存与发展［J］. 湖南大学学报（社会科学版），2019（6）：153-160.

② 解学芳，张佳琪 . AI 赋能：人工智能与媒体产业链重构［J］. 出版广角，2020（11）：26-29.

③ 周勇，赵璇 . 大数据新闻生产的实践与反思［J］. 新闻与写作，2016（6）：44-48.

④ 王仕勇 . 算法推荐新闻的技术创新与伦理困境：一个综述［J］. 重庆社会科学，2019（9）：123-133.

法推荐机制，越来越成为新闻分发的主流渠道。例如，今日头条根据不同的内容标签与用户画像灵活匹配场景，真正实现了个性化、精准化的新闻推送。当前在用户的信息接收过程中，出现了“信息偶遇”的现象，即不依赖算法推荐而随机获取自己感兴趣的内容，这是信息过载与算法回避的一种表现，提醒算法设计者不断优化“算法价值观”，灵活调整算法推荐机制。算法的应用也带来了审核的发展。过去新闻的质量、真实性均由人工把关审核，随着智能技术的发展，涌现出智能化、自动化的审核工具，能够有效规避内容分发中出现的安全风险。例如，腾讯云已可以识别 7 个大类、120 个小类的违规内容，并能通过人脸识别、语义识别、文字校对等功能发现不良内容，准确率高达 96% 以上。[①] 此外，智能算法也可以对信息的真实性进行核查，根据系统输入源和计算原理的差异，新闻核查的算法可以分为“基于内容模型的新闻核查算法”和“基于社会情境模型的新闻核查算法”。[②] 算法既能够对文本进行判断，又能够结合分发中的不同情境来识别假新闻，从而大大提高了新闻核查的效率，提升了新闻内容的真实性与可靠性。

4. 新闻接受

在用户接受与体验方面，数字时代“去中心化”和“参与式”的跨媒介文化要求数字新闻通过交互叙事来实现新闻叙事的功能性意义。[③] 一方面，互联网社交媒体平台降低了内容发布制作的门槛，移动设备以及剪映等剪辑工具方便普通受众随时随地自制、上传内容，并对新闻做出评价、分享、

---

① 参见王翔在第九届中国网络视听大会广电 5G 媒体融合高峰论坛上的发言《5G 时代下广电行业智能审核技术趋势》。

② 陈昌凤，师文 . 智能化新闻核查技术：算法、逻辑与局限［J］. 新闻大学，2018（6）：42-49，148.

③ 张超，钟新 . 从比特到人工智能：数字新闻生产的算法转向［J］. 编辑之友，2017（11）：61-66.

推荐甚至改写，助力新闻内容的二次传播。另一方面，在数字技术的赋能下，涌现出文字之外的短视频、Vlog、交互视频、H5新闻、新闻游戏、VR新闻等内容形态，为用户带来了场景化、沉浸式、高交互的全新体验。受众在消费新闻内容时，也建立了和传播者的互动对话关系，改变了过去的单向传输模式，建立起一种双向、多向互动的共创机制，这让受众拥有了积极的能动作用。而在未来5G、MR、数字孪生、元宇宙等技术的支持下，超高保真媒体、现场直播体验、分布化协作的新媒介服务等产品类型也将出现爆发式增长。

此外，区块链、Web3.0、NFT加密货币等技术还能为媒体经营与媒体资产管理带来新的可能。例如，区块链的上下游加密技术能够让媒体上下游协作更为便捷与安全，确保版权得到有效保护，并能够实时追踪溯源，更便于对数据、信息、资金进行集中控制与管理，在不确定的环境下连接多元合作者，建立一套利益共享与风险共担机制，真正做到包括信息生产的过程透明化、议程制定的规范透明化、验证与追责的过程透明化在内的三位一体的"链式"透明化。[①] Web3.0致力于打造一个基于区块链技术、数据共享、用户主导、用户共建、成果共享、去中心化的网络生态，意在解决Web2.0带来的生态不平衡、发展不透明等问题[②]，能够保障腰部、长尾创作者的自主参与权，促进所有信息生态的参与者平等对话、共同获益。同时，以Web3.0为基础的新型去中心化自治组织（DAO）的涌现也为媒体商业价值的实现带来了新的机遇。去中心化自治组织围绕一个共同的目标或一套原则组织起来，并从成员那里筹集资金或众筹内容，以换取其成功

---

① 袁帆，严三九．从"点式"到"链式"：区块链技术对新闻透明的再推进［J］．中国编辑，2019（3）：14-19.

② 钟祥铭，方兴东，陆舒怡，等．数据崛起和智能时代的全景扫描：2022年中国新媒体研究综述［J］．传媒观察，2023（2）：47-56.

带来的经济利益，有着强大的发展潜力。[①] PubDAO 成立于 2021 年 10 月，由 Web3.0 媒体 Decrypt 与其他 DAO 的贡献者（如 FWB DAO 等）帮助孵化，召集了一百多名在“Web3.0+impact+media”交叉点工作的早期贡献者进行专项写作。成员可以在 DAO 内认领文章写作任务，获得资金奖励，文章任务也许来自其他项目方。[②]

总的来看，无论是新闻的采集、生产还是分发，其运营流程均越来越以大数据、云计算、人工智能等新一代信息技术为依托，从海量信息中寻找公众关注的部分进行提取分析，并基于算法逻辑选择用户最易于接受的方式呈现，从而极大程度上提升新闻生产的效率、精准度与交互性。而新闻日常工作流程的改变通常需要新的技能和程序，这推动了新闻编辑室的重新社会化。[③]

（四）组织变革

新闻媒体生产流程的重组无法脱离组织环境的支持，数字化媒体流程要求开放、无边界、跨界合作共创的组织内外部结构。大众传媒时代，传统媒体内部运营大多采取的是一种层层控制、高度集权的直线职能的科层制，而外部更像一种管道型的单向传输信息系统。这种组织结构存在灵活性差、组织和员工创新能力不强等问题，与受众和外部利益相关者之间缺乏有效、透明的双向沟通，难以适应新媒体环境下的组织可持续运营。狭

① 坦尼斯 . 2022 年数字技术发展的六大趋势［J］. 张建中，编译 . 青年记者，2022（3）：94-95.

② EudemoniaCC@THUBA Research Core. Web3.0 时代的媒体：链上媒体平台、链上自媒体与媒体 DAO［EB/OL］.（2022-12-08）. https://coinvoice.cn/articles/29762.

③ BOCZKOWSKI P J. The mutual shaping of technology and society in videotex newspapers：beyond the diffusion and social shaping perspectives［J］. Information society，2004（4）：255-267.

隘的科层制度绝非组织发展的必然趋势，在科层之外尚有创新的可能性。未来的媒体组织呈现出以用户服务为内核，以流程再造为基础，组织分工模块化、组织连接网络化、组织形态平台化、组织场景生态化的创新态势。

在数字技术的赋能下，媒体的组织结构出现了以下四种转向：

1. 组织分工模块化

对于组织的内部结构转向来说，未来的媒体或将呈现出分工模块化、细胞化的发展趋势，向矩阵式组织、团队型组织、阿米巴组织、模块化组织等形态衍化。矩阵式组织，即由按职责组成的纵向指挥系统和按工作项目组成的横向控制系统组合而成的交叉式复杂组织架构，具有双重指挥链，可以促进技术部门和产品部门之间的数据共享和沟通。基于矩阵式组织，以项目为中心的小型团队开始凸显。团队型组织能够将产品业务根据人员角色进行临时分配与重组，成员按专业各司其职，兼具灵活性与高效性，可以有效适应不确定的外部任务环境。在企业组织上，日本经营思想巨匠稻盛和夫提出了阿米巴组织的思想。阿米巴组织通过内部结构的方式赋能每一个微观单位，并建立了富有领导能力的领导体系，使所有人员都参与了管理分工，并最终达到全员参与的组织形式，从而形成了众包、众智的团队文化。有研究者把媒体自主创新型团队模式称作“臭鼬工厂”，亦即从媒体之外建立的、由项目经理主导的独立团队，其从母公司中获得大量资金，但不受母公司的组织制度与管理文化制约。“臭鼬工厂”具有高度的决策自主性，其实质内容是根据目标分工的独立组织形式。①

模块化组织（modular organization）是若干模块的集成系统，是组织内部松散耦合的嵌套单元集，每个单元都有其特定的分工领域，能够进行自

① 王亮．臭鼬工厂：互联网时代媒体组织结构设计创新［J］．编辑之友，2017（10）：34-37，67.

我决策、自我整合，有利于跨部门的信息共享、即时响应与混合创新。在媒体实践中，为实现分工的模块化，传统媒体与新媒体纷纷实行了工作室制度。例如，湖南卫视出台了由栏目制片中心统筹管理、体量和品质双重考评的工作室管理制度。2018 年，湖南卫视从全国 26 支节目队伍中筛选出了 7 支最优秀的队伍，以工作坊的形式启动了试运行。截至 2018 年下半年，湖南卫视工作坊队伍已达到了 12 支。“工作室”接近于“跨职能团队”概念。据不完全统计，目前广电机构已设立了超 30 家 MCN 分支机构和超过 300 个融媒工作室。

总之，传媒组织内部结构呈现出分工模块化、扁平化、去中心化的特征，形成了以独立模块为运作主体的“微粒化”组织，具备了高度的灵活性与敏捷性，能够根据任务适时调整，动态组合。

2. 组织连接网络化

万物皆媒时代，关系连接成为媒体的重要竞争力来源，未来的媒体组织呈现出虚拟化、网络化、无边界的特征，涌现出虚拟组织、网络组织等组织形式。

互联网的发展制造了时空的分离，使得不依靠实体存在的虚拟组织诞生。虚拟组织是一种基于计算机与互联网技术兴起的、由具有共同目标的众多组织临时成立的动态联盟，可以分为合作协议、外包、特许经营、合资等方式。在虚拟组织机制下，人员之间利用数字技术联络沟通，并可以和用户实现直接、个性化、创造性的沟通，管理较为扁平开放。因此，虚拟组织具有松散网络的基本特征，其最终目标是根据用户需求即时提供创新。随虚拟组织并行发展的还有网络组织。网络组织是基于相似的流程与组织系统虚拟互联的松散耦合组织，具备自生成、自组织、自学习、交互性、反馈性、非线性等特点，可以促进信息的指数级传播。媒体组织成为数字互联网中的超级节点，需要嵌入信息获取和传播的密集网络中，与使用者和其他相关者保持联系。①

认知盈余时代，业余者成为媒介内容的重要参与者。随着用户主动参与内容创造需求的增长，在线用户社群成为一种重要的虚拟网络组织形式。社群是在一个彼此交流的社会网络中因为共同信息需求而形成的组织类型，其中的成员非正式地聚集在一起，彼此交换信息、情感与关系，以群体智慧的形式产生价值、规范与文化，促进信息低成本、高效率地交流与流通。当前，媒体社群更多指向用户在社交媒体平台的场域上，通过情感与共享价值观的联结聚合而成的、交互式的虚拟社区，是用户参与内容生成的有机组织化，是媒体组织价值共创的创意资源，通过彼此交流互动的共同仪式达到情感共振，生成二创内容，促进内容破圈。而对于媒体组织结构变革来说，除了将用户社群嵌入自身网络中，还可以以媒体机构为中心搭建内部员工与合作者社群，形成协同共享的创新共同体。

组织连接网络化是数智时代组织内部关系向外延展，进行开放式创新的体现，强调媒体组织与组织内员工作为独立节点与周围建立虚拟连接，使传统垂直封闭、分层沟通的线下媒体价值链条转化为即时交互、松散耦合的线上虚拟价值网络，能够极大降低组织管理与沟通成本，促进内容服务、员工与用户的协同共创。

3. 组织形态平台化

在数字技术的赋能下，我们进入了一个平台社会，平台型组织作为基础设施嵌入媒介生产与消费的各个环节。从其关系属性层面来看，平台型组织作为将数字技术与组织相结合的产物，强调开放共享的价值逻辑，具有双边或多边市场的强大网络效应及扁平化、网络化的结构属性，促进传统线性价值链向多主体横纵共创的价值网转化。平台型组织承担着中介者、

① HEINRICH A. What is ‘network journalism’？[J]. Media international Australia，2012（1）：60-67.

连接者、整合者与协调者的角色，一方面连接着用户，另一方面连接着广告商等其他利益相关者，是一个巨大的资源聚合器，既在内在分工上实现了模块化，允许多元微型主体独立自主运营，同时又能够实现各利益相关者间的即时交互与资源整合，从而实现产品与服务的快速创新。

2014 年，乔森纳 · 格里克（Jonathan Glick）在《平台型媒体的崛起》白皮书上率先阐述了平台型媒体（platisher）的定义，将其定义为一种能够同时为用户与广告主快速提供信息，并具备整合信息处理能力、相应的产品传播技术以及提供独家信息的编辑基因能力的平台。和传统媒体相比，平台型媒体的优点主要表现为：通过数据和技术进行更有效和准确的传递，具备技术吸纳和持续发展的活力，可以快速获得并聚集数以亿计的大量客户，在技术和业务推动下产生超强的盈利能力，具备开放、激活、集成的优势，可以完成信息的社会化和与客户的即时联系。国内的今日头条、新浪微博、微信及抖音等平台、MCN 机构均是平台型媒体的代表。

当前互联网平台越来越成为一种基础设施并嵌入我们的社会中，赋能个人和社会行动者。平台型媒体深刻地改变了传统媒体的运营方式，对传统媒体行业提出了新的机遇与挑战。越来越多的媒体通过加入平台或自建平台的方式向平台型媒体转型，以谋求更高的网络效益和信息的可见性。传统媒体可通过资源编排、自组织衍化、平台包络、平台镶嵌等策略向平台型媒体过渡，通过形成平台基础设施实现对各方行动的赋能，最终实现组织场景的生态化。

4. 组织场景生态化

“生态系统”最初是生态学理论中的重要概念，是指在特定地点，由生物或与之相关的物理环境构成的社群或集合，后被学界引入组织研究领域。1993 年，摩尔（Moore）创立了“商业生态系统”的概念，将商业生态系统定义为一种由客户、供应商、主要生产商、投资商、政府和其他利益相关者等组织或群体构成的动态结构系统，彼此之间进行资源共享与价值共创。①英国利兹大学的安德森（Anderson）教授提出了媒体生态系统的根茎路径概念，将媒体生态体系界定为一个包围着特殊的地理社区或特定的社会文化区域，由媒体信息产生和与信息消费过程有关联的人、组织、社区等所构成的信息生态体系。而根茎路径重点在于通过信息在数字与物理空间上的传递，产生同质性或异质性（包含人与非人类）的节点，进而以树枝的形式勾连起一个复杂、动态发展的体系。媒体生态系统基于共生逻辑，允许传统媒体在水平层面直接与用户对话交互、共创价值，在垂直层面与新媒体、提供技术和渠道支持的平台型媒体、技术供应商、政府部门等利益相关者资源互补、动态连接，以实现信息全程、全息、全员、全效传播，真正意义上覆盖媒体组织价值创造的全场景，最后产生了各类资源互补、共同发展的良性生态循环，并由此实现了收入自然递增的“乘数效应”。②其以媒体平台为连接器，与利益主体联合形成交叉生产、克隆、合作、内容共享和完全融合的“融合连续体”。媒体生态中的平台领导者需要通过制定激励措施与共享的制度观念保障生态系统稳定运行。

由上可见，媒体生态系统是媒体网络化、平台化衍化的动力与目标，也是数智时代媒体组织全场景变革的结果。打造开放无边界、共生共享、价值共创的平台生态系统是推进媒体融合、建设智能全媒体传播体系的必经之路。构建融媒体中心网络、推进全媒体集团建设均是传统媒体向融合共生、协同共创的平台型媒体转型的体现。

---

① MOORE J F. Business ecosystems and the view from the firm［J］. The antitrust bulletin，2006（1）：31-76.

② 卜彦芳，董紫薇 . 智媒时代主流媒体如何构建自己的生态圈［J］. 中国广播，2019（1）：10-16.

（五）产品创新

1. 内容创新：情感·社交·场景

数字时代，一方面，人们能够突破时空的限制，真正实现“数字化生存”，主动参与到内容的生产与创作中；另一方面，互联网的弱连接特征让人与人、人与内容之间的关系走向原子化与碎片化，此时围绕受众的场景与情感关系需求诞生了新型的内容形态。媒体不仅提供内容，而且根据不同消费场景提供受众所需的、与信息分发相关的服务。当前，媒体在内容层面应从情感性、社交性和场景力三方面进行把关。

首先，互联网时代，人和人之间的关系变得疏离，促使人们通过网络互动交流来寻求情感共鸣与身份认同。原子化的个人已经远离了通过面对面的关系连接而产生的社会情境，在群体世界中存活和发展的个人需要从当下情境中寻找社会价值与个体认同感，而人们则更强调通过在网络中获得某种非理性的情感感受，来寻找情感共鸣。兹兹·帕帕克瑞斯（Zizi Papacharissi）提出了“情感公众”的概念，认为受众基于互联网的连接容易受到情绪共振，而媒体能够通过情感动员策略与受众建立情感关系，促使受众消费内容。[①] 从情感层面来说，媒体从业者需要创作更能与用户共鸣的内容，如立足普通人视角，寻找大众普遍关心的议题，深挖报道内核，发现报道的故事性，展现对人的关怀，综合运用视听语言，打造精品化、系列化报道。例如，“人民日报”微信公众号关注普通人情感，既有日常生活里的美好温暖，又满足新闻价值里的新奇性、人情味、趣味性等要求。新媒体中心主任说：“你和你的用户之间，是信息传播共同体、情感交流共

① PAPACHARISSI Z. Affective publics：sentiment，technology，and politics［M］. Oxford：Oxford University Press，2014.

同体，也是价值判断共同体。”①

其次，由互联网所织就的关系网络具有许多区别于现实关系网的特质。一方面，圈子化的网络关系结构影响着信息和观点的流动，进而塑造着人们的认知，进入某个圈子意味着自主选择自己认同的信息和情感。另一方面，以趣缘为核心的隐性连接方式对人们的认知发挥着巨大的作用。互联网因其节点的虚拟性与流动性，创造了一种以“兴趣”为纽带的隐性关系。②因此，媒体需要注重社群的运营，加强与用户的联系和互动，增强用户的参与感，将内容通过跨媒介运营和跨圈层共创打造成IP品牌，实现不同内容和产品的跨界生产与共创传播。比如借助共享文档等协作工具，在河南暴雨灾害救助中涌现出的共享新闻等新型连接模式。

在弥散化的媒介环境下，受众对内容的需求是流动的、液态的，随时随地在改变。因此媒体的内容与服务应立足不同场景，根据特定时空、环境氛围与心理状态打造内容矩阵，利用大数据分析技术、社会化媒介、定位系统、传感器和移动电子设备等实时获取受众的动态数据，以便灵活调整内容形态。这要求媒体综合运用多种内容表达形式，根据用户在不同场景下的需求进行个性化的生产与推荐。比如，对于一篇内容报道来说，媒体除了能生产顺应当下快节奏网络环境的“快新闻”，还能够根据不同的时间节点做出系列报道、深度报道的“慢新闻”，将整个内容故事做深做透，分层次、高质量地满足受众的信息需求，同时结合图文、H5、音视频、直播、Vlog等多种形式，为受众带来差异化、个性化、沉浸式的场景体验。例如，澎湃新闻推出珠穆朗玛峰“慢直播”，央视频对火神山和雷神山医院

① 陈阳，周子杰.从群众到“情感群众”：主流媒体受众观转型如何影响新闻生产 以人民日报微信公众号为例［J］.新闻与写作，2022（7）：88-97.

② 喻国明，赵景锋，窦培育.体验时代的传播转型：非理性认知逻辑的三要素及作用机制［J］.传媒观察，2022（10）：44-48.

的全时直播等，以“慢直播”的呈现形式强化了受众的互动仪式感。[①]

2. 形态创新：技术使能下的互动与融合

随着数字技术的演变，当下的传播模式不是单向的信息传输，而是多维的互动共创，呈现出参与、共享、交互的特点，而媒体产品创新呈现出互动和融合的主要特征。

流程的自动化、模块化推动媒体产品加速融合创新，形成了多种技术共同作用下的融媒体产品矩阵。人民网在 2020 年 3 月发布了《2019，内容科技（ConTech）元年》白皮书，充分注意到技术为内容带来了全方位的变革。[②] 从《华盛顿邮报》推出的可视化“地图新闻”到《纽约时报》的“长篇音频叙事”，从今日头条智能算法传播平台到封面新闻超 8000 万用户的智能编辑部矩阵，智媒融合在新闻媒体实践中的应用越来越普遍，这些媒体产品共同的特征即科技与内容的互通融合、高度自动化、智能化、可视化。数字新闻“长文”（longform）类型，将文本、图片、循环播放的视频、动态地图和数据可视化等内容形式融合为统一的整体，借助简单的导航和用户界面实现不同模态内容之间的平滑过渡，为读者创造出了一个“认知容器”（cognitive container），以阻挡外界干扰，实现沉浸式的叙事效果。数字媒体的多模态性使得一种形态的信息“总是与一系列既有的信息形态相关联”，所以要掌握总体的信息环境就需要了解信息形态之间的关系。[③]

此外，随着 VR、5G、ChatGPT、元宇宙等新兴技术的兴起，社交机器

---

① 张锐，刘靖晗，张美伦. 交互・创新・协同：数智化背景下传媒业的转型机制［J］. 视听界，2023（2）：15-20.

② 黄楚新. 全面转型与深度融合：2020 年中国媒体融合发展［J］. 现代传播（中国传媒大学学报），2021（8）：9-14.

③ 王晓培，田浩. 数字新闻生态与极化：赋能、固化与调和失效［J］. 新闻界，2021（3）：11-20.

人、沉浸化新闻、新闻游戏等新形态诞生。5G+XR+AI 技术能够实现异地跨屏直播访谈，极大地拉近了受众与媒体的距离。新闻游戏能够让受众与产品直接交互，调动受众多重感官，赋予其更沉浸的互动体验。2022 年，综合 VR、AR、MR 等多种技术的新型沉浸式技术扩展现实（XR）得到广泛使用。例如，新华网《XR 看报告：绘景未来》运用 XR 拍摄、VR 绘画等技术，首次实现实景布景与虚拟场景融合；《XR 热点播报：两会“议事界”》搭建虚实结合的演播厅，实现“真人主讲人 + 虚拟数字人”的互动，不仅通过高仿真的拟态环境极大地提高了受众体验，也让数智媒体产品探索出新的叙事形式。[①] 而随着元宇宙技术和 Web3.0 科技的迅速发展，媒体越来越需要以更为具身化的互动手段打造产品场景，让受众得以真正、实时地参与互动。

三、智能媒体创新感知与使用意愿影响因素

每当出现有望在媒体发展中扮演重要角色的新技术时，用户、媒体从业者与研究人员都将参与一场预言性的革命游戏[②]，在与技术界面的互动中共同编织价值网络。大数据、人工智能、5G、VR、物联网等新一代信息技术集群既促成了个体行为者的“数字化生存”，也为传媒组织带来了新的机遇与挑战。一方面，智能技术的进步带来用户需求的转变与新竞争者的进入，并从根本上改变了传统的商业模式和管理逻辑，要求媒体现有产品流程的再设计。另一方面，在智能技术的使能下，媒体可以为用户提供个性

① 曾祥敏，董泽萱，况一凡 . 对话、合作、液态化融合：2022 全国两会融媒体产品创新研究［J］. 新闻与写作，2022（5）：94-106.

② STEENSEN S. Online journalism and the promises of new technology［J］. Journalism studies，2011（3）：311-327.

化、场景化的交互体验，降低内容生产成本，更专业、更高效、更稳定地促进价值创造与获取。因此，积极采用智能技术，推进媒体数智化转型不仅是传媒组织对颠覆性环境的被动适应，也是其谋求自身可持续发展的主动选择。[①] 只有在智能技术得到广泛使用与传播时，创新的战略作用才得以发挥。然而目前，传媒组织对智能媒体的应用面临着诸多问题。《中国智能媒体发展报告（2019—2020）》[②] 显示，多数媒体机构认同智能媒体建设的重要性，但国内智能媒体发展整体仍处于起步阶段，仅 34.21% 的受访机构正式启动了智能媒体项目，仅 13.15% 的受访机构对智能媒体应用效能较为满意。

传媒组织创新行动缓慢、保守，因此研究影响智能媒体使用决策的关键因素很有必要。过往的相关研究多集中于探讨个体用户对新技术的接受效果，或对媒体数字化转型现状、问题与策略的描述性分析上，鲜有针对传媒组织内部创新使用影响因素及其相互关系的实证研究。因此，本书将研究对象聚焦于智能媒体技术应用的主体——传媒组织，将 TOE（技术—组织—环境）框架等理论拓展至传媒领域，通过向新闻从业者发放问卷、收集数据，并构建结构方程中介模型，探讨影响传媒组织使用智能媒体的因素及其作用机制，从而为传媒组织和整个传媒行业理解智能媒体使用过程提供有效参考。

（一）传媒组织创新使用

智能媒体是由智能技术集成的创新型信息产品生态，包括数据新闻、

① 卢维林，宫承波．赋能视角下媒体组织智能化思考［J］．青年记者，2019（27）：9-10.

② 中国传媒大学新媒体研究院 & 新浪 AI 媒体研究院：中国智能媒体发展报告（2019—2020）［EB/OL］．（2020-04-27）．http://nmi.cuc.edu.cn/2020/0427/c2509a169855/page.htm.

机器人新闻、算法分发系统等。一般来说，对技术创新的接受与使用决策可以分为个人、团队与组织三个层次，国内外学界普遍使用的技术接受模型（TRA、TPB、TAM、UTAUT 等）主要侧重于预测个体使用行为，而针对组织背景下技术采纳影响因素的相关研究较少。[①]

传媒组织的创新使用呈现出多重特征。首先，传媒组织的创新使用决策是创新内在价值转变为用户使用价值的前提，是衡量用户信息产品接受效果的基础。[②] 创新是一个多阶段的过程，组织是决定和影响创新最重要的主体，在创新传播过程中扮演着变革推动者的关键角色。只有明晰媒体使用新技术的动因与过程，智能媒体的可供性才能真正转化为媒体实践，向组织内外部扩散，生产出能够满足用户需求的媒介产品。[③]

其次，传媒组织的创新使用过程更加复杂且具有挑战性。技术是否以及如何应用于传媒行业并成为媒体创新，不仅取决于技术本身的潜能，更取决于技术、组织、制度、个体认知等各种社会因素之间的动态交互作用。[④] 组织会因多变的外部环境因素与复杂的组织内部因素而更加难以了解、

---

① OLIVEIRA T，MARTINS M F. Literature review of information technology adoption models at firm level［J］. Electronic journal of information systems evaluation，2011（1）：110-121.

② FICHMAN R G. The diffusion and assimilation of information technology innovations［M］//ZMUD R W. Framing the domains of IT management：projecting the future through the past.Cincinnati：Pinnaflex Publishing，2000；COOPER R B，ZMUD R W. Information technology implementation research：a technological diffusion approach［J］. Management science，1990（2）：123-139.

③ DAY G S，SCHOEMAKER P J H. Avoiding the pitfalls of emerging technologies［J］. California management review，2000（2）：8-33.

④ DOMINGO D. Interactivity in the daily routines of online newsrooms：dealing with an uncomfortable myth［J］. Journal of computer-mediated communication，2008（3）：680-704；BOCZKOWSKI P J. Digitizing the news：innovation in online newspapers［M］. Cambridge：MIT Press，2004.

衡量或选择合适的创新方法来解决特定问题[①]，这在一定程度上阻碍了媒体管理者大胆创新。因此，面临转型问题的媒体需要加强对影响创新使用的因素的认知[②]，以便真正通过创新的内向赋能适应自身的期望、技能和实践，完成媒体战略更新与组织经营重组。

在媒体创新使用与扩散的相关文献中，用户的创新接受仍是研究的重心，而对于传媒组织智能媒体使用意愿的研究较为分散，但仍可以归纳为组织个体、技术特性与外部环境等几个层面。国外学者的研究指出，媒体的技术采用主要与技术相对优势及兼容性、组织管理战略、组织结构与工作实践、可用资源与职业压力、技术与多媒体能力等因素密切相关。[③] 还有研究指出组织文化与价值规范对技术采用的促进作用。[④] 同时在环境层面，媒体机构所面临的社会与经济压力及其带来的行业竞争格局变化也影响着传媒组织的创新决策。[⑤]

国内对传媒组织创新使用的研究也相对较少。张淑玲指出数据新闻的相对优势、兼容性等五项创新属性与其采纳和扩散有密切关系。[⑥] 李艳红则

---

① GARLAND A F，BICKMAN L，CHORPITA B F. Change what? Identifying quality improvement targets by investigating usual mental health care［J］. Administration and policy in mental health and mental health services research，2010（1/2）：15-26；WISDOM J P，CHOR K H B，HOAGWOOD K E，et al. Innovation adoption：a review of theories and constructs［J］. Administration and policy in mental health，2014（4）：480-502.

② PETERS C. Conceptualizing change in journalism studies：why change at all?［J］. Journalism，2019（5）：637-641.

③ SINGER J. The political j-blogger：'normalizing' a new media form to fit old norms and practices［J］. Journalism，2005（2）：173-198.

④ BELAIR-GAGNON V，HOLTON A E. Boundary work，interloper media，and analytics in newsrooms：an analysis of the roles of web analytics companies in news production［J］. Digital journalism，2018（4）：492-508.

⑤ PAVLIK J V. New media and news：implications for the future of journalism［J］. New media and society，1991（1）：54-59.

⑥ 张淑玲 . 数据新闻的创新采纳与扩散影响因素分析［J］. 现代传播（中国传媒大学学报），2018（8）：149-153.

认为组织结构是影响我国新闻组织使用数据新闻的主要因素之一。[①] 而组织支持、企业核心能力及个体从业者的正向认知也是传媒组织创新使用的重要影响因素。[②] 行业竞争、外部生态网络等环境因素同样显著影响了传媒组织对智能媒体技术的使用意愿。[③] 匡文波在整体层面指出新媒体的采用会受到社会制度、技术特性、周围人群及个人特质的影响。[④]

学界对传媒组织创新使用的研究重点主要在于用户接受以及采纳后组织转型的结果上，对初始采纳影响因子的关注度不高，且多以定性理论分析为主，缺乏成熟的量化模型与实证检验。[⑤] 因此，本书引入创新采纳理论中的 TOE（技术—组织—环境）框架，同时考虑从业者的个人认知因素，从而较全面地涵盖各个影响层次，进一步通过问卷收集数据，建立结构方程模型来研究传媒组织使用智能媒体意愿的影响因素及其互动机制。

（二）TOE 框架

由托纳茨基（Tornatzky）、弗莱舍（Fleischer）提出的 TOE 框架是一个成熟且应用广泛的创新使用理论，更适合解释组织内部技术创新使用与

---

① 李艳红 . 在开放与保守策略间游移："不确定性"逻辑下的新闻创新 对三家新闻组织采纳数据新闻的研究［J］. 新闻与传播研究，2017（9）：40-60，126-127.

② 周葆华 . 中国新闻从业者的社交媒体运用及其影响因素：一项针对上海青年新闻从业者的调查研究［J］. 新闻与传播研究，2014（12）：34-53；丛挺 . 我国出版企业新媒体创新影响因素研究：以天闻数媒科技有限公司为例［J］. 出版科学，2015（4）：47-50.

③ 卜彦芳，董紫薇 . 智媒时代主流媒体如何构建自己的生态圈［J］. 中国广播，2019（1）：10-16.

④ 匡文波，吕聪聪，张晗煜 . 新媒体研究的 STIP 模型［J］. 中国人民大学学报，2020（4）：125-134.

⑤ 丛挺 . 我国出版企业新媒体技术采纳研究［D］. 武汉：武汉大学，2014.

扩散现象。[①] 该理论表明，组织创新使用率受技术、组织与环境等因素影响。技术因素是指技术本身被使用者主观感知的特质，包括相对优势、兼容性、复杂性、可观察性等维度。[②] 组织因素包含组织规模、组织文化、高层领导支持等变量。[③] 环境因素包括竞争对手、可获取的外界资源等方面。[④]TOE 框架对内外部多元变量的纳入使其具有结构优势，且不受行业和组织规模的限制，得到了一致的经验支持，为研究传媒组织创新使用决策提供了良好的整体框架。[⑤] 因此，本书结合传媒组织特性，选取技术兼容性等 9 个变量搭建智能媒体使用层次模型，并提出一系列假设。

（三）研究假设

1. 技术兼容性

技术兼容性既是指创新与组织技术基础设施及业务需求的匹配度，又包括同组织工作惯例和价值观念的一致性。[⑥] 许多研究都已经证明兼容性在

---

① ZHU K. The complementarity of information technology infrastructure and e-commerce capability：a resource-based assessment of their business value［J］. Journal of management information systems，2004（1）：167-202.

② ROGERS E M. Diffusion of innovations［M］. 4th ed. New York：Free Press，1995.

③ TORNATZKY L G，FLEISCHER M. The process of technological innovation［M］. Lexington：D.C.Heath & Company，1990.

④ JEYARAJ A，ROTTMAN J W，LACITY M C. A review of the predictors，linkages，and biases in IT innovation adoption research［J］. Journal of information technology，2006（1）：1-23.

⑤ WANG Y M，WANG Y S，YANG Y F. Understanding the determinants of RFID adoption in the manufacturing industry［J］. Technological forecasting & social change，2010，77：803-815.

⑥ 陈文波，黄丽华 . 组织信息技术采纳的影响因素研究述评［J］. 软科学，2006（3）：1-4.

组织创新采纳中发挥了有效作用。[①] 如果智能媒体能够与传媒组织现有的技术认知水平匹配，并符合组织价值观与文化，其功能可以和传统媒体业务相结合以开发满足市场需求的新场景、新模式，则传媒组织有较大可能采纳智能媒体技术。[②]

2. 竞争压力

竞争对手先发式创新、上下游合作企业的技术采纳、用户需求与行业标准发展带来的压力等都是企业所能感知到的竞争压力。[③] 当决定采用创新的组织数量不断增加时，组织对竞争劣势的感知威胁远大于同等竞争优势的感知价值[④]，此时模仿竞争对手采用创新不仅可以使组织获得“合法性”与利益相关者的支持[⑤]，还能规避创新带来的风险，所以组织会更加倾向于采用创新技术[⑥]。中国媒体机构当前面临日益激烈的市场竞争，媒体机构会通过对更成功的组织进行模仿来应对环境的不确定性，建立竞争优势[⑦]。

---

① CHEN L D，TAN J. Technology adaptation in e-commerce：key determinants of virtual store acceptance［J］. European management journal，2004（1）：74-86.

② HERMIDA A. Twittering the news：the emergence of ambient journalism［J］. Journalism practice，2010（3）：297-308.

③ LERTWONGSATIEN C，WONGPINUNWATANA N. E-commerce adoption in Thailand：an empirical study of small and medium enterprises（SMEs）［J］. Journal of global information technology management，2003（3）：67-83；何哲军，朱茂然，王洪伟 . 企业电子商务采纳与应用关键影响因素实证研究［J］. 计算机工程与应用，2009（2）：191-196.

④ TVERSKY A，KAHNEMAN D. Judgment under uncertainty：heuristics and biases［J］. Science，1974（4157）：1124-1131.

⑤ MEYER J W，ROWAN B. Institutionalized organizations：formal structure as myth and ceremony［J］. American journal of sociology，1977（2）：340-363.

⑥ ABRAHAMSON E，BRTNER L R. When do bandwagon diffusions roll? How far do they go? And when do they roll backwards?：a computer simulation［J］. Academy of Management，2017（1）：155-159.

⑦ NAPOLI P M. Automated media：an institutional theory perspective on algorithmic media production and consumption［J］. Communication theory，2014（3）：340-360.

3. 政策支持

政策支持是政府机构为鼓励企业采纳技术创新而给予的支持与规制。① 一方面，政府可以通过提供扶持性基础设施、出台补贴与税收优惠政策等手段来促进组织对信息技术的应用。另一方面，政府也可以通过立法壁垒加强监管，建立健全创新传播的制度环境。② 当前，随着建设“四全媒体”等规划的提出，积极使用智能媒体成为国家战略选择，以技术为重要驱动力的媒体融合需要得到体制自上而下的保障。③

4. 组织信息就绪度

数字经济时代，信息与知识已成为组织创新的关键生产要素与可操作性资源。组织信息就绪度既包括组织信息与知识存量，即依附于组织内部人员、设备和结构中所有内生性知识的总和④，也包括采纳者通过对创新的接触与体验、对相关知识的搜集与挖掘所形成的对新技术的了解。其也可被称为组织的信息能力，能够使组织获取、保存、组织、检索、展示和分发已知信息，帮助组织正确理解与使用创新。传媒组织对创新越了解，就越可能采用它，提高使用者对技术创新的认识水平是鼓励采用新技术的主

---

① RAMANATHAN R，RAMANATHAN U，KO L W L. Adoption of RFID technologies in UK logistics：moderating roles of size，barcode experience and government support［J］. Expert system with applications，2014（1）：230-236.

② GIBBS J L，KRAEMER K L. A cross-country investigation of the determinants of scope of e-commerce use：an institutional approach［J］. Electronic markets，2004（2）：124-137.

③ PICKARD V. Can government support the press? Historicizing and internationalizing a policy approach to the journalism crisis［J］. The communication revie，2011（2）：73-95；胡正荣 . 智能化：未来媒体的发展方向［J］. 现代传播（中国传媒大学学报），2017（6）：1-4.

④ 罗正清，和金生 . 面向技术创新的组织知识存量测度研究［J］. 科技进步与对策，2009（23）：142-146.

要催化剂。①

5. 组织创新文化

组织文化是组织创新氛围的具体投射②，包括高层领导对革新精神的倡导、对市场转型与技术采纳的人 / 财 / 物支持、对创新风险的容忍度、组织成员间沟通的便捷程度与信任程度等③。开放、灵活的组织文化能够激发组织内的创新思想、创新行为和创新活动产生，促成组织对智能媒体技术的采纳，而文化僵化的组织则不太可能接受变革。④

6. 感知智媒利益

感知利益即感知创新的有用性，最初在技术接受模型（TAM）中被提出⑤，是指使用者认为采用某种创新能够提高自身工作效率⑥。感知利益是创新优势的外在表现⑦，如果决策者认为目标技术或方法的潜在价值较高，如

---

① BETTMAN J R，PARK C W. Effects of prior knowledge and experience and phase of the choice process on consumer decision processes：a protocol analysis［J］. Journal of consumer research，1980（3）：234-248.

② DENNISON D R. What IS the difference between organizational culture and organizational climate? A native's point of view on a decade of paradigm wars［J］. The academy of management review，1996（3）：619-654.

③ DERY K，SEBASTIAN I M，VAN DER MEULEN N. The digital workplace is key to digital innovation［J］. MIS quarterly executive，2017（2）：135-152；吕荣杰，陈晓春，王云峰 . 高层领导支持企业信息系统实施的维度及形成机制［J］. 技术经济，2012（12）：120-123.

④ HALL J. Online journalism：a critical primer［M］. London：Pluto Press，2001.

⑤ PREMKUMAR G，ROBERTS M. Adoption of new information technologies in rural small businesses［J］. Omega，1999（4）：467-484.

⑥ DAVIS F D. Perceived usefulness，perceived ease of use，and user acceptance of information technology［J］. MIS quarterly，1989（3）：319-340.

⑦ LEE S，KIM K J. Factors affecting the implementation success of internet-based information systems［J］. Computers in human behavior，2007（4）：1853-1880.

能提高效率、降低成本或加速交易，则组织将倾向于接受该创新[①]。智能媒体能够破除传统媒体在数据挖掘与呈现上的难题[②]，补偿传统媒体的低交互性，从而协助媒体从业者提升个人绩效[③]。

7. 感知人机交互性

学术界将人机交互定义为在一定的组织环境中，个体同技术、任务进行的互动，其中，个人、技术、任务是基本因素，它们之间的交互是核心因素。[④]感知人机交互性是使用者对技术系统功能的心理感知，它包括控制、响应能力和沟通等三个方面，与感知易用性、使用者的自我效能感对等。[⑤]媒体从业者是否能够与高度自动化、模块化的用户界面协作完成任务，并在交互中走向人机融合，会直接影响其对智媒创新的使用意愿。

8. 技术焦虑

技术焦虑是指个体使用技术产品时所感受到的不安、恐惧或焦虑等负

---

① LIN A，CHEN N C. Cloud computing as an innovation：perception，attitude，and adoption［J］. International journal of information management，2012（6）：533-540；VAN HUY L，ROWE F，TRUEX D，et al. An empirical study of determinants of e-commerce adoption in SMEs in Vietnam：an economy in transition［J］. Journal of global information management，2012（3）：23-54.

② 肖倩，谢海涛，高彩云 . 创新扩散：新兴技术时代中新闻研究的拓展思路 透视“数据新闻”研究脉络［J］. 北京印刷学院学报，2019（5）：40-48.

③ LEVINSON P. McLuhan and media ecology［J］. Proceedings of the media ecology association，2000，1：17-22；程明，程阳 . 论智能媒体的演进逻辑及未来发展：基于补偿性媒介理论视角［J］. 现代传播（中国传媒大学学报），2020（9）：1-5.

④ ZHANG P，GALLETTA D. Human-computer interaction and management information systems：foundations［M］. Armonk：M.E. Sharpe，2006.

⑤ LU D，LAI I K W，LIU Y D. The consumer acceptance of smart product-service systems in sharing economy：the effects of perceived interactivity and particularity［J］. Sustainability，2019（3）：928.

面情绪[①]，具体表现为身份焦虑、信任焦虑、知识焦虑、能力焦虑等[②]。新技术催生了高度不确定的媒介环境，在“内容农场”中替代了许多人工工作，由此导致媒体人的专业价值与把关权力被削弱，技术人员和业务人员之间的区别被模糊化。[③]同时，从业者间开始出现认知鸿沟，个体对自身是否有能力使用智能媒体产生疑惑与焦虑。[④]技术焦虑的采纳者与复杂创新产品的互动倾向较低，并容易对创新技术应用产生负面评价，因此在组织采纳过程中，媒体从业者的技术焦虑可能降低其接受意愿。[⑤]

9. 组织因素和个人因素的中介作用

组织作为技术采纳决策与实践的主体，是影响智能媒体技术采用的决定性因素，技术与环境需要通过组织的中介作用于智媒的使用意愿。[⑥]同时，根据行动者网络理论，组织是个体行动者的集合，组织中的创新采用也意味着组织内部个体的创新接受。因此在审查创新的传播时，我们还必须考虑影响媒体从业者接受态度的认知因素，即感知智媒利益、感知人机交互性与技术焦虑的中介性。根据论述，本书提出的研究假设如表 2-1 所示。

---

① IGBARIA M，PARASURAMAN S. A path analytic study of individual characteristics，computer anxiety and attitudes toward microcomputers［J］. Journal of management，1989（3）：373-388.

② 蒋琳 . 5G 赋能下新闻编辑的技术焦虑与认知调适［J］. 中国编辑，2020（9）：49-53.

③ URSELL G D M. Dumbing down or shaping up? New technologies，new media，new journalism［J］. Journalism，2001（2）：175-196.

④ VAN DALEN A，DE VREESE C H，ALBÆK E. Different roles，different content? A four-country comparison of the role conceptions and reporting style of political journalists［J］. Journalism，2012（7）：903-922.

⑤ VENKATESH V，DAVIS F D. A theoretical extension of the technology acceptance model：four longitudinal field studies［J］. Management science，2000（2）：186-204.

⑥ 葛明驷，沈阳，李祖希 . 媒介融合时代中国电视 VR 应用多维分析［J］. 现代传播（中国传媒大学学报），2017（4）：85-90.

表2-1　研究假设

假设序号	假设内容
H1	技术兼容性对组织信息就绪度有积极影响
H2	技术兼容性对组织创新文化有积极影响
H3	技术兼容性对感知智媒利益有积极影响
H4	技术兼容性对感知人机交互性有积极影响
H5	技术兼容性间接显著影响使用意愿
H6	政策支持对组织信息就绪度有积极影响
H7	政策支持对组织创新文化有积极影响
H8	政策支持对感知智媒利益有积极影响
H9	政策支持对感知人机交互性有积极影响
H10	政策支持间接显著影响使用意愿
H11	竞争压力对组织信息就绪度有积极影响
H12	竞争压力对组织创新文化有积极影响
H13	竞争压力对感知智媒利益有积极影响
H14	竞争压力对感知人机交互性有积极影响
H15	竞争压力间接显著影响使用意愿
H16	组织信息就绪度对使用意愿有积极影响
H17	组织创新文化对使用意愿有积极影响
H18	感知智媒利益对使用意愿有积极影响
H19	感知人机交互性对使用意愿有积极影响
H20	技术焦虑对使用意愿有消极影响

（四）模型设定

结构方程模型（SEM）是一种将因子分析和路径分析结合起来的分析

工具，能够同时处理多个自变量和因变量，可以有效提高分析的准确性。基于以上假设，本书建立的结构方程模型如图 2-2 所示。

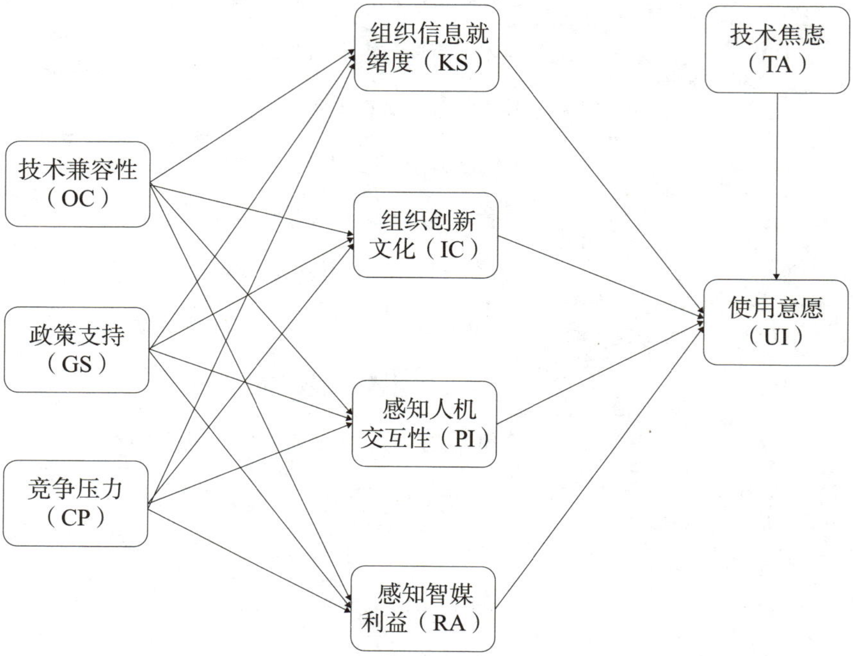

图2-2　研究模型

（五）研究方法

1. 量表与问卷设计

研究所使用的问卷主要借鉴与参考了国内外管理学领域技术创新采纳的相关量表，并在此基础上根据研究问题与传媒行业特性进行调整。问卷使用李克特七级量表进行度量，每个潜变量均包含 3—4 个题项，受访者可以按照对题项的认同程度在 1—7 分的区间内进行选择。问卷说明部分给出了智能媒体的定义，以便受访者了解调研问题与目的。

表2-2　研究变量与量表设计

潜变量名称	测量题项	参考文献
技术兼容性（OC）	智能媒体能够与组织现有的软硬件兼容	The Critical Success Factors for ERP Implementation：An Organizational Fit Perspective①
	使用智能媒体符合组织目前的价值观、发展战略	
	智能媒体能够很好地与组织业务流程融合	
	智能媒体能够根据组织需求的变化灵活调整	
组织信息就绪度（KS）	组织曾有成功实施类似技术的经验	eCommerce Adoption in Developing Countries：A Model and Instrument②
	组织了解智能技术在其他行业、组织中的使用情况	
	组织能够准确预测使用智能媒体将获得的收益	
	组织能够准确评估使用智能媒体将面临的风险	
组织创新文化（IC）	组织倡导新的尝试，从错误中学习	Electronic Commerce Adoption：An Empirical Study of Small and Medium US Business③
	组织崇尚自由开放与创新变革	
	组织赏识和认可具有创新和进取精神的员工	
	组织通常为员工的创新构想提供奖励	

① HONG K K，KIM Y G. The critical success factors for ERP implementation：an organizational fit perspective［J］. Information and management，2002（1）：25-40.

② MOLLA A，LICKER P S. eCommerce adoption in developing countries：a model and instrument［J］. Information and management，2005（6）：877-899.

③ GRANDON E P，PEARSON M J. Electronic commerce adoption：an empirical study of small and medium US business［J］. Information and management，2004（1）：197-216.

续表

潜变量名称	测量题项	参考文献
竞争压力（CP）	组织的竞争对手已经开始积极使用智能媒体	Post-Adoption Variations in Usage and Value of E-Business by Organizations：Cross-Country Evidence from the Retail Industry①
	组织的竞争对手因为使用智能媒体而获得了很好的效益	
	组织的竞争对手因为使用智能媒体而扩大了对用户、业务伙伴的影响力	
政策支持（GS）	政府主管部门推荐或支持组织使用智能媒体	Determinants of the Adoption of Enterprise Resource Planning Within the Technology-Organization-Environment Framework：Taiwan's Communications Industry②
	政府主管部门以财政、税收、金融、提供信息等方式鼓励组织使用智能媒体	
	行业协会或行业联盟支持组织使用智能媒体	
感知智媒利益（RA）	智能媒体相比之前的软硬件技术更能减少生产运营成本	What Drives Mobile Commerce?：An Empirical Evaluation of the Revised Technology Acceptance Model③
	智能媒体相比之前的软硬件技术更能提高组织经营与管理效益	
	智能媒体相比之前的软硬件技术更能获取新用户，改善客户关系	
	智能媒体相比之前的软硬件技术更能增强组织竞争力	

① ZHU K，KRAEMER K L. Post-adoption variations in usage and value of e-business by organizations：cross-country evidence from the retail industry［J］. Information systems research，2005（1）：61-84.

② PAN M J，JANG W Y. Determinants of the adoption of enterprise resource planning within the technology-organization-environment framework：Taiwan's communications industry［J］. Journal of computer information systems，2008（3）：94-102.

③ WU J H，WANG S C. What drives mobile commerce?：an empirical evaluation of the revised technology acceptance model［J］. Information and management，2005（5）：719-729.

续表

潜变量名称	测量题项	参考文献
感知人机交互性（PI）	当我需要时，我觉得我能够轻松地找到并利用智能媒体的功能	《人机交互如何影响顾客感知电子服务质量？——基于广东、广西 634 个样本的实证研究》①
	我觉得我能够获得智能媒体的快速响应与反馈	
	我觉得智能媒体能够将我同组织与用户连接起来	
技术焦虑（TA）	我很难处理智能媒体带来的过量信息	The Influence of Technology Anxiety on Consumer Use and Experiences with Self-Service Technologies②
	智能媒体带来的工作内容转移使我焦虑	
	我会因为技术能力问题害怕使用智能媒体	
使用意愿（UI）	使用智能媒体对于组织发展会是一个好的办法	Information Technology Adoption Across Time：A Cross-Sectional Comparison of Pre-Adoption and Post-Adoption Beliefs③
	我们愿意使用智能媒体	
	我们打算未来长久使用智能媒体	

2. 数据收集与描述性分析

2020 年 10 月至 12 月，我们通过便利抽样，在“问卷星”平台与微信渠道向北京、云南等全国 25 个省市的传媒组织工作人员发放问卷，其中北

① 李雷，赵霞，简兆权 . 人机交互如何影响顾客感知电子服务质量？：基于广东、广西 634 个样本的实证研究［J］. 外国经济与管理，2017（1）：96-113.

② MEUTER M L，OSTROM A L，BITNER M J，et al. The influence of technology anxiety on consumer use and experiences with self-service technologies［J］. Journal of business research，2003（11）：899-906.

③ KARAHANNA E，STRAUB D W，CHERVANY N L. Information technology adoption across time：a cross-sectional comparison of pre-adoption and post-adoption beliefs［J］. MIS quarterly，1999（2）：183-213.

京地区占比最大。本次调研共回收 249 份网络问卷，剔除无效样本与异常值后总计获得 187 份问卷样本，有效回收率达到 75.1%，样本量大于 100 的小样本临界值，符合结构方程模型设定要求。

由于本次调研对象为传媒组织管理者与员工，因此在问卷的第一部分对被调研者所在的组织性质、组织经营范围、组织规模以及被调研者的工作年限与工作职称进行了考察。本次调研中，传媒组织主要为事业单位（47.6%）、国有独资或控股企业（29.9%）与民营企业（21.9%）。主要经营范围包括互联网新媒体（55.1%）、影视（41.2%）、报刊（32.1%）、广播（31%）、出版（12.8%）等。在经营规模中，占比最大的为 1—100 人的小型传媒组织（38%），其次是 1000 人以上的大型传媒组织（36.9%）。本次调研对象主要为工作年限在 10 年以上的老员工（58.3%），中层主管占比最大（42.8%），高层主管与一线员工分别占比 25.7% 和 31.6%。在智能媒体使用阶段上，还没有使用的传媒组织占 52.9%，大于已经使用的传媒组织占比（47.1%）。传媒组织已经使用或考虑使用的智能媒体产品和服务主要包括数据新闻（46%）、智能算法分发系统（32.1%）、AI 虚拟主播（24.6%）、沉浸式新闻（19.3%）等。

3. 数据分析与假设检验

（1）信度与效度检验

通过 SPSS 22.0 检验量表信度，发现所有构念的 Cronbach's α 系数（克隆巴赫系数）均达到 0.8 以上，大于 0.7 的标准值，量表总体的 Cronbach's α 系数为 0.919，说明该问卷及样本数据可靠性较高。

对问卷进行 KMO 和 Bartlett（巴特利特）球形检验，结果显示 KMO 值为 0.832，大于 0.7 的标准值，Bartlett 球形检验结果显著，说明量表与样本数据内部存在显著关联。进一步对所有题项进行探索性因子分析（EFA），采用主成分分析法提取 8 个因子，累加解释总方差为 76.633%，大于 50% 的限度值。量表中所有测量题项的因子载荷量均大于 0.5，说明各变量具有单维性，量表具有较好的结构效度。

通过 AMOS 25.0 对整体数据进行验证性因子分析（CFA），发现各题项及它们所度量的潜变量之间的标准化因子载荷量均大于 0.5，表明各测量变量能够对各项潜变量进行有效测量；各维度的平均方差提取量（AVE）均大于 0.5，组合信度（CR）均大于标准值 0.7，表明各因子均具有良好的收敛效度。同时，所有潜变量 AVE 的平方根大于各变量之间相关系数的绝对值，说明该量表具有良好的区分效度。

表 2-3　信度与效度检验

路径	因子载荷	Cronbach's α 系数	AVE	CR
OC1 ← OC	0.644	0.846	0.5914	0.8514
OC2 ← OC	0.756			
OC3 ← OC	0.857			
OC4 ← OC	0.803			
GS1 ← GS	0.874	0.89	0.7332	0.8915
GS2 ← GS	0.9			
GS3 ← GS	0.791			
CP1 ← CP	0.827	0.931	0.8242	0.9334
CP2 ← CP	0.928			
CP3 ← CP	0.963			
KS1 ← KS	0.614	0.88	0.6384	0.8728
KS2 ← KS	0.705			
KS3 ← KS	0.942			
KS4 ← KS	0.89			

续表

路径	因子载荷	Cronbach's α 系数	AVE	CR
IC1 ← IC	0.88	0.927	0.7479	0.9218
IC2 ← IC	0.972			
IC3 ← IC	0.811			
IC4 ← IC	0.784			
RA1 ← RA	0.569	0.866	0.5994	0.8539
RA2 ← RA	0.769			
RA3 ← RA	0.857			
RA4 ← RA	0.865			
PI1 ← PI	0.836	0.858	0.6942	0.8698
PI2 ← PI	0.962			
PI3 ← PI	0.677			
TA1 ← TA	0.764	0.874	0.7056	0.8772
TA2 ← TA	0.925			
TA3 ← TA	0.823			
UI1 ← UI	0.847	0.906	0.7697	0.9091
UI2 ← UI	0.936			
UI3 ← UI	0.846			

表 2-4　区别效度检验

	AVE	CP	GS	OC	IC	KS	TA	RA	PI	UI
CP	0.8242	**0.908**	–	–	–	–	–	–	–	–
GS	0.7332	0.372	**0.856**	–	–	–	–	–	–	–
OC	0.5914	0.348	0.291	**0.769**	–	–	–	–	–	–
IC	0.7479	0.353	0.377	0.402	**0.865**	–	–	–	–	–
KS	0.6384	0.382	0.363	0.627	0.545	**0.799**	–	–	–	–

续表

	AVE	CP	GS	OC	IC	KS	TA	RA	PI	UI
TA	0.7056	0.07	0.249	0.1	0.005	0.077	**0.84**	–	–	–
RA	0.5994	0.35	0.105	0.663	0.245	0.364	0.009	**0.774**	–	–
PI	0.6942	0.272	0.361	0.395	0.264	0.35	0.106	0.235	**0.833**	–
UI	0.7697	0.337	0.291	0.553	0.266	0.439	0.03	0.445	0.402	**0.877**

注：对角线上加粗数字为AVE的平方根。

（2）模型拟合

模型的拟合结果显示，CMIN/DF（卡方值/自由度）为1.575，小于2的标准值；RMSEA（近似均方根误差）为0.056，小于0.06；SRMR（标准化内方残差）为0.0699，小于0.08的最低限度；IFI（增量拟合指数）、CFI（比较拟合指数）均大于0.9，GFI（拟合度指数）大于0.8，在可接受的范围内。根据拟合优度检验标准[①]，该模型的拟合程度较好。

表2-5　适配度指标

拟合指标	适配度
CMIN/DF	1.575（＜2）
RMSEA	0.056（＜0.06）
SRMR	0.0699（＜0.08）
IFI	0.944（＞0.9）
CFI	0.943（＞0.9）
TLI	0.936（＞0.9）
GFI	0.829（＞0.8）

① CUDECK R，TOIT S D，SORBOM D. Structural equation modeling：present and future［M］. Lincolnwood：Scientific Software International，2000：169-194.

根据模型的拟合结果，在95%的置信区间下，组织信息就绪度（β=0.25，$p < 0.05$）、感知智媒利益（β=0.312，$p < 0.05$）和感知人机交互性（β=0.173，$p < 0.05$）对智能媒体使用意愿具有显著的正向影响，H16、H18和H19成立。技术焦虑（β=-0.072，$p > 0.05$）与使用意愿成反比，但其直接影响并不显著，H20不成立。组织创新文化（β=0.026，$p > 0.05$）对智能媒体使用意愿的作用同样不显著，H17不成立。技术兼容性显著影响感知智媒利益（β=0.59，$p < 0.05$）、感知人机交互性（β=0.309，$p < 0.05$）、组织信息就绪度（β=0.541，$p < 0.05$）和组织创新文化（β=0.302，$p < 0.05$），假设H1、H2、H3和H4均成立。政策支持对感知人机交互性（β=0.265，$p < 0.05$）、组织创新文化（β=0.239，$p < 0.05$）和组织信息就绪度（β=0.159，$p < 0.05$）同样具有显著影响，H6、H7和H9成立。竞争压力对组织创新文化（β=0.152，$p < 0.05$）和感知智媒利益（β=0.213，$p < 0.05$）具有显著的正向影响，H12和H13成立，但对组织信息就绪度和感知人机交互性影响并不显著。

表2-6 模型拟合路径

路径	非标准化路径系数	标准化路径系数	SE	CR	P
KS ← OC	0.589	0.541	0.109	5.405	***
IC ← OC	0.502	0.302	0.136	3.68	***
KS ← GS	0.121	0.159	0.056	2.163	0.031
IC ← GS	0.278	0.239	0.09	3.072	0.002
IC ← CP	0.184	0.152	0.094	1.971	0.049
KS ← CP	0.106	0.134	0.057	1.849	0.064
PI ← OC	0.333	0.309	0.092	3.617	***
PI ← GS	0.2	0.265	0.062	3.195	0.001
PI ← CP	0.049	0.062	0.062	0.781	0.435
RA ← CP	0.141	0.213	0.052	2.709	0.007

续表

路径	非标准化路径系数	标准化路径系数	SE	CR	P
RA ← GS	−0.091	−0.143	0.049	−1.849	0.065
RA ← OC	0.535	0.59	0.107	4.997	***
UI ← PI	0.175	0.173	0.076	2.309	0.021
UI ← KS	0.249	0.25	0.09	2.78	0.005
UI ← IC	0.017	0.026	0.051	0.331	0.741
UI ← TA	−0.064	−0.072	0.062	−1.039	0.299
UI ← RA	0.373	0.312	0.102	3.669	***

（3）中介效应检验

由普里彻（Preacher）和海斯（Hayes）提出的 Bootstrap（自助）检验法①，通过从样本数据中重复抽样，根据每次抽样对直接效应和间接效应进行估计，从而为每个效应建立置信区间，当置信区间不包含 0 时，效应显著。我们使用 Bootstrap 检验法进行 5000 次抽样，在 90% 的置信区间下，中介效应检验结果如表 2-7 所示。

表2-7　中介效应检验

路径	效应值	下限	上限	假设
OC → UI	0.411	0.243	0.631	H5 成立
OC → KS → UI	0.148	0.06	0.294	
OC → IC → UI	0.009	−0.033	0.074	
OC → RA → UI	0.201	0.086	0.414	
OC → PI → UI	0.053	0.008	0.144	

① PREACHER K J，HAYES A F. Asymptotic and resampling strategies for assessing and comparing indirect effects in multiple mediator models［J］. Behavior research methods，2008（3）：879-891.

续表

路径	效应值	下限	上限	假设
GS → UI	0.033	−0.027	0.099	H10 不成立
GS → KS → UI	0.031	0.004	0.083	
GS → IC → UI	0.005	−0.018	0.037	
GS → RA → UI	−0.034	−0.083	−0.004	
GS → PI → UI	0.032	0.005	0.079	
CP → UI	0.092	0.043	0.153	H15 成立
CP → KS → UI	0.027	0.002	0.067	
CP → IC → UI	0.003	−0.01	0.035	
CP → RA → UI	0.053	0.022	0.104	
CP → PI → UI	0.009	−0.013	0.044	

检验结果表明，技术兼容性、竞争压力会通过组织信息就绪度、感知智媒利益与感知人机交互性显著作用于智能媒体使用意愿。政策支持与使用意愿间存在“遮掩效应”，虽然仍通过组织信息就绪度和感知人机交互性对结果变量有一定的中介效应，但总效应不显著，此时考虑的问题应转变为“政策规制为何不影响使用意愿”。[①]

（六）讨论与结论

1. 研究结论

本次研究以 TOE 框架理论为基础，从传媒组织的视角出发建立起智能

① 温忠麟，叶宝娟 . 中介效应分析：方法和模型发展［J］. 心理科学进展，2014（5）：731-745.

媒体使用意愿模型，引入技术兼容性、政策支持、竞争压力等 9 个变量，并考虑到智能媒体区别于其他媒体技术产品的创新特性，将感知智媒利益、感知人机交互性、技术焦虑等潜变量纳入研究框架进行实证检验。检验结果发现本研究模型适配度良好，表明传媒组织对智能媒体技术的使用意愿会受到技术、环境、组织与个人感知等四个层面因素的影响。组织信息就绪度、感知智媒利益及感知人机交互性与使用意愿存在显著的正相关关系，技术兼容性与竞争压力在以上潜变量的中介作用下，对使用意愿存在积极的间接影响。

与假设相反，组织创新文化及技术焦虑对智能媒体使用意愿的直接影响并不显著，其主要原因可以归结为：第一，本次调查对象中，主流传统媒体占比较大，其组织性质使其文化结构存在惯性，组织创新文化可能不是技术使用最重要的因素。第二，当前传媒业所应用的技术仍处于弱人工智能阶段，对人的帮助大于威胁。第三，样本数据量较小可能会对实证结果产生影响。

此外，与经验相左，政策支持对组织信息就绪度和组织创新文化有显著的正向影响，对创新使用意愿也具有一定的间接效应，但其总效应并不显著，这可能是由于政府为促进智媒技术使用而采取的措施没有得到充分运用。[①] 当前相关政策更多从宏观层面对媒体融合做出指导规划，缺乏针对不同创新阶段与类型的系统化条例，也缺乏聚焦智能媒体技术创新商业化、产业化的可操作性细节。政府需要针对不同性质的媒体制定精细化支持政策，加强对中小民营媒体的扶持。

2. 实践建议

根据结论，本次研究针对媒体创新实践提出以下三个方面的建议。

---

① LI Y H. An empirical investigation on the determinants of e-procurement adoption in Chinese manufacturing enterprises［J］. Journal of global information management，2008（1）：70-84.

第一，技术因素通过组织与个人的中介变量积极作用于智能媒体使用意愿，且对使用的影响程度最大。这表明，智能媒体的技术特征越符合组织及员工的任务需求，组织就越倾向于采用这项技术。[①] 因此，传媒组织在进行初期的市场识别与技术选择时，要明确组织的战略目标与业务流程，优先考虑采用同组织资源、业务相匹配的智能媒体技术，利用技术的兼容性来提高媒体从业者的工作绩效。

第二，外部环境是传媒组织创新的重要影响因素，且市场因素对智能媒体应用的影响程度显著大于政府规制，这表明传媒组织更多依靠市场的传导机制进行创新决策。当前，智能媒体应用成为时代趋势，后发组织为增强自身竞争优势，应充分考虑外部竞争者的影响，通过智能技术与组织价值网络的耦合发挥智能媒体技术的溢出效应，提高自主创新能力，实现对市场领导者的追赶，同时也要寻求应用智能媒体技术的制度合法性。此外，这一结果也可以为政府加大对媒体数字化转型的鼓励与支持提供依据。政府与行业协会可以进一步针对不同的创新主体所有权与技术应用过程优化政策结构，从环境面、供给面与需求面多层次健全政策系统[②]，降低智能媒体采用的技术、人才、资金与体制壁垒，释放市场信号，为传媒组织采纳智能媒体技术、构建现代智能传播体系保驾护航。

第三，组织信息就绪度、感知智媒利益和感知人机交互性对智能媒体使用意愿的影响非常显著。这表明传媒组织内部管理者与员工对智能媒体的认知能够增加其对智能媒体有用性的了解，并能进一步促使媒体从业者与智能技术从交互走向协同。因此，媒体管理者应建立起组织内部的信息共享、交流与学习机制，营造开放合作的创新文化氛围，为员工提供与智

---

① GOODHUE D L，THOMPSON R L. Task-technology fit and individual performance［J］. MIS quarterly，1995（2）：213-236.

② 张韵君 . 政策工具视角的中小企业技术创新政策分析［J］. 中国行政管理，2012（4）：43-47.

能媒体相关的技能培训与情绪心理支持，促进知识要素在组织内部和外部的自由流通。组织内部技术、业务等部门员工应强化数据思维与技术逻辑，有效利用数据挖掘、可视化处理等智能技术来服务于业务需求，通过与智能媒体的融合降低技术焦虑，提高个人职业素养与工作绩效，进而为构建传媒组织的技术—内容—商业生态系统提供支撑。

3. 研究局限与展望

本次研究存在一定的局限性：第一，受限于组织用户样本的可获性，本次调查的数据量及样本代表性存在提升空间。第二，未来的研究可以进一步区分管理者问卷和员工问卷，从而使研究结果更具普遍性与针对性。第三，未来可以按照创新扩散的时间顺序，研究组织使用智能媒体后，组织内部二次融合、组织绩效获取及组织外部价值共创的影响因素。第四，用户与组织价值共创是影响传媒组织采用交互融合媒体创新的重要因素[①]，未来可进一步将组织使用与用户采用连接，考虑用户接受并参与内容生产对组织技术采用的影响程度。

---

① BOCZKOWSKI P J. The mutual shaping of technology and society in videotex newspapers：beyond the diffusion and social shaping perspectives［J］. Information society，2004（4）：255-267.

第三章

重塑新闻传播价值链

数字技术的不断发展促使主流媒体内外部环境的快速转变，随着媒体融合步入“深水区”，新型主流媒体亟须探索新型价值创造模式，逐步完成从价值链、价值网到平台生态系统的转型升级。本书通过考察梳理主流媒体的价值衍化逻辑，指出新型主流媒体需要从受众参与、产品创新等多方面进行平台搭建与价值融合，并通过边界开放、平台成长与协同衍化实现生态跃迁，从而使自身能够在数字平台生态的多重嵌套结构中进行持续自主增值与公共实践。

中共中央办公厅、国务院办公厅2020年印发的《关于加快推进媒体深度融合发展的意见》提出，要尽快建成一批具有强大影响力和竞争力的新型主流媒体，建立以内容建设为根本、先进技术为支撑、创新管理为保障的全媒体传播体系。[①] 持续深入推进媒体融合，做强新型主流媒体成为“十四五”时期构建具有鲜明中国特色的战略传播体系的重要任务。随着共享、无边界、异构的社会数字技术集群不断衍化[②]，媒体深度融合的核心任务之一，就是要把传统主流媒体再造成新型媒体，打造出新型主流媒体。区别于商业利润导向的新媒体平台，新型主流媒体即面向人民群众，传递主流价值观，利用创新思维进行价值升级的媒体形态。打破了传统媒体的组织边界，重塑了内容实践形式，新型主流媒体的价值创造逻辑逐步完成

---

① 中共中央办公厅 国务院办公厅印发《关于加快推进媒体深度融合发展的意见》[EB/OL].（2020-09-26）. https://www.gov.cn/zhengce/2020-09/26/content_5547310.htm.

② HANSETH O，LYYTINEN K. Design theory for dymamic complexity in information infrastructures：the case of building internet [J]. Journal of information technology，2010，25：1-19.

了从链式到网状的外向延伸，并需进一步建设以自身为焦点平台的主流媒体生态，将单点线性的价值生成转换为高效融合、共享共创的复合型价值结构，将传统的产品价值拓展为场景与关系、商业与公共叠加的价值系统，以增强传统媒体传播力、引导力、影响力、公信力。如同乐团中多种角色与乐器的同频协奏，多重价值的融合与协同是主流媒体平台搭建与生态跃迁的核心要点。

一、价值延伸：从链到网

（一）价值链

顺应工业经济时代垂直一体化信息生产与大众传播的要求，传统形态的媒体集团内部长期遵从价值链的产品逻辑，将主体经营活动归为内容采集—内容生产—内容分发—内容接收的单向层级传递环节。价值链于 1985 年由迈克尔·波特（Michael Porter）提出，波特认为企业是在生产、销售及辅助运营过程中依照瀑布式的线性过程，围绕生产信息产品所需的内部活动流程而设计的，组织价值来源于产品，企业的价值创造是通过一系列活动构成的。这些活动既包括生产、分发等基本活动，也包括技术开发、人力资源等辅助活动。价值链又可以分为以产品为中心的内部价值链和以服务为中心的外部价值链。其中，内部价值链是指以企业内部经营活动为核心的链条。在传统媒体时代，以报纸、杂志为主的平面媒体与广播电视媒体各占半壁江山。传媒集团遵循波特的价值链模式，围绕内部的经营活动开展价值创造活动。内部价值链不仅是企业创造价值的核心环节，还包括背后所需的一系列支持性的设施与活动。在传统价值链的思维下，企业战略（活动决策）围绕内部的核心环节而展开。一家家拥有内部价值链的媒体集团及下属组织，使传媒行业形成了以产品为中心的价值链。小到产品，大到企业、集团，都拥有一套独立的价值创造模式。媒体组织消耗自身资源来开展每一项活动，最终为受众、广告商提供内容或产品价值。

外部价值链将供应商和受众纳入价值范畴，受众对产品的需求成了价值生产的终点。外部价值链打通了核心节点上下的价值链，包含价值生产的全过程。对价值链的研究从企业本身向上下游的参与者（供应商、用户等）延伸，企业基于内部价值链与外部合作伙伴、用户进行更深层次的连接、互动。至此，企业战略联通了上下游的参与者，其价值创造路径也延展到整个产业链之中。例如，许多平面媒体都与原材料供应商及物流服务提供商展开合作。从价值创造模式来看，媒体机构可以通过价值链的横向扩展、垂直整合和多元化来实现媒体价值的延伸。

1. 横向扩展

价值链的横向扩展也即企业的横向一体化，是指企业为了降本增效、扩大企业利润、提高企业竞争优势而与同类企业整合。对于媒体来说，价值链的横向扩展意味着不同组织之间协同合作，发挥规模经济的效应。例如，“中央厨房”式的采编系统能够实现跨部门、跨媒体、跨地域信息的集中调配，提高了信息采集与分发效率，如地方报社与广播电视台的合并、不同媒体之间的整合等。2017 年底，界面新闻通过换股方式完成对蓝鲸·财联社的整体并购，整合后的“界面·财联社”集“媒体、资讯、数据、服务、交易”五位于一体，增强了新型主流媒体的影响力。①

① 上海报业集团党委书记、社长裘新：新型主流媒体集团的“四梁”“八柱”[EB/OL].（2018-09-26）. https://mp.weixin.qq.com/s?__biz=MzA3NTY2NzIzOQ==&mid=2649639270&idx=1&sn=441d8f5a9366931c26e22298d6b90de4&chksm=8777eb2eb00062383196046fcf82d2f8d9a757b4f48cb5038fd9ec5c2e6a8c98f0b687df887a&scene=27.

2. 垂直整合

价值链的垂直整合又称垂直一体化或纵向联合，是指价值链上的前后不同部门或企业的协同兼并或整合。垂直一体化又可以分为前向一体化和后向一体化。前向一体化是对下游企业的兼并，后向一体化则是对上游企业的整合，以满足媒体扩张需求，延长组织价值链。传媒组织通过控制信息采集、生产、分发的全流程控制垂直价值链，当前大型传媒集团控制着上游内容端，也拥有内容分发的渠道。例如，新闻客户端“南方 +”拥有《南方日报》《南方杂志》《南方周末》《南方都市报》等优质内容资源，一年原创稿件超过 20 万条，拥有主流媒体的优质内容生产能力。此外，“南方 +”设立了 300 多个共建频道，同时引入各类 PGC、UGC，着力打造广东规模最大的政务新媒体聚合平台“南方号”，入驻量已超过 7000 家。①

3. 多元化

多元化是指企业为了更多地占领市场和开拓新市场或分散单一业务风险、提高整体抗风险能力、丰富其价值创造系统而选择性地进入新的业务范畴。多元化能够拓展延伸传统媒体的价值链，使其能够与其他利益相关者进行跨界合作，探索多样化的商业矩阵，形成以内容 IP 为核心的价值循环，从而扩大经营范围，协同增效提升集团整体利益，打造内容品牌。如上海报业集团以内容 IP 为核心，逐渐切入新媒体运营服务；江苏广电集团切入电影业务，旗下企业幸福蓝海专门从事影院开发运营，苏州广电传媒集团也逐渐切入电影领域进行投拍。

在价值链逻辑下，媒体机构得以高效、大规模地生产与分发信息产品，但同时也忽略了外部环境与其他互补者、竞争者等利益相关者的网状影响。

---

① 胡良光，曹斯，郑佳欣，等 . 新型主流媒体怎样“抢麦”？：南方 + 客户端的进阶之路［J］. 南方传媒研究，2021（5）：39-43.

链式传播架构使表达者和参与者之间的互动变得不可能，大众传媒从大多数人那里获取了个人的声音，但只传播了少数声音[①]，受众仅仅是媒介信息的被动接收者。

（二）价值网

互联网将大众传播时代的受众转换为暴露在虚拟资源下的数字化原子，使其具备了用户的新身份，要求直观的界面、全天候可用性、实时体验、个性化处理、全球一致性与零错误[②]，旧有的产品主导逻辑让位于以用户为中心的服务主导逻辑。此时，新媒体平台依托数字技术，解构了原有的稳定市场结构，要求媒介产品的融合、新型资源的再分配与商业架构的垂直整合，这些进程影响了媒体行业的竞争环境，模糊了包围媒体市场的边界。[③]为了满足用户对海量信息的需求，应对全球市场的高度不确定性，媒体机构越来越关注同外部资源的交换与合作，开始追求更加网络化、灵活化的价值组织形式。

1996 年，布兰登勃格（Brandenburger）和内勒巴夫（Nalebuff）提出了价值网模型。[④]价值网是传统价值链以用户价值为中心的分解与集成，使价值链各个不同主体和各个环节按照整体价值最优的原则相互连接、融合以及动态互动，形成一个以领导企业为核心，在用户、供应商、竞争者和互

① PICARD R G. The humanisation of media? Social media and the reformation of communication［J］. Communication research and practice，2015（1）：32-41.

② MARKOVITCH S，WILLMOTT P. Accelerating the digitization of business processes［EB/OL］.（2014-05-01）. https://www.mckinsey.com/capabilities/mckinsey-digital/our-insights/accelerating-the-digitization-of-business-processes.

③ CHAN-OLMSTED S M. Competitive strategy for media firms：strategic and brand management in changing media markets［M］. New York：Routledge，2006.

④ BRANDENBURGER A M，NALEBUFF B J.Co-opetition［M］. New York：Currency Doubleday，1996.

补者间进行双向资源互换的复杂创新网络。① 价值网的概念顺应了媒介融合趋势，强调媒体的价值不在于其本身的传统价值，而在于网络价值和内容价值的叠加。② 主流媒体通过跳价值链或跨价值链、战略联盟、虚拟合作、外包、众包等方式与用户、技术服务商、内容提供商、新媒体等外部相关者进行信息交换，共同编织其价值网络，确定自身的成本结构和经营流程，共享对方的核心能力，从而得以发挥内容服务垂直专业化的聚变效应。此后，还有学者用“价值商店”“价值星座”等概念来比喻组织与利益相关者的价值交换关系。

价值网的概念改变了传统媒体的价值创造模式，主要体现为以下几点：

1. 受众需求成为核心价值主张

受众需求是媒体价值网的核心要素。过去大众传播时代，传统媒体遵循的是一种以信息产品为内核的商品主导逻辑，信息的价值掌握在新闻从业者手中，受众仅仅是接收者。而互联网、Web3.0 等数字技术解构了信息生产与分发的权力关系，降低了技术使用门槛。受众要求自主选择想看的内容并主动成为内容的参与者、传播者和生产者，受众在不同场景下的需求也由此成为媒体价值的核心主张。

2. 关系连接成为核心价值源泉

数字时代，关系成为和数据同等重要的价值来源，让媒体的价值创造模式从过去单维度的“点”升级为双向互联的“线”。关系连接强调媒体与各种利益相关者建立合作关系，转变过去的竞争思维，强调多主体的互利

① 邹欣，牛向洁，韩珅 . 间性理念、价值网建构、模式创新：深圳广电集团新媒体中心的发展路径研究［J］. 电视研究，2018（9）：35-38.

② 袁野，曾剑秋 . 网络融合背景下广播电视网的价值重构［J］. 现代传播（中国传媒大学学报），2014（3）：120-124.

共生与协同发展，以此提高自身的抗风险能力。谁掌握了更多的关系，获取了更多的外部资源，谁就更可能在这种网络关系中获益。

价值网的提出改变了价值链封闭、静态、线性的思维，将重心从组织自身转向网络关系，从价值分配转向价值创造，从关注产品转向关注服务，实质是价值链的外向拓展。然而，价值网逻辑虽加强了组织与受众等利益相关者之间的联结，但仍强调围绕单个核心组织的利益交换，其参与者类型较少，各主体间的协同互补程度也较低，除了基本的政治与公共价值，其重心仍是媒体机构自身的信息产品价值。为了适应传播环境的变迁，在最大限度上调用资源与连接群众，主流媒体机构需要转变价值主张，关注用户场景价值与关系价值，建立起内部平台，并与其他利益相关者合作共创，向去中心、可持续的平台生态系统衍化。

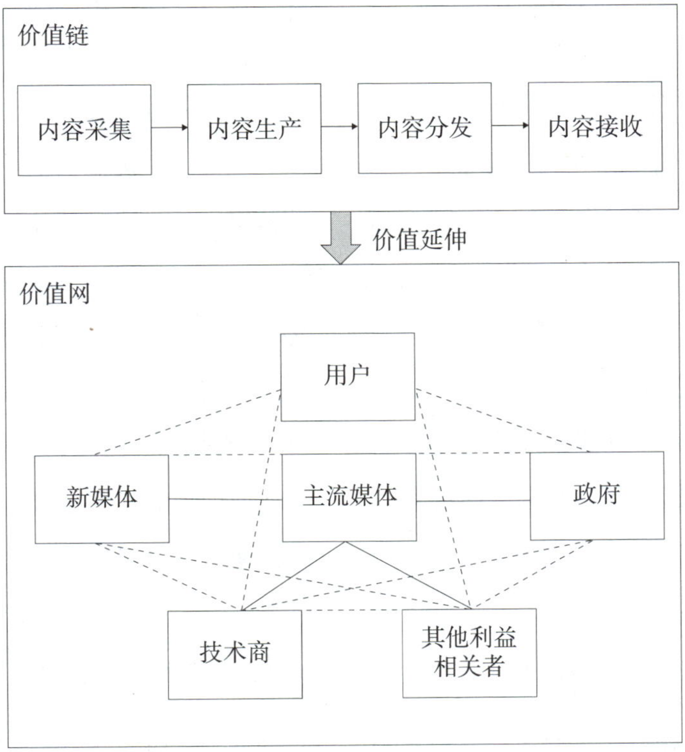

图3-1　从价值链到价值网

二、深度融合：媒体平台搭建

在越发弥散化、碎片化的“液态”信息环境下，怎样在最大限度上实现内容的高效生产、分发、聚合与变现成为主流媒体亟须考量的首要问题。为此，主流媒体需要将用户场景作为核心价值逻辑，进行产品流程的模块化重组，搭建平台连接资源与服务，以实现多方价值融合。

（一）受众参与：场景体验与关系社群

数字媒介将人们抛至一个万物皆媒、永久连接、永久在线的复媒体时代，数据成为新的战略资产，算法作为新的中介化权力的地位凸显，推动媒介与信息弥散至社会日常生活的各个场景。场景主导逻辑成为媒体机构的核心价值主张。不同形式的交互界面同空间环境、氛围及用户状态实时匹配、连接，以满足用户多元化的内容需求。然而，场景的本质已然不止于微观层面上的信息适配以及为受众提供服务，更在宏观层面上成为重构社会关系、开启新型关系赋权模式的关键推手。[①] 场景空间越是泛在分割，用户的微粒化程度越高，个体就越依赖于从虚拟交互中获取群体感、连接感，逐渐从关注内容转向关注连接。[②] 可以说，内容体验与关系连接是场景价值主张的两个核心要素。

因此，为了满足用户的场景需求，实现与用户的深度连接，首先，主流媒体应以有影响力的优质内容为基点，打通 app 客户端、公众号、小程

---

① 喻国明，梁爽 . 移动互联时代：场景的凸显及其价值分析［J］. 当代传播，2017（1）：10-13，56.

② 周葆华 . 永久在线、永久连接：移动互联网时代的生活方式及其影响因素［J］. 新闻大学，2020（3）：84-106，120.

序、短视频账号等端口，围绕用户场景进行全时段、全渠道的内容与终端再造，为用户提供垂直化、个性化、泛在化的信息体验。同时创新服务形式，利用数据新闻、虚拟主播等技术增强用户的沉浸感与交互感。其次，主流媒体可以利用情绪叙事与视觉修辞设置议程，进行情感动员，形成以情感传播为外在驱动，以政论模式、信息模式、故事模式等为信息要素的“混合情感传播模式”。[①] 通过激发用户的情感共振，主流媒体得以构建起微粒社会下的情感共同体[②]，实现由弱关系主导的网民交互界面到由强关系主导的在线信息社群的转向。基于用户社群，主流媒体能够与用户进行点对点、无缝式的互动互联，有效提升用户黏性，而用户社群也成为主流媒体平台化转型的关键动力。

（二）产品创新：模块化内容与流程

为满足用户碎片化的场景需求，主流媒体需要将传统的线性价值模式转换为模块化的产品流程。列夫·马诺维奇（Lev Manovich）在《新媒体的语言》中提出了新媒体的模块化原则，即新媒体对象由独立部分组成，每个独立部分又由更小的独立部分组成，以此类推，新媒体对象可以一直分解到最小的原子——像素、三维空间中的点和字符，而媒介就依照模块化的分形结构将这些物质性元素不断合成、重组，形成新的视听内容。[③] 数字技术的可供性允许媒介产品按照标准的平台界面和算法支持的热度规则不断变形、伸缩、位移，在跨媒介杂交中形成模块化内容集群。这种内容模块将离散的叙事元素按照不同受众群体重新组合，即时转换为音频、视频、游戏、VR 等

---

① 张志安，彭璐．混合情感传播模式：主流媒体短视频内容生产研究 以人民日报抖音号为例［J］．新闻与写作，2019（7）：57-66.

② 程思琪，喻国明．情感体验：一种促进媒体消费的新动力 试论过剩传播时代的新传播范式［J］．编辑之友，2020（5）：32-37，63.

③ 马诺维奇．新媒体的语言［M］．车琳，译．贵阳：贵州人民出版社，2020：8.

融合形式，根据多元用户场景按需调整，且对迭代创新保持开放。[①]

为了配合内容产品的模块化再造，主流媒体可以将生产流程由传统价值链的线性模式转向矩阵式的共时、共地、并行生产与分布式协作。一方面，主流媒体可根据不同产品特性与分发场景进行细胞化分工与人员的自由组合，形成独立、扁平、流动、跨部门的业务单元、项目团队或内部创业工作室。每个单元模块有其特定的分工领域，能够进行自我决策与自我整合，确保各模块即时信息共享。为了提供分众化、专业化的内容产品，另一方面，依托大数据、算法机器人等智能技术，主流媒体得以平衡内容产品等的大规模生产和个性化定制。人民日报社成立了麻辣财经、新地平线、半亩方塘等12个融媒体工作室，覆盖财经、时政、文化等多个领域，生成了文字、音视频（脱口秀）、H5、图解、VR等各类融媒体作品。人民日报社的融媒体工作室打破了原有的组织结构，实现了跨部门、跨地域、跨专业和跨媒体的“四跨”配置与资源的自主调配共享。[②] 通过模块式拆分与协调，主流媒体机构的价值创造模式兼具灵活性与高效性，有利于系统整体的混合创新。

（三）平台编织：资源聚合器与价值流通

当具备一定的用户基础与创新资源时，主流媒体可以编织一套平台型组织架构，履行中介、协调与聚合的功能，对产品与组织模块进行统一管理，使信息从价值链的单向传输转变为中心—边缘的循环式交换。对于平台的定义，学界从技术、战略及文化等多重视角进行了阐释。从形象上讲，平台是平坦、开放、坚固的，平台提供了以强大、开放而平等的方式采取

① NIEBORG D B，POELL T. The platformization of cultural production：theorizing the contingent cultural commodity［J］. New media and society，2018（11）：4275-4292.

② 南苏格，浦翰林 . 融媒体如何打造主流新闻“爆款产品”：以人民日报社“麻辣财经”为例［J］. 传媒，2020（10）：55-57.

行动、连接或对话的机会，提升了主体地位。[①] 从技术架构层面看，平台型组织是具有互补性“核心—边缘”特征的一种模块化系统。[②] 从组织与战略视角看，数字平台被用来描述以数字技术为基础、以用户为中心，能够通过双边或多边网络效应快速连接、匹配、协调互补性资源，以适应复杂的市场环境的价值共创型组织形态。

在媒体融合实践中，平台型媒体的核心架构主要由灵活前端、共享中台和技术后台组成。范·迪克（Van Dijck）将平台看作一种树状结构，根茎是数字基础设施，中间树干由不同服务提供商组成，而枝干则包括面向各个部门的应用程序。[③] 首先，技术后台包括计算机硬件与软件、互联网协议、数据中心等，作为底层架构支持为各种用户数据、媒体数据和运营管理数据提供持久化的存储和分析。[④] 其次，强大的共享中台通过连接多边子平台的内容与服务、聚合并再分配资源的方式提供基础功能，如社交平台、支付平台、搜索引擎等。而前端应用平台则利用多元子平台界面与灵活团队为不同社会部门直接提供信息服务。核心架构是平台型主流媒体的资源聚合器，这种“中央厨房”式的内部管理系统保障了组织的自生长能力，既能够高效地整合、盘活、把关资源与渠道，也能够为各部门间提供直接对话与协作的机会，并通过持续吸纳新的业务模块拓展平台功能。

主流媒体平台的边缘要素即分布于平台前端的异质性功能子平台，包括直接面向用户的社交子平台、由采编等模块组成的内容子平台、由新媒体模块构成的创新服务子平台、内部管理子平台等，不同子平台下又分化

① GILLESPIE T. The politics of ‘platforms’［J］. New media and society，2010（3）：347-364.

② GAWER A，CUSUMANO M A. Industry platforms and ecosystem innovation［J］. Journal of product innovation management，2014（3）：417-433.

③ VAN DIJCK J. Seeing the forest for the trees：visualizing platformization and its governance［J］. New media and society，2021（9）：2801-2819.

④ 郭全中 . 智媒体构建中的中台建设［J］. 新闻与写作，2019（11）：71-75.

为若干业务模块，在组件、流程、信息、人员与关系层面进行跨部门、跨区域、跨行业的网络化协作，彼此之间相互强化。子平台模块创造的价值经由中枢系统的把关与分解，再次通过对边缘要素的赋权、替换与重组创造新的价值，将层层关系编织勾连成有机一体的价值闭环。例如，新华社全媒体平台由“媒体大脑”等技术平台支撑，以新华社总编室为核心控制器，由国内部、国际部、对外部、摄影部、音视频部、新华网、新媒体中心、技术局及地区分社等各个子平台模块人员灵活调配生成内容并分发至终端①，真正搭建起平台型媒体架构，实现了价值的从茎到根、从支流到主干道的可循环输送。

（四）价值增殖：多元服务变现

传统媒体的盈利模式主要依托于财政支持与广告经营，而平台型媒体主要依靠“免费＋付费”的商业模式获取价值。平台型组织的核心特性即跨边网络效应，使用平台的用户越多，平台对其他利益相关者的价值就越高。

主流媒体平台可以在提高用户黏合度的基础上，充分利用网络效应吸引广告商，并与其他业态进行跨媒介合作，提供一系列增值服务。一方面，主流媒体平台可通过持续优质的内容产出、个性化推送吸引用户，培养记者、意见领袖等个人化 IP，形成一定规模的会员订阅社群，将流量转换为存量，并开放打赏、众筹、内容付费墙等付费渠道进行变现。另一方面，媒体平台还可以通过社群＋电商直播、新闻＋游戏、本地生活服务、NFT 虚拟资产等创新业务打通线上与线下消费场景，吸引用户参与。例如，各大主流媒体主持人纷纷入局短视频 MCN 吸引年轻受众，进行直播变现。此外，向用户收取超链接到在线内容的费用，使搜索引擎和新媒体聚合器为发布文章支付

① 郑晓奕．直面“痛点”自我革新：新华社全媒报道平台的探索［J］．新闻与写作，2015（8）：14-17.

版税的超文本货币化也是主流媒体实现价值融合的一种新形式。[①] 但应注意的是，所有的付费模式均建立在有黏性的用户基础之上，而用户黏性则取决于卓越的内容与可信任的平台。同时，主流媒体在与商业平台合作时，应加强版权意识，树立品牌思维，充分考虑自身的平台特性与社群场景，选择与原生内容定位最适配的增值模式，与用户重新建立“互惠关系”。[②]

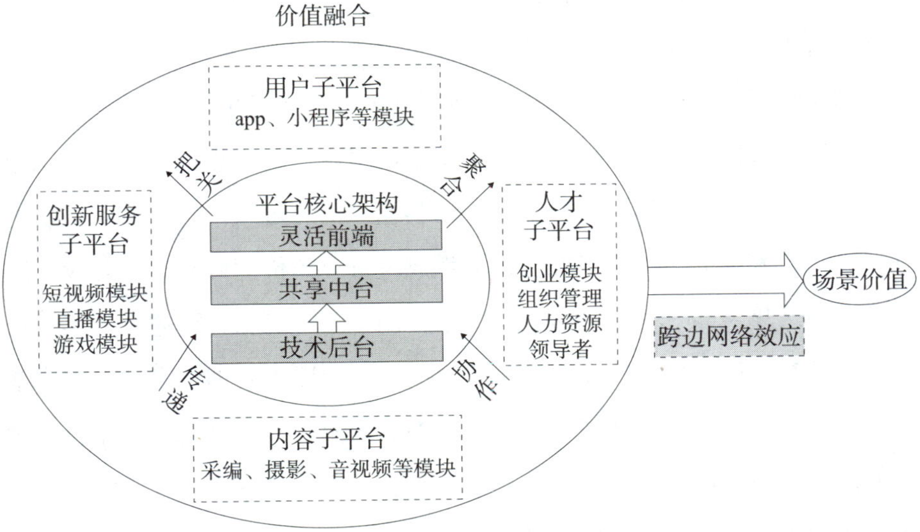

图3-2 新型主流媒体聚合平台

三、共创连接：媒体生态跃迁

在网络时代里，新型的生态模式是由平台和价值生态共同组成的。如

① DOHERTY S. Hypertext and journalism：paths for future research［J］. Digital journalism，2014（2）：124-139.

② BECCARIA L，DE SAINT-EXUPÉRY P. Content and its discontents［J］. Harper’s magazine，2013（1961）：21-25.

果说平台是一棵树，那么价值生态则更像一片森林。平台扮演了价值中枢的角色，负责连接需求、整合资源，价值生态则打破组织边界，向外拓展，它需要构建广泛且多层次的长期合作关系。一般来说，价值生态系统是以用户需求拉动的、由企业组织圈内的核心企业组织与其供应商、制造商、运营商、分销商、用户、外包服务公司、融资机构、竞争对手、客户和监管机构及其环境组成的价值生态流程①，具有开放无边界、去中心化、协同衍化、共生共创的特征。对于传统媒体价值生态来说，其生态圈层则包括互联网新媒体、政务媒体、技术供应商、广告商、政府机构等。

在当前的颠覆性竞争格局下，单个主流媒体平台依靠传统的价值创造模式难以适应当前的用户消费模式，也不能保证通过“单打独斗”长久占有市场，一家独大。在网络社会，关系成为重要的价值源泉，相对应地出现了“网络化新闻”“参与生态”“数字新闻生态”等相关论述，其实质均强调以关系价值为连接，在多主体的互动互联中谋求共创共赢，由媒体平台内部的“小生态”过渡到社会技术系统中的“大生态”。② 如果说平台是推动大规模行动者参与互动的中介型组织与集中控制系统，能够实现主流媒体主体功能效率最大化，那么平台生态是由多个平台型组织通过焦点活动吸引大规模对等行动者聚集涌现的协同系统③，是多个价值网络的叠加，可以通过吸纳互补性资源助力主流媒体持续创新发展。构建新型主流媒体生态需要经历边界开放、平台成长及协同衍化等阶段。

---

① 张莉，王慧敏．基于价值生态系统的企业定位及策略研究［J］．工业技术经济，2005（5）：84-86.

② 常江，何仁亿．物质·情感·网络：数字新闻业的流程再造［J］．中国编辑，2022（4）：29-35.

③ CENNAMO C，SANTALÓ J. Generativity tension and value creation in platform ecosystems［J］. Organization science，2019（3）：617-641.

（一）边界开放：资源互通与平衡

开放性是平台生态系统的基本属性。新型主流媒体在构建起多边平台后，需要有选择地开放平台边界，连接外部节点。平台边界开放度是指基于多主体协同治理视角，依靠平台界面规则的管控，对平台参与者实施选择性开放的程度。[①] 开放度越高，平台生态系统的进入门槛越低，生态参与者的角色与数量就越多元。目前，新型主流媒体平台仍处于平台生态建设初期，对于互补资源的需求较大，且面临大量同质化竞争，通过开放数据接口与功能界面，能够充分发挥协同创新效应，因此，主流媒体平台应尽可能打破封闭思维，加强体制机制创新，在保持适当边界的基础上选择较大的开放度。主流媒体平台可以通过开放应用程序编程接口（API）与源代码、社交插件与超链接等方式拓展数据渠道与信息功能模块，允许外部访问与资源链接，并进一步通过制定协议开放用户数据与产品服务，供生态合作者“即插即用”，调用创新。

（二）平台成长：构建主流媒体核心竞争优势

当前，主流媒体平台主要作为子平台融入以新媒体平台为主导的平台生态系统中，对新媒体平台仍有很强的依赖性，导致主流媒体平台的中心性不高，难以形成以自身为焦点平台的生态结构。不同规模与定位的主流媒体平台可以通过两种模式实现平台成长与价值自主，构建自身核心竞争力。

---

① BOUDREAU K. Open platform strategies and innovation：granting access vs. devolving control［J］. Management science，2010（10）：1849-1872.

1. 平台包络：跨界规模优势

具备技术、资金与用户基础的大型媒体集团能够通过平台包络战略，发挥赢者通吃效应做大市场，扩大用户群，在水平层面实现新型主流媒体平台与潜在竞争平台之间的兼容并包。平台包络（platform envelopment）是指一个平台提供商通过将自己的平台功能与目标市场的功能捆绑在一起，从而利用共享基础架构和重叠的用户群进入另一个平台供应商的市场[①]，是跨界并购与范围经济的一种表现。传统媒体转型发展需跳出传媒、发展传媒[②]，充分利用原有用户基础与关联技术深入其他领域，扩大生态圈，深化生态位。例如，湖南广播影视集团借助自身大屏内容优势开启长视频（芒果 TV）、短视频（风芒）与电商带货（小芒）业务，实现大屏带小屏的跨媒介包络。江苏广电集团通过旗下幸福蓝海实现对电影业的全产业链布局，从而有效发挥规模优势，利用跨界资源构建自身生态系统。

2. 平台嵌入：差异化定位与非重复关系

市县级融媒体等中小型媒体机构很难通过跑马圈地式的补贴策略囤积流量，通过精准的平台定位、嵌入主导者的平台生态进行依附式成长更加可行。一方面，主流媒体平台可以以当地基层用户与社区为中心，充分开发利用本地网络资源，契合本地需要，深耕自身品牌[③]，利用精细化、差异化空间或内容优势推动平台可持续发展。例如，湖北的民生频道“湖北经视”专注布局社区舞台大屏，下沉到武汉市上千个社区，通过专属社区小

---

① EISENMANN T，PARKER G，VAN ALSTYNE M. Platform envelopment［J］. Strategic management journal，2011（12）：1270-1285.

② 蔡宁，王节祥，杨大鹏 . 产业融合背景下平台包络战略选择与竞争优势构建：基于浙报传媒的案例研究［J］. 中国工业经济，2015（5）：96-109.

③ 高宪春 . 平台 · 定位 · 价值 · 特色：论县级媒体融合的落地与创新［J］. 电视研究，2019（5）：18-21.

程序，由各社区网格群进行分发，其全媒体矩阵粉丝已达3000万，2020年全年总播放量超60亿。[①]

另一方面，中小型主流媒体可以在产品、渠道等多个层面嵌入大型主流媒体平台，获得非重复信息与关系优势。马克·格兰诺维特（Mark Granovetter）将社会嵌入性划分为关系嵌入和结构嵌入两种类型，其中，关系嵌入是指主体的行为嵌入直接互动的关系网络中进行信息交换；结构嵌入则是指企业在网络中的位置和其所维系的关系决定了其能否把握住网络资源。[②]克里斯·安德森（Chris Anderson）提出媒体生态的“根茎架构”，指出新闻网络中的所有行动者都是信息节点，通过互构连接延伸生长。[③]相应地，中小型媒体平台可以通过在大型媒体平台建立入口进行层级式信息分发与共享。例如，淮安报业、嘉兴广电等市县级融媒体均在《人民日报》等信息平台插入了自己的平台链接，进行从中央到地方各级内容的交换，提高其信息可见度。此外，主流媒体也可以通过在与自身高度互补的平台生态中嵌入一个共生子平台，融入其价值网络，占据有利关系节点，接触彼此不相连的合作伙伴，连接多边参与者，促进信息流多方向有机流通，从而扩展原有平台的用户范围与功能边界，形成“多维平台嵌套”的生态结构。[④]例如，黑龙江广播电视台与贝壳视频共同打造MCN品牌“龙视频”，入驻短视频平台，进行“嵌入式学习”。[⑤]新型主流媒体平台

---

① 德外5号．湖北经视：贴地飞行的融合传播“新物种”|德外荐读［EB/OL］．（2021-07-01）．https://www.amz520.com/articles/30990.html.

② 张辉刚，朱亚希．社会嵌入理论视角下媒体融合的行动框架构建［J］．当代传播，2018（1）：41-44.

③ 安德森．新闻生态系统研究二十年：历史轨迹与未来发展［J］．何仁亿，译．中国网络传播研究，2021（3）：18-31.

④ 王节祥，陈威如，江诗松，等．平台生态系统中的参与者战略：互补与依赖关系的解耦［J］．管理世界，2021（2）：126-147，10.

⑤ 周逵，史晨．正当性的互嵌：广电MCN机构的创新动因与模式分析［J］．新闻与写作，2020（10）：47-56.

“北京时间”则嵌入360平台的价值网中，建立起与技术行动者的合作关系。为了提升自身的跨平台竞争力，中小型主流媒体平台还可以采用多栖互补战略，即同时参与多个平台，为多个平台提供异质性的信息产品与服务，从而增加潜在市场，降低对特定平台生态的依赖[①]，真正践行价值自主。

（三）协同衍化：平台生态三重奏

1. 共享：互补资源与共益承诺

随着系统边界的开放与核心能力的提升，新型主流媒体具备了较强的资源集结能力，同各个外部行动者之间形成了非均衡态的、非线性的复杂关系。然而，只有在确定一个共同目标或愿景，并且同一目标被相互依存的行为者所接受的情况下，不同价值网中的行动者才能被“转译”为主流媒体生态中的参与者，使系统从无序转向有序，从分流走向合力。此时，作为生态组织者的主流媒体平台需要履行“指挥家”式的角色，寻找各个参与者间的资源缺口，立足不同平台的互补性需求，充分协调数据、信息、人才、资金等要素的流动方向，推进行动者间的合作议程，进而通过一套共益承诺将相互依存的利益相关者“征召”进以自身为焦点的生态圈中。这种利益支点可以包括收入、规模经济、上市速度、获得特定资源的机会、流程创新、知识溢出互动、声誉等组合。[②]但需要注意的是，在主流媒体生态中，这个互利承诺需要立足公共性的核心价值。

① CENNAMO C. Competing in digital markets：a platform-based perspective［J］. Academy of management perspectives，2021（2）：265-291.

② KOSTOVSKA I，RAATS T，DONDERS K，et al. Going beyond the hype：conceptualising “media ecosystem” for media management research［J］. Journal of media business studies，2021（1）：6-26.

2. 共生：跨圈层连接与多主体合作

当外部行动者按照共益承诺加入主流媒体生态，占据不同生态位时，参与者间建立起跨平台、跨圈层、去中心、人机物融合的共生关系与行动网络，改变了过去的参与性主体，根据连接强弱，主流媒体平台生态可以划分为三个子圈层。新型主流媒体平台生态的核心圈层主要包括主流媒体平台与其子平台、各级区域性主流媒体平台、用户及直接内容供应者平台等。在平台生态的第二圈层，新型主流媒体主要同商业平台、政务媒体、MCN 中介等主要合作者建立互利共生关系。而主流媒体平台生态的第三圈层则包括非媒体外部利益相关者，如技术供应商、其他关联行业、产学研机构、国际媒体等。根据行动者网络理论，技术自身作为一个能动的主体同媒体参与者进行交互协作，这种人际关系贯穿三个圈层与生态衍化全过程。各个行动主体处于平等、非中心化的位置，且所有圈层之间的边界具有模糊性、开放性，允许媒介基础设施、信息、资源的共享使用、交换与流动，为各主体间的协同衍化提供充分的行动环境。

3. 共衍：集体行动与协同共创

主流媒体与其他平台的协同衍化在合作共生关系的基础上进一步强调各圈层主体间的相互赋能、自组织集体行动与价值共创行为，并要求参与者遵循共识性规则与协议，共同承担责任与风险，为整个生态系统持续创造价值。

在核心圈层，主流媒体平台自身需要不断创新升级，以保持自身中心地位，提高生态系统活力。同时，随着以用户为中心的参与式新闻、“众包新闻”等产品形态的出现，新型主流媒体需要注重对用户社群的持续运营，建立灵活的赋权机制，通过“深度议题设置 + 创作激励 + 高频互动 + 把关权让渡”的方式持续激励用户共创内容，将用户活化为传播参与者和内容产消者，促进主流舆论生产场域的生动化与民主化。此外，主流媒体平台需要深度联结意见领袖、自媒体平台等重要中介节点，提高网络密度，通过信息共享拓展双方传播深度与广度，并通过建立与用户社群的信任机制提升主流媒体—用户社群生态的价值凝聚力。

对于第二圈层的参与者来说，首先，在中国情境下，新媒体平台与主流媒体存在反向融合的可能[①]，主流媒体与新媒体平台间应以联合共创为先。主流媒体可以利用新媒体平台的底层架构与用户量优化技术基础，获取用户数据，借助算法推荐系统提高自身的内容可见性，而主流媒体平台独有的采编权与公信力能够为互联网媒体平台提供一手资料与信息过滤、内容风控与专业认证等业务[②]，有助于增加商业平台可信度与品牌效应。其次，对于政务媒体平台来说，主流媒体平台更加熟悉信息生产、分发全流程的操作，提供人民群众与政府部门直接沟通对话的平台，可以更广泛、更精准地传播主流话语，提高舆论引导力，而主流媒体也可以获取更多的行政支持。例如，“人民号”平台承载的政务号贡献了平台近 50% 的内容，打造出反诈宣传直播等标杆性“政务 + 服务”合作案例，是用户、政务部门与主流媒体的一次共赢。[③]而在生态系统的第三圈层，主流媒体平台可与技术商联合创新数字技术应用形式，而与金融业、教育业等跨行业主体的协同也能扩大多方影响力，如广电机构通过直播带货带动乡村农业发展，在为多主体赋能的同时也拓宽了整个生态系统的容量。

总的来说，生态构建的共享阶段强调承诺参与，共生阶段强调对等连接，共衍过程则强调共创行动。在三重逻辑的交叠递归式进化中，主流媒

① 周逵．反向融合：中国大陆媒体融合逻辑的另一种诠释［J］．新闻记者，2019（3）：45-51.

② 陈虹，杨启飞．平衡与连接：构建新型主流媒体的内在逻辑与行动框架［J］．现代传播（中国传媒大学学报），2021（10）：1-5.

③ 陈雪娴．主流媒体如何通过“平台号”推进深度融合：以“人民号”为例［J］．青年记者，2021（15）：62-63.

体得以实现关系价值的再生产与真正的可持续发展。可以说，新型主流媒体平台生态是媒介技术、用户场景、关系网络、商业利益和公共决策共同影响下的产物，其实质是价值链/价值网基础上的融合式、协同式升级。在全媒体传播实践中，主流媒体应立足平台生态逻辑，以场景价值与关系价值为核心，利用平台架构活化、整合资源，进一步将主流媒体平台作为基础设施嵌入社会技术系统，形成多主体协同共生的主流媒体生态，推动所有行动者之间价值共创，最后建设成为多重价值平衡的全媒体公共传播体系。不同于过去的“姿态性融合”与“孤立创新”，主流媒体平台生态的价值创新逻辑是全用户、全平台、全社会之间的共享、共生、共衍，是一套有机的价值循环系统，既能够有效推进国家治理体系和治理能力现代化，又凸显出“人类命运共同体”的隐喻结构。

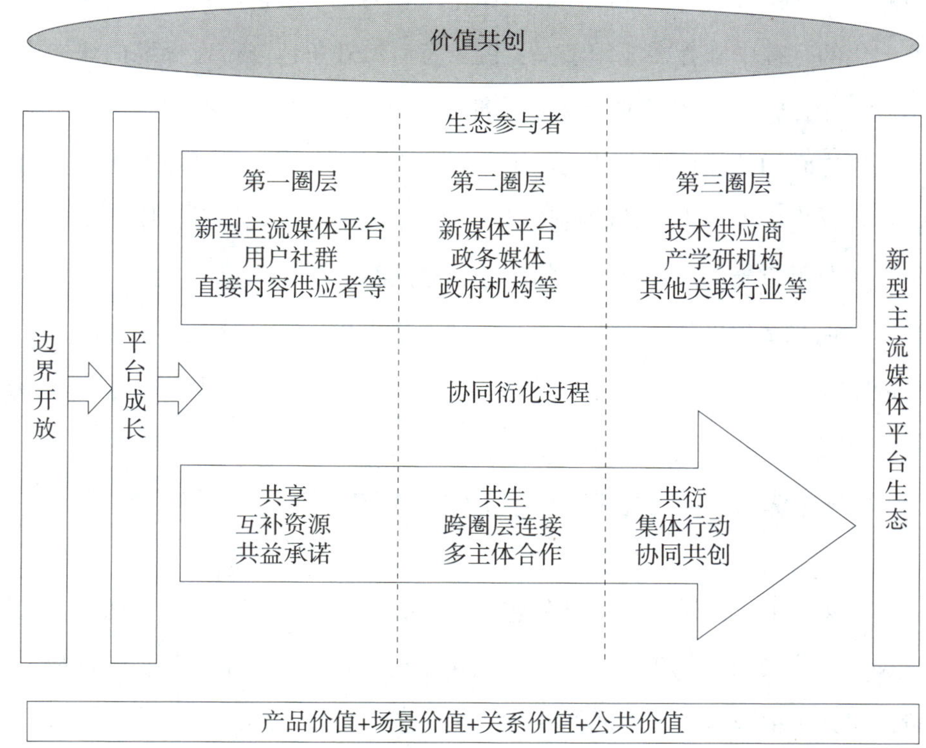

图3-3 新型主流媒体生态跃迁

四、区块链技术下的文化价值链重构

随着全球文化交流日益加强，以好莱坞为代表的传媒集团，为维持其在金字塔顶端的领导地位，将电影生产外包给劳动力价格更低廉或艺术创造力更丰富的国家或地区，形成了文化霸权主义下的“国际文化生产外包”现象。文化生产外包系统的单向性、静态性特征触发了发包方与外包方之间权益失衡的问题。同时，随着文化产品数量的持续增长，为整合全球文化市场中碎片化、分散化的生产行为，提高当地“低附加值”文化厂商的行业地位，一些学者结合全球价值链的研究方法，提出了全球文化价值链的概念。该链条具备的开放性与协作化特性弱化了上述问题，但其在中国本土化的过程中却存在应用壁垒：链条背后治理角色与行业标准的缺失为“欠发达国家”的文化产业带来负外部性，这不仅加剧了文化价值链各类参与主体之间的信任危机，还制约了非好莱坞影视公司产业升级的能力。结合突发灾变条件下中国持续推进经济高质量发展的时代背景，中国本土的文化产业更应当关注现象背后的问题，运用新一代信息技术（区块链、AI等）对现有文化价值链进行变革，实现由集中化生产到分布式生产的范式转换。

（一）从集中到分布：对文化霸权的解构

好莱坞的“国际文化生产外包”是外包概念在价值生产领域的第二次拓展。文化价值链的出现，解构了文化生产外包模式下依然存在的霸权力量，但其在中国本土化的过程中也存在一定问题。

1. 文化霸权主义下的国际文化生产外包

国际文化生产外包模式（new international division of culture labor，NICL）来源于好莱坞，其字面意思为新国际文化劳动分工，它的含义可以追溯到“外包”这一概念。加里·哈默尔（Gary Hamel）和C.K. 普拉哈拉德（C.K.Prahalad）在1990年最早提出了外包（outsourcing），认为它是一种帮助企业转移非核心业务、提高产品竞争力的管理模式。[①] 根据业务特性，外包可细分为制造外包、服务外包等类型，目前常用于IT行业。[②] 通俗来讲，外包是指企业经营者将某些业务流程，连同相关资源与管控权，以商业形式发包给外部服务提供者的经济活动。在经济全球化的背景下，外包衍生出了新的形态——新国际劳动分工（new international division of labor，NIDL），促使发达国家与发展中国家在制造领域加速资源整合，建立了跨地域空间的组织重构。之后，在文化全球化的趋势下，各国文化生产的联系日益加强，NIDL的概念被进一步分化：好莱坞利用地域经济水平的差异性，选用低成本的生产地区以及人力资源，结合专业培训的方式，提升文化产品的生产效率，文化生产外包（runaway production，外逃摄制）现象进入大众视野。[③④]

文化生产外包兼具独特性与复杂性。发包方要时刻关注产品投放

① PRAHALAD C K，HAMEL G. The core competence of the corporation［J］. Harvard business review，1990（3）：79-91.

② 王习农 . 服务外包不等于服务业外包：服务外包概念再认识与理论新析［J］. 国际贸易问题，2012（8）：91-100.

③ KRISHNA S，SAHAY S，WALSHAM G. Managing cross-cultural issues in global software outsourcing［J］. Communications of the ACM，2004（4）：62-66.

④ JOHNSON-YALE C. “So-called runaway film production”：countering Hollywood’s outsourcing narrative in the Canadian press［J］. Critical studies in media communication，2008（2）：113-134.

地域的劳动力资源，理解对方的文化环境。[①] 通过 NICL 系统，文化生产不再局限于一家公司或者一个地区：跨国媒体集团（transnational media conglomerates）在系统中担任领航人的角色，负责融资与各种组织活动，通过高度集中的管理模式掌控版权、资本所有权等，建立分散化的生产网络[②]；地域性制作公司则积极参与到合作网络中，使文化创意产品在国家政策与版权管理之下走得更远。好莱坞文化生产外包的成功，在于其对权威领导力量的塑造。好莱坞立足于美国本土“文化大熔炉”的地域特性，运用自身垂直整合的发行体系以及通用的国际语言优势，极大地减少了产品的文化折扣。

国际文化生产外包模式也存在一定的局限性。NICL 系统中的“劳动分工”更多由跨国媒体巨头单向主导，以扩大市场规模与收益最大化为主要目的。这既不利于地域性制作公司向价值链上游环节布局（陷入劳动密集型工作中，创意产出有限且无法获得产权），又制约了媒体巨头整体协调能力的升级（限定在流水线生产主导的外包模式之内）。同时，NICL 过于强调好莱坞在经济发达地区的统治和联系，为合作公司提供的优惠条件有限，扩大了双方在产品附加值差异下的收益分配不均衡，不利于地方电影产业的动态持续发展。[③] 在这种不平衡的利益关系下，NICL 有时也成为非好莱坞公司通过集中自身创意来对抗巨头的工具。

综上，NICL 是以好莱坞为代表的媒体巨头建立文化工业所遵循的运营理念和运行系统，主要以整合地域资源优势、主导与小型制作公司的通力

---

① MILLER T. The new international division of cultural labor revisited［J］. Icono 14，2016（2）：97-121.

② GOVIL N. Hollywood's effects，Bollywood FX［M］//ELMER G，GASHER M. Contracting out Hollywood：runaway productions and foreign location shooting. Lanham：Rowman & Littlefield，2005：92-114.

③ KEANE M. Once were peripheral：creating media capacity in East Asia［J］. Media，culture & society，2006（6）：835-855.

合作为目的。[①] 但在该系统下，主导多环节价值创造的媒体巨头与生产低附加值产品的地方供应商之间的差距被逐渐扩大，进而导致双方收益分配的不均。由上可知，NICL 虽反向解体了一体化的传统生产模式，但其分工方式并未解决权益失衡的问题，并制约了外包企业持续升级的能力。如何建立一个分工协作、开放共生的文化价值生产网络，是行业亟待解决的问题。

2. 全球分布视角下的文化价值链

NICL 系统下好莱坞的文化生产霸权，严重挤压了地区文化生产商产业升级的机会。为改善这种文化生产的依附模式，国外学者抓住当今文化生产环境下文化劳动碎片化与生产地域分散化的问题，立足全球价值链（GVC）的研究方法，丰富了现有的全球文化生产模式——全球文化价值链（global cultural value chain）。

全球文化价值链主要是由买方市场驱动，其与好莱坞主导的 NICL 有两点不同：首先，该价值链使全球文化生产市场形成了以跨国公司为主导的文化生产结构，链条的关键参与者并不一定是跨国媒体巨头，而有可能是能够快速锁定消费者需求的本地其他类型公司[②]；其次，全球文化价值链更关注链条中各参与主体的治理与升级情况。杰里菲（Gereffi）等人归纳的全球价值链的五种治理结构模型（市场型、模块型、关系型、控制型与统治型），可以帮助各参与主体适应多变的文化市场环境，平衡与同链条参与者的权利分配问题（分享作品产权）。[③] 与此同时，本地文化供应商应对跨国集团“庞大发行营销网络”带来的竞争压力，可以通过跨界合作来优化生

---

① MILLER T，GOVIL N，MCMURRIA J，et al. Global Hollywood 2［M］. London：Bloomsbury Publishing，2019：111-125.

② WAISBORD S. McTV：understanding the global popularity of television formats［J］. Television & new media，2004（4）：359-383.

③ GEREFFI G，HUMPHREY J，STURGEON T. The governance of global value chains［J］. Review of international political economy，2005（1）：78-104.

产流程（成本、时间、分销网络、创新技能），最终实现产业升级。[①]

本书基于杜克大学的两位学者李俊高（Joonkoo Lee）、加里·杰里菲（Gary Gereffi）对全球文化价值链以及产品生产网络的定义，认为文化价值链包含设计、制作、分发、营销等价值生产流程，通过分工协作、跨国生产、贸易一体化等手段，使资金、人力资源等要素在链条中合理地配置与流动。[②③] 文化价值链具备开放性与协作化的特征。开放性（政策管制放松、企业间的竞合模式）使得文化生产碎片化的现象被弱化，在数字化技术的支撑作用下，文化市场最终形成了由消费需求驱动的工业生产模式。以电视内容为代表的文化行业，遵循文化生产链条的新模式，正在进行一系列解构与结构相统一的价值创造活动。[④⑤] 在协作化特性下，垂直一体化的旧生产模式被瓦解[⑥]，跨国集团与区域生产商之间拥有双向选择机制。这不仅重塑了价值链的组织管理方式——主导企业通过与本地供应商的合作获得更便利的生产与交易环境，本地供应商选择效益更高的项目资源进行开发合作；还为文化产品的进出口与跨领域生产提供了平台与桥梁，促使各参

---

① HUMPHREY J，SCHMITZ H. How does insertion in global value chains affect upgrading in industrial clusters?［J］. Regional studies，2002（9）：1017-1027.

② LEE J. Animating globalization and development：the South Korean animation industry in historical-comparative perspective［D］. Durham：Duke University，2011：45-50.

③ GEREFFI G. The organization of buyer-driven global commodity chains：how U.S. retailers shape overseas production networks［M］//GEREFFI G，KORZENIEWICZ M. Commodity chains and global capitalism. London：Greenwood Press，1994：95-122.

④ CHALABY J K. Television and globalization：the TV content global value chain［J］. Journal of communication，2016（1）：35-59.

⑤ KENNEY M. The shifting value chain：the television industry in North America［M］//KENNEY M，FLORIDA R. Locating global advantages：industry dynamics in the international economy. Stanford：Stanford University Press，2004：83-100.

⑥ FEENSTRA R C. Integration of trade and disintegration of production in the global economy［J］. Journal of economic perspectives，1998（4）：31-50.

与主体在文化领域实现多方共赢。

综上所述，全球文化价值链凭借多样化的治理结构，促进各环节参与主体进行价值创造。同时，主导企业以该链条为遵循，牵头国际联合制作项目，引导文化产品升级。尽管如此，全球文化价值链无法彻底解构好莱坞等巨头施加的文化霸权力量，使原先开放式、协作化的链条结构走向权益失衡的另一面。受上述因素影响，全球文化价值链在中国本土的文化生产中存在应用壁垒。一方面，中国的文化市场仍处在快速发展阶段，缺乏能够治理完整价值链、既能合理分散权益又能激发创造力的“领导角色”，以防止少数媒体集团把控行业资源；另一方面，中国文化市场尚未实现完全工业化，缺乏规范化的运行标准与流程，这不仅增加了信任危机，还制约了本土行业在全球化背景下的产业升级能力。

（二）重构的新可能：区块链技术下的文化价值链

1. 区块链技术在文化领域的适配性

区块链技术是计算模式的第四次颠覆式创新（前三次分别是大型机、个人电脑、互联网），很可能以技术革命的形式掀起全球产业变革，重新定义互联网社会。[①] 在中国本土文化产业未工业化、缺乏行业标准与信任机制的背景下，区块链凭借其技术特性与文化领域搭建起了合作的桥梁。

区块链的概念源于 2008 年学者中本聪的论文《比特币：一种点对点的电子现金系统》。尽管该文章中并没有具体解释区块链的含义，但通过比特币这一新型支付方式，揭示了该技术的雏形：一种分布式账本，在点对点网

① 参见《中国区块链技术和应用发展白皮书（2016）》第 1 页、第 32 页。

络上，通过哈希算法[①]生成链式数据结构，以验证与存储数据。[②]其可以为信息的加密传输与抽取核查提供技术支撑，并通过分布式网络解决交易的信任缺陷问题。[③]通俗来讲，区块链即将区块以链的方式组合在一起，形成区块链数据库，使系统内所有节点基于价值交换协议参与到区块网中来，实现真正的交易数据共享。[④]目前，区块链技术经历了三个发展阶段，由可编程货币、可编程金融转变为可编程社会，成为综合分布式数据存储、点对点传输、共识机制、加密算法、智能合约等计算机技术的新型技术架构与应用范式。

除了货币与金融行业，区块链技术在非金融领域也拥有巨大的发展潜力。[⑤]众所周知，在文化领域中，生产与消费之间是一个流动的闭环，由动态的需求、个性化的定价、流动的价值创造模式构成，打破了传统工业生产的商业逻辑。在中国文化市场中，日益增长的需求是一把双刃剑，消费者对文化产品的预期（产品形态、产量、产品生命周期的多变性）与传统制造业规模化、流水线的生产模式存在一定矛盾，间接导致加工复杂度与成本的提高，致使产业资源被垄断在少数大型媒体集团手中，中小企业陷入募资困境。另外，受盗版问题的影响，具有强大发展潜力的文化衍生品开发市场在授权商品的销售上举步维艰。中国作为第二大电影市场，既缺少代表性的衍生品企业和生产模式，IP 市场的开发与输出又过于分散化，使得众多 IP 开发公司陷入版权纠纷之中，后产品市场表现乏力。而“互联网 +”

---

① 哈希（Hash）算法是一种随机算法，通过将任意长度的输入值输出为固定的散列值，保护信息安全。

② NAKAMOTO S.Bitcoin：a peer-to-peer electronic cash system［EB/OL］.（2008-10-31）. https://git.dhimmel.com/bitcoin-whitepaper.

③ LAKHANI K R，IANSITI M.The truth about blockchain［J］. Harvard business review，2017（1）：119-127.

④ 林小驰，胡叶倩雯 . 关于区块链技术的研究综述［J］. 金融市场研究，2016（2）：97-109.

⑤ 斯万 . 区块链：新经济蓝图及导读［M］. 韩锋，主编 . 北京：新星出版社，2016：5-6.

时代下区块链天然的价值内涵——无法篡改的、公开透明的、容量庞大的游戏规则，可以缓解以上矛盾，使多数人成为规则的参与者和维护者。①

总之，中国本土文化领域的天然适配性，即明晰的产业链、价值流程与正外部性，使得区块链技术的参与成为可能。目前，区块链技术在国内外文化领域的应用主要集中在版权交易领域，如 FIC 影视链、版权云、Ascribe、Blockai、Monegraph、Custos 等平台的建设，帮助艺术家实现全生命周期的产权司法追溯与数字内容的价值转移，以此建立跨领域多层次的信任机制。本书认为，区块链技术同样可以被运用到文化价值生产的其他环节中，以价值链推动文化产业内部各环节之间的透明化、公开化与协作化。

2. 区块链技术下的文化价值链模型

梅兰妮·斯万（Melanie Swan）在《区块链：新经济蓝图及导读》中认为区块链是具有多层次和多类型应用的综合信息技术，并且是任何事物中展示和交付的全新组织范例。② 与传统数据库采用的“主备模式”保障系统不同，高度可靠的区块链技术使任何节点都成为异地多活节点，整个系统的有序运作并不会因单一节点的缺失或者受损（网络、硬件、软件等问题）而受到影响，大幅提升了系统的运作效率。③ 由此可见，区块链技术与文化领域的适配性，使其可以通过去中心化的手段重构线性链条，深化文化价值链的协作性与开放性，搭建有序性、分工化的生产平台。与此同时，基于去中心化的技术特性，区块链带领文化产业从去中心化应用（DAPP），逐渐发展为去中心化自治组织（DAO），最后形成去中心化的自治社会（DAS）。

---

① 长铗，韩锋，等 . 区块链：从数字货币到信用社会［M］. 北京：中信出版社，2016：118-124，186-190.

② 斯万 . 区块链：新经济蓝图及导读［M］. 韩锋，主编 . 北京：新星出版社，2016：5-6.

③ 王悦 . 区块链技术对传媒生态系统的影响研究［D］. 济南：山东大学，2019：10.

蔡亮等学者将区块链技术的基本架构从上至下分为六层：应用层、合约层、激励层、共识层、网络层、数据层。① 参考上述架构，并基于电影在文化产品中的代表性，笔者建构了区块链技术下电影行业的文化价值链模型（见图 3-4），由电影价值链、区块链技术支持架构以及应用层三部分构成。其中“基于时间戳的链式结构”“分布式节点间的共识机制”“可编程的智能合约”是区块链应用于电影价值链的三个技术核心。同时，模型通过“智能分包网络”“制作日志记账系统”“宣发日志记账系统”“版权交易监督系统”，打通电影生产的开发、制作、发行 / 营销、放映、衍生品开发环节，与消费者之间建立全价值链的供需流动机制，使传统的线性价值链演变为融合多方参与者的价值生态环境。区块链通过对电影价值链各链条间关系的重构（见图 3-5），实现在以下三大类环节的具体应用。

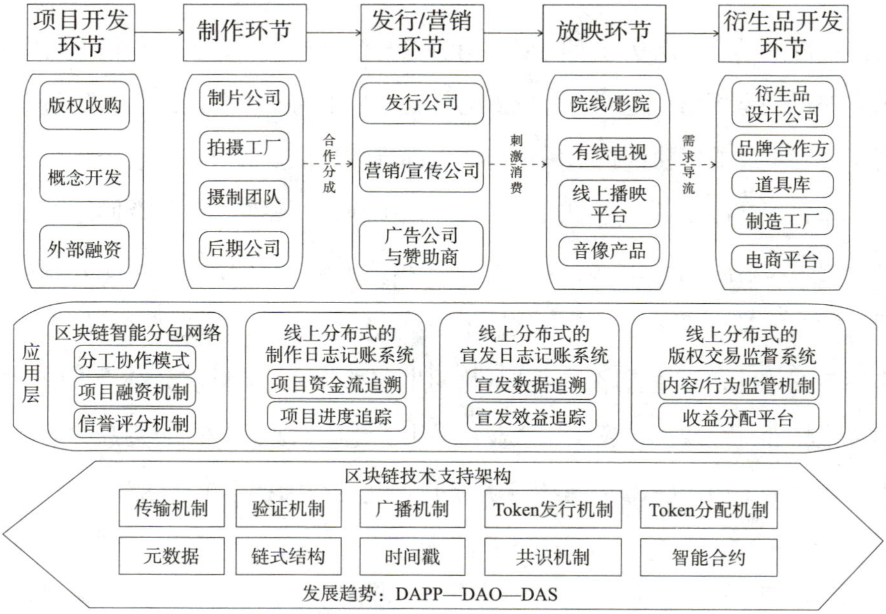

图 3-4 区块链技术下电影行业的文化价值链模型

---

① 蔡亮，李启雷，梁秀波. 区块链技术进阶与实战［M］. 北京：人民邮电出版社，2018：10-21.

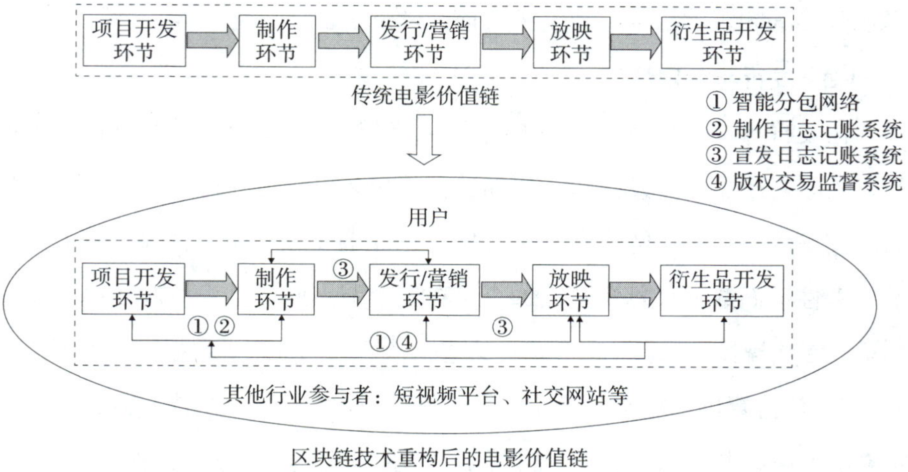

图3-5　区块链技术对电影价值链各环节的重构

（1）开发与制作环节

在项目开发与制作环节，区块链技术可以削弱中心化影视公司的垄断效应，分散更多的利润与机会（联合制片、募资等）给中小型创作主体，建立分工明确、资金流动有序的生产模式。通过区块链加密算法下的智能合约技术、联盟链式结构与Token机制建立的智能分包网络以及线上分布式的制作日志记账系统，可以帮助大型制片公司及媒体集团与版权方、拍摄工厂、地方制片公司、后期制作公司以及文化众筹组织建立信任分配机制，审核每一笔资金的流向，监督项目制作进程，提升电影产品的制作效益。因此，区块链技术帮助创作主体提高价值交换的能力[①]，并以联盟链的形式加速与文化生产环节的有效整合，不仅构建了多方参与者的信任机制，还聚集了闲散资金，提升了文化产品的价值内涵。目前，国内超一科技开发的区块链产品“FIC影视链”、韩国视频平台潘多拉TV开发的区块链电

① 摘自国际艾美奖颁奖典礼上，制作人金·杰克逊（Kim Jackson）于SingularDTV（现更名为Breaker）主办的“区块链技术在娱乐行业的应用”专题小组讨论活动上的讲话。

影平台 MovieBloc[①]，就在进行该方面的尝试。

（2）发行与营销环节

在发行与营销环节，区块链技术不仅营造了数据透明的系统环境，还拓宽了电影产品的宣发渠道，帮助其获得更多广告位，最大化提升电影产品的宣发效益。区块链依靠哈希指数与 Merkle（默克尔）树保障链上数据的加密性，而数据在每个节点的全量存储及节点间的共识机制使单一节点的篡改无法操控全局。[②] 在区块链的这一特征下，日志类数据被打上了“时间戳”，使监管机构能够在审计工作过程中及时地还原、追溯信息，极大地提高了工作效率。[③] 因此，基于数据层中的“元数据”（交易记录、历史数据等）、共识与广播机制建立的线上分布式的宣发日志记账系统，可以净化虚假流量等欺诈现象，使宣发数据透明化，帮助电影营销公司实现无第三方监测下的投放目标锁定。系统还可以提升电影发行、营销公司与社交网站、抖音等平台型媒体的合作效益，优化电影产品的智能推荐方式。这一方面拓宽了预告、海报等素材的投放渠道；另一方面可以通过提前预测、动态调整等手段更好地锁定观众群体，并鼓励用户反向参与到电影宣发的环节中去。Adchain[④] 就是使用区块链技术追踪、审计数字广告的投放情况，运用智能合约及时对创意内容的消费者进行注意力补偿。

（3）放映与衍生品开发环节

区块链技术对放映与衍生品开发环节的影响具体体现在以下几个方面。

---

① MovieBloc 是韩国视频平台潘多拉 TV 开发的一个区块链电影平台项目，以更好地连接电影受众与创作者、最大化吸引行业参与者建构电影生态为主要目标。

② 邵奇峰，金澈清，张召，等 . 区块链技术：架构及进展［J］. 计算机学报，2018（5）：969-988.

③ 林小驰，胡叶倩雯 . 关于区块链技术的研究综述［J］. 金融市场研究，2016（2）：97-109.

④ Adchain 是美国广告技术公司 MetaX 与区块链公司 Consen Sys 基于以太坊平台合作推出的服务协议。

首先，区块链技术可以指导影院放映，预防刷票的行业乱象，并帮助院线建立公开透明的排片调整机制。其次，区块链技术可以保护内容创作者的收益，优化电影产品的版权管理模式，使制作团队可以专心于内容创作。基于区块链的公有链式结构、智能合约技术以及记录“元数据”（作品创作者、名称、发表时间等）的加密算法，建立线上分布式的版权交易监督系统，防治盗版问题，实现版权维护与司法追溯，使 IP 资源在高速流转中（确权、维权、授权、扩权）达到平稳运行。在流转过程中，用户亦成为版权管理的一员，既可以向播映平台购买影片，又可以通过观影后撰写的影评等自创内容获取奖励。区块链技术对版权管理的重构，可以借鉴“Blockai 图片版权管理平台”[①] 的成功经验，即通过时间戳、版权证书等方式维护版权数据的安全性。由于产品数量庞大，平台凭借版权方付出的微小管理费用维系运营，并与艺术家合理分配收益。国内爱奇艺等视频平台，也开辟了区块链版权存证功能，保护更多原创作品。

与此同时，制作环节建立的智能分包网络，也可以被应用于电影衍生品开发环节中。区块链技术可以为道具库（设计道具图样）、衍生品设计公司（设计产品形态）、品牌方（提供产品 logo）、制作工厂（制作任务）与电商平台建立合作信任机制，以多样化的产品打通产销环节；同时也通过 Token 机制，鼓励用户参与到衍生品设计环节中去。这一分包模式成熟后，发展完全的制造工厂可以反向服务于影片制作——为制作团队提供道具支持。

（三）从外包到分包：构建以参与主体为中心的分布式生产网络

外包主要是从发包方（媒体集团）的视角来解释这一商业活动。而分

---

① Blockai 是一家位于美国加利福尼亚州旧金山的科技公司，开发了一项版权服务，使用区块链技术保护艺术家在数字时代的创作成果。

包则强调将任务通过“总承包商”分配给各个生产方。区块链技术可以凭借自身技术优势，建立一个拥有信任机制的“承包网络”，解决文化市场中利益分配失衡的问题。

1. 区块链技术下的文化生产外包

在文化生产外包之后，区块链技术的出现再一次拉近了制造业与文化产业的联系。区块链技术在制造行业具有得天独厚的优势，凭借智能合约技术，利用去中心化、去信任化的特点，快速渗透进智能制造行业中，以“云链混合”的生产网络，联通零售与制作环节，重塑制造行业价值链，即将生产、流通、仓储、营销、销售、售后环节透明化与灵活化。[①]

DIPNET（Distributed Intelligent Production Network，分布式智能生产网络）是一家打造工业区块链的初创企业，致力于将区块链技术与制造行业的理念相融合。其基于分布式的智能网络，实现连接工业体系中多方参与者（设计者、开发者、终端用户、工业生产者等）的战略目标。其在第一代 DIPNET 的商业模式中，将一部影视作品中的所有信息（制作流程、版权归属等）都通过区块链技术存储在虚拟世界的“数字双胞胎”[②]中，形成智能化、自动化的生产链条，实时响应消费者“即看即买”的定制化需求。

在文化生产环节中，互动与知识共享是企业之间不可或缺的两大要素，而信任的缺失削弱了这两大要素的实际效益，使单一性、静态化的好莱坞 NICL 系统无法与中国本土电影生产市场深度融合。尽管近年来中国电影市场快速发展，但也出现了制片主体分散化、市场集中度低的现象。一些小

① 参见《中国区块链技术和应用发展白皮书（2016）》第 32 页。

② 数字双胞胎，即双边 IT 定制，是指通过智能合约较为便利地建立企业间的 IT 接口，发行企业间的令牌（Token），实施内在的激励，确保多方共享信息、深度合作，实现客户和合作伙伴的锁定。

型电影公司的命运随着行业环境、政策形势等瞬息万变，文化霸权主义的NICL 系统无法同时兼顾它们的利益。久而久之，参与主体之间权利与收益的分配问题会加剧媒体巨头与地方生产供应商的信任危机，不利于中国本土文化行业的整体发展。

因此，文化生产环节可以借鉴区块链在制造行业的应用成果，增加各生产环节的透明度与灵活性，提升行业的核心竞争力。与云服务不同，去信任化的区块链技术可以通过对文化生产中各方信息的加密处理，加强生产主体之间的联系，优化文化生产环节的资源分配，变文化生产外包为分包（分布式文化生产），构建以参与主体为中心的智能分包网络，为中国影视制作行业的商业模式注入新的驱动力——通过智能合约技术缓解市场信息不对称的问题，帮助企业降低交易成本，建立去中心化的新型组织机制[①]，实现实时分布式的产品管理与点对点的价值传输。

2. 区块链技术下的分布式文化生产：智能分包网络

与文化生产外包不同，分包是指以区块链技术为核心，建立智能化、分布式的文化生产网络，以实现线上加密式的文化生产资源分配。在区块链节点间的共识机制作用下，去中心化是去信任化的必然结果。它管理下的数据库不再由单一机构集中部署，而是将中心节点的权力分散化，由多方参与者共同管理和维护，每个参与者都可提供节点并存储链上的数据，从而实现了完全分布式的多方信息共享。[②] 另外，资产使用价值的数字化是区块链去中介化的必要条件。[③] 而目前泛在化、智能化等驱动因素不仅为买

---

① 朱晓武．区块链技术驱动的商业模式创新：DIPNET 案例研究［J］．管理评论，2019（7）：65-74.

② 张健．区块链：定义未来金融与经济新格局［M］．北京：机械工业出版社，2016：44-56.

③ 韩夏，侯宏．回归理性，区块链如何赋能传统行业：以 Everledger 在钻石行业的实践为例［J］．清华管理评论，2018（10）：84-91.

方市场驱动的文化市场提供了极佳的平台环境，还为文化产业数字资产的管理打下技术基础。

本书以电影行业为例，运用区块链技术为文化生产分包系统建立了一种去信任化、去中心化的联盟架构，使智能合约服务于智能分包网络以及制作支出日志记账系统。本书所构建的智能分包网络（见图 3-6），是基于技术手段连接电影生产多方参与者的新型组织结构。其在本质上是一个企业自主运作的代理人，会根据任务使命与规则建立联盟链，进行相互协作。其职能是采购服务、雇用人员，获取生产能力、品牌设计、有推广和营销专长的伙伴等资源，实时进化与更新。[①] 每一个拍摄工厂、地方制片公司以及后期制作公司都需要在区块链网络上进行注册，成为标签化的分包参与者，而企业的基本信息与交易历史则是智能合约的重要依附。当大型制作公司共享项目资源时，在代理机构的方案支持与项目负责人的协助管理下，智能分包网络会根据智能合约的匹配结果与相关厂商签订合作协议；地方生产供应商可以开通代币功能，为收入分配提供便利。在 Token 机制的助力下，每一次成功的合作交易之后都会有信誉度积分，这也是厂商今后参与其他生产合作的重要参考要素。

消费者也可以通过区块链技术参与到分包系统中，如发起“文化众筹”，建立众筹组织；分包系统可以根据出资额的大小设定股东，并以投票等方式对组织制定的任务使命进行参与和监督。Big Couch [②] 公司正在做该方面的尝试，其运用私有链与智能合约技术搭建“电影链”（Filmchain）平台，实现电影融资资金与收益的分配；由于区块链技术还处于过渡阶段，

① 唐塔普斯科特，塔普斯科特．区块链革命：比特币底层技术如何改变货币、商业和世界［M］．凯尔，孙铭，周沁园，译．北京：中信出版社，2016：115-118.

② Big Couch 是一家于 2014 年创立的英国区块链初创公司，最初运用区块链技术搭建电影基金平台，后得到创新英国项目支持（英国技术战略委员会），与伦敦帝国理工学院合作开发 Filmchain 服务。

该公司目前采用的还是去加密化货币。① 另外，在影视产品被分包给各厂商制作生产时，线上分布式的支出日志记账系统，可以帮助主导企业实现成本支出的实时监控，提高制片人的工作效率，促使整个管理流程更加透明高效。

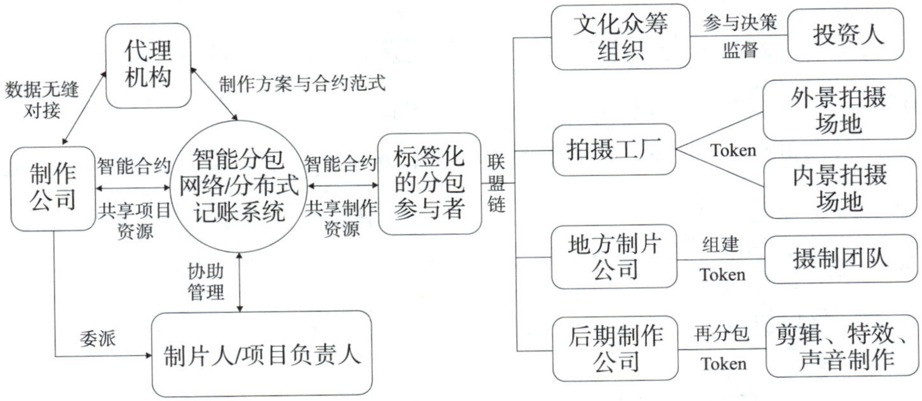

图3-6 区块链技术下文化生产的智能分包网络

总而言之，文化生产的智能分包网络在区块链技术的驱动下，在上述多方参与者的助力下，实现了合作竞争环境下的价值再创造，帮助文化市场从层级化运营转化为扁平化运营（数字内容），营造去信任化的价值生态环境。②

（四）区块链技术在文化价值链中的应用局限

尽管区块链技术对于文化价值链重构具有积极意义，但其在文化生产

---

① BISSON G，STANFORD E，WILSON A. Unblocking the chain：blockchain in TV & film production，finance and distribution［R］. AMPERE，2019：13-14.

② HEARN G，ROODHOUSE S，BLAKEY J. From value chain to value creating ecology：implications for creative industries development policy［J］. International journal of cultural policy，2007（4）：419-436.

的各细分环节也面临着问题与挑战。

1. 项目开发环节

目前，区块链技术正处于理论构建与应用开发阶段，只有少数制作公司尝试将区块链技术与文化领域相结合。在传媒行业的金字塔中，制作公司的水准与规模良莠不齐，其管理人员对新技术的认识与接纳需要一定的时间与资金成本。而传统经验主义理念及社群交际的合作生产行为，使得文化价值链的重构与变革难以与新技术实现同步。如果没有良好的传播机制与政策辅助，社会公众对区块链技术的了解与接受将是一个漫长的过程，而文化生产者将区块链技术更好地融入价值生产中，并在实践中不断磨合，实现文化价值链的范式重构，也非一朝一夕能够达成。

2. 融资与数据交易环节

在融资与交易环节中，数据与信息处理的效率问题是区块链技术面临的最大挑战之一。首先是数据容量问题，各个传媒公司、文化生产企业等参与主体将信息录入区块链系统，随着公司的发展与变化，无用数据的积压会挤压系统运行的效率。尤其是在分布式管理的环境下，技术人员需要在线上数据库中设立即时的信息处理与转换机制，解决文化产品“元数据”在链储存与离链储存的矛盾，实现活跃数据的存储与实时同步。其次是抗压能力，由于区块链技术还未被广泛使用，其在拥有多样化需求的文化市场中，以及大规模交易的环境下，是否还能保证原先的信息处理效率，并在交易量庞大的情况下灵活疏通平台系统的压力，是一个有待商榷的问题。

3. 知识共享与合作生产环节

在文化产品的生产过程中，企业间的合作是无可避免的。出品方与分包方通过数据共享的方式，维持一致的知识协作水平。在此过程中，解决隐私与安全问题是实现多方数据交互的保证。不可否认的是，在无止境的研究环境下，非对称加密算法是可以被破解的。这需要文化产业加强立法体系建设，辅助文化市场不断整合、革新区块链技术的加密原理，从理论、实践双重角度来维护文化产品、企业、消费者的信息安全。

另外，多方企业在合作过程中，会设置“联盟链”的技术结构，建立共识机制，以实现对生产支出、项目进展的监控。但区块链技术本身并不完美，存在数字货币经济学的“不可能三角”（去中心化、低能耗、安全）。真正的分布式系统需要高昂的运行成本，尤其是影视项目的国际合作，双方及多方线上系统运行的共享、协调机制不仅会增加管理成本，还会加大各方的能源消耗额；若减少能源消耗，则会牺牲掉系统的安全性与去中心化程度，这是不现实的。如何平衡这三个基本点，需要根据文化生产的实际情况，进行适当调整。

在文化生产全球化的背景下，各国文化交流不断加强。中国本土的文化市场处在高速发展的阶段，但与好莱坞工业化的生产模式间仍存在一定距离。由于不能照搬全球文化价值链的生产模式，如何应对多变的文化经济环境，化解参与者之间的信任危机，成为中国建立有序性、分工化的文化价值链的前提条件。区块链技术凭借分布式的技术架构，为中国本土文化价值链的重构提供了新的着力点。本书从上述问题出发，以电影为例，探讨区块链技术对文化价值链各环节的重构模式，并将分布式的智能网络带入文化生产中，同时指出区块链技术在该环节的应用局限。

基于研究结果，本书认为区块链对文化价值链的重构不是一蹴而就的。一方面，文化产业需要借助外部驱动力量解决区块链技术在安全性、效益性、可持续性（资源能耗）等方面的应用问题，建立过渡机制（下放技术权限给文化项目负责人），引导行业参与者采纳区块链技术架构，建立去信任化、分布式的内容生产范式，提升各环节参与者的产业升级能力。另一方面，区块链去中心化特质并不是清除行业中心管理的“橡皮擦”，其目的是寻找一种“中庸”的方式——与具备丰富经验的传统影视公司达成共识和合作，创造“多链并行、跨链互通”的价值生产模式，提升中国本土文化行业的规模效益。此外，单纯的技术手段无法包罗万象。尽管区块链平台能够营造去信任化的文化生产环境，却不能代替政府监管机制的作用，这更呼吁产业政策与区块链技术的联姻，以搭建合作的桥梁。

“万物并育而不相害，道并行而不相悖。”① 后疫情时代下文化共融的发展趋势，成为区块链技术引领文化价值链重构的风向标，赋予多元文化一片清澈澄明的交互空间：对外消解文化霸权的势力圈，对内增强与监管机制的适配度，不断保护媒体组织的全球话语权，将开放包容的合作理念带入文化生产环境中。

① 出自《礼记·中庸》，后被习近平主席用于中法建交50周年纪念大会上的讲话中，表达一体化背景下求同存异、包容的文化价值观。

第四章

再造新闻传播流程

一、流程与流程再造

所谓“流程”，简单来说是指生产的前后顺序及环节，在不同的生产领域拥有不同的模块与步骤，涉及产品生产与流通的全部过程。但生产的流程并非一成不变的，在社会发展历程中，伴随着新兴技术的蔓延与覆盖，生产流程会在实践中不断地重组与优化，业务流程再造理论（business process reengineering，BPR）也正是在这个过程中得以被提出。

BPR 理论的核心在于流程管理，流程在过去经常被看作组织结构的补充，传统的流程往往只聚焦在社会分工的某一小部分，但随着信息技术的发展与跨越，跨职能的完整价值链概念被提出，流程的彻底颠覆与变革也被提上了日程。[①] 在过去的实践中，该理论主要以客户的需求和满意度为价值核心，将整体的业务流程作为变量进行重构与再设计，同时借助与时俱进的信息技术，在变革中减少冗余的流程环节，以此来提高整体的运作效率和效能。

该理论由迈克尔·哈默（Michael Hammer）在《企业再造》一书中首次提出，将其定义为，对企业工作流程进行根本性的思考和彻底性的改革，以取得企业在成本、质量、服务和速度等关键指标上的显著性进展。该理论的核心思想落脚在“流程”“根本性”“彻底性”“显著性”这四个关键词上[②]，

① 李爱民 . 业务流程再造理论研究综述与展望［J］. 现代管理科学，2006（8）：29-32.

② 郭忠金，李非 . 业务流程再造理论的起源、演进及发展趋势［J］. 现代管理科学，2007（11）：8-9，92.

旨在以整体流程的优化为着眼点，从根本上突破传统思维的固化，以新的眼光来识别原有工作模式中的问题，摆脱故步自封的陈旧流程框架，从而进行彻底性的改革。在改革的过程中，力求问题的根本性解决以及在实践中获得业务管理的重大突破，最后达到绩效指标的显著性提升，实现企业管理层面上的跨越性飞跃。

此后，流程再造理论被广泛应用于企业生产的各个领域，不仅在控制成本、提升质量、优化服务等实践层面实现了深刻价值，同时也为现代企业管理理论的发展奠定了重要基石，被称为第三次管理革命的诞生。① 业务流程实践模式能够根据不同的组织特性延伸出丰富的变革路径。例如，业务流程的高度集成变革，将传统的流水线分工模式再造为集中度和灵活性更高的集成模式，员工能够参与到更多的流程环节中，以保证产品生产过程的完整。还有业务流程的模块化生产，是将完整的业务流程分解为若干个相对独立的模块，能够增强各模块的独立性、专业性，以此来应对复杂多变的企业变革。

流程再造的主要原则、最终目标和改革方式同样适用于新闻产品的生产。随着新一代信息技术的强势入侵，数字化、智能化的生活给各行各业都带来了前所未有的机遇与挑战。新闻的生产与传播原本就是一个复杂的过程，牵涉到众多环节的连接与配合，智媒时代的降临带来了更多的影响因素，传媒组织的首要任务就是寻求新闻信息新的传播规律与运行规则。在此基础上，多样化的新闻生产模式逐渐被投入实践中，新闻的自动化、模块化生产被广泛提出，传统的线性新闻采编与分发已被悄然重塑。在新闻流程发生颠覆性改变的过程中，新闻记者和受众之间的主体关系也被解构与再造，新闻改变了阳春白雪的姿态，开始平等地倾听每一个人的声音。新闻产品的形态也更加丰富，新闻的液态化为未来创造了更多的可能。毫

---

① 周起岐 . 全媒体时代中国报业集团的组织变革研究［D］. 长沙：湖南大学，2011.

无疑问，改变是漫长而痛苦的，但也是充满着新生与希望的，流程再造给新闻业注入了巨大的活力，传播效率更高，传播范围更广，传播影响更强，这正是该理论所要达到的“显著性进展”的初衷。不过在这个过程中需要注意的是，新闻传媒组织作为企业的一种，不仅具有一般企业生产的基本特征和生产规律，还在社会上拥有独特的影响力，肩负着相应的社会责任。因此，流程的再造与改革在传媒业的实践中也被提出了更高的要求。

（一）主体转型，万众聚合

新闻的生产与传播自产生以来就与生产主体和受众这两类人员息息相关。生产主体囊括了所有的从业人员，从传统写稿撰文的记者、编辑延伸到多媒体时代的摄影师、剪辑师等，在新闻产品的生产中一直都起着核心的支配作用，是整个流程的起点。受众是新闻信息传播的目标，受众的角色、行为都会影响到传播的整体效果。新闻行业的流程再造变革离不开生产主体和受众的参与，反过来也在潜移默化中改变着两者的角色定位。

1. 生产主体的多样化演进

从纸媒时代到智媒时代，新闻的生产主体经历了多样化的演进，在组成和模式上都有质的飞跃。生产结构由起初的职业新闻生产主导逐渐变成职业新闻生产主体与非职业新闻生产主体共在，当下又逐渐出现人与智能技术相互协同的新闻生产模态。①

传统的新闻生产模式是一个链态的线性模式，这个模式将整个生产流程封闭起来，新闻的采写与分发都在媒体内部进行，以生产主体——新闻记者的行动轨迹为轴贯穿整个过程。受众无法了解到新闻的选题、编辑等

① 杨保军，孙新．论新世纪以来新闻生产主体的结构变迁［J］．未来传播（浙江传媒学院学报），2021（4）：2-13，120.

过程，更无法参与到生产的环节中。在传统流程中，新闻记者几乎掌握了大部分的新闻话语权，媒体组织也会通过议程设置来调节新闻场域，这一时期的新闻生产中，专业性占据主导地位。

随着技术的发展和媒体的融合，一方面，新闻记者逐渐面临权力的转移与重塑，在“人人都有麦克风”的新媒体时代，新闻工作者逐渐从传统“把关人”的身份转变为“策展者”，不仅担起新闻素材的收集与审查的重任，也负责将大众麦克风中碎片化的信息进行逻辑聚合，扮演“聪明的聚合者”和“论坛组织者”的角色。① 另一方面，新闻记者角色的转变对自身的专业能力也提出了更复杂的要求。技术的发展促使新闻产品的形态更加多元，最近几年的全国两会报道，几乎是各大新闻产品争相大显身手的舞台，包括交互式 H5、主播 Vlog、新闻短视频、VR 直播等等。新兴技术在丰富内容元素和传播渠道的同时，对新闻记者的要求也从传统的采写、编辑能力变成了拍摄、作图、剪辑、数据分析等多样化的技能，迫使记者逐渐向全能化转型。与此同时，相应的技能侧重点也有所转移，新闻记者的职能核心逐渐从采写能力转变为专业判断能力和创意能力。②

除了记者自身的角色与职能变革，技术赋能下衍生出的人机协同模式再造了生产主体的另一种可能性，新闻生产的主体加入了新的行动者，如机器人记者、AI 主播等。记者的职业认同又有了进一步的消解与液化，这种消解与液化体现在机器人记者更高的精确度和敏锐度，以及 AI 主播更强的学习能力和表达能力上。③ 在人机协同的生产模式下，简单而又繁杂的采

---

① 陈昌凤，师文．智能算法运用于新闻策展的技术逻辑与伦理风险［J］．新闻界，2019（1）：20-26.

② 张帆．权威与角色：智媒时代的新闻职业话语研究［J］．湖北大学学报（哲学社会科学版），2021（4）：140-147，177.

③ 刘畅．从传媒到智媒：可供性视角下新闻生产的嬗变与思考［J］．东南传播，2022（11）：1-4.

集编写任务逐渐让渡于机器算法，新闻记者从传统的常规工作中解放出来，投身于更加复杂的价值增殖环节中，由此开启了智媒时代。智媒时代的新闻生产形成了全新、更开放的媒体生态，广大受众、智能机器和专业新闻从业者都能成为新闻生产主体。[①] 新闻生产主体的队伍有了进一步的壮大，受众能够积极地为新闻生产贡献独特的视角和丰富的新闻素材，智能机器在数据新闻中体现出了巨大的潜力，而新闻记者则继续背负着最初的新闻理想，成为新闻职业规范最强有力的屏障。

如今，智媒时代的人机协同模式已成为发展趋势，多样化的生产主体各司其职，不仅创造了更加丰富的新闻形态，同时也是新闻流程再造变革中的核心力量。

2. 受众到用户的角色转换

新闻生产的受众伴随着社会化媒体的出现实现了新闻角色的三级转换。起初受众是单纯的信息接收者，进而转变为新闻生产的参与者、见证者[②]，而后随着众包新闻、众筹新闻等新生产模式的出现，受众又转变为新闻定制的目标用户，实现了从“受众”到“用户”的身份变迁[③]，这种变迁使受众拥有了多重身份，新闻生产流程也随之从“后台”走向“前台”。

受众在实现身份转变的过程中与生产主体产生了权力的博弈与转移，这一转变的关键节点来自社会化媒体的出现。社会化媒体拥有极强的社交属性，便于信息的裂变式传播，同时也将公众的话语权提上了议程。起初，受众参与在报网互动、台网互动中进行，提供的新闻信息由记者与编辑进

① 令狐克睿，薛娇．智媒时代的新闻生产：融合、重构与创新［J］．中国编辑，2021（3）：71-75.

② 刘义昆，赵振宇．新媒体时代的新闻生产：理念变革、产品创新与流程再造［J］．南京社会科学，2015（2）：103-110.

③ 徐泽城．新闻传播从“受众”到“用户”身份变迁的研究［J］．新闻研究导刊，2021（5）：76-77.

行筛选后进入传统大众媒体的公开议程内。[①] 这种筛选一方面是对新闻专业性的原始保留，另一方面也对受众赋权起到一定程度的制约。而随着社会化媒体的发展与普及，信息也呈现爆发式增长，接收与传播之间的屏障被打破，旧的新闻生产体系被数智化技术颠覆，编辑失去了对议程设置的绝对决定权，用户进入了原本封闭的新闻生产流程中。[②] 在封闭流程被打破后，受众从传统的信息接收者转变为受传一体的参与者。受众的参与使新闻生产的过程变得开放，也使得社交网络成为重要的新闻信息聚集地，新闻生产逐渐从公共领域向私人领域扩展。[③] 在受众参与的新闻生产中，传统的编辑筛选过程被融合到了社会化媒体的使用功能中，这种筛选与把关将落点停留在了受众的“分享”和“转发”上，通过数据来凸显碎片化信息中具有价值的新闻信息。[④] 此外，受众也成了新闻传播的节点，在新闻的转发与评论中，新闻信息容量不断扩大，受众在接收新闻信息本体的同时，也获得了其余用户的评论与观点，实现传播过程“滚雪球”式的价值增殖。

除了受众自身的传播属性之外，在智媒时代，受众还拥有了独立的非内容生产模式。这种生产模式的本质在于将新闻从业者的专业技能外化，将新闻生产的要素前置到受众使用中，使受众的内容生产建立起符合专业新闻流程的模式。例如，在新华社的“全民拍”功能中，受众可以将照片与视频等新闻线索进行上传，而后页面会有提示让受众对新闻的信息要素进行完善，包括有新闻标题、新闻分类、新闻内容还有联系电话，直接从受众的角度构建出了新闻生产与传播的经典 5W 模式。[⑤] 非内容生产模式的

---

① 贾军 . 媒体智能化背景下的新闻生产研究［D］. 武汉：武汉大学，2017.

② 杨蓓蓓 . 从内容领域到非内容领域：智媒时代新闻编辑职能的转变与重构［J］. 新媒体研究，2021（11）：118-121.

③ 彭兰 . 数字时代新闻生态的“破壁”与重构［J］. 现代出版，2021（3）：17-25.

④ 刘兆明 .“融合架构”下的新闻业转型研究［D］. 上海：复旦大学，2013.

⑤ 杨蓓蓓 . 从内容领域到非内容领域：智媒时代新闻编辑职能的转变与重构［J］. 新媒体研究，2021（11）：118-121.

本源其实是技术变革对新闻和受众关系的重塑，这种重塑在人工智能技术出现后变得更加显著。用户从被动的选择中跳脱出来，成为信息王国的主宰力量。[①] 这种主宰在于受众信息被平台数据化、可视化，媒体逐渐将受众的所想与所需提上议程，用户思维开始主导新闻内容的生产。

受众在智能技术的变革中实现了身份的三级转换，新闻与受众之间的关系也更加微妙与复杂。受众在向用户身份转变的过程中，在新闻生产中所占据的比重也在逐步扩大，以用户思维为主导的新闻生产模式正逐渐构建新的业态与图景。

（二）流程再造，万象更新

一般意义上的流程是指在工业品生产过程中，从原材料加工到成品制作这一系列工序所遵循的安排程序。而新闻的工作流程，就是一条新闻线索逐渐被生产成新闻作品的过程，也关系到各个环节的运转及衔接。早在20世纪70年代，塔奇曼在《做新闻》中为新闻生产嵌入了框架概念，认为新闻生产就是将新闻事实“塞”进一个搭建的固定程序中，从而用惯有的叙述模式去建构新事实。[②] 在这一视角下，新闻生产流程逐渐形成了常规或例行化的行动，在重复的实践中使角色与环节均进行了重构。[③]

传统的新闻采编流程是一种线性、单向的传播过程，缺少相应的沟通反馈。主体大致经历三个主要步骤，即前期的线索采集、中期的新闻撰写以及后期的新闻分发。[④] 在融媒体发展的背景下，新闻的呈现形式逐渐多元化，广播、电视、报纸、网络媒体等多种形式的出现使新闻流程生发出了

---

① 喻国明，兰美娜，李玮．智能化：未来传播模式创新的核心逻辑 兼论“人工智能＋媒体”的基本运作范式［J］．新闻与写作，2017（3）：41-45.

② 塔奇曼．做新闻［M］．麻争旗，刘笑盈，徐扬，译．北京：华夏出版社，2008.

③ 贾军．媒体智能化背景下的新闻生产研究［D］．武汉：武汉大学，2017.

④ 孙旭．融合新闻的报道流程研究［D］．武汉：华中科技大学，2013.

更加复杂的模式。同时，不同形式的媒体也在加速进行有机融合，在媒体融合时代，新闻的内容时效性、灵活性和互动性等方面都通过流程再造实现了显著提升。[①]而智媒技术的出现也与新闻生产产生了新的耦合。智媒技术的应用使传统的线性生产过程被解构，新闻生产变为智能动态的一体化过程，这种一体化从“中央厨房”转型而来，迈入互联网的中台思维。

“中台”是阿里巴巴集团基于互联网企业管理提出的一个概念，在新闻行业逐渐掀起了一阵新的技术思维热潮，实现了跨领域的探索与融合。互联网的中台管理思维为当下的智媒建设提供了平台架构的创新方向，成为媒体融合趋势下的重要建设理念，也使媒体的智能化发展进入了新的阶段。阿里巴巴集团具体将“中台”概念定义为，随着业务不断发展，将企业的核心能力以数字化形式沉淀到平台，形成以服务为中心，由业务中台和数据中台构建起数据闭环运转的运营体系，供企业更高效地进行业务探索和创新，实现以数字化资产的形态构建企业核心差异化竞争力。与之对应的还有前台与后台，后台是企业运营的基础支撑，中台依靠后台的技术组件灵活创立服务于各应用场景的模块化工具。而前台是业务实践的外部窗口，能够聚焦用户的消费需求，从而对中台的运行提供市场化指导，也是中台产品的运行端口。[②]新闻生产逐渐走入动态一体化，新闻具体流程在云智一体的平台建设中不断再造与革新，而这一平台建设正是依靠中台思维，组建了众多服务于新闻生产的智能化产品。例如，腾讯云智媒体 AI 中台产品，将人工智能技术全面赋能于视频生产，将整个视频制作流程升级为智能化、全流程、一站式，提供智能视频处理功能，快速修复受损与压缩画面；也提供智能视频生产功能，视频的字幕、水印都能够一键添加与消除，

① 苏凯乐．融媒体背景下新闻采编流程再造的实践与思考［J］．传媒论坛，2021（7）：58-59.

② 谢戈丽．中台思维在主流新媒体集团“大人力”管理体系应用的思考［J］．中国信息化，2022（12）：104-106.

大幅提升了视频制作效率。腾讯云智媒体AI中台应用辅助了新闻视频的智能化生产，为新闻行业的内容生产提供了更多的实践方式，也为流程的再造与颠覆奠定了技术基础。

在智媒时代，新闻流程仍然聚焦于新闻的采集、生产、分发、反馈等四个主要阶段，但在具体实践中逐步迈向数字化、云端化、智能化。整个过程在变得更加高效的同时也变得更加复杂，媒体的技术建设逐渐向中台靠拢，将数据库建设、“媒体大脑”建设作为发展核心，为整个新闻生产流程赋能。

1. 新闻采集再造

新闻的采集是整个生产流程的龙头，丰富的新闻线索与资料都来源于这个阶段。在技术的催化下，新闻采集的模式也经历着由单一到多元的发展。早期的新闻采集以人为主轴，通常由记者进行单向的资料搜集，大多以热线电话的形式进行连接，再对相关人员进行进一步走访调研。这种传统的采集模式信源较为单一，信息传播时效也相对滞后，信息的处理伴随着杂乱和无序。随后，以社会化媒体为代表的新技术、新平台的出现逐渐打通了新闻传受双方的沟通鸿沟，受众信息开始呈现爆发式增长。对此有学者提出，全媒体时代缺乏的不是信息，而是对于信息的集约化整合和深层次挖掘①，而信息的处理也正是新闻采集的核心工作。

社会化媒体开启了以用户为中心的时代，新闻信息逐渐与社交行为相结合，成为联结大众关系的纽带。② 在这个过程中，新闻记者能够通过社会化媒体来监测突发新闻的发生，关注度以及热度能够转化为可视化的流量

① 汪湛彬．浅谈全媒体时代出版编辑的流程再造和文化责任［J］．新闻世界，2013（7）：289-290.

② 彭兰．社会化媒体、移动终端、大数据：影响新闻生产的新技术因素［J］．新闻界，2012（16）：3-8.

数据，将新闻价值前置化。另外，新闻线索也在网络的受众互动中产生，专业记者需要转变用户视角，时刻保持敏锐的嗅觉，对线索进行专业性加工，进而二次投入社会化媒体的传播中。Twitter 是最早对新闻生产产生影响的社会化媒体。在新闻生产实践中，Twitter 极大地缩短了新闻的时间差，在时效性方面有了质的跨越。通过 Twitter，新闻能够在被获取时就引发引用和转发的裂变，快速获得浏览量和影响力。①

新闻信息的采集过程其实是一种多媒介的汇流，除了社会化媒体提供的用户层面的信息，智能技术逐渐拓宽了更多的采集渠道，一定程度上替代了人工的信息捕捉过程。传感器甚至可以捕捉人类感官触及不到的信息，可以替代记者在第一时间抵达危险现场搜集一手信息。②并且，智能技术还有助于提升新闻采集的数据真实性与完整性，人工智能强大的计算能力在智媒时代体现出了极大的优势，尤其是在调查新闻、分析数据等方面优势明显，能更好地实现线索抓取、内容筛选功能。例如，新华智云“媒体大脑”是国内智能采集的典型代表，凭借“传感数据监测—信息异常识别—新闻价值判断”自动完成选题。③其在两会期间从 5 亿网页中梳理出了有关的舆情热词，利用大数据技术捕捉了关键的新闻点。④

还有相关的语音识别、视觉识别等技术也实现了信息采集的跨越式发展，帮助记者提升了整体的工作效率。在技术支持下，新闻资源库的建立成为核心议题，这也是打造“中央厨房”模式的关键举措，能够真正实现“一次采集、多元分发”的高效生产模式。

---

① 邓建国 . 速度与深度：Twitter 对美国报业内容生产流程的重构［J］. 新闻记者，2011（3）：48-53.

② 葛嘉欣 . 智能媒体下新闻生产流程研究［J］. 新闻传播，2022（17）：37-38.

③ 孟笛 . 建设性视角下智能化新闻生产实践及反思［J］. 编辑之友，2022（1）：44-49.

④ 令狐克睿，薛娇 . 智媒时代的新闻生产：融合、重构与创新［J］. 中国编辑，2021（3）：71-75.

新闻线索的收集为下一步的新闻生产创造了前提条件。在进入生产环节的过程中，新闻内容还需要经过一个“评估中心”，对新闻素材进行价值判断，根据不同的价值流向选择适配的生产方式和后续的传播平台。①

2. 新闻生产再造

新闻的生产从新闻采集内容的选择和价值判断开始，核心在于新闻稿件内容的生成与撰写。这一过程的再造主要涉及三个显著方面：智媒技术辅助多元形态、智能写稿机器人脱颖而出以及人工把控新闻内容“故事化”。

首先，智媒技术将整个新闻生产的传统程式彻底打破，再造和实现了新闻生产全过程智能化。例如，2018 年的全国两会，人民网采用了 AR、AI 等智能技术对新闻内容进行生产，输出了丰富的新闻形式，同时还创新了“稿库传图”系统，使新闻素材有条理、有秩序地服务于新闻的生成。

其次，人工智能技术下的 MGC（机器生成内容）模式给新闻生产提供了更加丰富的话语形式。尤其是在财经类和体育类报道中，人工智能在对数据的处理以及特定模板的编写中凸显出了优于人工的精确和迅捷。人工智能在内容生成中通常会运用算法实现技术支撑，对已有模板的新闻稿进行套用，不断地进行深度学习，迭代出符合新闻生产规范又独具特色的内容。例如，美国自动化洞察力公司的 wordsmith 平台拥有 3 亿种新闻写作模板，这些模板决定了稿件最后的输出样态，包括新闻报道的语气和语调、写作形式，最后对输入的主要内容进行稿件生成。同时，庞大的算法还会对自动生成的新闻稿进行润色。固定化模板的内容往往单调且枯燥，运用多了会显得千篇一律。智能算法的加入能够让程式化的稿件拥有温度，将多种叙事语气融入新闻内容中，让文字从一板一眼的风格中跳脱出来，文

① 刘义昆，赵振宇．新媒体时代的新闻生产：理念变革、产品创新与流程再造［J］．南京社会科学，2015（2）：103-110.

本形式更加多样化。[①] 伴随着 ChatGPT 的问世，人工智能的新闻写作领域必将迎来更大的颠覆，AIGC 模式也将彻底开启。另外，AI 自动剪辑也是人工智能领域辅助新闻生产的重要突破。在 2019 年的庆祝中华人民共和国成立 70 周年阅兵式上，央视新闻灵活运用了 AI 自动剪辑功能，自动识别了多个精彩瞬间，编辑了阅兵现场 70 余个机位的画面内容，平均耗时 90 秒，生成了近百条 AI 视频。相较于人工而言，这一技术使得视频新闻的产量呈几何式增长。[②] 人工智能技术不仅形塑了整个传媒业的业态面貌，也在微观上改变了新闻生产的具体模式。[③]

随着新兴技术的大放异彩，人逐渐从刻板的文字中解放出来，在机器辅助的基础上去开发更多具有创意性的工作，来确保新闻价值核心的正确表达。记者同样也需要统筹协调各生产环节的有序进行，承担类似项目经理的职责，使新闻生产具有“故事化”的条理和逻辑。当然，技术的运用也离不开相关技术人员的参与，《芝加哥论坛报》拥有一个专门的新闻团队，这个团队主要由计算机工程师组成，研究如何报道新闻故事，如何对故事进行在线呈现。这一团队为记者和编辑提供了巨大的技术支持，新闻记者在生产的参与中主要负责对新闻核心内容的把控与价值选择，在双方的合作中使新闻生产趋向智能与高效。[④]

另外，在智媒时代，新闻的真实性在一定程度上被时效性影响，许多虚假新闻的生产都是因为跳过了新闻审核这一环节。基于此，今日头条建立了人工智能技术支持下的“人工审核 + 技术识别”的新闻审核模式，先

---

① 邓建国 . 机器人新闻：原理、风险和影响［J］. 新闻记者，2016（9）：10-17.

② 祖峥 . 如何利用云技术重塑电视新闻制作流程［J］. 东南传播，2021（6）：26-28.

③ 喻国明，兰美娜，李玮 . 智能化：未来传播模式创新的核心逻辑 兼论“人工智能 + 媒体”的基本运作范式［J］. 新闻与写作，2017（3）：41-45.

④ 于淼 . 数据新闻实践：流程再造与模式创新［J］. 编辑之友，2015（9）：69-72.

由人工智能进行初步审核，疑难和具有不确定性的因素会转发到人工审核系统。[①] 这一模式用技术自身来保障技术生产内容的真实性，不仅大大减少了人工的工作复杂度，也为技术应用提供了更多的实践可能性。

3. 新闻分发再造

新闻的分发随着多种媒介形式的出现有了更多的渠道，这一过程不仅是对新闻作品流向受众的方向选择，也是对受众进行市场细分与画像的重要过程。

如今的新闻分发更大程度地依赖于算法的推荐，试图打通新闻与目标用户之间的偏好壁垒，在多种媒介的层叠下创造最直接的传播方式。郑州报业集团率先在"新闻超市"的模式建立中实现了分发层面的流程再造，是传统媒体转向融媒体的重要尝试。"新闻超市"构建了从"纸端"向"指端"转移的分发渠道，由传统的报纸转向网络、微博、微信、客户端的多种形态，实现了全方位、全时段、多渠道、多体裁的新闻分发流程。[②] 还有学者将《今日美国》、英国广播公司（BBC）、上海广播电视台、长沙市广播电视台进行横向比较，指出其在不同再造模式下都有"全面整合""高度共享""个性分发"等共同特点。[③] 另外，媒资云服务平台建立了新闻资料的"归档库"，会根据用户画像来进行个性化推荐甚至个性化内容定制。具体而言，新闻的分发流程需要通过算法技术将每个节点的用户画像进行全面的收集与存储，对用户进行偏好分层，将新闻内容有指向性地投入目标圈层中，进而引发更加热烈的扩圈效应。整个过程都渗透着算法技术的痕迹，

---

① 吴璟薇，郝洁 . 智能新闻生产：媒介网络、双重的人及关系主体的重建［J］. 国际新闻界，2021（2）：78-97.

② 蒋博文 . 新媒体环境下新闻流程的再造：从"新闻不过夜"说起［J］. 青年记者，2016（26）：47-48.

③ 鲍新文 . 融媒体背景下新闻采编流程再造的实践与思考［J］. 中国广播电视学刊，2017（2）：44-48.

高效的搜索引擎、精准的分析程序、数据挖掘的完整与判断预测能力，重塑着新闻智能化的流程。

相较于传统的新闻分发模式而言，再造后的流程与模式更具个性化，将用户思维贯彻到新闻实践中。但传播与分发在如今的流程中不再是媒体工作的终点，在当下智媒化传播技术条件下，新闻内容会一直处于不断人为干预的半自动化迭代过程中。这一过程涉及多方主体的联动，除了专业媒体机构，技术供应商、社交媒体平台、广告公司、个人写手等多方共同形成了内容生态的矩阵，新闻生产与传播的过程更加复杂，在技术的裹挟中产生了更多的形态变化。[①] 这也进一步影响到新闻反馈的具体实现。

4. 新闻反馈再造

在传统媒体中，新闻反馈一直以来都处于空缺状态，传统媒体往往将新闻流程的重心放在前中期的采编工作中，而弱化了新闻分发后的反馈过程，无法第一时间接收用户提供的新闻信息，得到用户反馈。[②] 而在多元平台和多重技术的推动下，新闻反馈逐渐由替补转变为主角，用户思维的诞生左右了新闻生产的价值取向，也顺带影响到了整个新闻的诞生初衷。有学者创新了新闻生产流程的多元反馈模式，提出了新闻资源库到终端分发系统的线性传播模式，在传统流程保留的同时，这一模式将“控制—反馈”环节嵌入了多个生产的关键节点中，不仅对记者进行动态管理，也将受众反馈纳入新闻的采编实践中。[③] 用户反馈在智媒时代逐渐从文字的形式开始延伸，在反馈机制下，多元的传感技术借助智能可穿戴设备，使用户反馈数据从观点层面深化到生理和心理层面，为下一轮内容生产提供了实时优

---

① 仇筠茜，陈昌凤．黑箱：人工智能技术与新闻生产格局嬗变［J］．新闻界，2018（1）：28-34.

② 孙旭．融合新闻的报道流程研究［D］．武汉：华中科技大学，2013.

③ 周亭．从“广播”到“宽带”：媒介融合时代电视新闻生产的流程再造［J］．现代传播（中国传媒大学学报），2012（1）：98-101.

化策略。传感技术与“众包新闻”相互结合还能调动用户参与的热情。例如，纽约公共广播电台的 Cicada Tracker（蝉迹追踪者）项目邀请受众利用传感装置收集当地蝉群破土时的温度报告，1750 份众包数据成为新闻报道的重要素材，实现了用户参与新闻叙事。①

用户反馈数据的重要性日益凸显，这一转变要求从业人员在新闻的生产与传播中从用户角度出发，解决用户问题，增强用户体验，满足用户需求，不断提高用户黏性。将用户作为主体角色，利用算法技术对用户反馈内容进行数据搜集与信息整理，对反馈素材进行进一步整合与分析，用以指导新闻的二次裂变与创新生产。②

二、新闻生产主体的变革实践——基于扎根理论

物联网、人工智能、云计算、5G、大数据等新一代信息技术逐渐成为新闻行业中的“弄潮儿”，为新闻的智能化生产提供了技术铺垫。③随着相关技术的发展与更迭，媒体的智能化进程获得了源源不断的动力，一个全新的智媒时代已经来临。④在智媒时代下，以互联网公司为主开发的新闻客户端凭借技术支撑优势走在了新闻智能化的前列，如腾讯新闻、今日头条等，主要以数据和流量为生产导向，极大地契合了智媒时代的新闻生产与传播规律，在潜移默化中占据了新闻行业的话语权。同时，新兴技术重构了新

① 孟笛．建设性视角下智能化新闻生产实践及反思［J］．编辑之友，2022（1）：44-49.

② 崔文波，范以锦．智媒时代数字新闻的生产转向与价值重塑［J］．传媒观察，2021（3）：5-10.

③ 彭兰．智媒化：未来媒体浪潮 新媒体发展趋势报告 2016［J］．国际新闻界，2016（11）：6-24.

④ 苏涛，彭兰．“智媒”时代的消融与重塑：2017 年新媒体研究综述［J］．国际新闻界，2018（1）：38-58.

闻生产流程，使得传统媒体的生存空间受到挤压，生产模式的故步自封以及新技术的应用困境导致传统媒体的新闻理想正逐渐被现实瓦解，传统媒体的生存岌岌可危，智能化转型迫在眉睫。

（一）研究设计

1. 研究对象与研究方法

此次研究对新闻生产领域的 10 名工作人员进行了深度访谈，访谈时间大多在 40 分钟至 1 小时内。主要的被访人员分为三类：第一类是新闻生产的一线采编人员，第二类是开发、运用新兴技术服务于生产的技术人员，第三类是某新媒体中心的管理人员。这些访谈对象以采编人员为主，包括中央媒体以及北京、河南、湖北、深圳、上海等地方媒体，具体构成如表 4-1 所示。本书通过对他们日常化的工作经验和业已形成的行业理解进行深入挖掘，来探讨技术变革下的新生产模式以及不同从业者在新闻生产过程中的角色定位。访谈问题主要围绕当下新闻生产流程、新技术运用、从业人员定位、媒体组织结构等方面展开，对访谈获得的经验材料进行扎根理论分析。此次研究的具体编码过程按照开放式编码、主轴编码和选择性编码进行，最后归纳出概念和命题，进而建立理论。①

表 4-1 访谈对象基本情况

岗位性质	编码字母	工作媒体
采编人员	A1	地方广电记者部
	A2	地方报业集团编辑部
	A3	地方报业集团记者部

① 陈向明 . 扎根理论的思路和方法［J］. 教育研究与实验，1999（4）：58-63.

续表

岗位性质	编码字母	工作媒体
采编人员	A4	地方广电记者部
	A5	全媒体集团编辑部
	A6	地方报业集团记者部
	A7	地方广电记者部
技术人员	B1	地方广电技术部
	B2	地方广电技术研究部
管理人员	C1	中央级新媒体中心

2. 研究过程

（1）开放式编码

开放式编码主要是对原始资料进行整理与抽取，逐字逐句地对资料进行概念化、标签化，从中形成初始概念并归类、组接，进而建立范畴，是建立理论模型的基石。笔者将 10 份访谈记录全部导入 NVivo12 软件，再对访谈资料进行多次分析，对其中具有代表性的初始概念进行提取、归类，构建出范畴。最终，共提取出 74 个初始概念（a1—a74）和 9 个范畴，表 4-2 为得到的部分初始概念和范畴示例。

表 4-2　开放式编码范畴化（部分示例）

范畴	原始资料语句（初始概念）
技术赋能	A4：我们有一个立项项目就叫 5G 直播。（5G 技术 a1）
	A2：大数据能监测舆情点。（大数据 a2，舆情系统 a3）
	A4：AI 智能主播是我们今年打造的一套节目。（人工智能 a4）
	A3：我们会有一个移动直播间。（移动直播 a5）

续表

范畴	原始资料语句（初始概念）
博弈困境	A6：记者非常疲惫，既要写稿子，又要观察现场，还要拍视频。（技术内卷 a6）
	A4：今后会不会被取代？我觉得会，一切皆有可能。（技术替代 a7）
	A6：技术的存在不应该成为压迫人工的理由，它应该去让人工变得更好。（技术压迫 a8）
应用困境	B1：对智能技术的运用都还没提上日程。（技术落后 a9）
	A2：很多时候都是别人弄好的，然后直接拿来用。（开发落后 a10）
	A4：技术对我们广电从业人员来说，确实是一种新的挑战。（技术挑战 a11）
核心技能	B2：记者需要创新创意和策划的能力，提升新闻的价值性。（创新创意 a12，策划 a13）
	A6：看重的就是新闻价值判断。（价值判断 a14）
	A7：有网感也是很重要的。（网感思维 a15）
流程再造	A4：根据稿件内容不同，分发的平台也会不同。（分发多样化 a16）
	C1：用大数据来判断用户喜好，可以指导生产。（前馈指导 a17）
	A7：除了广电大屏，我们还有云平台。（平台构建 a18）
	C1：便于前后信息对比，智能筛查。（采集筛选 a19）
角色转换	B2：技术和人之间更可能的是如何更紧密地配合。（人机协同 a20）
	A1：技术需要和我们相互辅助和协调，我愿意张开双臂拥抱这个新科技。（拥抱技术 a21）
职能重构	C1：形成一个技术团队对内容生产团队进行支撑。（技术支撑团队 a22）
	A1：一心好几用，那最后你就没有一个能干好。（术业有专攻 a23）
	A2：编辑干了记者的活儿，记者现在身兼市场部的职能，并负责一些特刊的写稿工作。（职能定位 a24）
	A4：我们现在音视频的东西都要会，不然岗位的门槛都进不了。（全能型记者 a25）
	A6：我们要和各个部门合作，去完成一篇稿件从采写到分发的全过程。（团队沟通 a26）

续表

范畴	原始资料语句（初始概念）
组织变革	A6：要求更多、更严格，但是奖励惩罚机制没有跟上。（绩效考核问题 a27）
	A1：我们的主动性、自由度非常高。（自由度高 a28）
	A4：会邀请我们去学习、培训。（技能培训 a29）
	A3：领导的人脉关系到这个部门的生死存亡。（领导人脉 a30）
	A6：组织要敢于去为记者去争取权益。（记者权益 a31）
转型困境	A2：现实迫切地要求报业转型。（市场背景 a32）
	A5：现在大家会分流，每个人都是新闻发言人，对优质作品要求更高。（分流困境 a33）
	A3：未来可能把媒体的重点放到网络平台上。（新媒体发展 a34）

（2）主轴编码

在主轴编码阶段，笔者基于对上一步操作中得到的 74 个初始概念与 9 个范畴的深入解读，挖掘各范畴之间的逻辑关系，归纳出了 3 个主范畴，分别是流程层、行动层、管理层。笔者将新闻生产的变革划分为这 3 个大板块并对其具体内涵进行阐释，为理论建构做准备，如表 4-3 所示。

表 4-3　主轴编码形成的主范畴

主范畴	副范畴	范畴的内涵
流程层	技术赋能	技术的更迭推动着新闻生产模式的发展与变革
	应用困境	新技术在传统媒体生产流程中的应用困境
	流程再造	技术参与下传统新闻生产流程的颠覆与再造
行动层	角色转换	采编人员需要转换角色拥抱技术
	博弈困境	人工与技术在具体生产流程中的博弈过程
	核心技能	采编人员确立核心行动者地位的重要技能

续表

主范畴	副范畴	范畴的内涵
管理层	职能重构	当前记者新的职能定位以及编辑部的团队合作
	转型困境	传统媒体在技术推动下向新型主流媒体转型的困境
	组织变革	从领导特质、绩效考核、员工自由度等全方面提升新闻生产积极性

（3）选择性编码

在选择性编码阶段，笔者对原始资料和主轴编码得出的主范畴进行进一步分析、比较、归纳，挖掘出核心范畴，并且深入研究核心范畴与各个主范畴之间的逻辑关系，最终探索出“智媒时代新闻生产变革模型”（见图 4-1）。该模型以元记者为理论建构的核心范畴，将新闻生产的变革分为流程层、行动层、管理层，并探讨三者内部以及相互的关系。

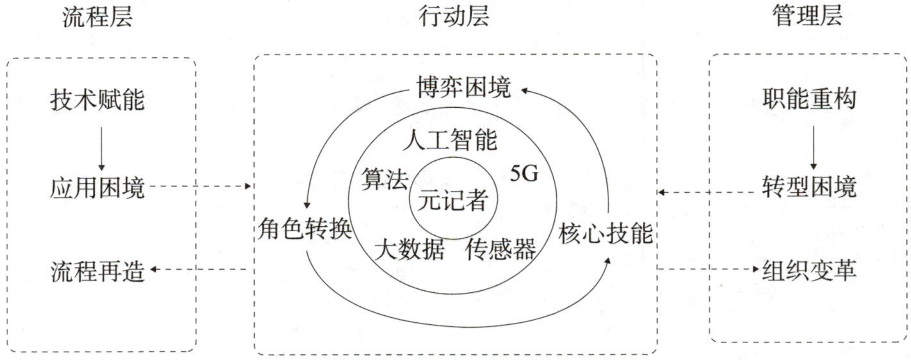

图 4-1　智媒时代新闻生产变革模型

根据以上三级编码的结果，笔者再对主范畴的概念与关系进行深入分析、比较、归纳，并回溯研究主题，对得出的核心关系进行梳理，获得了主范畴的典型关系结构——元记者与新闻流程和组织架构的变革关系（见表 4-4）。

表 4-4　主范畴的典型关系结构

典型关系结构	关系结构的内涵	受访者的代表语句
元记者→流程层	元记者在新闻生产流程中起到重要作用，在新技术的加成下，元记者积极参与到新闻流程的再造中，重塑新闻价值链。	技术的出现确实帮助到了我们的新闻生产实践，很多智能设备也让生产变得更加便捷与高效，运用这些已经成为记者的必修课。
元记者→行动层	元记者在新闻生产网络中重新确立自身的核心地位，巩固自身的核心技能，在与技术的动态博弈中实现自身新闻能力的螺旋上升。	不管技术和机器怎么发展，对于新闻单位而言，归根结底，生产部分还是由人工进行把控，并且利用技术来丰富自身技能。
元记者→管理层	媒体组织以培养元记者为核心，整体打造流程型的组织模式，最大限度地适配新闻生产的智能化，转型成为新型主流媒体。	媒体要求从业人员转型，这种需求又推动组织内部管理的改变，媒体组织要积极适应社会环境的变革，由内而外地进行组织变革。

（二）新闻生产智能化的现实进程

1. 流程层：技术赋能、应用困境

当下的媒体组织在全力打造“全员媒体、全息媒体、全程媒体、全效媒体”的目标中进行着颠覆式的变革。新闻生产流程也在新一代信息技术的加持下摆脱了传统垄断式的线性生产，正逐渐再造成为智媒时代共通共融的双向增值闭环。

在过去的纸媒时代，传统的新闻采编主要发生在专业的媒体机构中，这一过程大多以记者个人为主体，以记者的行动轨迹为轴贯穿新闻的生产与传播。整个过程描述为：由记者发现新闻线索—前往现场采访或者远程联系当事人—撰稿成文或编辑播出。[①] 在这种模式下，新闻的采集、写作、

① 刘义昆，赵振宇．新媒体时代的新闻生产：理念变革、产品创新与流程再造［J］．南京社会科学，2015（2）：103-110.

发布等全流程完全封闭在新闻媒体内部的“黑箱”中（见图 4-2）。传统的新闻生产链在纸媒时代形成了实践定式，但在技术赋能的智媒时代又再次发生了重构，这种重构打乱甚至颠覆了原有的链条式生产结构，在信息采集、编辑制作、认知体验、内容推送等环节都有体现[①]，渗透进了新闻生产的每一个细枝末节中（见图 4-3）。在技术的参与下，互联网公司旗下的新闻产品彻底抛弃了流水线生产的线性传播模式，打造了双向增值的生产闭环流程，这一流程以用户为导向，打通了传受双方的反馈链条，在多次的生产循环中使新闻的生产与传播走向正反馈。新闻生产变革的源动力来自互联网公司对新兴技术的研发与应用，从而开辟了技术赋能下的新闻智能化生产模式。

图 4-2　纸媒时代新闻生产流程图

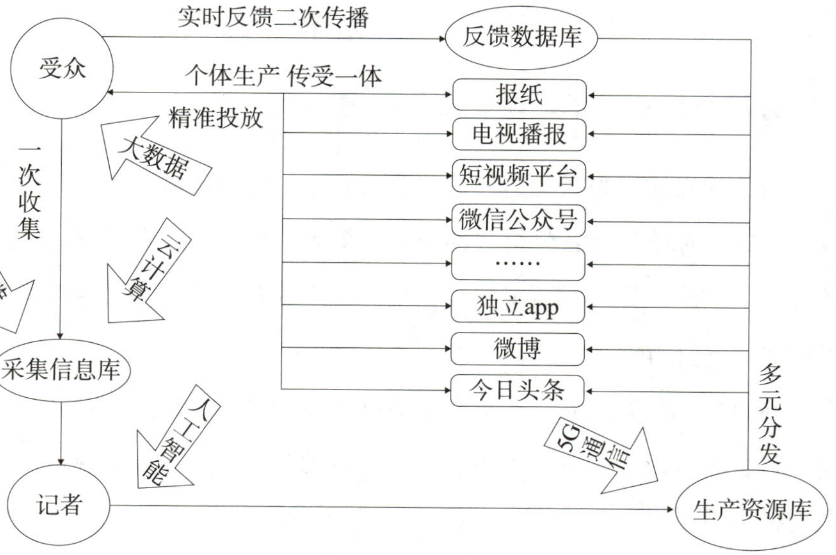

图 4-3　智媒时代新闻生产流程图

① 喻国明，兰美娜，李玮 . 智能化：未来传播模式创新的核心逻辑 兼论“人工智能 + 媒体”的基本运作范式［J］. 新闻与写作，2017（3）：41-45.

毫无疑问，当下新闻业内的智能化生产离不开新一代信息技术的赋能。智媒时代的 5G、大数据、云计算、人工智能等新兴技术深深影响着新闻行业，这些技术的参与和传播环境的变革驱动着生产模式由链到环跃迁。传统模式的单向链条只有一次性的生产和传播，绝大部分权力被垄断在第一现场的新闻记者手里。但在新的智能化生产流程链中，这种权力被技术和受众逐渐解构，新闻的发现不再单单依靠记者之“眼”，而是多了无数个向外延伸的数字传感器。传感器能够在各个应用场景中广纳素材，捕捉潜在的有价值的新闻，从而汇聚成庞大的新闻素材库。例如，在疫情得到初步控制之后，澎湃新闻发布的《图解｜解封首日，离开武汉的居民都去了哪儿？》这一可视化新闻产品，就通过高德地图的卫星导航系统、GPS 全球定位系统中的传感器去获取武汉市内交通情况数据。① 在新闻编写环节，人工智能写稿机器人会继续从数以万计的素材库中提炼信息，判断其潜在的新闻价值，再利用人工编写好的新闻模板进行内容生成，代替新闻记者之“手”。Dreamwriter（腾讯写作机器人）是国内首个成功应用于新闻写作的写稿机器人，早在 2015 年就在财经新闻领域“大显身手”，开创了人工智能写稿的先河。② 在新闻的整个编写过程中，记者的职能逐渐被技术削弱，正在逐步实现自动化。已经生成好的新闻产品会运用云计算技术进行标签分类，再在已有的用户画像数据库中定位出新闻的指向受众，实现新闻传播的精准投放。概括来说，新闻算法的这一分发机制是以大数据技术为基本依托，通过编码程序进行程式运作，再将相关的媒介客户端作为传播载体，精准地投放到受众层的特定模式化计算程序。③ 而用户画像数据库的建立则基于新闻分发过程中用户实时的反馈，这一反馈发生于新闻生产与传

① 李欣，许泳佳 . 再造流程：新闻生产智能化应用现状及前景分析［J］. 中国出版，2021（2）：44-48.

② 付晓光，吴雨桐 . 论 AI 新闻写作的逻辑特征：基于 Dreamwriter 报道与人工报道的对比分析［J］. 现代出版，2021（1）：48-55.

③ 陈莹 . 算法新闻分发平台对新闻业态的影响［J］. 传媒，2021（17）：50-52.

播的全环节中，并且积极地参与到新闻的二次生产中，在整个流程环节中不断发生着价值增殖。

> 在新闻分发这块，我们现在用人工 + 大数据技术做了专门的舆情系统，可以做相关内容的榜单，通过用户画像分析来判断用户喜欢什么，进一步对生产内容做精准的推送，最后再根据效果反馈对下一次生产进行指导。（C1，管理人员）

如今的新闻生产在技术的驱动下准确来说是一个动态的过程，新闻报道的存活期也根据随时更新的反馈，处在不断地变动之中。[①] 例如，新闻标题的选取有时会采用 AB 测试的方法，针对同一则新闻向用户随机分配不同的新闻标题，再根据反馈的点击量决定最终的标题选取。[②]

一方面，在技术赋能下的新生产模式中，技术的参与极大地提高了生产速率和生产效率，能够降低生产的人力成本，把采编记者从传统单调的生产模式中解放出来，使其能够有更多精力投入新闻的创意研究中。

> 现在新闻生产流程总体而言变得更加便捷了。比如说，现在我们记者出去直播采访只需要带一个手机、一个话筒，打开手机的移动直播间，我们在报社里面有一个导播台能和这个直播间连接，可以直接切换画面，再配合上 5G 等信息传输技术，既可以保证直播的效果，又非常方便。（A3，报业采编记者）

---

① 王敏 . 旧惯习与新常规：基于对互联网报纸“Brisbane Times”的新闻室考察［J］. 新闻界，2016（19）：60-64.

② 仇筠茜，陈昌凤 . 黑箱：人工智能技术与新闻生产格局嬗变［J］. 新闻界，2018（1）：28-34.

但另一方面，技术的发展却并未完全渗透到传统的广电和报业集团中，这一批坚守着新闻理想的传统组织正面临着技术所带来的冲击与拉扯，迈着缓慢的步伐摸索前行。

其实很多新技术在我们这种传统媒体中还没有实际大规模投入使用，会有一些厂家过来介绍一下，线下的实施会有一定的困难。现在电视台普遍都不景气，城市台更加举步维艰，现在还在为生存而战，跟不上技术的更新换代。（B1，技术工程师）

其实报业的技术运用还是很保守的，它走得很慢。现在报业在做新媒体化，有视频更新运营，但是它运营的不是抖音，也有在尝试直播，但都是非常保守的。报业的性质决定了它不能快速转型，同时，技术方面的人也不愿意来报业。这种内外交困的情景下，其实很难再去开发和运用一个新的技术，很多时候都是别人弄好的，然后直接拿来用。（A2，报业采编记者）

技术赋能下的新闻流程正在不断地发生着颠覆与再造，互联网公司利用自身的技术优势不断地开发新的新闻运作模式，在流量和用户的导向下构建新的新闻生产格局；而传统广电和报业正面临着技术的冲击，在生存压力下寻求与技术之间的动态平衡，全力打造智媒时代下的新媒体新闻产品。例如，上海报业集团旗下的澎湃新闻、湖北日报传媒集团旗下的极目新闻等，正努力实现新闻生产的智能化变革。

2. 行动层：博弈困境、角色转换

随着媒介的不断融合，越来越多的学者将新一代信息技术作为新闻生产网络的行动者之一，探讨其与原核心行动者——传统记者之间的行为

关系。

在原有的生产网络中，传统记者担当着核心行动者一职，贯穿于整个新闻生产的流程当中，负责一个新闻产品从构思、酝酿、生成、删改到传播的全过程，展现着记者个体的新闻素养和价值观。而技术的加入逐渐打破了人作为核心的传统构架，传感器对新闻的捕捉影响着记者对新闻生产内容的选择，在人类主体对新闻选择权把控不变的同时，内容的选择范围其实有了较大的局限。大数据的运用也逐渐使人成为数据的附庸，甚至为了“好看”的数据而投身博眼球、赚流量的取巧之事，彻底失去了对新闻原有的价值判断。

> 技术的过度参与肯定会对新闻生产造成影响，最主要的是会造成记者的一种惰性，记者深入思考的能力会受到影响，对技术工具产生一定程度的依赖。这就会进一步导致新闻作品内容质量的降低，总体看来变得千篇一律。（B2，技术研究员）

不仅如此，技术飞速发展，已经开始替代一部分从业者的工作，甚至在某些层面表现出优于人工的迅捷与准确。

> 自从我们AI智能主播上线后，我发现整套频率背后只剩三个工作人员工作，像日常的天气、路况这种消息，只需要工作人员进行扫描和输入，AI就能够实时读出来。并且它的语音会去模仿人类的语气，经过一年的学习改造之后，我们根本听不出它和人工播报有什么区别。它的词库太强大了，它在准确率方面可能比我们传统的主持人做得还更好。领导有时候开会也和我们说，现在可能是最后一代的播音主持人，会有一种危机感。（A4，广电采编记者）

在技术大放异彩的背后，反映的是传统记者逐渐让出“核心行动者”位置的这一现象。技术在这个过程中参与得越多，人类在生产过程中就越容易落入技术的裹挟，在生产网络中逐渐处在边缘位置，这将对新闻业的发展产生消极影响。这种裹挟有时候并不体现在新闻的生产过程中，而是在无意中给记者施加了一道技术的枷锁。

技术的存在不应该成为压迫人工的理由，它应该去让人工变得更好，激发活力与创造力。但是技术现在在多数情况下是用于规范和监督的，比如说，我们的监督流程，就是用内部查重系统来逐个检查稿件，那么使用通稿就成了有风险的事情，你可能会被判定为抄袭。虽然我非常欣赏原创，也鄙视抄袭，但这在本质上是一种违背新闻传播规律和采写规律的手段，对记者而言，我觉得是一个伤害。（A6，报业采编记者）

技术的使用在给新闻生产带来便捷与高效的同时，也悄然形成了与传统记者之间的博弈困局。技术对人工的替代、内卷以及压迫给记者带来了极大的生存压力，这一压力又反向催化着记者进行角色转换，故步自封的传统模式已无法满足智媒时代的要求，大环境的改变将拥抱新技术变成了记者生存与转型的唯一正解。

对于一个跑口的记者而言，人工智能能说能写，但无法采访，你的个性化的问题，很大部分是机器人所不能代替的，其实你依然有自己的生存空间。你只需要前面采访完、联络完，把主题设想好，然后把整个录音传输给机器人，让它去写不是更好吗？它不可能代替你的所有工作，就像当初第一次、第二次工业革命有很多东西能代替人类，但是同样会产生很多新的行业。也许在这个新的行业里，我作为一个记者去操控这个人工智能，它省了我很多事儿，技术需要和我们相互辅助和协调，我愿意张开双臂拥抱这个新科技。（A1，广电采编记者）

总之，面对技术的裹挟，传统记者需要“以柔克刚”，将眼下的博弈困境转化为转型的动力，打造智媒时代的“人机协同”模式，同时也要重新成为新闻生产网络中的核心行动者，推动新闻生产的智能化进程。

3. 管理层：职能重构、转型困境

媒体组织是新闻生产的载体，合理的组织结构与良好的职能协作能够对新闻的生产实践起到促进作用。在新闻生产流程被技术重塑的同时，媒体组织内部也必然发生相应的嬗变。

首先，传统的职能分配在当下已经发生了重构。传统的新闻生产使记者、编辑的角色发生固化，他们仿佛被缚在一个“职能茧房”中，每天按部就班地进行分内的新闻采集与写作工作，最后审稿、刊登。而在媒介融合背景下的新闻生产中，新的新闻形式的出现催生了更为细分的记者定位，“（新、全）融媒体记者”应运而生，并且逐步成为记者这一集体的主力军。新闻编辑室经历了从壮大到聚合的过程，如今的媒体组织更多地需要“全能型记者”，在技术的帮衬下，媒体需要记者能扛起采、编、播一体的大旗，还要掌握对图片、视频进行处理的技能。这使记者这一职业有了更高的准入门槛，组织也开始对传统记者进行统一的技能培训，敦促记者进行新时代转型。

一是因为时代的要求，二是因为媒体资金的问题，所以他需要身兼多职。社会普遍内卷，都希望找一些能做很多事情的人。（A2，报业采编记者）

我从事新媒体小编的时候，学习的机会相对来说会比较多。腾讯、阿里巴巴开一些会议的时候会给我们的公共邮箱里发邀请函，会邀请我们去学习、培训，然后回来传达给整个新媒体编辑部的人员。一年里每个人能参与两到三次，基本上每个月都有这样的培训。但其实我觉得，我们缺乏的是一个可以手把手带我们、让我们能静下来创作的老师。我刚开始入行的时候，还有老师愿意手把手地去教。如果我在刚入职的情况下，没有老师、前辈来给我指点这个稿子，我很多地方是想不周全的。（A4，广电采编记者）

在此基础上，较多的媒体组织也将盈利的压力转移到了记者身上，谈业务、拉广告也被并入了记者的职能范围中，对记者的“全能”又有了进一步的要求，这在潜移默化中带给了他们较大的生存压力。对此，有访谈对象表示，无论媒介怎么融合，记者其实都无法做到真正意义上的“全能”，新闻报道也逐渐变得不那么“纯粹”。

这就像一心不能二用似的，首先得清楚，不同的媒体形式想要的东西是不一样的，做音频和做视频讲故事的逻辑不一样。所以如果一个新闻事件的现场是转瞬即逝的，那么你只能选择一样你要的东西。这个时候如果你想要干好几样活儿，一心好几用，那最后你就没有一个能干好。你只能选一个侧重点，术业有专攻。（A1，广电采编记者）

这个媒体记者其实已经不再是单纯的记者了，他可能身上肩负着挣钱的压力，这点直到现在都是我不太能接受也不太能认可的地方。因为我觉得一旦掺杂了这些任务以后，新闻报道可能就不像以前一样那么纯粹了。（A4，广电采编记者）

其次，报业和广电的组织性质决定了传统媒体改革转型的现实困境。一方面，旧的体制内部人员冗杂，缺乏新兴人才；另一方面，新媒体冲击下的传统组织面临资金短缺。人才和资金两方面的缺乏是媒体组织转型路上的核心障碍。

> 老的报业的整个体系是非常冗杂的，更多的是在体制内工作的老员工，也有新招的员工。它既要维护现有员工的权益，又要与时代接轨，这就注定了组织会以人为主，先保护现在的人。在报业体系改革下，我们的收入普遍都下降了，我们稳定的编辑是有底薪的，然后加提成和补贴，记者只有补贴和项目提成，所以很多记者存在生存困境。（A2，报业采编记者）

> 我从同事口中的抱怨中感觉到工资没有以前高，以前我们黄金时期一个月过万是很轻松的，那现在对我们城市来说就是有一点难。现在新闻媒体的工资越来越少，没有资金是最关键的。（A7，广电采编记者）

> 在大环境下，整个广电行业不可能逆潮流而动，其实已经慢慢地没落下来，和现在的很多新媒体竞争都处于劣势。（B1，技术工程师）

传统媒体的智能化转型是必然之势，依靠国家政府的基本资金支撑，当下的组织需要寻求更加多样化的盈利方式，如打造新闻付费模式、接洽外部合作项目、寻求相关广告业务等，为媒体的智能化改革奠定资金基础。资金的周转与积累是组织改革的重要外部因素，而组织转型的关键落脚点在于相关新闻人才的培养。

（三）新闻生产智能化的转型实践

1. 内部爆发力：元记者的自我突围

在技术浪潮的推动下，新闻从业者的职能定位与职业认同在智媒时代发生了重构。当互联网逐渐嵌入新闻生产中时，记者有了更多的“身份”。随着纸媒时代的光晕淡去，互联网逐渐成为新闻传播的主阵地，网络新闻编辑室中逐渐发展出了“新记者角色”，这一角色成为整个生产活动中的重要枢纽。[①] 在此基础上，“元记者”（meta journalists）的概念被提出，这类“新记者角色”被重新定义，展现出了与机器合作的巨大潜力。[②] 需要强调的是，元记者的角色定位并非转型的技术工程师，而是在技术赋能条件下以专业记者的思维创建智能模板的元新闻库[③]，从而对新闻内容进行核心的把控，全面优化新闻生产的叙述文本。而在如今的智媒时代，元记者对算法的驯服能够使人工智能生产出个性化的新闻内容，使受众无法识别是人工还是机器生产的文本，这使元记者以新的姿态和位阶参与新闻智能生产的核心过程之中。[④]

在新闻的智能化发展进程中，传统记者必然要在大环境变革的洪流中与新兴技术进行权力博弈，以确保自身在生产网络中核心行动者的地位。首先，传统记者正在主动进行角色转变——从传统采写型记者向元记者过

① MECKEL M，FIESELER C，GRUBENMANN S. Social media-herausforderungen für den journalismus［J］. HMD praxis der wirtschaftsinformatik，2012（5）：25-35.

② CARLSON M. The robotic reporter［J］. Digital journalism，2015（3）：416-431.

③ 朱垚颖 . 新闻写作的智能化趋势探析［J］. 写作，2018（5）：63-69.

④ 杨奇光，张世超 . 自动化技术驱动下的新闻采编：流程再造、角色转型与内容治理［J］. 中国编辑，2021（9）：46-50.

渡。[①] 在智媒时代下，元记者主要进行相关创意、策划和审核把关等工作[②]，对新闻生产的全流程进行统筹协调，在技术的加成下“如虎添翼”。这样的元记者拥有专业的新闻背景和采编能力，同时还具有创新性的精神和前瞻性的眼光，会主动去学习技术相关的专业知识，承担着技术融合与内容生产的双重工作，是整个新闻生产的核心枢纽，在新闻生产的网络中起着高效转译的作用。元记者这一角色在新闻生产网络中出现后，摆脱了被技术影响和支配的地位，开始驾驭信息技术为内容生产服务，重新将生产的核心环节把握在“人类行动者”的手里。最终，整个网络会以元记者为生产核心，完成核心内容的生产，或者承担起引导、协同等任务，普通内容生产者则会成为散布的多个中心，连接每一个受众节点，实现生产力量与资源的广泛整合。[③]

> 我觉得技术参与可能会导致一些失真。比如说，我和你面对面交谈的时候，你的眼神、你的行为、你的周围的环境传递过来的信息可能比远程视频里面传递的要更加丰富，而且背景和周围的环境在视频里是看不到的。（A6，报业采编记者）

> 现在我主要拍维权类的民生帮扶节目，就是有人向我们投诉，然后我要带着她去维权，要把整个事情给理清楚。假如换成人工智能就很难去理清楚，因为它没有人的情感，两个人有时候需要沟通。AI 主播也很难去调动情绪，没有共情的这个能力。（A7，广电采编记者）

---

① 朱垚颖 . 新闻写作的智能化趋势探析［J］. 写作，2018（5）：63-69.

② 陈昌凤，石泽 . 价值嵌入与算法思维：智能时代如何做新闻［J］. 新闻与写作，2021（1）：54-59.

③ 彭兰 . 数字时代新闻生态的“破壁”与重构［J］. 现代出版，2021（3）：17-25.

人类的不可替代性成了元记者的核心竞争力，这种不可替代性不仅是人类独有的思考能力和情感感知力，更重要的是作为新闻记者的专业能力。元记者必须掌握这些稳固其核心行动者地位的必要技能，才能够在各类新兴技术的洪流中依然掌握主动权。与技术工程师不同，元记者并不需要了解信息技术的形成原理，也不需要敲出程序系统的代码，他们只需要秉持新闻人的初心，保证技术合理地运用到各个环节。

根据访谈结果，元记者的新媒体思维、创新策划能力、判断思考能力等是当下最重要的三大技能因素。首先，新媒体思维要求元记者有整体的新闻自动化生产的眼光，能够积极地融入技术重塑的新闻生产过程中，并为之进行进一步的把控与改革。其次，元记者必须拥有一定的创新策划能力，而不是故步自封淹没在自己文字稿的“舒适圈”里。这要求元记者能够对当下的社会现状进行剖析，提出自己独到的见解。哪怕技术不断进行各种形式的变革，元记者仍然要保持最基本的新闻素养，把新闻内容的质量放在首位，而不是成为技术和流量的附庸，失去对新闻价值的关键判断。“铁肩担道义，妙手著文章”依旧是新闻生产者不变的信条。

> 我觉得现在记者转型最需要的其实是打破以前中规中矩的思维模式。可能对年纪较大的记者来说，思维模式真的有点儿固化，有点儿跟不上时代了。（A4，广电采编记者）

> 现在的记者更多需要有自己的判断，筛选出适合的、导向正确的或者最有价值的内容来进行处理。新兴的技术在前后对比、深入挖掘、分析等方面为记者提供了比较方便的工具，反过来也对记者的思考能力和策划、选题能力有比较高的要求，需要继续提升。（C1，管理人员）

总之，技术和元记者这两位异质行动者在生产网络中无时无刻不发生着权力博弈，技术或许会短暂占据上风，但核心行动者这一位置最终还是会回到人类行动者的手里，以便对新闻生产形成有效的价值把控。在这一过程中，元记者实现了自身新闻能力的螺旋上升，在博弈困境中寻求角色转换，以稳固核心技能，确立自身的行动者地位，进而又参与到技术更迭的下一轮博弈循环中。

2. 外部塑造力：构建互联网新型主流媒体

新型主流媒体的构建需要从流程和组织两个层面共同发力。在新一代信息技术的飞速发展下，新闻的生产流程被重塑，呈现出更加便捷、高效、智能的特点，元记者在这个流程中逐渐走向生产网络的中心，统筹协调着整个新闻生产格局。相应地，媒体组织应当以培养元记者为变革核心，建立扁平化的组织结构，进一步助力新闻生产的再造与嬗变。

面对新闻生产流程的现实困境，元记者对新兴技术的掌握能够将记者从技术对立面中剥离出来，对新闻生产各个流程进行监控与统筹，保障新闻生产流程的顺利循环，如参与传感器捕捉的新闻选择、机器人写作的模板编写、新闻内容的情感化编辑、新闻分发的舆情监控等等。元记者能够更好地在人机协同模式下进行日常工作，类似于新闻生产中的技术顾问，助力传统媒体生产流程向新时代的再造模式靠拢。

> 说到底，技术的参与其实更多只是辅助的作用，可以成为记者的使用工具，如帮助其发现新闻亮点等等，记者如果能够掌握相关技术工具的使用其实能够使新闻生产与传播效率事半功倍。（A3，报业采编记者）

另外，传统媒体的组织变革需要涉及组织结构、管理模式、领导特质、生产战略等各个方面。传统媒体组织的部门层级较多，新闻审核过程需要记者向上逐级审批，极大地影响了新闻生产的时效性，某一审批环节卡壳可能会导致整稿废弃。当下的组织应当以“流程型组织结构”为核心目标，将整个部门设置依照流程链上的各个环节进行重构，加强部门之间的沟通与合作，降低跨部门可能导致的信息误差，为新闻生产流程的顺利循环保驾护航。但在实践过程中，记者和工程师的沟通往往会产生理解偏差，记者不明白技术上的专业用语，工程师也不理解新闻产品需要的效果。元记者的存在有助于顺利实现新闻生产的跨职能合作，担当“中间人”，在编辑部和技术部间进行信息转译，保证部门合作的顺利进行。

而媒体的组织管理需要更加扁平化，员工在自由度高的环境下能够更好地激发工作效率，领导通常会参与到新闻生产的日常事务讨论中，与员工保持良好的关系，符合当下年轻从业者对工作环境和氛围的要求。根据访谈，员工普遍对业务能力强、人脉广、敢于创新的组织领导更加认同，这类领导在新型主流媒体的构建中能够起到关键作用，能带领组织走向更加长远的发展道路。

> 我们领导主要是抓我们的经营和业绩。现在媒体发展都或多或少地遇到一些资金困境，我们媒体的领导岗位就非常需要特别会拉项目、能让部门盈利的人。我们领导其实一开始也是从记者岗位慢慢升上来的，他有记者背景，也认识很多人。领导的人脉关系到这个部门的生死存亡。（A3，报业采编记者）

> 目前这种媒体环境下，领导更多地需要一些创新精神。比较守旧的领导很难在媒介融合的大背景下做出很好的成绩。现在竞争比较激烈，媒体组织要做些有新意、有创新性的工作，才能有更大的影响力。敢于创新、敢作敢为就显得更加重要了。（B2，技术研究员）

此外，组织内部的生产战略和核心竞争力应当和外部的用户需求以及市场环境精准适配。根据访谈结果，媒体组织的运营现状参差不齐，特别是转型过程中的传统媒体面临着较大的生存压力，正迫切地寻找自身合适的发展方向。当下组织大多采用集中化战略，不断通过过往新闻产品的反馈来建立市场的风向标，充分洞察当下用户对于新闻的真实需求，再以用户需求为导向，集策划、生产、宣发于一体，打造个性化新闻产品，同时实现精准投放，降低组织内部的生产成本，达到传播效率的最大化。其实，不同的新闻媒体组织有着各自的核心竞争力，有的深耕行业热点，打造爆款短视频，逐渐布局精品之路；有的立足于深度报道，挖掘新闻事件背后的社会现象，在短平快、碎片化的传播背景中坚守自己的新闻理想。总之，新闻生产受制于多方面的因素，我们需要合理调配组织的资源，使这些因素最终都归于平衡，为己所用。

无论是新闻的流程再造还是媒体的组织变革，都是传统媒体向新型主流媒体转型的必经之路，在这个过程中，元记者起着关键的“转译”作用，将技术应用困境和媒体转型困境化解为相应的外部塑造力，联合新闻媒体的相关从业者共同在新的媒体矩阵中构建集体图景，实现人与技术的博弈、聚合以及嬗变，助力新闻生产的智能化变革和新型主流媒体的构建。

三、新闻生产的网络协同模式——云智一体

在媒体融合的大趋势下，大数据、5G、云计算、人工智能等技术持续为新闻行业层层加码，使新闻生产流程拥有了更多的运作形式和协同平台。在万物皆媒的智媒时代，媒体组织纷纷开启了新闻生产的云智一体模式，开发出了云上新闻、媒体大脑、AI 编辑部等采编协同产品。这些新产品的出现打破了传统采编的生产模式，同时将新闻生产流程升级到智能化阶段。

具体而言，新闻生产的云智一体是指基于云计算、人工智能技术，以媒体资源库建设和媒体大脑平台建设为两大核心的一体化系统。这一系统融合了当下强大的云计算技术与人工智能技术，在实现云端多元采编功能的同时，也将生成式人工智能的应用实践提上了议程。在云智一体模式中，“云”是系统运作的基础设施，而“智”成为整个运转逻辑的核心要义。在云智协同下，采编系统的功能模块不断强大，成为智媒时代新闻生产的重要工具。

2022年底，中国传媒大学媒体融合与传播国家重点实验室新媒体研究院发布了《中国智媒体融合发展报告（2022）》，报告中明确指出当下的智能媒体平台建设由领先的新型主流媒体和头部互联网企业作为关键引领力量。湖南广播影视集团作为省级媒体代表自主搭建的“七彩盒子”演播室集群在2022年底正式启用，成为全国第一个全媒体播控中心，全面实现了IP化、云化、智能化的演播目标，建立了新型云制播系统。另外，湖南广播影视集团还自主研发了云采编系统，充分实现了与用户端的互动，仅用手机端app就可以将音视频内容连接到长沙演播室，实现了记者与采访对象全程零延时、无障碍交流。[①] 头部互联网媒体侧重于技术研发，以百度智能云、阿里云、腾讯云等为代表，以技术牵头研发出了多款智能云产品，为新闻生产流程带来了颠覆式变革。例如，腾讯系列的腾讯云智媒体AI中台产品，专注于视频新闻的智能化生产，辅助进行视频的结构化管理；百度智能云下的智慧媒体解决方案，通过全场景与智能化技术将媒体行业的内容生产、智能运营、虚拟主播三大板块进行融合，打造了智慧媒体业务全景生态。这些云智一体系统和平台依靠着智媒时代的强力算法和深度学习而建立，实现了新闻生产的智能选题、融合发布、资源共享以及流程再造，重塑了新闻业态，描绘了一个全方位、多样态、共建、共享、共创的

① 黄楚新，文传君．新闻云采编的特征、优势及发展态势［J］．青年记者，2020（21）：9-10.

新闻生产图景。

（一）云智一体模式的核心架构体系

1. 记忆中枢：媒体资源管理平台

一条完整的新闻是以新闻线索为引，由众多相关信息数据组合而成。在智媒时代，AIGC（artificial intelligence generated content，人工智能生成内容）模式进入生产场域。依托于人工智能技术，云智一体的架构体系为AIGC的落地应用提供了坚实的平台支撑。新闻云智一体系统为AIGC模式赋能，语言增强模型生成式AI为媒体资源库的建设提供了模型体系，能够将内容生产的数据处理等任务通过交互的形式进行管理和应用。只要将需要的新闻内容和素材、框架、风格输入模型中，就能够生产所需的信息数据，对新闻生产起指导作用。

数据是AIGC模式的灵魂支撑，乃兵家必争之地。新闻生产所涉及的信息数据数以万计，人工智能在信息网络中层层筛选，符合条件的信息会进入媒体资源库。媒体资源库是新闻云智一体系统架构的核心板块之一，囊括了新闻信息的识别、理解与交互，以及进一步的数据匹配功能，能够实现数据端的统一收集与管理。在新闻生产过程中，媒体资源库可以将新闻素材用数据的形式保存在内，按照不同的功能将这些非结构化的图文资料数据分类成不同的节点线索，从集成的角度奠定信息基础，再利用生成式算法将不同信息进行排列组合生产。媒体资源库成为当下新闻采编的记忆中枢，成为新闻“取之不尽，用之不竭”的素材源。

媒体资源库的诞生可以溯源到早年的文件系统、关系数据库和多媒体数据库这三大代表性系统，在技术变革中逐步见证信息时代的变迁。而如今云智一体系统中的媒体资源库在算力和云架构层面有了巨大的技术跃迁。传统的媒体数据库是一种单纯的数据存储与处理，而云智一体强调生成，包括不同内容排列组合的多元可能性，对算力的要求也成倍增长，需要借助大数据分析工具以及庞大的服务集群，实现对数据的集约化处理。媒体资源库的建立还需要生成式模型支持，以期实现信息高效而有序地整理与转化。大数据统计工具不仅能够记录下消费者的使用数据，为消费者画像奠定信息基础，还具备数据分析的全部功能，能够有效处理体育、财经、时尚等类别新闻的相关数据，为媒体资源库的建立添砖加瓦。[①] 另外，ChatGPT 以及文心一言、通义千问等生成式算法模型提供了云端架构，这种架构在不同的 AI 应用场景中需要不同的模型，需要与新闻从业者和用户共振，碰撞出技术实践的可能性，实现产品的体验和循环改进。在云技术、云平台到云智一体的进化演变路径中，新闻生产的智能化正悄然发芽。

一方面，媒体资源库的建立可以通过移动互联网攫取海量的信息资源，将有价值的新闻信息分类管理，便于新闻生产过程的取用和编辑；也能够在大模型的强大算力下为新闻生产提供决策辅助，创造多元的可能性，成为生产流程的智囊团。收集和获取的信息还可以聚合构成媒体自有的新闻价值库，储存可供循环使用的媒体内部资料。在数据为王、用户为王、内容为王的三足鼎立背景中，媒体的自有价值在此基础上获得了巨大的提升。另一方面，新闻采编人员能够通过资源库实现与高质量信息的互通，在数据挖掘和数据抓取的智能筛选基础上完成对新闻信息进一步的价值判断；同时也在数据信息、媒体资源库以及采编人员之间建立了一条无形的纽带[②]，这条纽带一直延伸到受众端口，由云端的平台串联衔接，建立起多平台共建、多主体协同的媒体采编价值链。

---

① 李香钻 . 浅论大数据背景下的新闻采编工作［J］. 新闻研究导刊，2020（19）：150-151.

② 汪平 . 大数据时代新闻传播力重构［J］. 今传媒（学术版），2014（9）：172-173.

而在此基础上，为了使云智一体平台能够更好地应用于新闻生产实践中，新闻采编人员所需的业务能力也变得更加复杂。除了常规的新闻采集、编写技能，对新技术、新平台的理解和应用也逐渐成了生产过程的核心要务。所以记者、编辑等人员在技术的裹挟下也变得越来越“全能”，不仅要具备较强的整合能力、数据筛选能力，还要适应全新的新闻生产方式和新闻传播规律等。①

2. 媒体大脑：智能编辑部的采编工具

“媒体大脑”（media brain）是新闻生产专业流程上的融合平台，也是云智一体系统的运转中枢。媒体资源库归根结底只是整个系统庞大的数据处理中心，而真正的新闻生产流程还要依靠媒体大脑的建设。在智能媒体时代，媒体大脑打造了全新的内容生产流水线，囊括了丰富的智能媒体融合工具，通过技术与平台的融合实现 AIGC 模式在新闻流程上的垂直一体化。

具体而言，媒体大脑的底层技术支撑同样是云计算、物联网、大数据、人工智能（AI）等新一代信息技术，能够以新技术眼光整合与重构新闻采访、生产、分发、反馈等全流程链路，开发“大数据 + 人工智能”的新闻分发和监测功能。在智媒时代，媒体大脑逐渐成为新闻智能生产的基础设施，是全媒体平台布局的方向，也是人工智能技术在媒体等领域集成化、产品化、商业化的应用。

媒体大脑能够根据不同的新闻生产需求和应用场景打造丰富的板块产品。在新闻采集端口，每一个摄像头、传感器都成为分布在全国各地的新闻记者，能够实时监测突发事件，同时智能捕捉信息，在媒体资源库的基础上自动识别新闻要素，一键生成新闻报道。另外，数以万计的风格化

① 陈昌凤，乌日吉木斯 . 数据新闻与大数据思维的应用［J］. 新闻与写作，2014（4）：5-8.

模板也被嵌入其中，例如，财经类、体育类、灾害类等类别的新闻实现了稿件的自动化生成，在深度学习中对记者写稿风格进行模仿。同时，数据新闻的专业分析工具使新闻和数据的关系更加贴近，还能够智能识别数据热点，唤醒沉睡价值。此外，新闻云采编 app 工具成为记者的“掌上编辑部”，全息投影技术实现了同屏异地访谈，AI 虚拟主播拓展了新闻播送形式，流量监测平台能探索行业趋势，这些都是媒体大脑的智能化采编工具，为新闻生产赋能，延展了更广阔的应用场景。

在媒体大脑板块的平台构建下，各大媒体纷纷成立各自的人工智能编辑部，打造新闻全流程的人机协同模式。新华社早在 2019 年底就成立了首个人工智能编辑部，积极探索智能化编辑部的标准和范式，培养了一批掌握新兴技术的元记者、元编辑，实现了“智能采集—智能加工—智能审核—智能分发—智能反馈”的全链条，打通了新闻智能生产的“最后一公里”。人民日报社技术部同样打造了组织内部的 AI 编辑部，联动记者、编辑深挖一线采编需求，打造了整个采编播系统的“智能工具箱”，包括事实核查、5G 全媒体生产、热点汇聚、智能会议纪要等功能，全方位地赋能新闻的生产实践。另外，央视网的人工智能编辑部以视听为特色，从用户和编辑人员出发，提供智能化的多场景服务。

生产实践催化人工智能应用向纵深延展，同时也为标准化体系的建立探索方向。媒体大脑平台的构建逐渐标准化，建立起了一体化的评估体系。这一评估体系尝试以标准化、规范化的角度对智能媒体的新闻产品进行综合评估，从技术支撑能力和技术应用能力两个方面展开，深入探究了人才支持、科研成果、信息采集等应用实践指标，同时也涵盖数据基础、时间维度、准确率、主流价值引导等综合效能指标，实现了对新闻智媒产品建设的全方位评估，以量化的方式为媒体组织的未来发展提供改进方向。同时，将未来人工智能产品的融合应用落点在了九大重点领域，包括智能云平台、智能视觉平台、大数据机器学习、虚拟数字人、智能传感器、智能标签、智能审核、智能推荐、智能翻译等。这些领域未来会成为媒体大脑持续建设的重点，也使媒体大脑以更加智能的样态贡献技术智慧，将智媒产品推向新的技术高地。

（二）网络协同视域下的价值跃迁

在协同理论的视域下，各个组织、系统之间都存在着相互制约又相互合作的关系。其中包括不同组织间的相互配合与协作甚至是竞争，当然也涉及部门间关系的协调以及内部人员彼此的沟通和交流。协同效应正是在这整个过程中所产生的有效结果，引申到管理学中则是指各组织、各部门、各人员之间相互作用而产生的整体效应或集体效应，是系统形成有序结构的内驱力，也是整个组织实现 1+1 ＞ 2 的核心目标。

协同效应的产生依赖于整个系统的环境、平台、设施、人员等各部分的配备和协作，在共同的目标下凝聚个体力量。随着高新科技的出现和多元迭代，消费者的消费观念和消费习惯都发生了转变，对产品的需求也更加趋向个性化和多样化。而企业在“用户思维”的引领下自然也需要在生产和组织上实现创新形式的变革，来适配当下快节奏、碎片化的信息时代，提升自身的核心竞争力。网络协同是协同理论的一种形式创新，这意味着组织在协同的整个过程中依托网络开展创造和创新活动，来实现全业务、全流程的高效运作，使组织内部达到一种聚合、有序、创新的工作业态。

在媒体融合的不断推进中，网络协同模式正在重塑着整个新闻生产与传播的格局。这一模式以云智一体平台为主要依托，打破了新闻采编中的时空限制，使新闻资源以更加开放的形式嵌入生产；对新闻生产流程进行重组和优化，使新的生产主体进入新闻生产的行动者网络中；同时也为新闻形态提供了多元的可能性，实现了新闻生产整体的价值跃迁。

1. 拓展采编空间，实现资源共享

网络协同其实是新闻信息在云端交换的整个过程，关系到协同效应是否能够为新闻生产带来价值增殖。云智一体平台依靠“云技术”打破了信息交流的时空限制，提供了更多传播渠道。过去新闻受众的反馈通常需要经过多重媒体中介，在这个过程中，信息效度逐渐衰减，传播上的“漏斗现象”十分明显。而在网络协同中，任意节点用户的信息和需求都可以通过云端数据进行传输，不仅打通了受传双方的信息壁垒，同时也将多元个体的信息节点进行连接，真正实现了去中心化的网状互联，重新确立了用户身份的中心地位。

新闻产品的生产需要经过采集、编写、分发、反馈等四个阶段，在这个过程中所涉及的时间、地点、人物各不相同。在传统的生产和传播流程中，时空上的限制会将新闻困在“紧箍咒”里，在内容创新和组织变革中均受到了相当程度的制约，进而导致流程各板块的信息区隔较大，阻碍了协同效应的发生。但在智媒时代技术、软件、平台的多元支撑下，传统制作与传播流程中所受到的时空限制被打破，信息传播变得更加便捷与高效，开启了全面共享模式。

在云智一体的新闻平台建设中，资源共享的实现是第一要务，也是核心诉求。这种共享既来自受众与新闻生产流程的深入接触，使每一个人都成为信息的提供者、传播者和接收者；也来自整个采编流程的高效协同和资源的充分利用，如新闻记者和编辑之间的信息沟通，以及后期主编返修意见的顺利传达等等。同时，媒体资源库的建设实现了信息的多元利用，使新闻的数据和画面成为媒体专业的数字资产，用以建立不同媒体的新闻风格，使新闻生产走出固有流程上的限制。

新闻云智一体平台借助技术优势使信息源源不断地涌入网络中的共享空间，这一共享空间连通了“云采访”和“云编辑”两大工作板块。云采

访功能全面服务于新闻采集流程，支持图文、音视频等多元形式新闻信息的记录与传输。智能采访机器人随时随地捕捉热点信息，全方位地进行现场记录工作。记者也能够通过智能眼镜、智能录音笔等完成新闻的快速采集。而云编辑主要基于“公共稿库”板块，记者会将新闻草稿上传供主编修改，落实三审三校制度，同时也作为资源内容进行储存。例如湖北广播电视台自主研发的采编系统“长江云”，公共稿库里的内容更新可以及时通知到所有的主编，使编辑环节更加高效。另外在新闻多样态的制作流程中，拍摄好的新闻图片、视频可以被实时编辑，只需几步就能够完成模板化的内容编辑，最终储存在系统中供记者和编辑循环使用，实现了整个广电系统的资源共享。

网络协同模式给新闻生产的传受双方都带来了新的机遇。从新闻从业者的角度来说，新闻的信息采集流程变得更加便捷与高效，原本的线下调研以及访谈可以全部转为线上，使沟通模式更加灵活。例如，5G 全息异地同屏访谈彻底打破了媒体传统的访谈模式，以更立体、更拟真、更沉浸的效果呈现为采访找到了新的路径。[①] 另外，哪怕新闻发生的地点远在千里之外，记者同样也可以通过传感器等智能技术的应用直抵现场，将画面传输到媒体信息处理中心，实现了新闻时效性的巨大跨越。网络协同也赋予了受众更多的权力，创新了受众参与方式。从受众角度而言，借由新闻云的高互动性，新闻受众不仅实现了传受身份的转换，能够积极参与到线索提供、新闻直播、话题互动等流程环节中，而且也在潜移默化中改变了媒体的新闻生产思维，在动态博弈中实现受众与媒体、外场与现场、接受与传递的有效循环，打造欣欣向荣的新闻传播系统。[②]

---

① 赵智明 . 5G 全息异地同屏访谈引发的云采编思考：以新技术应用看新闻生产流程再造［J］. 中国广播，2021（2）：52-55.

② 朱惠 . 浅析新闻云影响下的新闻业务发展趋势［J］. 记者观察，2020（20）：117.

在数据化、网络化、智能化的智媒时代，信息成为媒体场域中的主宰力量。技术一方面在信息洪流中沸腾，另一方面在网络迷宫中牵引，源源不断为新闻行业的发展注入活力。

2. 优化生产流程，打造众包新闻

新闻传播的内容、渠道和模式越来越多地受到网络协同的影响，整个新闻生产流程在技术的催化下不断优化与重组。总的来说，各大媒体的采编系统大致经历了传统采编、中央厨房、新闻云采编以及云智一体这四个发展阶段。每一阶段的跨越都是一次技术层面的变革，如今的新闻云智一体系统已经彻底颠覆了新闻的传统模式，打造了全新的采编格局。

新闻云智一体系统创造了全新的采编流程。传统的新闻采编流程是一种线性、单向的传播过程，缺少相应的沟通反馈，信息也未能实现集约化的分析与处理。而云智一体平台创造的网络协同模式与新闻生产出现了新的耦合。传统的线性生产过程被解构，新闻记者、编辑的工作全部被融合到了平台中，实现了新闻工作流程的标准化、一体化。新闻采访、撰写已不再是整个新闻生产的重心，很多机械、繁杂的工作已逐渐被技术替代，AI 智能写稿机器人、虚拟主播等的出现为新闻流程的价值配比赋予了新的权重，增强了新闻的时效性、灵活性和互动性。网络协同模式除了在生产流程上更加流畅和高效，对记者、编辑的思维模式和核心技能也有多元的重塑。新闻从业者的核心职能从采、写、编逐渐过渡到了对选题策划、新闻价值的判断上。新闻记者需要具备新媒体思维，擅长从亿万新闻信息中挖掘价值热点，同时也要积极拥抱新技术，掌握技术融合与应用的底层逻辑，驾驭新兴技术为新闻生产服务，实现对整个新闻生产流程的统筹协调。

而记者、编辑的职能转型很大的原因在于新闻生产权力中心在不断消解，新闻生产流程拥有了更复杂的主体结构，“众包新闻”在此间应运而生。“众包模式”（crowd-sourcing）本质上是一种协同模式，指的是企业或者组织将内部需要处理的工作任务以承包的形式交由外部人员去完成。在这种模式中，任务分配趋向于模块化，不仅能将复杂和困难的板块进行二次分工，使任务由难到易分散解决，而且也充分发挥了众家之长，节约了人力和物力的成本。众包模式下诞生的众包新闻是指新闻媒体通过云端平台连通用户端，让用户为新闻报道贡献内容。在众包新闻的生产过程中，用户可以站在自身视角对新闻进行解读，提供多样化的新闻思维和新闻线索；也可以从不同的身份出发，承担新闻生产过程中不同的辅助角色，加入媒体的核心生产线中。众包新闻的出现将纸媒时代黑箱的光晕隐去，使新闻生产主体进一步融合，打造新闻从业者与受众之间开放、共享的协同模式。一方面使新闻开始聆听受众的声音，深入大众生活，从曲高和寡向雅俗共赏转变，另一方面也提高了公众自身的新闻责任感，使其积极地参与到议程设置的选择中，为新闻业的发展贡献个体力量。总的来说，众包新闻具有汇聚个体力量、促进多元协作、平衡报道来源、改善同质化现象等优势与特征。[①]

众包新闻为新闻云智一体系统的建立提供了底层逻辑，而云智一体系统也为众包新闻提供了技术平台。云计算、人工智能、5G 等技术使新闻和用户之间的指向性更加明确，大大提高了“配对”的成功率，也实现了新闻记者、用户甚至 AI 等多主体的交流与碰撞，将话筒传递给了更多的角色，实现了新闻的众包。

目前，各大新闻媒体都在积极开发自身的新闻云智一体系统，但很大程度上还是从新闻从业者的工作需求出发，用户似乎成为“工具人”，只参与到众包模式中的一环。但在如今的智媒时代，用户的重要性日益凸显，信息生产的主动权需要更进一步地让渡给用户。因此，媒体需要在云智一体平台建设的基础上开发与用户共享的价值共创模式，将用户需求进行前

① 蓝桂强．社交媒体时代众包新闻生产模式探析［J］．新闻研究导刊，2022（16）：93-95.

置，在充分洞察市场的基础上积极地吸引用户参与到新闻的生产与传播过程中。

3. 丰富新闻形态，重塑生产矩阵

媒体融合发展是大势所趋，新闻生产的网络协同形式是媒体融合路径上的关键举措。基于新闻云智一体平台，新闻素材能够被加工成图片、音频、视频等不同的样态，也能够连接人工智能、VR、数字孪生等技术丰富新闻的播报样态。以视频为例，智能化剪辑能够自动处理记者拍摄的视频，不仅可以自动添加字幕，还能根据需求制作成新闻长视频、短视频，根据不同的媒介特质分发到不同的端口进行传播。

在不同的媒介和媒体平台中，新闻的呈现形式趋向于个性化。例如，广播新闻讲究简明扼要，需要在简短的话语中直击要害，将新闻要素明确传递给受众；而电视新闻对信息丰富度的要求更高，力求声画合一，对新闻进行全方位、多角度的报道。另外，在不同的社会化媒体平台中，新闻的传播也会拥有细微差别。例如，微博平台的新闻多以词条的形式存在，需要将内容都浓缩在一句话内，既要概括达意，也要吸引眼球；而抖音平台的新闻则需要从独特的视角切入，用短视频的形式对新闻爆点进行呈现，尽可能地调动起观众的好奇心。新闻云智一体系统提供了丰富的新闻智能工具，不仅为不同的发布渠道提供了丰富的新闻形态，同时也使整个生产矩阵在平台内有条不紊地运行，是智媒时代新闻发展道路上的积极布局。

云智一体平台根据不同媒体形式的新闻内容设置了独特的功能模块，使广播、电视、新媒体等各个板块的采编人员在各自擅长的领域各司其职，构成多元的媒体生产矩阵。这一设置不仅能够保留原有独立生产线的价值完整，也将不同形式的内容支线穿插与汇集到生产主线中，最大限度地实现整个媒体集团的利益最大化。在此基础上，媒体集团也将平台功能与各部门的多元分工连接。例如，新闻考勤制度被融合到平台的数据管理中心；

稿件的发布中心能直接连接到反馈数据端，对新闻的阅读量、点赞量等进行量化，同时回传到内部人事系统，实现了内部工作运行的彻底一体化。另外，云智一体平台也有助于组建新闻内部的虚拟编辑部，媒体内部常常会因为不同新闻业务组成临时项目组，项目组的构成也需要新闻生产全流程的架构，这就需要从不同的组织部门中抽调人员，云智一体平台管理与控制着整个媒体集团的信息资源与人力资源，能够通过平台中心随时成立云端的虚拟编辑部，使项目组建变得更加灵活机动，实现了跨部门、跨中心的新闻生产模式。

技术迭代引发了时代变革，新闻生产在与时俱进中开启了流程的多元再造。数字化、智能化的流程对从业人员提出了更高的要求，在动态博弈中实现生产主体的自我突围。而共享与协同视角下出现的新闻云智一体系统提供了更强大的平台，以多元的功能模块打通了受传双方长久的信息壁垒，助力新闻生产的价值跃迁。

人工智能在新闻业中的应用可谓是方兴未艾，仍然拥有着无限的发展潜力。在瞬息万变的时代中，新闻业始终与时代同呼吸、共命运，将“铁肩担道义”持续铭刻于心，为社会贡献着巨大力量。

第五章

变革媒体组织形态

中共中央办公厅、国务院办公厅于2020年印发的《关于加快推进媒体深度融合发展的意见》提出要以先进技术引领驱动融合发展，建立适应全媒体生产传播的一体化组织架构，构建新型采编流程，形成集约高效的内容生产体系和传播链条。大数据、云计算、人工智能、5G、VR等新一代信息技术呈现出人机协同、群智开放的特征，改变了用户对内容与媒介的消费习惯，新媒体平台通过网络效应收割用户注意力，将公共话语空间转移到私人领域，将信息的生产和分发嵌入社会、组织生产和日常生活中，逐渐具备了垄断属性。在此背景下，传统媒体亟须确立数字化转型战略，基于“结构跟随战略”进一步变革组织结构、人力结构及文化结构以配合流程重组与资源整合的需要，建立新的共创网络以实现全任务、全流程、全组织、全人员同颠覆性技术的有效匹配，提高自身在智能时代的竞争力，建立创新型传播生态，使媒体融合超越技术层面、产品及流程层面，过渡到组织内部及组织与环境层面的深度融合。

一、组织变革

（一）组织变革的定义与要素

组织变革是指随着内外部环境的不断发展，组织必须不断重塑自身，以适应新的工作方式、结构、文化、人员配备等，并实施有效的变革，以提升自身竞争力的过程。从总体上讲，根据变革过程，组织变革可以分为渐进式变革和根本性变革；按着力点划分，可分为战略性变革、结构性变革、过程主导变革和以人为本的变革。

就组织变革的要素来说，美国学者哈罗德描述了一种系统化的组织变革形式，认为组织变革主要从组织结构、任务、技术和人员等四个方向展开。史提克兰德（Stickland）① 认为组织变革是一个包含结构、行为、流程、状态、战略和环境的六边形框架。勒温（Lewin）则从时间过程视角提出了一种有计划的组织变革过程模型，认为组织变革包括解冻、变革和再冻结三个阶段。

现有的研究显示，组织变革的目标表现为以下三个方面：第一，组织内部结构的变革，是为了适应不断变化的外部环境，从而使业绩得到提高。比如，当前随着数字技术与市场格局的变迁，组织身处乌卡（VUCA，不稳定、不确定、复杂和模糊）时代，通过变革，组织可以适应外部颠覆性环境的变化，促进整体绩效水平的提高。第二，在组织内部发展中，管理者亟须对组织结构进行改革从而使其内部一致性得到协调，降低运营成本，维持组织机构的工作积极性与管理效率。第三，组织面临的新环境对员工的技能与角色提出了诸多挑战，要实现企业员工自身的价值，就必须对其进行改革。总的来说，组织变革的目的即通过对组织内部各要素的调整让组织适应未来发展要求，达到组织目标，促进组织可持续创新发展。

（二）组织变革的动因

组织变革主要受到组织所处的外部和内部环境变化的影响。对于传媒组织来说，组织变革的动因可能包括技术创新、市场压力、制度调控、内

---

① STICKLAND R. Self-development in a business organization［J］. Journal of managerial psychology，1996（7）：30-39.

部转型的需要。

1. 技术创新

伴随着大数据、云计算、人工智能、Web3.0 等新型信息技术的快速发展，人类已步入万物皆媒、数智融合的时代。数字技术在多个层面上对媒体的组织机制产生了深刻的影响，元宇宙技术为内容展示提供了新的可能性，而 ChatGPT 等通用人工智能技术则在极大程度上改变了人与人之间的沟通和交互合作模式，在提升信息获取效率的同时，也给传统的新闻采编带来了新的挑战。数字技术具有自组织、自生成、开放无边界的属性，既要求组织内部打通技术与内容的壁垒跨界合作，也要求组织打破边界向外延伸，从管道型组织向生态型组织衍化，与外部合作者建立共创型合作关系。

2. 市场压力

中国互联网络信息中心（CNNIC）发布的第 51 次《中国互联网络发展状况统计报告》中指出，截至 2022 年 12 月，全国网民总数达到 10.67 亿，比 2021 年 12 月增加了 3549 万，互联网普及率达到了 75.6%；短视频用户的数量第一次超过了 10 亿，使用率达到了 94.8%。以短视频和直播为代表的新媒体平台，迅速分割受众的注意力，并逐步扩大其所占的市场份额，成为人们获取信息的重要途径。与此同时，由于科技应用的门槛越来越低，观众也越来越积极地参与到内容的传播和制作中，市场的主体随之扩大。传统媒介消耗量不断减少，面对巨大的市场运营压力，其迫切需要利用数字化技术来提升信息收集和发布的效率。

3. 制度调控

2020 年 9 月，中共中央办公厅、国务院办公厅印发《关于加快推进媒体深度融合发展的意见》，要求尽快建成一批具有强大影响力和竞争力的新型主流媒体，逐步构建网上网下一体、内宣外宣联动的主流舆论格局，建立以内容建设为根本、先进技术为支撑、创新管理为保障的全媒体传播体系，要深化主流媒体体制机制改革，建立适应全媒体生产传播的一体化组织架构。由此可见，加快调整媒体组织结构，增强媒体传播力、影响力，建设全媒体格局，拥有坚实的制度保障。

4. 内部转型的需要

在工业化社会，大批量的生产与销售对稳定、集中、严格、精确、量化的管理提出了更高的要求。但在网络经济的条件下，层级组织的缺陷也逐步暴露出来，具体体现为：组织的规模不断扩大，组织的成本不断提高；组织效能下降，组织摩擦加剧；官僚主义妨碍了革新，陈旧的作风降低了士气。对于媒体组织来说，市场环境的改变要求媒体战略的更新与业务流程的重组，媒体内部迫切需要内容为王、数智赋能、生态转型的创新型战略及中央厨房式的聚合式采编系统来提高融媒体的运营效率，保证新媒体部门和传统媒体部门更好地互通协作。而这些都需要组织结构变革的保障，只有更扁平、开放、无边界、持续迭代的组织形式才能让媒体组织更好地适应数字化浪潮的冲击。

二、媒体组织结构变革

组织结构是指组织中各个部分的聚散状况、空间位置、排列次序、联系方式和相互关系等，它实质上是一种为了达到组织的战略目的而形成的分工合作系统，是一个完整的媒体组织的“骨骼”。一般而言，在设计组织结构时，管理者应充分考虑六大要素：工作部门化、专业化、命令链设计、控制跨度与幅度、集权与分权、规范化。

我国传统媒体组织架构脱胎于政府的宣传管理部门，长期以来以古典组织理论为基础，以工业技术为底层支持，包括完全垂直领导、结构简单、高度集权、以控制逻辑为主的直线制（L 型）和直线职能制（U 型），而后随着组织规模的扩张及组织业务的成熟逐渐发展衍化为按产品与用户划分部门，“集中决策、分散经营、自负盈亏”的事业部制（M 型）。事业部结构管理层级清晰，有助于信息内容规范化生产输出，能够保障新闻内容的正向舆论效果与多元部门间的协调融合，成为当前传统媒体的主要组织形态。从外部组织结构上看，传统媒介是一种“管道型”媒介，它以“中央处理单元”为信息汇集中心和处理平台，以“管道式”的方式与受众进行信息传递，这使其在传播过程中呈现出单向、不对称等特点。[①]

然而，新型网络技术带来了新的资源要素，要求现有媒介产品的个性化定制与各部门间的扁平沟通，传统的科层组织结构层级复杂、分裂割据、灵活性差、组织和员工创新能力不强、管理成本高等问题逐渐暴露，并成为制约传统媒体组织进行融合的根本原因。[②]尽管按照部门划分职能、明确权限、进行标准化任务分配对大企业来说是有效的，但是狭隘的层级体系绝不是企业发展的必经之路，在此之外还存在着新的可能。未来的媒体组织逐渐呈现出从科层制的金字塔结构向扁平、开放、互联的生态圈型结构过渡的趋势。

（一）直线职能制组织结构

直线职能制组织结构又被称为“U 形结构”，是指行政管理部门实行线

① 宋建武，彭洋 . 媒体的进化：基于互联网连接的平台型媒体［J］. 新闻与写作，2016（8）：5-9.

② 朱江丽 . 媒体融合背景下传统媒体组织结构调整的模式与策略［J］. 传媒，2020（5）：73-76.

性领导，按照指令的统一性原则，对各个机构实施指挥，权力高度集中；各职能部门按照专业的原则，对本机构的功能进行管理，但不参与本机构的决策。这种组织结构对于产品单一、规模大、信息少的组织而言非常有效。我国传媒业发展初期，媒体格局单一，尚未形成自主经营、自我约束的管理体制，各项费用主要依靠各级政府的财政拨款，基本不存在竞争。最初，我国广电传媒是一种职能式的组织结构，采用节目部制的形式，由台长负责统筹规划，下设多个副台长，分别主管节目内容制作、技术和广告运营等，在台内设有文艺部、新闻部等部门。在很长一段时间里，我国的传统媒体大多采用直线职能制组织结构，这使得我们在面对不断变化的外部环境时遇到了很大的阻力。直线职能制在垂直方向上有制度的约束，层次分明；在横向上设置了对应的职能部门，每个部门都有明确的分工。多层次的组织架构，可以形成一个集中、统一的管理体制，有利于确保新闻媒介的舆论导向功能。然而，这种权力高度集中的组织结构相对缺乏灵活性，在面对外部环境动态变化时难以快速调整。[①] 相关政策出台后，广电传媒开始转向中心制的组织结构，即广播电视台—中心—部门—栏目的四级模式，分为制作中心、播控中心、技术中心、广告中心等，管理层级较多。

（二）事业部制组织结构

事业部制组织结构也被称为“M 型结构”，是由管理学家斯隆在解决美国通用汽车公司的管理难题时提出的。事业部制组织结构按照“集中决策、分散经营”的原则将整个组织划分为若干业务导向的事业群，每一个事业群都构建自己的经营管理机构，独立核算、自负盈亏，集团的最高管理层只掌握着重要事务的决定权，并不参与到日常的生产运营中。相对于直线

① 严威，张明华．智慧媒体的组织变革［J］．电视研究，2018（10）：18-20.

制、直线职能制的科层结构，这种事业部制组织结构属于分权结构，更为独立、扁平。当前，事业部制组织结构适用于大部分企业集团尤其是跨国公司，很多大型媒体集团也应用了这一结构形式。

事业部制的优势主要有以下几个方面：事业部实行独立核算，可以更好地调动经营管理者的积极性，专业化生产更加便捷，企业内部协作得以实现；组织分权程度比较高，有利于发挥人才资源的潜力，实现人才成长；各事业部的比较和竞争有利于企业的发展，有利于生产的专业化与规模化。对于当前的媒体机构来说，打通原来新媒体部门与其他传统业务部门的分隔，由扁平管理的独立事业部门取代原来的功能部门，不但可以节省人力，更能提高效率。

事业部制度的劣势主要体现在：第一，无论是总公司还是分公司，都必须有一个完整的功能组织，组织上的重合将会增加行政成本；第二，由于各业务部门分别进行会计核算，各业务部门相互竞争，造成了资源的浪费，产生了内部的消耗；第三，业务部门受规模的制约，无法将精力放在战略技术研发上；第四，各个业务部门在内部形成一个市场，这将对总部的投资决策产生一定的影响；第五，集中与分散之间的关系很难掌握。①

当前，许多大型媒体仍沿用事业部制组织结构。21 世纪初，广电传媒开展集团化战略，进行频道制改革，建立三级办台模式，一个个频道就相当于独立的事业部主体。例如，江苏省广播电视总台（集团）下设广电新闻中心、电视传媒中心、广播传媒中心、广电技术中心、影视中心、网络中心、报刊中心、后勤服务中心和教科中心等事业部。又如，腾讯公司的整体架构分成了企业发展事业群、云与智慧产业事业群、互动娱乐事业群、平台与内容事业群、技术工程事业群和微信事业群等六大事业群，从而更加精准灵活地响应用户需求。

---

① 姜琳．事业部制组织结构产生的多视角探讨［J］．商业时代，2007（2）：64-68.

（三）矩阵式组织结构

“矩阵式组织结构”是美国的威廉·大内于1981年在其著作《Z理论》中提出的概念。罗宾斯将矩阵式组织的特征概括为“二重命令”，即组织中的员工同时对所属职能部门的管理者和所属业务部门的管理者负责。矩阵式组织就是将功能部门和项目小组组合形成一个矩阵，管理人员不仅与原来的职能部门保持联系，也参与到项目小组的工作中。职能部门是相对固定的组织结构，项目组是一个临时的组织，任务完成后会自动解散，人员会回到原来的部门。这种混合结构，是职能型和项目型组织结构的结合体，矩阵式组织中的各个部分之间互相协作，一起为整个组织的成功贡献力量。

矩阵式组织以项目为中心，同时可以临时调集各个业务部门的专业人员，从而能够最大限度地发挥资源与知识优势，有效地提升公司资源的利用率，通过在几个项目之间共享人员的工作时间，将现有的人力资源最大限度地利用起来，从而整体降低公司和每个项目的成本。同时，矩阵式组织能够敏捷地感知、回应用户的需求，对外部环境迅速做出反应。而矩阵式组织的不利之处则在于职能部门的管理者和项目的管理者之间容易产生利益冲突与矛盾，互相推卸责任、工作边界不清晰的问题时有发生，一个员工有两个上级领导，这与“统一指令”的管理理念相抵触。

随着互联网的发展，BBC将节目制作模式由“制片人中心制”转换为“频道总监制”，建立起一套扁平化的矩阵式组织结构，从而实现了组织系统内部的业务分权化运作，极大地调动了各个部门单元的工作积极性。[①] 当

① 有范数码 . BBC 这些年的变革，给中国广电什么启示？[EB/OL] .（2017-02-15）. https://www.sohu.com/a/126311723_188123.

前，随着短视频等新媒体业务的发展，许多媒体组织成立了专门的新媒体部门、短视频部门等，服务于多个业务部门，不同部门的采编人员都可以与新媒体部门协同工作，这也是矩阵式组织结构的体现。

（四）虚拟网络组织

1991年，肯尼思·普瑞斯（Kenneth Preiss）等人在《21世纪制造企业研究：一个工业主导的观点》中首次提出基于"虚拟企业"的敏捷制造模型，标志着"虚拟企业"理论的诞生。1993年，约翰·伯恩（John Bourne）对虚拟企业做了较为详尽的描述，他将这一概念定义为一种由多个企业在一个特定目标下依靠信息技术而暂时形成的企业联盟，每一个企业都将自己最拿手的能力贡献出来，并将成本与技术共享，从而抓住迅速改变的市场机会。罗仲伟指出，虚拟网络组织由结构、过程、目标等三个基本元素构成。[①] 从结构上看，网络组织由专门的企业或虚拟组织所组成，这些企业或组织都有自己的管理。资产共享是其基础，但资产、连接和命令也需要通过一种高效和灵活的方式来整合。就过程而言，网络组织需要各成员按自己在团体中所扮演的角色及所处的地位行事，并让成员的影响力随着彼此关系的成长而加强，或随着断绝而削弱。由此可见，虚拟网络组织是一种松散耦合的网络型组织形态，具有开放、无边界、自组织的特征。

搜狐网是一个典型的虚拟网络组织，它利用现代化的网络技术，把现实与虚拟结合在一起，形成了一个强大的虚拟网络组织。在搜狐网首页，我们可以看到数十个栏目图标，包括经济类、新闻类、商贸类、社交类、文教类、娱乐类、生活类、服务类等类型，它们或属于对应的实体组织，

① 罗仲伟．网络组织的特性及其经济学分析：下［J］．外国经济与管理，2000（7）：13-18.

或在特定的网络领域中组成一个虚拟组织，构成了独特的结构与组织关系。从虚拟组织的角度来看，这些栏目其实就是搜狐这一巨大的虚拟网络组织在构筑上的分割，展示了搜狐网虚拟网络组织结构的特点。从搜狐的组织结构中，我们可以看到，与传统实体组织乃至普通的虚拟组织相比，虚拟网络组织更扁平，它的界面也更模糊，单元间相互构建和生长的力量更强，基于实体社会个体的关系网也更复杂。与此同时，组织单位还拥有无穷无尽的衍生性、复制性，这让搜狐的网络组织体系拥有了其他组织系统所不具备的生命力，拥有了极大的组织优势和系统活力。

外包和众包是两种典型的虚拟网络组织形态。外包即资源的外化，是指企业利用外部的其他企业的资源来配置并完善自身业务。很多媒体机构会将部分业务外包，以使内容生产与分发的效率最大化，今日头条等大型新媒体集团在内容审核业务方面往往都会选择与外包公司合作，建立起网络联盟。众包则是指组织将自身的工作业务交给非特定的大众。比如近年来，随着平台使用门槛的降低，借助社交媒体、短视频平台等工具，越来越多的新闻受众主动参与到新闻内容的生产与传播中，涌现出 UGC、众包新闻等新型内容产品，具有网络主导、公开、开放、大量、互动等特征。而由受众等参与者形成的虚拟网络组织可以被称为“社群”。Web3.0 时代，社群越来越成为重要的媒体组织形式，社群是由有相同兴趣的成员形成的虚拟关系网络，成员通过沟通互动共享信息，产生情感共鸣，建立长期的社交关系并集体行动。例如，哔哩哔哩（简称 B 站）的社群媒体平台有着独特的共享仪式和社交文化，其用户能够通过发送弹幕、上传自制视频等方式生产并传播内容，进一步形成了社交圈层。

（五）模块化组织

模块化是指在复杂业务的运作过程中自上向下逐层把系统划分成若干

模块的过程。数字技术具有模块化的特征，从而使产品也呈现出模块化的特点，各部门不同属性的产品形成了复杂的产品系统，而为了配合模块化产品的生成，模块化组织应运而生。模块化组织（modular organization）是一种新型的网络组织，是一种由技术变革下的组织管理方式变化产生的资源配置模式，将原来生产垂直整合的产业组织划分为若干个小型模块化组织，这些模块之间利用契约关系动态组合，从而实现技术、知识等生产要素的收益递增。这种组织形式与以追求规模经济为核心目的、精细控制、标准化生产的纵向一体化科层组织截然不同。[①] 模块化组织是一个经济系统，由模块松散耦合而成。达夫特（Daft）和勒温（Lewin）将模块化组织定义为一种新的组织模式，其内部相互关联、相互协调，并能够自我迭代。[②] 余东华和芮明杰认为在模块化组织中，各个模块之间通过接口规则进行松散耦合，通过横向和纵向的模块化重组，使系统具有开放性、扁平化、自组织的特点。[③] 一般来说，模块化组织的特点包括：

1. 组织结构扁平

模块化理论对传统组织进行解构与整合。在组织内部，以纵向和横向的模块化重构接口规则，以此来实现松散的耦合，使得组织结构呈现出扁平化的特点。

2. 组织界限模糊

科技持续发展使得交易的费用大幅下降，模块化组织的边界越来越模

① 伊静波．出版社数字出版组织“模块化”重构路径研究［J］．现代出版，2018（3）：21-24.

② DAFT R L，LEWIN A Y. Where are the theories for the ‘new’ organizational forms? An editorial essay［J］. Organization science，1993（4）：i-vi.

③ 余东华，芮明杰．模块化网络组织中的知识流动与技术创新［J］．上海管理科学，2007（1）：20-26.

糊不清。组织边界的模糊化并非实体边界的模糊化，更多指向灵活多变的交易边界。模块化组织通过外包和众包的网络化运营方式整合利用内外部的资源要素，组织不再以行政命令的形式对下属生产部门或子公司的运行进行干预，而是以内部市场机制进行交易。这就意味着在模块化组织中，企业和市场之间没有清晰的边界。

3. 组织文化开放

模块化企业是崇尚尝试和创新的企业，因此，在模块化企业中，知识的分享要求企业具有开放的企业文化。在企业中，社会关系网络成为一种嵌入企业内部的、基于信任的、提倡协作、鼓励创新的企业文化。

在媒体智能化转型的背景下，模块化组织存在一体化的企业组织模式、核心企业协调下的网络组织模式、模块集群化的网络组织模式等三种形式，媒体组织作为系统集成商和模块提供商来促成组织内部分工的模块化重构。[①]

（六）阿米巴组织与工作室

阿米巴经营管理模式是由日本企业家、管理大师稻盛和夫（Inamori Kazuo）提出。为了解决公司业务冗余的问题，他将公司划分为小组形式，进行独立核算，通过独立核算培养具有经营者意识的领导者，赋予每个阿米巴小组独立管理的职责，从而实现全员参与经营。这种经营管理模式具有不断裂变、自由自在和激情四射等特征。这种高度扁平化的组织管理形式能够给予员工较高程度的自主性与能动性，能够较好地调动员工的工作积极性，企业往往可以通过阿米巴组织的划分实现精细化、数字化的管理。

---

① 吕尚彬，熊敏．模块化：传媒组织重构的动因与路径［J］．编辑之友，2017（5）：5-10.

因此，阿米巴组织具有明显的自组织管理的特征，即在没有外部的直接指令下，小组内部的成员能够按照共同的目标和规则自主形成既定的行为规则，从而通过集体的行动实现价值共创。一般来说，海尔的创客模式、韩都衣舍的三人小组都属于阿米巴组织的典型代表。

现在媒体比较流行的工作室制度既相当于组织内部的“阿米巴”产品小组，又接近于“跨职能团队”概念。这种模式在传统媒体与影视公司、互联网影视平台中都得到了广泛应用。例如，2022 年 6 月，上海报业集团“融媒工作室赋能计划”启动，计划在集团内打造富有影响力、感染力、号召力的 IP 品牌。其中建设了《解放日报》上海辟谣平台、晏秋秋工作室、澎湃新闻“澎湃明查”、界面新闻 | 数据线工作室、《上海日报》绿眼睛 Andy 工作室等 20 个工作室。①此外，《北京日报》、广东广播电视台等新型主流媒体纷纷开办工作室，通过工作室的设立，激活内容生产的动能，能够在极大程度上平衡内容生产效率和生产质量。

（七）平台型组织

当前，人工智能、大数据、区块链、云计算等新兴技术正引领着数字化时代的浪潮，引领媒体产业在思想上的变革，经过工具上的变革，最后引发应用场景上的变革。以字节跳动、快手等为代表的平台型媒体，通过算法推荐和标记等技术，实现对用户的精准定位，使得自身在用户数量上处于绝对的领先地位。与传统的组织形式相比，平台体系结构能够在数据分析和资源匹配等方面提供更为有效的结构性支持。因此，树立平台思维、加强与平台型媒体的合作、促进媒体平台化转型是媒体组织革新的重

① 夏徐寅．让潜质“种子”加速长成“塔尖”IP | 上海报业集团启动“融媒工作室赋能计划”，着力提升内容生产力产品影响力［EB/OL］．（2022-06-16）．https://baijiahao.baidu.com/s?id=1735788196170430150&wfr=spider&for=pc.

要方向。

对于平台的定义，学界从技术、战略及文化等多重视角进行了阐释。从形象上讲，平台是平坦、开放、坚固的，提供了以强大、开放而平等的方式采取行动、连接或对话的机会，将主体提升到高于一切的地位。

平台最早被视作一种技术架构，从其技术层面来看，平台型组织可以被看作一种具有互补性“核心—边缘”架构特征的模块化系统。核心要素配置减少了组织内的资源替换行动，再通过替换和重组“边缘”的互补要素，实现规则约束范围内的自组织。① 模块化架构与 API 可以有选择地向互补者开放，构建和集成其服务以供最终用户使用。在这个维度上，平台是具有提供各种信息和传播的可供性以及制作、发布和参与内容机会的数字基础设施②，是媒体创新实践与组织变革的使能主体，并催生了平台和媒介研究的交叉领域③。

从平台作为组织的视角来看，平台被描述为介于市场与科层之间，能够快速重组或构建资源以满足多变市场需求的开放型多边组织形态。平台型组织作为将数字技术与组织相结合的产物，强调开放共享的价值逻辑，具有双边或多边市场的强大网络效应及扁平化、网络化的结构属性，促进传统线性价值链向多主体横纵共创的价值网转化。平台型组织主要承担连接者、匹配者、市场设计者的角色，具有网络效应、聚合多元主体、增值分享机制和用户本位主义的特征。④ 平台型组织既在内在分工上实现了模块

---

① 张敬博，葛京，杜艺姗．互补共融还是纵横分隔？：基于互补视角的平台组织架构设计研究［J］．管理评论，2020（3）：307-322.

② EKSTRÖM M，WESTLUND O. The dislocation of news journalism：a conceptual framework for the study of epistemologies of digital journalism［J］. Media and communication，2019（1）：259-270.

③ 白红义．“平台逻辑”：一个理解平台—新闻业关系的敏感性概念［J］．南京社会科学，2022（2）：102-110.

④ 李海舰，李燕．企业组织形态演进研究：从工业经济时代到智能经济时代［J］．经济管理，2019（10）：22-36.

化，允许多元微型主体独立自主运营，又能够实现各利益相关者间的即时交互与资源整合，从而实现产品与服务的快速创新。平台型组织可被定义为以数字技术为基础，以用户为中心，能够通过双边或多边网络效应跨越组织边界，快速连接、匹配、协调互补性资源，以适应复杂市场环境的价值共创型组织形态。

平台型组织形态也可以归纳为“大平台 + 小前端 + 富生态 + 共治理”。在这种组织形式下，企业将会有一个不同的前端、一个稳定的中台、一个支持前端与中台运行的功能后台以及一个包括前端与从业者、外部利益相关者的生态体系。①

国内的今日头条、微博、微信及抖音等是平台型媒体的代表。比如，字节跳动采用了“大中台、小前台”逻辑，算法平台组为各个产品线提供了最基本的算法推荐技术，用户增长部负责保留用户，商业化部负责变现。② 浙江日报报业集团加强打造新型主流媒体平台，借助大数据、云计算、人工智能、区块链等技术，建设天目新闻、浙江新闻、小时新闻三大移动新闻客户端，并打造了“天枢”系列的内容聚合分发平台、数据平台以及省市县媒体资源共享、协同治理的融媒通平台，助力媒体深度融合发展。③

（八）生态型组织

从生物学的视角看，生态系统是指在一定空间内，由有机体及其相

---

① 张成刚 . 数字化转型中的组织形态变革：理论与现状［J］. 上海商学院学报，2020（2）：72-83.

② 郭全中 . 智媒体构建中的中台建设［J］. 新闻与写作，2019（11）：71-75.

③ 孙辉刚，刘胜男，张君 . 浙江日报报业集团：融合立业，打造新时代一流传媒集团 | 媒体品牌巡礼［EB/OL］.（2022-09-22）. https://mp.weixin.qq.com/s?__biz=MzA5MzAxNjE5NA==&mid=2707572488&idx=1&sn=d2a135a36a36e6a41dd4b6379404f341&chksm=b4f2bee5838537f3d2b3a60f9843b8e9594883329e3b68534172e2b4ae2321803c7cc8c839b4&scene=27.

关物质环境所构成的群落或集合。汉南（Hannan）与弗里曼（Freeman）把生态系统的思想运用到了组织的研究中，他们从组织种群生态学的角度来考察环境改变对组织的影响，认为在一定范围内，具有相同形态的所有组织组成了群体，而组织的环境会对其活动的方式和结构产生影响。① 复杂系统具有内在的不确定性，其衍化的动因是交互的自适应和从单一价值到全局价值的不断涌现。一般来看，生态型组织的特征可以分为以下几点：

第一，数智赋能，系统开放。大数据、云计算、人工智能等技术具有不断迭代、开放衍化的特征。为了适应技术的生成，组织也需要开放边界，不断演进，打通组织内部各部门的边界，加强技术部门与内容部门的融合发展。同时，数字技术消弭了组织的外部边界，不仅促成了PGC+UGC+AIGC 的信息生态网络，也让不同行业与产业的行动者相互互动，促进数据供应商、政府部门、广告商等利益相关者的共生合作。随着技术的不断迭代，ChatGPT、元宇宙等新兴技术的涌现，媒体组织的边界也需要越来越开放，将更多潜在的合作者纳入生态圈中。

第二，多元共生，价值共创。融合式的媒体生态系统不仅包括技术中台、内容生产和分发平台、用户平台等主体，也包括品牌方、技术供应商、政务平台等其他行动者，它们共同构成了价值网络，彼此互动共享信息、数据与资源，多个个体之间存在复杂的相互影响，呈现出非线性、时变性，最终形成了一种多元共生与价值共创关系。② 其中，用户是核心，用户的场景需求成为媒体的价值主张，而用户也能够主动参与到内容的生产和分发中与媒体互动共创。传统媒体机构与政务媒体、新媒体平台、各级融媒体

---

① FREEMAN J，HANNAN M T. Organizational ecology［M］. Cambridge：Harvard University Press，1989.

② 严三九. 融合生态、价值共创与深度赋能：未来媒体发展的核心逻辑［J］. 新闻与传播研究，2019（6）：5-15，126.

合作共生，小型媒体可以嵌入大型媒体平台获得可见性，政务媒体也可以通过与新媒体平台合作，学习新型运营模式，提高信息传播效率。媒体机构也与技术供应方共享技术与数据，与政府机构共享制度信息，并为其提供舆论影响力和传播力，与品牌方共同探索新型衍生盈利模式。

湖南广播电视台2014年推出了“一云多屏、两翼齐飞”战略，形成了独特的“芒果模式”，旨在打造“芒果生态圈”。在组织内部，其以用户为核心，围绕出版、影视、动漫、演艺等多元化业务打造内容IP，形成丰富的内容生态系统，同时基于内容将湖南卫视与芒果TV的双平台进行融通建设，形成了多主体协同共创的平台生态。在组织外部，其以用户数据和数智技术为基础，通过全媒体渠道增强自身的传播力和影响力，打造品牌IP，吸引用户、意见领袖、自媒体、品牌广告商、机构媒体、新媒体等合作者入驻，彼此互动共享，共同生产内容，形成资源在生态内部的正反馈和正循环，构建共生共荣共享的可持续生态体系。①

表5-1　组织结构特征

组织结构形式	内涵	特征	适用性
直线职能制组织结构	从上到下垂直领导，高度集权的组织结构	层级清晰、规范统一，协调性与灵活性较低	中小型组织，外部环境固定
事业部制组织结构	相对独立，以总部与中层管理者间的分权为基础的经营单元	集中决策、分散经营、灵活自主	多元化业务集团
矩阵式组织结构	从各个职能部门中抽调人员分派到项目小组，具有双重指挥链	临时性、灵活性，容易产生冲突	大型集团，外部环境多变

① 钱旭潮，胡春龙．湖南广电：以“芒果模式”开拓融合发展新境界［J］．出版广角，2021（3）：79-81.

续表

<table>
<tr><th>组织结构形式</th><th>内涵</th><th>特征</th><th>适用性</th></tr>
<tr><td>虚拟网络组织</td><td>利用现代化的网络技术，把现实与虚拟结合在一起的一种松散耦合的网络型组织形态</td><td>开放、无边界、自组织</td><td rowspan="2">互联网发展下传统企业转型再造</td></tr>
<tr><td>模块化组织</td><td>通过模块间互相联系的协调与自组织过程实现组织柔性</td><td>层级化、边界模糊、开放性、标准化、专业化分工</td></tr>
<tr><td>阿米巴组织与工作室</td><td>把组织划分成小团体进行独立核算，通过独立核算培养具有经营者意识的领导者，实现全员参与经营</td><td>不断裂变、自组织管理、激情四射</td><td rowspan="3">数智时代的颠覆性创新战略，复杂适应系统</td></tr>
<tr><td>平台型组织</td><td>连接双边 / 多边用户群体供需，发挥网络效应的组织</td><td>双边市场、交叉网络效应、用户本位、交互协作</td></tr>
<tr><td>生态型组织</td><td>由用户、供应商等具有共生关系的利益相关者构成的动态结构系统</td><td>多主体聚合、价值共创、动态衍化、复杂融合</td></tr>
</table>

三、平台衍化：媒体组织演进路径

以“服从提升效率”为遵循的科层制一直是传统媒体采用率最高的组织形态。新一代信息技术逐渐打破了组织管理的底层逻辑，用户和受众需求成为最主要的动力来源。在此情形下，传统媒体的地位逐渐被动摇，试图基于自身特色建立平台化产品（如自有客户端与媒体号），并与互联网平台合作推广。但大多数媒体产品的乏善可陈，使传媒组织的转型步履艰难。因此，传统媒体需要以数智化驱动自身进行组织变革，以平台化战略推动媒体组织的平台化管理。

（一）承嬗离合：传统媒体组织的演变与革新

1. 传统媒体组织演变路径回顾

大众传媒时代，报纸和广播电视是最主要的媒介工具，市场复杂度低，对产品服务创新的要求亦不高。传统媒体集团大都采用“直线职能制”“事业部制”的科层管理结构。科层结构便于媒体集团对于下属部门的规范化管理，但却不可避免地带来资源重复、部门间合作困难等问题，无法应对技术创新为传媒行业带来的动态变化。

在媒体融合背景下，传统媒体对组织结构进行了一系列调整，尤其是在内容生产环节。一方面，搭建中央厨房与融媒体中心，整合采编、制作、分发等资源，提升新闻生产的协作效益；另一方面，通过内部模块化的生产方式，激发一线员工的价值创造力。但这种“被动应对式”的调整并不彻底，业务重组与产品模块化的确丰富了产品的内容样式，却并没有从根本上解决组织结构集中度过高、不够灵活的问题，难以“连接”内部团队与外部参与者的力量。①

随着互联网平台的加入，媒体组织间的竞争从产品竞争逐渐转变为生态竞争。② 例如，湖南广播电视台以芒果 TV 为核心，整合芒果系公司及异业资源，迅速成为行业标杆。完善的平台架构是传统媒体做好生态布局的前提。这不仅要求对产品本身进行变革，更需要媒体组织在价值主张、生产模式、组织形态上进行变革，从而帮助媒体组织围绕核心业务，建构既

① 朱江丽．媒体融合背景下传统媒体组织结构调整的模式与策略［J］．传媒，2020（5）：73-76.

② 吴玉玲．媒体融合进程中的组织结构演变与发展［J］．新媒体研究，2020（17）：93-95.

能连接用户需求又可以发挥渠道优势的价值创造模式，最大化提升媒体组织的管理效率。

2. 组织变革新形态：媒体平台组织的概念界定

建构平台组织形态，是传统媒体组织变革的新态势。平台是一个可无限制容纳、实现各种功能的系统。最初的平台，是企业基于自有资产和设施所开发的技术、产品的集合；外部环境的变化使平台与服务提供商的互动趋于多元化，平台业务延伸至关联行业。[①]平台逐渐成为一种服务系统，通过建立充分开放、模块化分工的系统架构，引导多边伙伴进行分布式创新。[②]比如人们最为熟悉的互联网平台，它的雏形便是一个能实现供需匹配的线上交易场所。为响应服务对象的个性化诉求，它不断完善自身的功能与服务。渐渐地，以门户网站为代表的信息平台、以社交网站为代表的社区平台进入行业之中。

新一代信息技术的发展，打破了行业的边界，引导了媒体融合的热潮。目前在传媒行业中，以互联网平台为依托的平台型媒体成为市场机制的设计者，承担连接各方信息诉求并合理匹配的任务，夺取了“传统行动者”的组织活力。传统媒体受科层管理结构桎梏，被限定在自有业务及产品形态的框架中，只能根据行业环境变化展开简易的适应性创新，既缺乏开放的互补产品网络，又无法快速回收货币化收益，难以实现自我突破。对于媒介属性较强的传统媒体来说，单纯地模仿互联网平台并不可行，应建立平台化的组织结构，更好地协调多边伙伴的资源，完善真实、公正、便捷的服务场景，使用户在信息过载的网络环境中被分散的注意力重新聚集起

① 阿什德. 传播生态学：文化的控制范式［M］. 邵志择，译. 北京：华夏出版社，2003：2-6.

② GAWER A. Platform dynamics and strategies：from products to services［J］. Platforms，markets and innovation，2009：45-76.

来。[①] 故本书的研究对象“媒体平台组织”是指传统媒体组织变革的新形态。媒体组织通过平台架构维持整体需求的一致性，合作伙伴则可以在平台内部寻求各自的位置。正是这种不对称的联盟结构，才使平台中的信息资源随价值导向而不断倾斜、流动。

（二）共生共促：数智化赋能媒体平台组织

1. 数智化对传统媒体组织变革的影响

大卫·阿什德（David Altheide）认为，技术是媒体信息在情境中传播的重要维度之一。[②] 如今，以人工智能、大数据、区块链、云计算为代表的信息技术掀起数智化时代的热潮。数智化由智能技术与数据协同两部分构成，前者具有学习进化能力——算力、算法，后者带动组织以共创方式制定战略规划，使多方资源高效协同，达到业务数据化与数据业务化的双向迭代。[③]

数智化引导传媒行业从思维革命出发，经历工具革命，最终触发应用场景革命。一方面，智能技术为行业参与者塑造多边互动关系，促使传媒行业形成以需求为主导的业务模式，推动媒体组织内容生产方式、传播手段的变革。[④] 另一方面，智能技术的创新，进一步激发了以大数据、人工智能为底层架构的平台型媒体（如字节跳动、快手等）的活力，使它们依托算法推荐与

① GAWER A，CUSUMANO M A. Industry platforms and ecosystem innovation ［J］. Journal of product innovation management，2014（3）：417-433.

② 喻国明 . 新型主流媒体：不做平台型媒体做什么？关于媒体融合实践中一个顶级问题的探讨［J］. 编辑之友，2021（5）：5-11.

③ 王宝义 . 线上线下与物流协同的逻辑推演、影响因素与构建策略［J］. 中国流通经济，2020（5）：22-31.

④ 郭全中 . 中国直播电商的发展动因、现状与趋势［J］. 新闻与写作，2020（8）：84-91.

标签化技术快速识别个性化需求，从而在活跃用户存量上遥遥领先。

数智化对媒体组织的影响还体现在数据协同层面。目前，数据红利已取代人口、消费红利，成为与劳动、资本、知识并驾齐驱的生产要素。[①] 数据积累与技术积淀的不足，使数据协同成为传统媒体把握数据红利的重要驱动力量。媒体组织可以借助智能技术提升业务数据的收集、分析与评估能力，指导自身的战略规划与外部合作。相比于传统组织形态，平台架构为媒体组织的数据分析、资源匹配提供了更好的结构支撑。

综上，数智化改变了传媒行业的外部环境，传统媒体向平台组织变革需做好相应准备。首先是组织准备，如组织结构的敏捷性、文化与激励机制的设计等。其次是技术准备，媒体组织应拥有一套符合行业标准的系统设施，使智能技术经由系统进入产品实践中，触发技术联动，提升媒体机构的管理效益。

2. 技术重塑特征属性：以平台化产品推动媒体组织的平台衍化

媒体组织的平台衍化需要内在动力与外在动力共同促进。内在动力根植于组织本身，即解决传统媒体平台化产品相对封闭的问题，不断完善平台运行所需的吸引力（参与者）、促进力（内容创意）、匹配力（资源）。数智化时代下用户对信息呈现方式、互动性的诉求，形成了一股提升产品热度的外在动力。但这股动力远远不够，平台组织对多边主体的开放性与包容度，使吸引力、促进力和匹配力逐渐上升为连接性、网络性、协同性，构成传统媒体建构平台组织结构的三大内生属性。因此，数智化作为平台组织形成的第二轮外在动力，使媒体组织以平台化产品为依托，持续激发三大内生属性的动态活力，推动自身架构向平台组织变革（见图 5-1）。

① 季凌昊 . 商业生态全链路数智化转型的价值重构［J］. 商业经济研究，2020（16）：36-39.

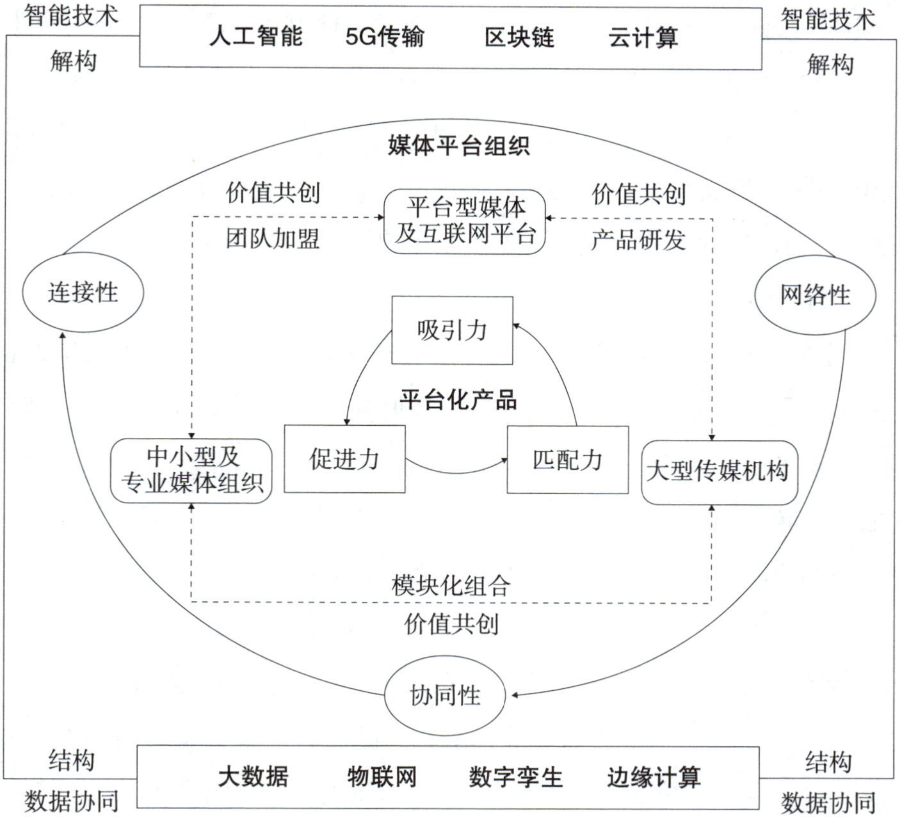

图5-1 数智化驱动下媒体组织的平台衍化路径

（1）连接性

连接性是平台组织的天然优势，具备连接平台物质硬件与组织关系的作用，吸引、激励更多参与者（信息源、生产者、分发者、用户、技术拥有者）加入平台设计中，建立合作联盟，帮助专业媒体组织更好地将生产内容投放到用户手中。[①②]一方面，数智化帮助媒体平台连接多元生产流程——专业生成内容（PGC）、用户生成内容（UGC）、算法生成内容

① 彭兰．增强与克制：智媒时代的新生产力［J］．湖南师范大学社会科学学报，2019（4）：132-142.

② 张志安，冉桢．互联网平台的运作机制及其对新闻业的影响［J］．新闻与写作，2020（3）：66-74.

（AGC）、机器生成内容（MGC）等，缔造多种内容形态——文本、短视频、评论等。另一方面，数智化进一步优化了内容分发的透明度与到达率，强化了媒体平台组织的“连接器”功能。例如，区块链技术可以提升媒体组织的平台管理能力，净化虚假新闻乱象，保护原创作者的权益，与个体、机构创作者建立去信任化的关系，不断积蓄变革力量。①

（2）网络性

网络性即网络效应，其实质为“需求侧规模经济”，强调用户之间的相互联系。每一个额外用户的价值都体现在他对其他用户的影响力上。② 拥有网络效应的平台具备难以被行业淘汰的强大竞争力。③ 它进一步激发了网络效应对媒体产品的正外部性，使平台价值呈指数倍增长。一方面，智能技术借由平台产品相互融合，使用户与平台之间形成价值创造闭环，构建传媒行业的新兴技术应用范式。另一方面，数智化为网络效应塑造了“即时反馈”的高效能空间，使平台能够锁定多元节点与流动资源，以更低的成本获取信息、展开互动。④ 媒体组织需要抓住这一契机，布局前瞻技术并开展合作研发计划，使智能技术更好地连接平台用户与话语主体（意见领袖、艺人等），提升媒体平台的网络效应，为传统媒体组织的平台衍化积累数据资源。

（3）协同性

协同性产生于复杂的组织群体之中。智能技术的穿透性重构了组织、顾客与合作伙伴的关系。⑤ 平台作为汇聚多方价值诉求、共创价值的场所，

---

① 宫承波．颠覆与重塑：区块链与未来传媒业秩序［J］．新闻论坛，2019（6）：1.

② 蒂瓦纳．平台生态系统：架构策划、治理与策略［M］．侯赟慧，赵驰，译．北京：北京大学出版社，2018：61-68.

③ CUSUMANO M A. The platform leader's dilemma［J］. Communications of the ACM，2011（10）：21-24.

④ 侯宏．从平台领导到生态共演：产业互联网的制度视角［J］．清华管理评论，2019（12）：94-103.

⑤ 陈春花．传统企业数字化转型能力体系构建研究［J］．人民论坛·学术前沿，2019（18）：6-12.

建构多边协同的价值网络是促进媒体组织融合内外部资源、进行平台衍化的核心动力之一。一方面，智能技术加强了组织内部的协作关系，建构了高效协同的新型工作形态。[①] 人工智能技术赋能自动化新闻生产领域，将媒体从业者从重复性的工作中解放出来，增强新闻工作室的编辑能力。[②] 例如，德国的贝塔斯曼集团成功研发了欧唯特（Arvato）系统，使员工能够使用智能技术对媒体内容进行全链管理。另一方面，数智化帮助媒体组织建立平台所需的规则、标准，通过价值认同不断吸纳合作对象，优化价值创造能力。因此，数智化可以削弱信息不对称带来的负面效益，建立整合社会资源、联通组织上下游的媒体平台组织，持续提升媒体组织活力。

3. 技术解构传媒生态：反向推动媒体组织的平台衍化

技术不仅可以通过产品创新推动组织变革，更是重塑行业生态环境的先驱力量。信息技术的革新动摇了生态在位者的稳态优势，新型生态会倒逼传统组织进行变革，并通过组织变革推动自身向平台衍化。[③④] 而平台衍化是一个长期、动态的过程，时机把握力与组织就绪度同等重要，传媒行业亦如是。当有新兴技术进入传媒行业时，生态系统就会重新梳理系统内外部要素的关系，塑造立体化的传播秩序与传播空间。如图 5-1 所示，数智化促使传媒行业形成解构与结构互通的生态结构。一方面，以人工智能、5G 传输、区块链、云计算等为代表的智能技术解构了原有的传媒生态环境，传统媒体开启了组织变革的路径，不断优化自身以维持与行业其他参

① 朱勤，孙元，周立勇．平台赋能、价值共创与企业绩效的关系研究［J］．科学学研究，2019（11）：2026-2033，2043.

② 张建中．人工智能如何重塑新闻业：2018 年新闻媒体技术发展趋势报告解读［J］．新媒体与社会，2018（2）：151-163.

③ 王建平．工业 4.0 战略驱动下企业平台生态圈构建与组织变革［J］．科技进步与对策，2018（16）：91-96.

④ 王凤彬，郑腾豪，刘刚．企业组织变革的动态演化过程：基于海尔和 IBM 纵向案例的生克化制机理的探讨［J］．中国工业经济，2018（6）：174-192.

与者的生态平衡；另一方面，平台中积累的各类数据资源，激发了大数据、物联网、数字孪生、边缘计算等底层技术的活力，促使智能技术之间产生联动效应，更好地实现了数据协同，形成了场景化的应用系统，如智能家居、可穿戴设备等，从而帮助组织建构联通线上线下的平台运营逻辑，不断提升资源匹配能力，带领传媒行业构成以媒体平台组织为核心的新型传媒生态环境。

（三）协同共创：传统媒体组织的平台衍化路径

数智化驱动的传媒生态是一个可以满足用户个性化需求，公开化、透明化、多元化的共生结构，赢者通吃的市场规则并不适用。它为媒体组织间的协同合作与价值共创提供了绝佳条件。传统媒体可以依据自身服务定位（服务集成商或专业服务提供商）搭建共创联盟，开展有特色的平台化战略，从而在各自平台衍化的道路上走得更远。

1. 大型传媒机构：通过自建平台主导媒体组织间的价值共创

一直以来，大型传媒机构被商业模式创新问题所困扰。价值创造作为平台组织运作的核心逻辑，与传媒机构的诉求不谋而合。平台组织具备的协同性、连接性等特质，能够帮助传媒机构建构以需求为主导的媒体平台；同时整合用户、媒体组织与智能技术，使双方的价值创造上升为多方的价值共创，使它们基于共同的价值主张而互动互惠。至此，一个平台组织所需的价值网络得以形成。传统媒体的转型并不只是拥有数智化业务或产品，更应借助先进技术将组织内部的项目高效益地分工给内外团队共同完成。①

① Building a digital *New York Times*：CEO Mark Thompson［EB/OL］.（2020-08-10）. https://www.mckinsey.com/industries/technology-media-and-telecommunications/our-insights/building-a-digital-new-york-times-ceo-mark-thompson.

不可否认，平台型媒体背后的互联网平台是媒体传播体系的重要成员。大型传媒机构如何扭转平台型媒体入侵的“至暗时刻”，重塑其在行业的位置，是目前行业的痛点之一。大型传媒机构应发挥高质量、专业化的内容生产优势，自建差异化的媒体平台组织，不断调整价值主张，更多考虑自身与利益相关者、用户的关联，开辟互补型业务以完善平台覆盖版图。例如，浙江广播电视集团依托云计算等智能技术建构汇聚多源数据的全媒体业务支撑平台，强化媒体组织的智慧管理能力与智慧生产效益，拓展广电机构的业务蓝图；迪士尼开展 D2C（direct-to-consumer，直接面向消费者）战略，将与流媒体运行相关的业务分拆到新组织之中，借助智能算法不断优化自身的资源整合能力与个性化服务能力。[①]认识到平台用户的影响力，华纳媒体缩减集团规模，重组电影电视业务，上与探索传媒合并，下重整多边用户资源，使平台化战略更切实高效地为流媒体平台的运营保驾护航。

然而，国内的传媒机构难以拥有与迪士尼、华纳相匹敌的媒体版图，因此需要借助更多外部力量。首要的便是传媒机构与互联网平台之间的价值共创。双方基于智能技术搭建合作桥梁，通过联合成立媒体实验室等方式，建构由用户需求主导的新闻生产平台。例如，新华社通过与阿里巴巴共同研发“媒体大脑”平台，打下向平台组织转型的技术基础。美国最大的地方新闻机构甘尼特公司与谷歌云服务器联合开发定制类的新闻阅读平台，从而更好地与用户进行连接。

专业媒体组织与传媒机构的价值共创同样重要。传媒机构可以在媒体平台上设置系统规则，吸引、鼓励它们加入分包式的价值生产网络中，完善一体化的服务链条；同时，根据合作对象与内容的特性进行资源投放，充分实现注意力经济的回溯、变现。通过这些方式，大型传媒机构具备了

---

① WHITTEN S.Disney says its ‘primary focus’ for entertainment is streaming: announces a major reorg［EB/OL］.（2020-10-12）. https://www.cnbc.com/2020/10/12/disney-reorganizes-to-focus-on-streaming-direct-to-consumer.html.

聚合媒体“创客”（员工、用户等）、灵活管理第三方创作机构（MCN、制作团队等）的能力，进一步强化媒体组织间的合作效益。

总之，平台衍化是传统媒体机构重构信息生产、分发环节，拓宽盈利来源的关键路径。数智化进一步解构了原有的传媒生态格局，强化了用户与传媒行业各大参与者之间的多元互动关系。拥有资源调动、价值赋权、可信度优势的大型传媒机构可以借助数智化的驱动作用，加强与平台型媒体、专业媒体之间的技术交互（人脸识别、人机互动、智能推送等）与资源共享，反向提升自建平台的用户黏性。

2. 中小型及专业媒体组织：积极寻求内容或技术资源的模块化组合

平台衍化所需的庞大运维与人力资源成本，为媒体机构的组织变革带来一定的难度。目前，中小型及专业媒体组织更多是各自为政，组织就绪度不足，难以独立开发平台化产品或建立技术架构，深入布局平台化战略。因此，对于该类媒体组织来说，建构平台组织的风险性较大。它们需要积极挖掘或寻求传媒行业中的联盟合作关系，借力打力，发挥核心优势，为平台衍化积蓄力量。

模块化组合是一个很好的选择。模块化的目标是通过细致化的分工达成极致化的合作。① 作为另一种价值共创系统，模块化重构了线性价值链上的资源分配方式，将提供内容或服务的媒体组织交织为一个个业务所需的模块单元，使它们能够充分发挥各自的能力禀赋，不断提升系统的战略柔性。② 数智化为传媒行业打开了模块化分工合作的缺口。为响应用户个性化

① 李海舰，李燕．企业组织形态演进研究：从工业经济时代到智能经济时代［J］．经济管理，2019（10）：22-36.

② 王瑜．价值链视角下模块化企业价值创新逻辑［J］．商业经济研究，2018（4）：113-115.

的需求，不论是大型传媒机构，还是互联网平台，都纷纷递出橄榄枝，从横（地域联系）、纵（内部优化）两个层面加紧媒体融合的步伐，吸纳优秀伙伴加入联盟，为内容保质保量。例如，谷歌公司成功邀请多家专业媒体组织加盟到“新闻展示”（News Showcase）产品中，建立了容纳多元内容、广告收益共享的订阅式平台①；江苏省广播电视总台共享技术系统与媒体资源，帮助邳州建立以银杏云平台为核心的融媒体中心，构建了一种因地制宜的平台运行模式。

模块化组合使媒体组织“以小做大”的精细化战略成为可能。依靠内外部资源的高效交互，它们可以更快实现内容精准投放能力的升级，达到“自组织”的状态。中小型及专业媒体组织可以借助行业内外相对成熟的平台组织（包括平台型媒体、电商平台等）的力量（基础设施、渠道资源等）来发展自身，并建立授权与协调机制以平衡自身的自主性与独立性。它们可以将核心内容产品与平台流量进行捆绑，反向提升内容到达率与品牌影响力；同时借助平台提供的消费情境叠加多元服务，如广告植入、直播带货等，找寻合适的转型阵地。以北京（北京云）、天津（津云）为代表的市级融媒体中心，在短视频平台建立媒体号，与B站合作开展联合直播，不断输出主流媒体的视频内容。

依赖是一个过程，而不是一种状态。模块化组合可以帮助各节点媒体组织积累与共创系统的反馈经验，使其具备与时俱进的价值转换能力。因此，除了专业化的内容创作能力及精准化的分发机制，中小型及专业媒体组织还需打破“认知锁定”：整合自身的优势资源（信息资源、专业人才），组建专门的工作室，以团队形式加盟到其他主体之中。例如，媒体组织可以承担媒体号、政务号的代运营业务，也可以做品牌商品内容化的践行者。

---

① News Corp and Google agree to global partnership on news［EB/OL］.（2021-02-17）. https://newscorp.com/2021/02/17/news-corp-and-google-agree-to-global-partnership-on-news.

该类媒体组织可以搭建过渡的混合组织结构，同时承担个体生产者与服务提供商的双重角色，为平台化转型做好组织准备。

中小型及专业媒体组织的平台衍化路径并不是一蹴而就的，需要通过模块化组合来增加衍化所需的组织就绪度。一方面，中小型及专业媒体组织要学习模块化“自组织”的运作方式，依靠标准化思维与多边合作伙伴展开更深层次的互动；另一方面，中小型及专业媒体组织要凭借对市场环境的敏感度，不断拓宽自身业务定位，变内容生产者为服务提供商，根据客户或合作伙伴的需求提供专业化的服务，持续提升组织柔性。基于此，媒体组织不仅拥有完备的内容创制与精准分发能力，动态衍化能力也将不断提升。

（四）媒体组织平台衍化的挑战

尽管平台衍化对传统媒体的组织变革具有重要意义，但其在实践过程中也面临着相应的挑战。首先，相比于互联网平台与平台型媒体，传统媒体组织在主导、寻求价值共创的过程中可能处处受限。平台型媒体携带天然的互联网基因，有些甚至是互联网平台布局在传媒行业各细分领域的战略成果。双方在数据资源、人力储备、分发渠道等层面的交流互通，加剧了这种不对称的关系，甚至可能会引起行业垄断、数据造假、信息茧房等一系列带有负面色彩的现象。这更呼吁传统媒体组织要找准自身定位，打有准备之仗。

其次，技术创新是平台组织与多边参与者建立交互关系、维持生态环境稳定的重要驱动力。借由技术之刃，媒体组织不仅要为用户提供理性化表达的空间，还应积极“破圈”，探索新的服务场景，并接纳合作伙伴提供的反馈意见，从而不断更新、完善自身的平台化产品与技术架构，与同行参与者共建多平台共存的竞合模式以及多方共信的市场环境。

最后，政府相关部门对传统媒体组织变革的资源导流与资金扶持起到关键作用。媒体组织应时刻响应政府主管部门出台的优惠政策，增强对数字技术和智能技术的采纳意愿，更好地建设专业权威的地域性媒体平台，从而具备承担大型活动国际传播任务的能力，进一步促进中国话语的跨文化传播。同时，各级主流媒体组织（中央、省级、市级媒体及县级融媒体中心）融合发展，健全综合类信息平台建设，使媒体平台最终衍化为能够提供公共服务的场所。

“明者因时而变，知者随事而制。”数智化背景下，传统媒体的平台衍化成为其组织变革的关键路径，帮助其更好地向国际一流的新型主流媒体转型。期待媒体组织能将多重目标升级为价值共识，对内持续巩固信息技术配置，培养专业团队，收集基础数据，不断提升平台衍化的组织就绪度；对外加紧与其他媒体组织、外部平台、高校、科研机构以及受众的资源互动与交流合作，促进产学研一体化。“尽锐出战、协同作战”，以提供公共服务为平台组织的衍化目标，推动媒体融合纵深发展，带领传媒行业多元主体一同建构“共生共衍”的互联生态。

四、平台包络下媒体融合的创新路径——以湖南广电为例

随着数智技术的发展，媒体间的竞争焦点已转变为用户、数据、产品、服务和生态运营等，其竞争模式化身为平台之战，迫切需要主流媒体打造出属于自己的可控平台，实现战略转型。虽然多数主流媒体在融合转型中很难打造出一个自主可控的平台，但也有成功的案例，湖南广播电视台（简称“湖南广电”）的实践便是成功代表，其以平台包络的方式完成裂变扩张。所谓平台包络，即以用户基础为底层支持，将平台自身功能与目标

市场进行捆绑，以相对较低的成本，进入另一个市场①，发挥规模经济优势，实现用户的进一步扩张。整体来看，芒果 TV 是湖南广电荟萃全集团优势，通过“融合共生”战略打造的具有创新基因的互联网视频平台。其以湖南卫视的用户资源为基础，通过内容独播构筑竞争优势，并以人才共享的方式放大自身内容优势，满足用户的多元化需求，实现多种服务的交叉集成，助推传统媒体从单一业务群向多元化产业链生态的发展。

（一）传统媒体实施平台包络的基石

随着媒介融合向纵深发展，平台型媒体将以共享基础设施、提升用户价值体验为基础，针对不同行业、不同服务实施包络战略。平台所包含的新服务功能补充了原有系统，进一步提升了平台商业生态系统的竞争力。媒体通过把握不同行业竞争的共性规则，提升用户价值体验，将用户数据资源融入平台基础设施建设中：以一种系统思维方式，将作为基础设施的技术架构和作为生产资料的数据结构以及管理内容、渠道、关系、资本、人员和运营的组织结构②进行整合，实施向不同行业和不同服务功能的包络发展战略。任何战略的实施都在一定的约束条件内进行，同理，平台包络战略的实施也存在一定的边界限定，其中用户基础和内容优势是必要条件。

1. 用户基础是必要条件

由用户积累所得到的知识属性，使得平台有概率获得超额租金，这是

---

① EISENMANN T，PARKER G，VAN ALSTYNE M. Platform envelopment［J］. Strategic management journal，2011（12）：1270-1285.

② TIWANA A. Platform ecosystems：aligning architecture，governance，and strategy［M］. San Francisco：Morgan Kaufmann，2014：78.

平台快速成长的必要条件。[①] 只有用户基数足够大，包络战略才有发挥空间。当目标包络市场与当前平台所涉及的市场有重叠的用户群或界面组件时，实施平台包络战略可以辅助新业务的开拓，为用户提供更丰富的功能选择，实现品牌增值。[②] 以湖南广电为例，其“双平台”战略的落地，是媒体融合的成功实践：具有市场影响力的产品被跨界整合后，新用户可以在相对较短的时间内了解并采用新产品，实现创新扩散。由于平台型媒体不会因用户的快速增长而产生大量可变成本，因此可利用相同组件优势实施捆绑策略，推出新的产品和服务，在成本节约的基础上，实现价值创造。

平台在实施包络战略时，需要解决保留原有用户和吸引多归属用户进入的问题。用户为了获得更多补贴，降低自身耗费成本而进行的逐利行为导致了他们的多重归属性。在此情形下，平台通常会提供更多的服务或添加产品功能来实现变相补贴，延长用户使用时间，提高用户参与度。然而，假使平台公司仅仅依托网络规模上的优势，而未深入分析优势的构成条件，即使用户数量增长，也无法实现“赢家通吃”。[③④] 因而，仅仅以用户基础作为包络条件远远不够。

2. 内容优势是最强动力

内容优势是平台包络战略实施的燃料。内部共享资源与独播战略的优势可以辅助平台规模经济的形成。高强度的网络外部性为平台筑起了更高

---

① 刘江鹏 . 企业成长的双元模型：平台增长及其内在机理［J］. 中国工业经济，2015（6）：148-160.

② 葛安茹，唐方成 . 基于平台包络视角的平台生态系统竞争优势构建路径研究［J］. 科技进步与对策，2021（16）：84-90.

③ AFUAH A. Are network effects really all about size? The role of structure and conduct［J］. Strategic management journal，2013（3）：257-273.

④ CENNAMO C，SANTALÓ J. Plaform competition：strategic trad-offs in platform markets［J］. Strategic management journal，2013（11）：1331-1350.

的进入壁垒，新进入者将更难从现有平台上抢占市场份额。[①] 对于湖南广电而言，平台包络战略的实施与组织变革及内容生态的塑造相辅相成。组织架构与内容优势支撑着湖南广电平台生态系统的建设，由此促进着传统媒体的战略转型与动态衍化能力的建构。订阅制作为用户的一种投资行为，需要源源不断的优质内容。湖南广电运用内容共享法，以独家内容优势，降低进入互补市场的成本。[②] 湖南卫视作为芒果 TV 的背书，是用户判断的最好凭证。

强大的用户基础不仅能激发出巨大的同边和跨边网络效应，还能产生大量的用户数据。通过对用户需求的分析，平台既可以击中用户的痛点，又可以避免媒体的资源浪费；通过需求抓取，平台凭借自身相同基础设施的优势，实现跨域经营。[③] 与此同时，由于对原平台独家内容的依赖，用户对平台的黏性更大，而包络可以防止其他平台通过增加补贴等方式来掠取用户。因此，平台包络的主要基石在于用户基础和内容优势。对于传统媒体，特别是像湖南广电这样拥有强大内容优势与用户基础的媒体而言，只有突破临界点获得更大程度上的用户扩张，才可以实现爆发式增长。原平台通过实施捆绑策略，推出新产品和服务，最终实现平台包络，进入新领域。简言之，湖南广电实施平台包络战略，构建竞争优势的衍化路径是：在横向包络与平台包络的循环下构建生态，以此促进媒体融合的深化。基于此，本书提出平台包络战略的衍化模型，如图 5-2 所示。

---

① 初翔，仲秋雁．平台竞争战略分析框架研究：结合探索性与解释性案例［J］．中国管理科学，2014（S1）：519-524.

② GAWER A，CUSUMANO M A. Industry platforms and ecosystem innovation［J］. Journal of product innovation management，2014（3）：417-433.

③ 蔡宁，王节祥，杨大鹏．产业融合背景下平台包络战略选择与竞争优势构建：基于浙报传媒的案例研究［J］．中国工业经济，2015（5）：96-109.

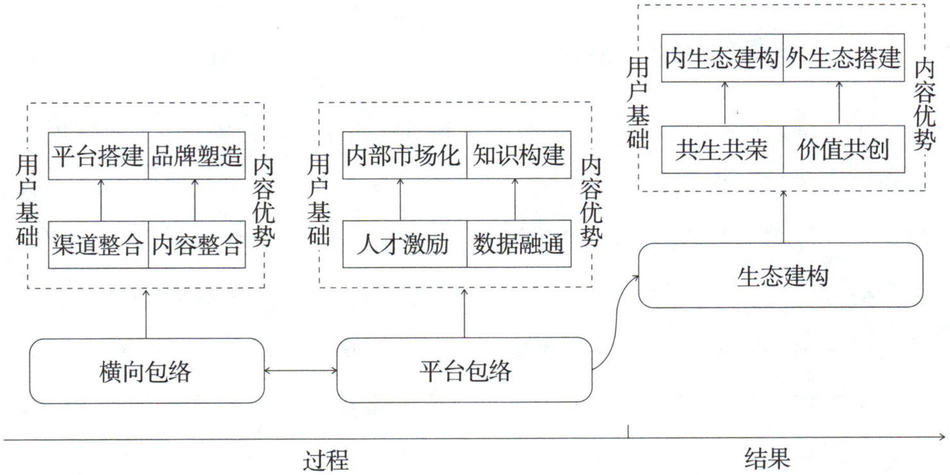

图5-2　平台包络战略衍化模型

（二）边界扩展：横向包络驱动业务融合

处于成长期的平台公司应选择进入一个与当前用户群体有较高重叠的利基市场。一方面，它们可以为现有用户提供更丰富的产品或服务，增强用户黏性与活跃度，以此维稳现有市场；另一方面，将同一用户置于平台包络战略之中，可以有效降低新用户的获取成本，减轻媒体在快速扩张时期面临的财务压力。

包络化是一个动态进程，媒体平台初始建成时仅仅是一个单向过程，属于卫视向平台输送用户，包络化的过程便是完成从粉丝到用户的捆绑。从包络的轨迹来看，其被分为横向包络与纵向包络。横向包络是基于共同用户对其他平台所进行的包络进程，而纵向包络更多是从产业链的角度进行。对于湖南广电而言，在芒果 TV 成立初期，大部分用户来源为湖南卫视的受众，因而其主要以横向包络为战略展开方向。下文的论述也将以横向包络为主。其通过重构组织架构驱动业务融合，打造全新商业模式，实现传统广电与新媒体平台的融合一体化运营。

1. 渠道整合助推平台搭建

平台是渠道的升级版，是资源汇聚和多种功能集成的场所。[①]要真正实现全内容连接、多业务布局的模式，需要从渠道整合向平台升级过渡。通过平台汇聚各方资源，形成数据资产，提高场景传播力，助推垂直开发。平台搭建需要多渠道整合：一方面，电视媒体受到传统电视屏幕物理空间的限制；另一方面，新兴媒体大屏扩展的传播场景仍需要更多的跨领域融合。湖南广电通过渠道整合的方式助力平台搭建，将金鹰网与芒果 TV 整合升级，推出芒果 TV 全新流媒体平台，以自有平台的打造来完成知名度的跃升。

湖南广电通过组织内部结构调整与“双平台”战略的实施，完成从传统媒体向媒体平台的战略转型。采用频道制与公司制相结合的运营模式，助推业务融合，带来“1+1 ＞ 2”的增益效果。通过媒体结构的优化和调整，使原本存在竞争关系的子媒体成为媒体集团的下属媒体，形成合作共赢的互补关系。在实践中，辅助其缩小技术、资金、知识等方面存有的差异，共享资源、共创价值，将内容提供商和技术服务提供商有机整合到平台架构上，并通过共同的规则[②]制衡彼此关系的权重。在用户层面，湖南广电利用卫星电视资源，助力芒果 TV 用户成长体系的打造，通过“芒果独播”战略，实现从电视用户到视频用户的迁移：通过大小屏联动搭建多场景互动界面，湖南广电全面获取用户的行为数据，获取平台搭建的基础性原料。通过资源整合在资本市场上市，并以重组的方式完成平台的基础搭建。这一过程所获得的资本运作能力是聚合更多用户数据的保障，也是提

---

① 何芳明，朱标．县级融媒体中心建设：从渠道整合到平台升级 以浏阳市融媒体中心为例［J］. 中国出版，2019（22）：7-10.

② 王君超，刘婧婷．平台型媒体、“中央厨房”与深度融合：兼论《赫芬顿邮报》的衰变［J］. 新闻界，2019（12）：17-26.

升用户服务体验与媒体品牌度的重要支撑。

2. 内容整合辅助品牌塑造

内容即品牌价值的核心体现。传统媒体利用现有资源和能力，通过自有转化、购买、聚合等策略提升服务体验，以此沉淀基础用户，加强品牌建设力。[①] 在内容层面，湖南广电历经了从独播到独特再到共生的阶段。从初创期开始，湖南广电通过边界扩展，完成了湖南卫视与芒果 TV 的双平台引进，实现了自制内容生态的搭建。其融合发展的路径便是抓住核心内容资源进行单点放大，围绕 IP 展开运营，赋能文化创意产业升级，打造基于 IP 的内容产品集群。通过独播战略，实现优质内容整合，提升品牌辨识度，增强原有用户的黏性，吸引更多用户参与。版权的垄断策略对于用户而言更多是一种补贴形态：通过良性创作机制与中台赋能，打造出高质量内容；独特服务体验的提升，会带来用户价值的深度挖掘。

平台的网络效应不仅来自用户数量的积累，用户之间因内容连接而加强的网络关系也会刺激网络效应的扩散。芒果 TV 在借助核心产品内容集群完成用户导入后，通过权益生态打造用户成长体系，加强用户互动，促进用户留存与扩容，将品牌价值升迁至更高处。湖南广电与芒果 TV 携手打造“芒果会员权益体系”，融合了湖南卫视节目门票等资源。这不仅是芒果生态下核心用户和资深粉丝的权益回馈，也是强化用户黏性、解锁品牌价值的重要策略。湖南广电通过发展会员制业务，加强粉丝经济，带动营销匹配力的提升，创建出个性化、精细化、小众化的用户服务战略，加强品牌构建。

---

① 蔡宁，王节祥，杨大鹏．产业融合背景下平台包络战略选择与竞争优势构建：基于浙报传媒的案例研究［J］．中国工业经济，2015（5）：96-109.

（三）深度互联：平台包络赋能组织融合

平台包络的演进过程，正是多边用户关系加强的呈现。通过平台包络增加平台功能模块，媒体可以为更多的供应商和客户提供服务，从而大幅提升用户规模。其中，人才整合与数据知识资源的共享是核心，通过平台为用户提供多元化的连带性服务，增强用户对平台的黏性以及用户之间的互动程度，用户多边交易的频率和互惠程度也不断提高；助推媒介融合由物理融合走向化学融合，真正从相加迈向相融，催化媒体融合的质变提升。媒体通过培养管理人才与技术人才，打造全媒体人才的高端配置，促进组织融合。值得关注的是，从横向包络向平台包络发展，芒果 TV 的衍化进程并非单行线，而是拥有循环性。湖南广电通过将更多的用户包络进芒果 TV，使其更加具有互联网特性，并通过包络拓展到更多新用户。

1. 人才激励下的内部市场化

内容优势的打造是以人才整合为依托的。个体在为特定媒体工作时，会通过学习来将该媒体的信息、知识、技术等资源内化。[①] 随着个人职业的流动，关键资源将在不同平台之间产生转移。[②] 媒体通过各种人才激励，积极适应深度融合环境，不断优化内部结构，向市场化过渡，以集约开发加强资源整合。湖南广电正是通过人才流动来高效获取各组织之间的核心资源。湖南广电内部拥有互联网思维或传统广电思维的人力资源能够在湖南卫视与芒果 TV 之间实现内部流动循环，并通过在不同平台间的学习，获

---

① 罗瑾琏，徐振亭，钟竞 . 个体创造力的跨层次影响因素：个体目标取向与团队自省［J］. 科技进步与对策，2016（4）：138-143.

② 孙博，刘善仕，姜军辉 . 社会网络视角下组织间人才流动研究：相关概念、整合框架与未来展望［J］. 科技进步与对策，2020（12）：154-160.

取相应的培训，进而提高组织效率，弥补个体知识结构中的经验短板，将人才资源最大化开发。

高阶层人才输入会提高团队人才准入门槛，放大品牌价值。平台在保证内容质量和人才高效使用的同时，将内容生产和激励生产的配套服务形成机制话语，助推创意生态的塑造，解放专业内容生产力。从人才激励方面来看，工作室制度中主要运用"创新机制 + 奖励机制 + 竞争机制"的管理方法，通过末位淘汰竞争机制加强人才自我激励。人力资源的新陈代谢最终会反馈到精品内容的生产中，形成人才激励与内容创新的良性循环。湖南广电通过重组创新研发中心，重塑以往"自上而下"的创新模式；通过实施科学有效的激励措施，激发内容团队的创造力，开创"芒果青年说"等一系列活动，加强人才培育，以人才冲锋来打游击战，构建起高门槛内容壁垒。

在优化组织结构的基础上，内部市场化的人才队伍与职业构成正逐步规范化。工作室制度选择性地继承了组织结构的稳定性，但在实施上选择了扁平化的管理。通过总监会统一管理，打通总编室、节目制作中心和创新研发中心这三大部门的资源[①]，保障机制运行的稳定性，引导和激发创新，为优秀的内容制作者提供更好的创作环境，形成创新闭环。人才循环正是通过要素的优化组合来实现产品创新。通过人才流通，湖南广电不仅实现了内部人才对知识、资本、人脉等要素的积累和再利用，还促进了技术创新和商业模式创新。[②]

2. 数据融通下的知识构建

数据核心资源的相互依赖是媒体融合的关键指标。数据对媒体发展具有深远影响，一套完整、全面的数据指标体系能够很好地反映媒体的经营

① 林沛．湖南卫视徐晴工作室：工作室制度保证了人才迭代，不会"杀鸡取卵"［J］．中国广播影视，2020（8）：26-29.

② 段玉厂，傅首清．中关村高层次创新创业人才循环机制建设路径研究：基于与硅谷的比较［J］．管理评论，2015（7）：87-93，176.

状况和未来发展趋势。传媒机构通过媒体数据和业务数据的整合，实现各类数据的融通，并通过这些数据资源，找到针对特定用户场景的服务方式，为内容分发与用户体验提供有效服务。强大的区域垄断性媒体资源与牌照优势辅助湖南广电进行原始用户积累，构成用户数据库建设的坚实基础。传媒机构通过推进中台管理，聚合用户资源，对流媒体平台、上星卫视进行统一的用户管理，以此为基础进行大数据分析和用户画像勾勒，做到精准推送与投放，打造聚合性传播平台。对于芒果 TV 而言，其主要通过自有转化与聚合来沉淀用户数据。

数据融通可以激发同边和跨边网络效应，以数据融通为基础的知识体系致力于塑造强大的数据分析能力。各利益相关方的内容、渠道、数据等要素与技术绑定，形成互利互补的依存关系。同时，对核心用户数据资源的相互依赖，也使得媒体融合参与者的价值收益在交叉振荡中得以实现：该知识体系不仅具有存储数据的能力，而且可以深入挖掘数据变化的规律和数据流信息的性质。通过获取用户群的行为数据，准确记录每个用户的行为特征，指导媒体对相关决策的制定，同时成为媒体内容运营、渠道营销、产品定位等数据能力的支撑。

媒体基于用户数据，开发新服务来与原有平台服务捆绑融合，助推知识体系建构。平台功能的增强辅助多边用户关系浓度的提高，提升平台用户数，激发网络效应。媒体融合的最终突破仰仗于技术的支持。芒果 TV 近几年逐步走向数字化运营，将大数据运用从“广”向“专”与“深”迈进，工程师数量呈现几何级增长。数据融通下的知识体系不仅改变了湖南广电的运营技术，还带来了关系的更新、空间的更新以及语境的更新。

（四）跨界共赢：生态建构共创产业融合

媒体深度融合是一个动态衍化过程，其目标是通过多个复杂媒介系统的协同衍化构成一个更高级的复杂适应系统——全媒体生态系统。在产业融合时代，最为根本的是树立跨界思维。开放是最基本的 DNA（脱氧核糖核酸），这种开放意味着其可以在融媒体生态系统中可持续地包容、激活、吸收甚至创造更多的参与者。传媒业的各类媒介样式和产品形态只有形成一定规模的有机联系网格，才能更好地满足受众多样化、差异化、精细化的需求。成熟阶段的媒体平台在继续巩固现有市场地位的同时，应注重生态壁垒构建：用相同的组件实施包络战略，保持现有竞争优势；通过控制成本，应对潜在竞争对手的威胁。因此，媒体需要全面开展与不同业务领域的跨界合作，加强与传统行业、新兴行业的资源整合力度，打破产业边界，深化多维互动。这是实现产业生态建设的核心路径，也是“芒果模式”成功的根本原因与成果体现。

1. 共生共荣，推动媒体融合内生态建构

以内容为中心的生产理念推动媒体融合下内生态的建构。媒体通过平台包络整合身处不同市场的多方用户，构建共存共荣的商业生态系统，并在此过程中，优化平台的功能与效用：从单向传播向交互式传播衍化，形塑社会化网络，促进多主体参与，实现价值共创。新生态系统的成功搭建意味着新结构的生成[①]，媒体融合下利益相关者的协作应该确保结构的独立性以及功能的一体化，其覆盖各种族群，如平台提供者、内容供应商、内容需求方和互补产品提供商等，具体策略包括界面开放和体系结构控制。媒体通过创新生态提升用户价值，由此获得更高的品牌价值。湖南广电通过整合包括多场景互动体验营销在内的全产业链，构建从用户到服务再到系统的业务流程，促进平台系统内部的共生依赖与创新互补机制打造，实

① JACOBIDES M G，KNUDSEN T，AUGER M. Benefiting from innovation：value creation，value appropriation and the role of industry architectures［J］. Research policy，2006（8）：1200-1221.

现上下游协同互补。

产业融合发展指向全媒体生态。基于“平台即生态”① 的逻辑假设，开放、共生、学习的 DNA 可以赋予内外部生态矩阵中的多元行为主体以生态活力，从而使其在接入融媒体生态系统时，得以将平台参与行为转化为对生态系统形态结构的聚合和功能结构的循环。从“建平台”演进为“建生态”，媒体在平台上构建丰富多样的内容生态、业务生态和服务生态，形成一个能够支撑多方资源共享、价值共创、利益共赢、协作共生的“生态圈”，使平台的网络效应、跨边效应得到最大化释放。湖南广电的主要策略即通过内部生态圈的打造来实现系统内的结构控制：湖南卫视和芒果 TV 作为芒果生态系统内的双平台，通过内容定制与内容反哺，与芒果外部生态圈的新媒体群以及各影视制作公司高度协同，形成从生产到销售的闭环，构建起以湖南广电为中心的芒果内部生态体系。湖南广电通过孵化芒果红人，构建芒果自有 KOL 矩阵，助力剧综内容 IP 化传播，并由此打造全新的泛娱乐内容产品，实现跨平台的裂变传播，同时孵化出全新的共创式内容厂牌。通过内生态中产品集群的联动效应放大内容 IP 的整体价值，打通全媒体行业的融合发展生态链，并利用全方位、高渗透性的内容产品矩阵，推动文化创意的再创造，凸显平台包络战略在媒体融合背景下的强大引领能力。

2. 价值共创，多边互动助推外生态搭建

外生态处于传播生态的外层，其构建主要是针对单一媒体自身无法解决，需要通过与外部因素的交叉作用来解决的问题。媒体通过借力资本，以内容、技术与用户的协同发展，助力外生态构建，搭建新媒体产业生态矩阵。这是以合作共赢为基础的生态构建原则：通过系统性联动，覆盖用

① 赵镛浩．平台战争：移动互联时代企业的终极 PK［M］．吴苏梦，译．北京：北京大学出版社，2012：7.

户生活消费、娱乐消费、教育消费、粉丝消费等多元场景，并以跨界合作为导向，不断拓展用户边界。稀缺资源的有机结合与多边互动将产生巨大的协同效应，为媒体打造出独特的竞争优势和商业价值。[①] 在竞争优势的构建中，湖南广电通过内容与人才的双向驱动实现品牌溢价，在外部生态圈中获得更多的扶持与关注：通过与终端供应商、电信运营商等构建外部合作体系，扩充曝光渠道，达到全终端的覆盖。同时，在外部生态圈中，湖南广电通过与不同广告商合作，组建异业权益联盟，成立会员增值服务体系，使会员权益最大化。通过线上线下联动的粉丝活动，打造出与用户互动的媒介生态盛宴，使用户价值最大化。通过一系列的内部调整与外部合作，湖南广电实施了从传统媒体向影视、电子商务、生活服务等多行业发展的平台包络战略，实现了用户沉淀和价值开发，创建出新商业生态系统主导结构，进而在传统媒体的艰难生存环境中逆势成长。

外生态系统辅助内生态系统的优化升级，两者属于包含与被包含的关系。在整个体系中，所有成员都致力于构建一个互惠互利的良性生态系统，通过“共享 + 互动 + 共创”的思维迭代，推动产业融合升级。以共识为导向的体系设计协调和优化了利益相关者的多边决策，最终以核心价值联盟的形式实现了生态媒体融合发展规则的制度化与合法化。内容提供商在此生态结构中占据着主导地位，是整个系统的塑造者、规则设计者和管理者。[②] 组织架构固化后，平台型媒体在生态系统中的龙头地位将被锁定，从而确保了竞争优势的可持续性。

---

① BRUSH C G，GREENE P G，HART M M. From initial idea to unique advantage：the entrepreneurial challenge of constructing a resource base [J] . The academy of management executive，2001（1）：64-78.

② 吴义爽，徐梦周 . 制造企业“服务平台”战略、跨层面协同与产业间互动发展 [J] . 中国工业经济，2011（11）：48-58.

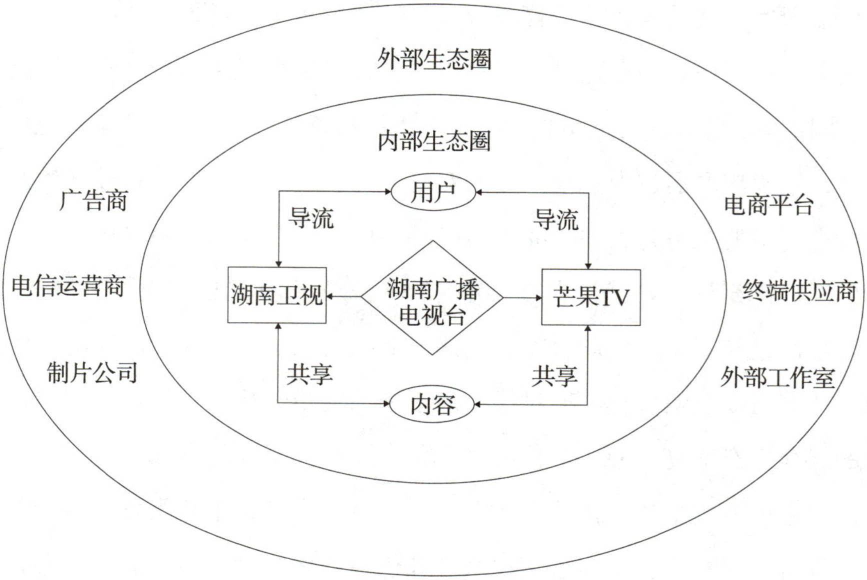

图5-3　湖南广电生态圈

平台包络通过放大媒体自身特色，对目标用户需求展开分析并最大化圈定用户的权益。媒体通过对不同行业和领域进行包络，形成新的用户依赖和需求，最终提升平台整体规模，完成品牌价值的塑造，成为生态型媒体，促进产业融合。通过优化组织、人才、内容，湖南广电突破了原有的思维惯性束缚，形成新的发展模式。尽管湖南广电这一地方性媒体融合模式仍有待完善，但将体制内媒体包络进科技平台，使得内容与渠道达到深度合作，极大提升了媒体深度融合的可操作性。平台包络战略的实施为传统媒体守正创新、融合发展提供了一定借鉴与思路，这有利于媒体融合走向纵深发展。媒体之间的界限开始模糊，一种新的生态正在生成。

第六章

创新新闻传播产品

一、内容创新：多元生产主体与迭代思维

生产主体上，数智技术赋予受众、技术物和泛媒体组织新闻制作、传播的权力，传媒领域呈现多元主体共存的格局，非专业机构、网民、智能技术等主体参与传媒内容的生产和传播，丰富了传媒内容的来源和样式，促进了传媒内容的多元化和创新。生产模式上，精益制造与敏捷生产的产制模式帮助传媒机构在快速迭代中降低成本，提高生产效率和灵活性，提高传媒内容生产的效率和品质。

（一）多主体参与生产：新闻创作多元化发展

1. 用户参与生产

大众传播时代，新闻传播的主体即职业新闻媒体，包括记者、编辑等专业新闻生产者、把关人，他们控制着信源与信息的流动方向、传播渠道，受众仅仅是单向的信息接收者。数智化时代，互联网自身具有的泛在连接属性对人和物实现了关系赋权，信息传播进入“人人时代”，媒体消费中的参与、自我表达和新模式成为重点，出现了参与式新闻、众包新闻、融合新闻、网络化新闻等新型传播机制，新闻传播主体呈现出泛化、去中心化的趋势。这种机制来源于詹金斯（Jenkins）的参与式文化概念[①]，全球传播

① JENKINS H. Fans，bloggers，and gamers：exploring participatory culture［M］. New York：New York University Press，2006.

语境下用户跨地域对话，通过互联网集思广益、提出创意，从外部渠道带来新想法，形成开放式的创意内容发酵池。传媒组织整合社交平台、虚拟社群等公共文化空间的知识，生成具有集体智慧的内容产品，提升了用户群体的媒介话语权，使得公众不仅作为内容消费者，同时也被赋予内容传播、评价和生产的权力。①

埃里克·冯·希普尔（Eric von Hippel）教授最先提出“用户是创新者”的观念，认为新一代信息技术将促进用户参与内容生产，使得其作为外部创新源头贡献集体智慧，还提出了“领先用户”“民主化创新”“创新社团”等相关理念。②在参与式生产过程中，网络用户集思广益，通过创意想法的相互碰撞，产出媒体中的用户参与式内容。这些参与式内容的生产，以及媒体利用技术挖掘和分析用户需求与行为，将成为未来媒体内容创新的强大动力。在这个过程中，大数据等技术和用户价值共创的新方式，对于媒体开拓创新空间有着重要作用。③用户经常通过社交媒体等数字平台的众包活动成为产品的联合生产者。用户既是数字创新内容生产者，又是内容的传播者；同时，创新内容的消费者也可以通过大众媒体平台生产和分享创意内容，成为内容生产者，由此实现参与式生产。

参与式文化造就参与式新闻产品。参与式新闻源自 20 世纪八九十年代的“公共新闻”，后来在新媒体演进的过程中演变为“公民新闻”与“参与式新闻”，参与式新闻即来自公民的非专业新闻报道。④新闻内容在社交网络中的传播和解释都是高度动态的，依赖于用户行为、个人关系和各种网络

---

① 张锐，刘靖晗，张美伦．交互·创新·协同：数智化背景下传媒业的转型机制［J］．视听界，2023（2）：15-20.

② 希普尔．民主化创新：用户创新如何提升公司的创新效率［M］．陈劲，朱朝晖，译．北京：知识产权出版社，2007.

③ 道奇森，甘恩，菲利普斯．牛津创新管理手册［M］．李纪珍，陈劲，译．北京：清华大学出版社，2019.

④ 韩鸿．论新媒体背景下的公民共享新闻学［J］．新闻与传播研究，2006（3）：73-79，96.

因素。在这一背景下，专业机构和新闻媒体的制度化传播职能则由广大用户和社会组织来履行。新通信技术的出现促进了社会网络的重新包容和新闻内容生产传播的去机构化，扩大了个人网络节点的范围，允许个人或集体的用户根据他们的观察或判断来制作和分发新闻。无论是媒体的原创内容，还是用户通过手机上传和阅读图文、视频等多模态内容，掺杂着个人生活情境和私人情绪的表达和分享，皆属于参与式新闻的范畴。

2. 人机协同生产

数智时代，行动者网络理论摒弃将人类行动者作为中心，而将技术视为独立的使能者[①]，技术和工具与人类记者、新闻组织进行交互，以人工智能统领机器帮手，以人机协同的模式进行新闻生产。

新闻生产可供性的提升与媒体外部的数字技术力量发展的关系密不可分。生产可供性的五个方面——可编辑、可审阅、可复制、可伸缩、可关联[②]可以用来解释媒体协调各方资源的灵活性，以及用户在信息生产过程中的能动性，即媒体能号召用户参与内容生产和审查搬运的自由度[③]。媒体应是可伸缩扩展的，实现霍夫曼等人在其书中提到的可扩展性作业[④]，即新闻在生产传递中不断增值，影响力和收益不断提升。物联网、云计算等技术从数据处理维度影响新闻媒体的生产可供性，利用数据分析进行新闻选题

---

① COULDRY N. Actor network theory and media：do they connect and on what terms?［M］//HEPP A，KROTZ F，MOORES S，et al. Connectivity，networks and flows：conceptualizing contemporary communications. Cresskill：Hampton Press，2008：93-110.

② 潘忠党，刘于思．以何为“新”？“新媒体”话语中的权力陷阱与研究者的理论自省：潘忠党教授访谈录［J］．新闻与传播评论，2017（1）：2-19.

③ 喻国明，赵睿．媒体可供性视角下“四全媒体”产业格局与增长空间［J］．学术界，2019（7）：37-44.

④ 霍夫曼，卡斯诺查，叶．联盟：互联网时代的人才变革［M］．路蒙佳，译．北京：中信出版社，2015.

和效果评估，催生数据新闻、可视化新闻等形态①。

智能化新闻是人类劳动力利用技术可供性赋能新闻生产的应用。人工智能辅助下的新闻生产，机器新闻、算法新闻、自动化新闻皆属于智能化新闻的范畴，以数据为基础、以人预先设定的算法为工具、以人机智能协同为动力，在保留新闻协作传统内核的基础上，对海量数据进行大规模、高量级的抓取采集，运用机器学习和自然语言处理对信息进行聚类分析，将非结构化数据转化为文本数据，按算法预设程序自动完成新闻写作、分发，实现新闻报道的高度智能化、自动化。智能技术还作用于用户反馈环节，物联网、大数据对受众实时反应、生理数据进行挖掘分析，实现信息传播效果的精准监测，有利于对内容进行优化调整。②智能机器的嵌入，加速新闻传播主体走向人机协同的赛博化进程。

3. 算法精准生产

算法生成内容（AGC）是指通过人工智能算法和自然语言处理技术，将大量数据自动转换成有意义的文本、音频、视频等多媒体内容的过程。AGC 可以实现高效、低成本的大规模内容生产，为媒体和企业提供了快速生产、定制化和个性化的内容服务。

在 AGC 的生产过程中，算法可以根据不同用户的需求和偏好进行个性化定制，自动分析、挖掘和整合数据，并利用自然语言生成技术将其转化为各种类型的内容，提供更加贴合用户需求的内容服务。例如，新闻媒体可以利用 AGC 技术自动生成新闻报道、社论、评论等文章；电商平台可以利用 AGC 技术自动生成商品描述、用户评价、推荐信息等内容。其高效、

① 彭兰 . 数字时代新闻生态的“破壁”与重构［J］. 现代出版，2021（3）：17-25.

② 张锐，刘靖晗，张美伦 . 交互 · 创新 · 协同：数智化背景下传媒业的转型机制［J］. 视听界，2023（2）：15-20.

快速、低成本的生产方式，可以大幅缩短内容生产周期，提高生产效率。

对于传媒机构来说，AGC 可以用来自动生成新闻报道，根据大数据分析用户兴趣和需求，自动化生成相关新闻内容，并在第一时间发布。新闻选题阶段，通过分析用户的兴趣偏好、社交媒体上的热门话题以及搜索引擎的搜索热度等数据，算法可以自动选取潜在的新闻选题，并进行筛选和排序。新闻撰写阶段，算法可以自动从各种数据源中抓取信息和数据，并对其进行处理和分析，最终生成文章。此外，算法也可以根据用户需求自动生成图表、数据可视化等形式的报道。新闻分发阶段，算法进行精准的内容推荐，通过分析用户的历史浏览记录、搜索行为、社交媒体互动等数据，可以自动推荐符合用户兴趣的新闻报道，从而提高用户体验和黏性。例如路透社的 News Tracer（新闻追踪器），News Tracer 是一个自动化新闻追踪系统，使用自然语言处理和机器学习技术来快速识别和跟踪新闻事件。

对于网络视听内容而言，AGC 同样促进内容的自动生产和精准推荐。视频剪辑上，算法可以自动从视频素材中提取关键帧，并根据剧情需要进行排序和剪辑，最终生成符合要求的视频。甚至可以自动识别视频中的人物、场景等元素，并添加相应的特效、滤镜等，从而提高视频的质量和观赏性。最终，根据用户兴趣推送符合需求的视频。例如，NASCAR（纳斯卡）使用 Watson Media（沃森媒体）自动生成赛车比赛的精彩片段，并将其发布到社交媒体上。

4. 人工智能自动生产

在人机协作的内容生产模式中，“机器”主要起到辅助作用，新闻的采编主体仍为人，人工智能和机器学习的有效应用打破了这一主体局限，没有人的参与，内容也可被自动生产出来。

火热的 ChatGPT、AI 作画以及 AI 写作等新鲜事物都为 AIGC（人工智能生成内容）的分支，将 AIGC 再度带入大众视野。AIGC 基于生成式 AI （generative AI）和人工智能合成媒体（synthetic media，又称 AI-generated media）发展而来。生成式 AI 是利用机器学习等方法从现有数据（图像、音频、文本）中学习内容要素，生成与原始数据相似的内容①；人工智能合成媒体是基于人工智能算法自动或人工生成、操作、修改数据和媒体，并生成相应的文字、图像、音频和视频②。AIGC 利用生成对抗网络（GAN）、扩散模型（diffusion model）、神经辐射场（NeRF）、自然语言处理（NLP）等人工智能技术对规模化数据集进行训练、学习和优化，特点在于其自主完成创新的过程，包括基于关键策略线索的局部生成、基于多模态内容的底层理解和融合生成、基于综合或细分场景的特征生成。③

从智能内容生产层面来看，AIGC 是继 PGC（专业生成内容）、UGC（用户生成内容）和 PUGC（专业用户生成内容）后的内容生产方式的全新升级。AI 的计算叙事与文字、图像、音频及视频等维度合成智能正在应用于多个领域，作为 AGI（通用人工智能）以及通用语言模型的表现已经超过了专用语言模型，且能编造出此前并不存在的表达，自然语言处理（NLP）、文字识别领域（OCR）和计算机视觉领域（CV）等模态的综合运用，可以创造小说、诗歌和戏剧，进行计算机代码写作，创作绘画、影像，甚至生成更多维度的感官信息，实现多模态内容的智能生产。

在新闻采编环节，人工智能等智能内容生成技术极大拓展了内容创造和场景范畴。AIGC 应用场景和发展机遇的探索有助于促进 AI 技术的高效赋能和新闻内容生态的价值实现，实现创作空间的扩容增益和传媒场景的

---

① BURKE B. Summary translation：innovation insight for generative AI［EB/OL］.（2022-06-16）. https://www.gartner.com/en/documents/4002602.

② WHITTAKER L，KIETZMANN T C，KIETZMANN J，et al. “All Around Me Are Synthetic Faces”：the mad world of AI-generated media［J］. IT professional，2020（5）：90-99.

③ 詹希旎，李白杨，孙建军 . 数智融合环境下 AIGC 的场景化应用与发展机遇［J］. 图书情报知识，2023（1）：75-85，55.

创新发展。

新闻生产过程中，AI 代替个体劳动，完成信息采集萃取，计算叙事给予新闻机器写稿更多的专业性和可靠性。AIGC 可以实现稿件自动化撰写，而基于 AI 写稿以及数据可视化和智能音视频合成等技术，又可形成视频新闻的智能化制作，并形成选题管理、文案智能生成、知识图谱构建、图表素材和音视频内容的智能生产一体化系统。AIGC 不仅提高了新闻工作者内容采集的效率，促进劳动力的经济价值不断提升，高效地生成各种模式化的内容，让人类腾出脑力从事更多的创造性工作；也改变了内容生产范式，有利于新闻采编的专业分工，使内容生产呈现为组织化、专业化、流程化、规模化等工业化生产方式的特征。

新闻演播中，在 AIGC 的加持下，人工智能生成的虚拟演播室打破了时空距离，将虚拟场景与真实环境相结合，生成与新闻内容相关的沉浸式场景，呈现“在场感 + 空间感”数字化体验，呈现出自动化的内容生成、科技化的艺术形式、现代化的空间布景，优化观众的观看体验。虚拟媒体人的应用助推了新闻播报全自动化的进程。真人身份与虚拟形象合成“真人数字人”，如“北京时间”app 的“时间小妮”融媒体产品，由主持人春妮与虚拟形象合成，提供人格化、专业化的智能交互服务。还有纯虚拟数字主播的创新应用，如央视网“小 C”、湖南卫视“小漾”等，突破具身局限，探索数字主播个性化创意玩法。

（二）精益与敏捷：迭代升级的生产思维

1. 精益生产

精益生产（lean production，LP）源自 20 世纪七八十年代的日本，是由丰田公司的大野耐一（Taiichi Ohno）和新乡重夫（Shigeo Shingo）发展出来的创新管理理念，其概念由沃麦克（Womack）等在《改变世界的机器》一书中首先提出，起初用于制造业生产管理。精益生产的原则是在有限条件下利用现有的资源，如现有员工的知识和创造力以及现有的材料，进行实时生产和库存管理，以及缩减生产规模、加快生产周期等，彻底改变传统的生产方式和供应链运作模式。

举个简单的例子，精益生产与传统生产模式的区别，好比开汽车和发射火箭：一个人掌握汽车驾驶技术后，即便这项技术较为复杂，也会逐渐变成下意识的行为和相对容易的事情。以至于去某个地方，我们只需要会开车，有导航的辅助，就可以成功到达。我们能够到达目的地，关键是掌握这项技术，而不是对不同路线进行精细规划和对路况进行分析，即便走错路，我们也可以掉头改变方向。相比之下，发射火箭需要的是预设校准，必须按照最精确的数据和行动指令发射，每一次推力、每一次助推器点火以及每一次改变航线都要经过精心设计和反复演练，即便是很细微的错误也会导致灾难性的后果。

相比于美国在二战时期推行的大规模生产同一产品，大野耐一、新乡重夫在生产线的布局管理上进行了创新，找到了一条运用小批量生产方式的成功之路。丰田公司没有购置大型专业机器来一次制造成千上万的零件。他们使用的是具有最普通功能的小型机器，能够小批量地制造多个零件。这就要求工厂有办法迅速重新组装每台机器，生产所需的零件。通过关注“转换时间”，丰田公司能够在整个过程中小批量地制造完整的汽车。如此一来，日本丰田公司的市场非常灵活，其能同时进行多个型号的小规模生产，既实现了规模经济，又提高了产品多样化水平，这就是当时日本丰田公司能超越美国汽车制造业的重要原因。

随着社会的发展和科技的进步，精益生产模式逐渐与其他行业发生化学反应，出现了大量应用与创新。美国作家埃里克·莱斯（Eric Ries）编写的《精益创业》一书中推崇“最小化可行产品”“客户反馈”“快速迭代”

三大工具，这些原则可以被应用于当下的互联网行业，也适用于传媒业。

精益生产思维下，新闻生产具有迭代效应。所谓迭代效应是指由于“迭代”而产生的后续现象或反射性活动。[①]保罗·布拉德肖（Paul Bradshaw）提出了互联网时代迭代新闻的“钻石模型”，把新闻生产划分为七个阶段：快讯（alert）、初稿（draft）、报道（article/package）、背景（context）、分析（analysis）、互动（interactivity）和定制（customization）。初稿经过加工成为“新闻包”后，网络空间可为新闻产品提供背景，通过即时反馈和互动，用户为该新闻提供更多反馈信息。这种新闻形式所产生的“长尾”资源能够长时间地聚合“访客”，吸引他们多次访问，最后通过用户自主筛选或新闻媒体对用户需求的判断进行个性化的新闻推送。[②]新闻的迭代生产和传播的门槛低，发布、更新快，以最小化可行产品先与用户会面，如维基百科及百度百科的模式均为先进性建议页面的构建，支持无限修改，不断完善信息资源和新闻内容。

网络视听内容生产同样可以采用精益生产思维，通过快速迭代、自动化生产、数据驱动、协同合作和降低浪费等手段，提高生产效率和质量，以适应市场需求和提升用户体验。

精益生产思维下，网络视听内容生产可遵循以下步骤。价值流图（value stream mapping）：通过绘制传媒内容生产的价值流图，识别浪费和瓶颈，找到改进机会。例如，识别不必要的审查和审批流程、多余的手动任务等，以减少浪费和提高效率。持续改进（continuous improvement）：通过定期评估生产流程，识别问题并找到改进机会。例如，通过使用用户反馈和数据分析，确定哪些类型的内容最受欢迎，然后调整生产流程以更快地生产这些类型的内容。及时反馈（quick feedback）：通过实时反馈，识别

① 王惠芬 . ERP 应用中迭代效应实例分析［J］. 商业时代，2005（14）：26-27.

② 苏宏元，舒培钰 . 网络传播重构新闻生产方式：协作、策展与迭代［J］. 编辑之友，2017（6）：58-62.

问题并快速纠正。在内容创制中，如果出现错误或偏差，需要及时更正以保持内容的准确性和可信度。测试和验证（testing and validation）：在生产之前进行测试和验证，以确保内容的质量。例如，在视频制作中，可以使用快速原型技术和用户测试，以确定最终产品的最佳形式和内容。性能度量（performance metrics）：通过跟踪关键性能指标，评估生产流程的效率和质量，并识别改进机会。例如，内容生产者可以跟踪内容的点击率和社交媒体分享，以确定最受欢迎的主题和形式。通过采用这些方法，传媒机构可以实现精益生产，从而更加高效地生产内容，提高内容质量，并为观众提供更好的体验。

2. 敏捷生产

面对不确定和不断变化的客户需求带来的新挑战，敏捷生产的概念在20世纪90年代初由Lacocca（雅柯卡）研究所为克服精益哲学的一些不足而提出。敏捷生产的思想是柔性制造、集成产品开发和战略合作等思想的汇合。由于制造场景中预期和意外的变化，行业面临新的挑战，敏捷生产已发展成为一种替代制造范式。较新的技术、材料、制造战略和零星的经济状况带来了“不确定性”的因素，并对组织的可持续性提出了挑战。除了这些因素，客户对在尽可能短的时间内以最实惠的成本定制高质量产品的需求不断增加，这促使人们寻求更好的制造理念，要求敏捷生产对市场具有灵活性和响应性。当下，随着互联网技术和按需开发生产模式的快速发展，敏捷模式将彻底取代传统生产模式。

敏捷生产与大规模生产相反，敏捷性使企业能够以高效和有时限的方式提供定制的、价格合理的优质产品。它减少了由于市场条件不确定而产生的行业内部和外部干扰。敏捷生产的主要目标是提供所需的速度，以应对动荡和意外的市场。敏捷性来自各种因素的融合，如运营决策、信息集成、管理实践、子系统的有效集成、适当控制和性能度量的开发，以及生产系统设计和组织结构之间的兼容性。

内容选题策划和生产上，网络平台可以满足现代受众的信息需求，根据最新热点和突发新闻，收集和确定相关的新闻主题，通过用户偏好数据进行智能分析，以最快的速度响应受众信息需求。在新闻创作阶段，在了解用户信息需求的基础上，进行民生类、时政类以及突发事件的报道，新闻短视频较为紧跟时事潮流，以用户需求为导向，从短视频短平快的传播特点出发拟定新闻选题，既符合现代用户对移动设备的使用习惯以及新闻的阅读偏好，又满足了大众对于民生百态、热点时事的关注需求。

内容分发阶段，传媒机构通过大数据、人工智能算法可实现智能推荐新闻。利用爬虫技术获取互联网用户的新闻偏好、行为、社交关系等信息，对海量数据进行聚类和标签化处理，构建精准的用户画像，在算法作用下向用户推送符合其兴趣的新闻信息。还可以通过传感装置进行触觉反馈和视觉响应，获取用户生理信息，对新闻受众的情绪进行捕捉分析，构建知识图谱，对用户和传播场景进行精准匹配，最大化满足受众对新闻内容、形式的需求。[①] 个性化新闻推荐是敏捷性思维的应用，冲击了传统的新闻生产模式，从以新闻内容文本价值为核心，转变为以受众需求为核心。

二、产品创新：技术赋能形态创新与多维体验

虚拟交互技术提供身临其境的感知体验，创建沉浸式的新闻报道、纪录片或娱乐内容，以沉浸式、交互性体验提高传媒产品吸引力与参与度，为观众带来更加生动、互动和引人入胜的体验。综合运用数字技术构建的元宇宙，以虚拟展览、演播室、会场等形式，模拟和扩展现实世界。用户

① 张锐，刘靖晗，张美伦．交互·创新·协同：数智化背景下传媒业的转型机制［J］．视听界，2023（2）：15-20.

通过虚拟身份参与其中，与其他用户交流，与数字内容互动，进行游戏化虚拟交往。虚拟交互技术打破了传统传媒产品的时间和空间限制，提供了更加自由、开放和创造性的参与体验。

（一）感知体验：虚拟现实革新产品样态

20 世纪 80 年代双向互动媒体的出现引出了交互性的概念，90 年代互联网的普及和商业化激发了学界对交互性的广泛讨论。施托伊尔（Steuer）认为交互性是用户能够实时参与修改中介环境的形式和内容的程度。[①] 霍夫曼（Hoffman）等人将交互性作为一种媒介本体特征，分为人人交互和人机交互两类，人人交互是指用户之间通过媒介实现交流互动；人机交互是指用户与机器进行交流互动，即用户可以交互地访问超媒体内容，并且通过媒介技术创造交互式内容。[②]

交互叙事是指通过创造新媒体内容来呈现叙事，其中故事的发展是动态的，也就是说，故事可以被用户实时修改或影响。交互叙事独立于呈现叙事的视觉媒介（从文本、音频、视频，一直到计算机图形和虚拟现实渲染系统）来改变故事内容，是一门交互性很强的学科，它融合了心理学、戏剧理论等人文学科和计算机科学、多媒体信号处理等诸多技术领域。后者包括叙述生成引擎的某种形式的自动推理机制（如人工智能），被认为是交互叙事、人机交互的关键推手，允许用户以各种方式进行干预（可以是直接的键盘输入、菜单选择、语音命令等，也可以是间接的，如生理输入）。

---

① STEUER J. Defining virtual reality：dimensions determining telepresence［J］. Journal of communication，1992（4）：73-93.

② HOFFMAN D L，NOVAK T P. Marketing in hypermedia computer-mediated environments：conceptual foundations［J］. Journal of marketing，1996（3）：50-68.

从用户的角度来看，作为电脑游戏（需要大量的人机交互）和传统叙事体验（如电影，脚本内容的叙事质量是它们最重要的资产，与游戏不同，电影通常不需要用户进行任何互动）之间的桥梁，交互叙事引起了传统广播公司和电脑游戏制作商的巨大兴趣，这并不奇怪。

虚拟现实（VR）技术可以被定义为一种特定的技术集合，是基于多媒体技术、仿真和传感等技术，通过计算机程序创造和渲染虚拟环境，使用者通过头戴式显示器等设备进行交互的一种虚拟与现实交融的沉浸式技术。VR 依靠三维（3-dimensional，3D）立体头部跟踪显示和身体跟踪传感技术，构成身临其境的多感官体验。VR 满足三个要求：首先是生成可以感知到的、能与现实世界相媲美的三维虚拟空间，其次是根据用户视点，即随着头部转动虚拟空间可以实时渲染，最后是可以与环境进行交互。也就是说，在这个高度交互的三维数字媒体环境中，用户可以直观地体验模拟环境并获得听觉、触觉和视觉等多感官反馈，感受到沉浸式的体验。目前，虚拟现实技术被广泛应用于传媒行业，出现了 360° 全景新闻、沉浸式新闻、传感器新闻等样态。

（二）时空重塑：元宇宙颠覆未来想象

“元宇宙”的概念起源于作家尼尔·斯蒂芬森（Neal Stephenson）的科幻小说《雪崩》。数年来，互联网经历几次迭代，发展为万物互联的时代，扩展现实、虚拟现实乃至混合现实技术和区块链等一系列高新技术的发展带动了前所未有的产业科技风暴，伴随着游戏业的火热响应，尤其是大型多人在线游戏的几波发展浪潮，元宇宙发展至今，成为网络科技界和学界讨论的焦点。

从元宇宙（Metaverse）本身的词义来看，它指向超越下一代互联网的意思，在这种互联网中，用户可以作为虚拟化身，在三维虚拟空间中与他人和应用程序进行交互。元宇宙的概念经历多年衍化，在2018年被一部科幻电影《头号玩家》带回到讨论的前沿，这部电影表现了玩家通过头戴式VR显示器以数字化身形式进入虚拟世界。2021年，又一部科幻电影《失控玩家》以虚拟游戏世界将元宇宙具象化，给游戏和影迷创造无限想象力。现实中，多人在线沙盒游戏平台Roblox（罗布乐思）将元宇宙概念写入招股说明书，着力开发元宇宙概念游戏。2021年，社交平台Facebook将公司名称更改为“Meta”，宣布其核心业务将从社交媒体升级为沉浸式虚拟社区，试图将元宇宙变为现实，使得元宇宙概念在短时间内火爆，助推元宇宙概念成为业界和学界高度关注的热点，2021年也被誉为“元宇宙元年”。

元宇宙影响着影视业的时空观和虚拟场景的打造。物理世界时空的有限性促使新闻媒体尽可能地还原事件真实，在媒介技术的推动下，经历了从“时间消灭空间”到“空间消灭时间”，再到“时空融合一体”的过程。[①]历史中，媒介不断影响人类社会的时空观，在未来，元宇宙的空间自由延伸和复制，时间突破线性趋势，重塑了传统媒介时空观。

空间是人类赖以生存的重要维度。吉登斯（Giddens）在社会情境研究中引入了时间和空间场景的元素，提出了“在场”的概念[②]，元宇宙为人类打造身临其境的数字化空间，扩大了人类社会活动和信息传播的空间范围。爱德华·索亚（Edward W. Soja）在物理世界构成的第一空间和精神世界构成的第二空间之外，提出了既是生活空间又是想象空间的“第三空间”。[③]“第三空间”是人类真实感知和虚拟想象世界的结合，在人工智能、虚拟现实、数字孪生等技术下得以实现。元宇宙在各个方向实现了对人类

---

① 蒋晓丽，赵唯阳．后互联网时代传媒时空观的嬗变与融合［J］．社会科学战线，2016（11）：154-160.

② 吉登斯．社会的构成：结构化理论大纲［M］．李康，李猛，译．北京：生活·读书·新知三联书店，1998.

③ 索杰．第三空间：去往洛杉矶和其他真实和想象地方的旅程［M］．陆扬，刘佳林，朱志荣，等译．上海：上海教育出版社，2005：95. 索杰即爱德华·索亚。

空间的重塑，是计算机网络极大发展、高度仿真和沉浸的新赛博空间[①]，元宇宙不仅满足了外部世界的扩展，还重构了人类内部的心智空间[②]，在虚拟现实基础上，游戏性和社交性融合实现场景再造[③]。

一方面，元宇宙环境下，新闻媒体利用虚拟现实技术强化人对空间的在场感知，创新新闻产品，重现新闻报道现场，还原场景。沉浸式新闻（immersive journalism）[④]满足人们以第一人称视角置身新闻现场的需求，创造公共情景的拟态环境。2016 年《人民日报》和腾讯共同打造的“中国媒体融合云”，为媒体制作沉浸式新闻提供了标准化的技术工具。新浪新媒体工作室推出“一眼扫尽神舟征程”系列沉浸式新闻，为观众全方位展现“天宫二号”全貌。央视网打造的“VR 浸新闻”频道，以 360° 全景照片搭配解说聚焦重大题材报道，帮助用户加深对新闻的理解。以“慢直播”形式呈现的沉浸式新闻强化了受众的互动仪式感[⑤]，如澎湃新闻推出珠穆朗玛峰慢直播，央视频对火神山和雷神山医院的慢直播等。

另一方面，元宇宙空间的可扩展性，使传媒业有机会提升异空间虚构能力，不断扩展虚拟空间，满足人对理想空间的无限想象。保罗 · 莱文森（Paul Levinson）的补偿性媒介理论提到，媒介的革新都是对旧有媒介不足

---

① 肖超伟，张旻薇，刘合林，等 .“元宇宙”的空间重构分析［J］. 地理与地理信息科学，2022（2）：1-9.

② 喻国明 . 未来媒介的进化逻辑：“人的连接”的迭代、重组与升维 从“场景时代”到“元宇宙”再到“心世界”的未来［J］. 新闻界，2021（10）：54-60.

③ 张洪忠，斗维红，任吴炯 . 元宇宙：具身传播的场景想象［J］. 新闻界，2022（1）：76-84.

④ PENA N D L，WEIL P，LLOBERA J，et al. Immersive journalism：immersive virtual reality for the first-person experience of news［J］. Presence，2010（4）：291-301.

⑤ 柯林斯 . 互动仪式链［M］. 林聚任，王鹏，宋丽君，译 . 北京：商务印书馆，2011.

的补偿。[①] 元宇宙是媒介技术的整合，是对现有物理世界无法到达的媒介空间的补偿。媒体利用人工智能、数字仿真等技术可以创造新的传播场景。虚拟主播、虚拟主持人正得到初步应用，北京广播电视台将主持人春妮的真人形象与数字虚拟人合成为“时间小妮”，真实与虚拟叠加；湖南卫视数字虚拟主持人“小漾”与真人主持人同台演绎。中央广播电视总台《焦点访谈》节目 2022 年 4 月首次运用虚拟制景全程录制，主持人置身虚拟演播室，与新闻事件相关的虚拟场景突出事件“焦点”，增强了节目效果。

时间是人类社会得以存续的基本要素。齐格蒙特 · 鲍曼（Zygmunt Bauman）曾指出社会转型中时间观念是核心要义 [②]，大卫 · 哈维（David Harvey）发现了后现代社会对时间的压缩 [③]。传播媒介的演进造成不同社会形态、地域、时代有着不同的时间观念。[④] 元宇宙是媒介发展的未来形态，重塑着人类社会的时间观念，压缩了人类实践活动过程耗费的时间，同时打破了自然时间规律，以新媒介时间重新排布。

一方面，元宇宙中原始事件与新闻报道间的时间被极度压缩，通过社交媒体平台迅速散布，受众得以即时获知讯息。新闻报道借助新一代高速移动互联网，融合 4K/8K 数字技术，支持全方位实时摄录和转播。2022 年北京冬奥会速滑比赛中，中央广播电视总台运用 4K 超高清轨道摄像机系统，精准捕捉高速运动主体，近乎无延迟实时转播，使受众得以“追赶”上新闻现场的真实速度。在高台滑雪项目中，中央广播电视总台运用 AI 影像处理系统定格运动员的空中姿态，向观众呈现肉眼难以捕捉的运动表现，

---

① 莱文森 . 软利器：信息革命的自然历史与未来［M］. 何道宽，译 . 上海：复旦大学出版社，2011：91.

② 鲍曼 . 流动的现代性［M］. 欧阳景根，译 . 上海：上海三联书店，2002：9.

③ 哈维 . 后现代的状况：对文化变迁之缘起的探究［M］. 阎嘉，译 . 北京：商务印书馆，2003：242.

④ 伊尼斯 . 变化中的时间观念［M］. 何道宽，译 . 北京：中国传媒大学出版社，2012：35.

用媒介力量暂停时间。

另一方面，元宇宙中信息的时间顺序也可被拼贴重组[①]，颠覆着传统的新闻生产范式。新媒体使得传媒产品模块化[②]生产呈现，打破了传统媒体本位的中心化生产方式，以图文、视频、链接、评论、表情符号、转发的重组，实现了新闻非线性、交叉重叠、多重链接的互文性（intertexuality）表达[③]。不同时间的新闻文本重组，社交媒体将受众参与评论和转发产生的文本痕迹化、可视化[④]，收集受众的碎片化时间，各种时空勾连杂糅，重塑了新的媒介时间。元宇宙中交互性、游戏性和社交性被放大，新闻媒体跨媒介融合，基于社交平台制作短视频新闻，进行故事性、人格化和沉浸式的传播。[⑤]中央广播电视总台新闻新媒体中心推出了《主播说联播》短视频栏目，进驻喜马拉雅、微信、抖音、微博等新媒体平台进行亲民化“破圈”传播。2022年全国两会上，《扬子晚报》推出交互式融媒体产品《绿水青山一起“拼”》，受众在参与互动中理解“生态、降碳、扩绿”等热词。

（三）智能应用：AI开辟拟人化内容产品[⑥]

基于自然语言处理、机器学习、深度学习等技术，人工智能可以识别、理解和生成自然语言，从而使得机器可以和人类进行更加智能的交互，开

① 卡斯特．网络社会的崛起［M］．夏铸九，王志弘，等译．北京：社会科学文献出版社，2001：465.
② 马诺维奇．新媒体的语言［M］．车琳，译．贵阳：贵州人民出版社，2020.
③ 克里斯蒂娃．符号学：符义分析探索集［M］．史忠义，等译．上海：复旦大学出版社，2015：87.
④ 谢静．微信新闻：一个交往生成观的分析［J］．新闻与传播研究，2016（4）：10-28.
⑤ 李雪．叙事逻辑与影像价值：短视频主流化的内容生产张力 兼论主流媒体短视频艺术创新策略［J］．中国电视，2022（3）：65-68.
⑥ 张锐，刘靖晗．以ChatGPT看生成式人工智能对传媒业的影响［J］．声屏世界，2023（10）：5-8.

发出具有类似人类行为和情感的数字化产品，如智能音箱的语音助手、智能客服机器人、智能新闻对话产品等。这些技术的应用，使得拟人化内容产品能够更加精准地理解用户的需求，并且能够提供更加智能化的服务，从而满足用户的需求。

随着人工智能技术的发展，越来越多的传媒企业开始尝试将人工智能应用于内容创作和产品开发中，开辟了拟人化内容产品的新领域。AI 技术可以模拟人类的思维和行为，生成具有人类特征的“虚拟人物”，并且可以让这些虚拟人物在内容产品中发挥重要作用。以虚拟主播为例，这是一种利用人工智能技术创造的拟人化内容产品。其通过将语音合成、自然语言处理、面部识别等人工智能技术结合起来，生成一位能够模拟真人主播表情、声音、语调等特征的“虚拟主播”。虚拟主播可以根据预设的剧本自主进行语音转换和语音合成，同时还能够在直播和视频制作等领域中发挥作用。

新闻对话机器人是一种能够与人类进行自然语言对话的虚拟助手，往往在新闻媒体网站、手机客户端、社交媒体平台等多个渠道上提供服务，它能够根据用户提供的关键词或问题，自动搜索新闻内容并进行分析，然后给出相关的回答或建议。这种机器人的智能化水平越来越高，能够模拟人类的思维模式，提供更加精准、全面、及时的新闻服务。其采用了自然语言处理、语音识别、机器学习、推荐算法等人工智能技术。通过对大量新闻数据的学习和分析，机器人可以自动识别并提取新闻中的关键信息，并进行智能推荐。同时，机器人还能够根据用户的兴趣和历史浏览记录，提供个性化的新闻推荐，使用户能够更加方便地获取自己感兴趣的内容。

ChatGPT 是基于大规模语言模型的人工智能技术，可以用于自然语言处理、文本生成、对话系统等方面。与新闻对话机器人相似，ChatGPT 也可以进行自然语言的理解和生成，因此也可以用于构建智能对话系统、智能客服等应用。而此类人工智能凭借高度拟真性、自动化、类人化，远超现有的新闻对话机器人应用，预示着人工智能产品向着强人工智能的方向演进，影响着产品创新的基本模式。

1. 开发内容创意：组合式生成创新

在去中心化时代，新闻业已从机构化的生产向 UGC、PUGC 等方向发展，ChatGPT 的火爆又将 AIGC 这一生产范式带入大众视野。GPT-4 的研发使得聊天机器人能够拓展文字以外的更多模态内容的学习与生成，推动传媒业进一步数字化转型发展。

ChatGPT 虽由人创造，不具备自主性、意识、价值观和情感，也就不具备自主生产创新的可能性，但其以强大的数据库支撑，通过调取内容“拼凑”事物来生成创新[①]，即“组合式创新”[②]。这符合德勒兹的“生成”概念和“块茎”原则[③]，生成式 AI 内容具备如块茎生长一般的非序列化、多元繁殖、任意连接和异质混合的特性，创造出超文本的多种可能性。并且经过人的指导和训练，其通过对上下文语义的理解，进行机器学习，生成更多符合人类需求的创意内容。人工智能正在从检索者、搬运者和呈现者成为合作创造者（co-creator）甚至独立的创造者（creator），构建信息整合、知识生产和内容创作的新模式。

2. 产品演进趋势：向“人”靠拢

ChatGPT 是生成式人工智能应用的落地产品，除了基于大规模数据集

① 江潞潞 . 智能交往，未来已来：“激荡 AIGC”数字交往八人谈观点综述［J］. 传媒观察，2023（3）：48-54.

② AGRAWAL A，MCHALE J，OETTL A.Finding needles in haystacks：artificial intelligence and recombinant growth［M］//AGRAWAL A，GANS J，GOLDFARB A. The economics of artificial intelligence：an agenda. Chicago：University of Chicago Press，2019：149-174.

③ 陈永国 . 游牧思想：吉尔 · 德勒兹 费利克斯 · 瓜塔里读本［M］. 2 版 . 长春：吉林人民出版社，2010：157.

和大语言模型技术，通过神经网络深度学习算法完成日常训练，具备上下文和特殊语气理解能力，还具备高仿真、拟人性的传播特质，超脱了人工智能机器人给人带来的冰冷、疏离、机械化的印象。正如保罗·莱文森的媒介演进人性化趋势理论揭示的，媒介倾向于更多地复制真实世界中“前技术”的或“人性化”的传播环境。也就是说，媒介技术进化倾向于越来越符合人类感官的生理和心理特征，越来越便于人类信息传递。[①]

在与人的交流过程中，ChatGPT 不但能实现对话交流感，还从思考方式、表达逻辑、语言习惯上实现了全面突破，甚至能给予人情绪价值，似乎具备了关心、理解、共情和价值判断的能力，在互动体验上让人感觉它不再是机器，而是能与之建立情感联结和依赖关系的接近真人的存在。这是因为 ChatGPT 采取的是从用户反馈中强化学习的策略，从而其回答既形成了充分的内容覆盖，又能以拟人化的姿态给予使用者人性化交流的感受。[②] 并且在强大的算法、算力储备基础上，其对人类思维方式、表达习惯和情感特点进行经验学习和技术性模仿，给予用户情感反馈。

ChatGPT 不仅能极大提高用户信息检索、数据搜集、内容整合的效率，降低时间成本，还能代替人工给予用户人性化的服务体验。除了媒体内容生产，其还将助力传媒业打造新型的内容产品，尤其是为面向用户级别的个性化传媒产品打开了发展空间。此前，新闻聊天机器人（newschat bots）已得到初步应用，一类是以向用户自动分发新闻及评论功能为导向的人机互动新闻应用，如《纽约时报》推出的 Anecbotal[③]；另一类则凸显人性化交流，被赋予类人特征，如微软“小冰”、新华社推出的新闻智能语音机器人

① 陈功．保罗·莱文森的人性化趋势媒介进化理论［J］．湖南科技大学学报（社会科学版），2016（1）：178-184.

② 王建磊，曹卉萌．ChatGPT 的传播特质、逻辑、范式［J］．深圳大学学报（人文社会科学版），2023（2）：144-152.

③ GÓMEZ-ZARÁ D，DIAKOPOULOS N. Characterizing communication patterns between audiences and newsbots［J］. Digital journalism，2020（9）：1093-1113.

“小新”，可以提供天气信息、新闻资讯等。由于交互性和拟人化程度较低，这些新闻应用仍无法摆脱“非人化”“低智能”特征。ChatGPT 则作为“多维高拟真人工智能”，弥合了两类新闻聊天机器人的缺陷，强化了人机交互体验。将基于大规模数据集、可根据人类反馈学习迭代的 ChatGPT 等生成式人工智能应用于传媒业务，能够推动传媒产品开发向着高智能、人性化、情感性方向演进。

3. 受众体验升级：重塑时空观念

ChatGPT 预示着数字化、智媒化对社会生活的持续深度介入，网络化的传播模式所建构的是一种去中心化、去历史化的时间和空间观念，具备即时分散的特点。传统媒介塑造特定的时间标尺，如每日定时播放的电视新闻，代替钟表作为社会生活的时辰参照，而社交网络等新媒介技术带来的信息爆炸，塑造了新传播关系和新媒介时间观。ChatGPT 的即时连接、搜索、整合和作答，将不同时空的信息加速堆叠呈现于当下时空，构筑新的上下文关系，打破了传统新闻生产的线性序列，也改变了以新闻机构为本的中心化生产模式。

基于数字平台基础设施，ChatGPT 与用户的一对一沟通特性，以持续对话形式占有用户对当下议题的全部认知，与无数用户平行交流的多重分身，造成传播的“地域性”概念瓦解和“空间坍缩”，改变了受众的空间感知。信息的爆炸性生产，呈现了超越传统时间的加速性，新闻讯息的“即时”消费模式，进一步压缩空间，给予受众超越传统媒介感知的超时空体验。

（四）技术赋能文化回归——以河南卫视文化类节目的创新表达为例

在新一代信息技术的加持下，新的审美表达关系和技术美学建构了传统文化的现代话语体系：故事化、场景化、符号化成为创作与传播的新引擎。本书通过研究河南卫视文化类节目的创新表达，探讨产品思维驱动下的内容生态重构、技术赋能下的新场景传播及价值共创下的文化品牌塑造。

1. 新文本建构：以产品思维重构内容生态

获得青年群体的共鸣和认同，一直是当代文艺工作者的创造性命题。传统媒体的内容生产只有更好地体会用户的思维理念，实现从内容到产品的转变，才能保证用户的黏性，赢得受众市场。近年来，在媒介融合的背景下，电视媒体以陌生化的视角与多元化的节目形式来满足受众不断更迭的审美需求，传统文化类节目开始焕发新生。这些节目通过掌握能够引发观众共鸣的情绪密码，来深化观众的艺术体验感。与此同时，创新舞台呈现形式，联动青年群体所关注的情感与审美话题，将传统元素与当代视角相融合。

（1）故事化表达提升文化内容接受度

在音乐表演中融合故事表达，是破圈密钥。经典文化在大众传播中存在较高的认知屏障，电视媒介的首要任务就是将其转化为清晰、易于理解与接受的可观性文本。在节目编排中，河南卫视通过故事化的方式进行艺术表达，实现人物设定与古籍内容之间的互文性，以此降低无相关背景知识的观众的接受门槛。其通过融合多种表现形式构建了一个全新的话语体系：纵横文化、政治等多重维度讲述文化故事。通过拟人化与情感化的故事表达方式提醒观众：对于传统文化，我们不仅要输出，更要保护与传承。

故事化表达有利于历史文化由抽象认知向具象呈现过渡，重拾节日文化本身的内涵意蕴，在考虑到观众当下审美接受度的同时，又让文化符号呈现出鲜活生动的审美体征，辅助观众进入历史现场，体悟跨越时间与空间的文明传承。河南卫视利用可视化的故事内容，使之不局限于节目之美，而更多地呈现出文化之美，构建出与优质文化有机融合的新时代话语体系，塑造新的文本形态，成为“当代文化之舟”的摆渡人，真正发挥媒介的故事化潜力。

现实意义的升华是故事化表达的集大成者。专业性和趣味性兼具的故事化文本，助力文化内容新生态的打造。《回马枪》在展示本土风格的同时，将数字人文关怀与当代观众的审美意识融入媒介展演中，让平凡人遁入次元空间，勇斗病毒怪兽，以此观照新冠疫情，巧妙勾连起传统文化与现实语境间的互通性。其通过守正演绎、创新表达，完成了新语境下的文本建构。可见，文化电视节目通过持续挖掘文化内涵增量的潜力，进一步生成影响深远的现实网络，形塑视觉文本构建体系。

（2）创新用人机制实现文化产品化过渡

破圈的具体生成机制在于坚持做文化节目的团队与传统文化回归达成相融共生，河南卫视的出圈正是人才适配的结果。高效完成系列精品内容的背后需要有强大的人才匹配机制作为依托。

公开选拔、能者冲锋的内部人才机制是河南卫视崛起的重要原因。早在 2020 年河南卫视便启动了体制机制改革，重新组建全媒体营销策划中心，成立导演工作室等部门进行一体化运营。大型活动和项目均通过竞争和内部招标进行，导演在竞选成功后，将在内容创作上获得相当大的主动权，并且在绩效考评上会有相应的倾斜和支持，这充分激发了创新活力。与此同时，观众作为接受主体，在观看之前会根据自己的生活经历和审美习惯，对作品产生潜在的审美期待。而不同的导演风格会带来不同的审美体验，河南卫视通过把握人才创作调性与特定节目的适配度，打造出具有差异化的内容产品，以此来确保节目的创新性与多元化，力争让观众产生不同的审美体悟。

人才团队运用互联网思维与用户深度交互，助力文化产品化转型。目前河南卫视最出圈的作品都是由创意团队以短视频思维进行策划编排的。《唐宫夜宴》为六分钟，《梦莲》不到两分钟，单条内容都十分符合信息碎片化时代的传播规律。以用户为核心是产品思维下的宗旨：拥有尊重观众、尊重市场的创作团队是河南卫视接连打造出精品内容的核心竞争力。从创意到制作，河南卫视都力求原创，并以真诚表达为核心要义。节目最后的致谢环节，也一直秉持着向观众致敬的原则——“感谢最可爱的粉丝”，兼备内容的温度感与媒体的情怀性。

2. 新场景传播：以数智技术拓展审美空间

将新技术融入创意视野，是文化创新与产品创新的必经之地。目前，建基在数字化、网络化、移动化、智能化之上的“数智化”，引发了传播形式的一系列深刻变革，新场景由此构建。其间诸多要素、关系等的意义重估和价值重构，创造了一幅全新的关系图景：赛博空间信息流动的非线性规则在一定程度上消融了地缘或亲缘关系的限制，增强了身份认同与社会认同，各圈层中参与者的集体意识与团结性空前增强。传媒机构通过新场景传播，营造出情感互动新场域，助推文化厂牌构建。

（1）技术赋能传统文化现代性建构，贴合当代性审美

传统文化符码在进入节目叙事体系时，应把握好技术并综合考虑多样化的视听修辞。这种修辞不同于主流话语的直观呈现，而是潜移默化地注入了审美的视听体验。这种带有审美性的对历史的重新阐释，将“心理入侵”的色彩降到了最低，贴合当代观众的审美偏好。

在新一代信息技术的辅助下，文化类节目形态由平面转向立体，时空的壁垒被打破，古代与现代的对话成为可能。传统文化的物质遗存受时间和空间的限制，本身具有静态平面化属性，但河南卫视充分运用新媒介让文物以动态立体的方式进入开放空间。通过有意识运用新技术，以“特写”来放大“细节”，使人物、文物的装饰、脉络、纹理、色彩等视觉元素得以具体呈现，使视觉语言更具冲击力，打破表演者与观众之间的距离。为了展现龙门石窟金刚形象，《龙门金刚》首先在龙门石窟奉先寺的地面上进行实景拍摄，然后运用AR、360°拍摄手法、“子弹时间”等技术手段，拓展物理空间性与观众审美想象力，如突出飞舞的舞姿等，以此提升节目本身所蕴含的浪漫气质。

文化电视节目需以技术赋能，不断提高媒介敏感度，提升内容与技术的融合力。不同于以往电视节目中技术与内容的分离，河南卫视最大限度地寻求与作品贴合的技术，将技术融入整个舞台的时间、空间与情节设定中，给予观众身临其境的体验。作品以三种方式来进行呈现：一是提前录制与后期抠图相结合，突出画面感；二是舞台表演和虚拟投影相整合，使舞台空间无限延伸；三是实景拍摄辅之以特效技术，打造亦真亦幻的视觉呈现。《破阵乐》的飒爽豪气、《广寒宫》的细腻质感，都离不开现代技术的支撑。河南卫视依靠高概念视听，精准把握当下文化潮流，突破次元壁，实现书、影、画、舞、曲、武等多种艺术形式的融合。例如，在中国风舞蹈表演《祈》中，舞者化身为曹植文学作品《洛神赋》中的洛神，演绎水下飞天并辅之以富有节奏的卡点音乐，将枯燥的文字改编为可感、可看、可听的舞蹈表演。它带来了符合现代人审美的视听体验，也让观众在情感共鸣中增强了文化自信。可见，无论是古典汉唐舞蹈的现代建构，还是传统文化的现代性传达，在技术赋能下，身体、影像与媒介的关系已从传统的平行发展转变为相互渗透、相互融合的态势。河南卫视通过重构视听的表征意义，实现传统文化意象的现代解构与表达，重塑影像文本所潜藏的表达与记叙方式。

（2）新业态加强用户情感互动，助力文化厂牌塑造

传媒机构通过新技术引领和跨平台传播主动与新业态对接，促使传播更加社交化、垂直化、情感化。如今，短视频已成为一种新的社交货币。文化内容借助短视频平台搭建节目社群，随着节目的进度与排布不断抛出有价值的话题，鼓励社群成员积极参与讨论，并逸散至圈层之外的群体，以此扩大内容影响力，通过大小屏联动，丰满内容生态。

媒介融合时代，观众在接受优秀传统文化的输入前，会产生一种发轫于大小屏的审美期待、数字化科技美学期待以及对于传统文化的情感期待。河南卫视通过准确掌握并充分利用融媒体传播规律，激活传统文化创新因子，延展出新的传播场景，用精品内容打破圈层，实现口碑的裂变传播，为观众搭建起一种“物质文化形态的社会情境与艺术文化形态的审美意境”相叠合的中国文化审美体验，助推一次次破圈作品的诞生。

圈层突破使得用户产生自传播，构建出情感互动新场域，助推视频内容向文化厂牌过渡。河南卫视采用既符合现代潮流又兼具传统感的方式，将中原文化的内涵与审美价值分享给更多观众。其中，弹幕作为用户自传播的代表性产物，也为新主流作品提供了全新的价值体验场景，营造出“虚实相生”的仪式感。作品从弹幕出圈向用户入圈过渡，使观看体验内化为带有温度的情感体验，由此共筑了情感互动的新场域。

文化类节目的崛起，将文化长河中所凝结与沉淀的中华文化通过现代性解构具象为一个厂牌，其背后所呈现的不仅是中国内容创作品牌的崛起，更是民族自信的彰显。河南卫视“中国节日”系列节目正是通过适当消融高雅文化的进入壁垒，成为观众深入了解中华文明的一扇窗口。

3. 新立意传承：以价值共创整合传统文化

传统文化的回归，意味着文化认同感的加强。对文化认同的自觉把握，是个体和群体基于特定的文化观念和心理定式融入一个民族或国家的历程。它是一种社会共享的文化经验与体验，也是个体自我认同意识的把握。河南卫视“中国节日”系列节目便是文化认同感的具象呈现，观众在观看晚会的过程中，逐渐获得共同的文化记忆，唤醒相似的文化理念与文化生活习性，进而构建学习共同体、记忆共同体、情感共同体，助推传统文化的再复兴。

（1）参与式文化凸显：多方构建共生关系

河南卫视“中国节日”系列节目成为“现象级”内容，一定程度上说明了“参与式文化”的胜利，其核心在于“关系建立”与“身份认同”。通过捕捉创作者设计的视听符码，观众将拥有在共同认知的基础上实现交流与互动的能力。创作者在对传统文化进行传播时只有以亲民姿态融入当代观众的话语体系之中，才能实现真正的交流与互动。河南卫视“中国节日”系列节目正是站在观众的角度去满足大众对传统文化的审美需求，遵循“前期引发期待，后期满足好奇心”的原则。不仅如此，节目还激发观众对传统文化的自觉探索，观众根据资料对视听内容进行“完形补充”。

共生关系的打造是参与式文化的结果，集体记忆的苏醒是共生的基石。与个人记忆一样，集体记忆也支持着各类认同，在支持种族认同、民族认同和其他认同的场景下，可以跨越个人界限进入集体领域。大众可以通过媒介被邀请进入想象共同体，迈向集体领域。在特定媒介的规训下，想象共同体通过一定的秩序和意义来支配和容纳节目中一切行为，形成集体共享性的文化世界。一方面，节目通过戏剧结构设计，升维美学格调，营造沉浸式体验，与观众达到情感共振。另一方面，节目通过带有“揭秘”色彩的传统文化知识输出，让观众体验到解题的乐趣。传统文化通过节目表演重获在场感，以此回应大众对异质性内容的渴望，同时满足大众对传统文化的潜在需求。

节目通过唤醒集体记忆，实现出圈。而出圈的过程，正是在不同文化和思想的交织与纷争中，形成相对主流与良性的社会共识的过程，其核心是文化共同体的建构，属于共生关系打造下的产物。质言之，“出圈”是一种社会机制，其通过呼唤公众的道德意识和价值意识，缩小主流意识与圈层意识之间的认同距离，从而完善社会信任机制。河南卫视正是通过持续应用新一代信息技术，以产业思维提供多元化的文化服务与消费体验，打破商业消费、艺术消费与文化消费之间的空间边界，由多方助力，形成前所未有的联动和凝聚，唤醒大众集体记忆，让更多用户关注中原文化，欣赏中华文明，扩大圈层行列，由此汇聚成一个更大的社会价值共同体。

（2）传统文化再中心化：深度挖掘文化符号长尾价值

传统文化的再中心化，需要深度挖掘文化符号的长尾价值。“长尾理论”认为，只有在大众有所需求的状态下，长尾效应才能产生。在新的传播环境下，文化传承的关键在于创造文化需求。文化类节目需要坚持以用户为核心，深耕中华优秀传统文化，努力将自身打造成为内容生产者、资源集合体，及时感知用户审美偏好转移，与用户建立情感联结，唤起更多年轻用户对中华文明的守护热情，以此实现文化传承的长尾效应。

以 IP 塑造的方式，将内容品牌化，可以催生出更加丰富的文化现象，助推传统文化的再中心化。媒体对文化的影响还体现在对社会和文化群体的重新划分上。在线上虚拟空间中，人们可以基于不同的兴趣与信息关注点聚集成一个“想象共同体”，并基于身份认同、兴趣认同或情感认同建立深度联系。大众对文化符号形成情感投射，在无形中催生情感能量，形成情感认同和情感价值。IP 形象的构建便基于符号资本，促进着与公众的情绪交流和情感资本的积累，以寓教于乐的方式，引发观众的好奇与关注。正是由于对晚会形象 IP 的创作、延续和发展，此系列节目逐渐打造出一个“唐宫夜宴宇宙”“年宇宙”，成为新一代的文化符号。

新符号文本的生成促进着情感资本的积累，其所获得的社会与情感认同可以转化为商业价值。影像内容在此时反哺线下旅游业，促使受众从情绪感知到行动产生，影响现实社会文化格局。“中国节日”系列节目引起公众广泛关注后，观众自发前往河南博物院等现场参观体验，并通过打卡行为实现线上线下联动。在文化产业化趋势下，品牌符号化俨然跃升为一种营销模式。符号运营为文化产业的发展增添了新的活力，而公众的兴趣与偏好也在无形中为品牌塑造提供了建构力量。具有鲜明特色的品牌文化更易于引发大众的集体认同感，也会在潜移默化中促成与特定文化相关的产品消费冲动。包装与经营品牌，可以助益其背后的媒体与文化发展，充分挖掘文化符号的长尾价值。

“万物有所生，而独知守其根。”传统的晚会往往为节日氛围服务，文化的输出与表达时常不占主体，这带来的后果便是观众审美的疲劳以及文化的失守。河南卫视果断放弃了这种“安全”的做法，以新一代信息技术为加持，将传统文化元素与情感体验相融合，在观众凝视中解码文化传统中的视觉隐喻，给观众营造了一个崭新的文本想象空间与心灵凝聚氛围，实现从空间审美到文化审美的跨越，加强了观众对于民族文化的认同感。与此同时，在良性的生态模式下，河南卫视文化类节目与河南博物院等实体文化场所达成相互反哺的共生关系，节目的创意边界与产业的创新空间得以扩展。视达千里，思通万里，鉴往知来。传统文化的回归不仅是为了对抗遗忘，更是为了充分理解此时此刻。中华优秀传统文化的创新性发展，要以现代媒介助推视觉文化复兴，以时代精神激活优秀传统文化的生命力，增强中华文化的历史底色。

三、场景转向：从产品逻辑转向场景体验

数智技术的广泛应用，颠覆了传统传播格局。虽然目前主流媒体都在积极融入新媒体环境，但部分主流媒体仍然存在对全新媒体环境下的传播规律认识不足的问题，缺少良好的受众互动机制，难以打造出兼具效度与精度的优质内容产品，进而引发了传播内容供需的结构性矛盾。

大众传播时期，传统主流媒体作为信息生产与传播的主体迅速崛起，几乎垄断了信息的流动，而受众在前期生产与传播过程中仅仅消费新闻，

是隐形的存在。这个时期的信息更多被视为一种产品，而媒体遵循的是一种产品主导逻辑。在产品主导逻辑下，价值被定义为交换价值①，价值创造由媒体机构主导。媒体机构通过整合内部资源进行产品提供，受众被看作价值的被动接收者。

而随着数字技术的发展，以用户为中心的互联网平台崛起，迅速收割用户注意力，此时媒体机构对用户需求的忽略使其陷入竞争困境，亟须转变价值主张，从关注产品向关注服务过渡，强调服务主导逻辑。在服务主导逻辑下，价值被定义为使用价值，由用户感知并最终决定。价值创造体现为多主体共创，具体指的是在价值创造中，用户与媒体机构处于平等地位，其强调用现象学的方法②来解释价值，即价值是由受众在特定场景中以特定的体验方式所感知、判断和共创的。

人所处场景的转换或更新，通常引发角色、行为模式的转变，人们需要在不断更新的关系情境和社会期待中重新找到自我与认同，调适自己以适应新的场景。③这意味着作为一种碎片化的信息内容实践，新闻的使用（如搜索、回避、接受、解释、分享、反馈等）并非发生在一个恒定的环境中，对新闻价值的理解也应与具体的使用场景相联系。彼得斯（Peters）认为受众将根据媒体机构所提供的情感参与体验来进行媒体选择。④相关研究着重关注协作、关系与系统性价值创造。⑤在一个永久连接、永久在线的全

---

① 陈晓颖，邱国栋.从产品主导逻辑到服务主导逻辑：能力重构视角下企业的数字化转型研究［J］.研究与发展管理，2022（1）：39-53.

② 孙嘉宇，陈堂发.理解新闻价值的两种逻辑：商品主导与服务主导［J］.国际新闻界，2022（2）：6-19.

③ 喻国明，马慧.互联网时代的新权力范式："关系赋权""连接一切"场景下的社会关系的重组与权力格局的变迁［J］.国际新闻界，2016（10）：6-27.

④ PETERS C. Emotion aside or emotional side? Crafting an 'experience of involvement' in the news［J］. Journalism，2011（3）：297-316.

⑤ VARGO S L，LUSCH R F，TANNIRU M. Service，value networks and learning［J］. Journal of the academy of marketing science，2010（1）：19-31.

媒体时代，服务主导逻辑作为传统媒体向新型主流媒体转型的核心价值主张，进一步体现在对场景价值的关注上，因此服务主导逻辑也可以提升为场景主导逻辑。

场景作为由时间、空间、关系构筑起来的生态[①]，在满足用户体验性、情感性需求方面发挥着重要作用。尽管观点略有不同，但其都包含主体要素、技术要素、时空与社交要素，都是以“人、物、场”即“用户、产品、场景”为基础，其最终目的在于满足用户的体验需求与情感需求。

主流媒体引入场景要素，一方面可以通过对不断变化的场景信息进行分析，及时识别用户需求改变，动态调整产品和服务定位，使业务流程更加灵活、具有弹性。另一方面可以用场景触发用户的新需求，拓展媒体机构产品和服务的原有边界，实现持续性的发展与创新。与传统创新相比，场景化创新更加注重关系性、情感性与价值性。

当下，场景的本质已然不止步于微观层面对用户信息和服务的适配，更在宏观层面成为重构社会关系、开启关系赋能新模式的中坚力量。[②]可以说，产品体验和关系连接是场景价值主张的两大核心要素。主流媒体应将体验性和关系性纳入产品内容价值的范畴。同时，场景化转向的产品创新更强调服务与系统观念，主张将组织内外的多元主体纳入价值创造过程中，每个有影响力的主体都成为其中重要的节点，嵌入全球信息网络。该逻辑将价值创造视为一个持续的过程，认为价值不会在用户处终结。产品生产过程呈现出由“中心—边缘”式的传输接收结构向弥散式网络的转变。

---

① 何志武，陈天明 . 场景嵌接、多元定制、全息传播：5G 时代知识付费的“3C”逻辑［J］. 中国编辑，2021（5）：22-27.

② 方可人，喻国明 . 参与式科学传播：公民科研的国际实践 基于知识图谱范式的分析［J］. 东南学术，2020（4）：205-217，248.

（一）场景化思维转型是基础

1. 从关注功能到关注体验

在 Web1.0 的传统互联网社会，主流媒体作为生产与传播的主导者，关注权威性话语的传达。而到了以智能技术为社会基础架构的元宇宙时代，基于计算机所生成的仿真环境将用户的沉浸式标准提升到一个新的高度，人们对外界环境的感知从二维层面的画面写实进阶为多模态化的体验求真。[①] 用户体验也以更直观的判断标准来衡量用户的接受度，情感交互与情感共鸣在信息传递、集体认同和注意力聚集的过程中发挥着越来越重要的作用。[②] 用户高沉浸化体验与具身化交互形成新的发展要求。可以看出，从文字媒介向沉浸式媒介迭代背后的本质是整个社会从认知需求到体验需求的转变。因而，在数智化潮流的侵袭下，主流媒体内容创新探讨的重心需从产品本身向产品服务转移，对价值的关注也应从产品的功能价值转移到产品的体验价值。

2. 从打造内容到建立新的信息关系

弱关系传递信息，强关系引发行为。[③] 场景空间切割的精细化程度越高，用户的微粒化程度也随之提升，个体便越发渴望从交互群体中获取认同感与连接感，逐渐将注意力从内容转向关注连接，形成微粒社会下的情感共

① 喻国明，陈雪娇．中国传媒经济研究 2021 年文献分析：发展转向与未来趋势［J］．全球传媒学刊，2022（1）：59-72.

② 喻国明，陈雪娇．元宇宙：未来媒体的集成模式［J］．编辑之友，2022（2）：5-12.

③ 克里斯塔斯基，富勒．大连接：社会网络是如何形成的以及对人类现实行为的影响［M］．简学，译．北京：中国人民大学出版社，2012：206.

同体，实现由弱关系主导的网友互动界面到强关系主导的在线趣缘社群。在强关系连接的社群中，用户秉持共同的价值观与行为规范，通过长期的互动与协作形成源源不断的关系价值[①]，从而为媒体发展提供稳定的价值保障。因而创新产品可通过寻求社群用户最大公约数的共情点、激发关系属性，实现人与人之间的信息连接、心理连接以及关系连接，调动赋权功能，对资源进行以用户为本的调整与适配，营造出用户与用户间能够进行对话交流的时空场域，并不断夯实和巩固关系链，延伸价值链。

（二）多元场景搭建是路径

体验经济时代，用户需求正逐渐由表层的感官体验转变为对于情感体验和价值认同的深层追求。交互的体验、情绪的交流、价值的共振在注意力集聚、信息传播与集体认同过程中发挥着越发重要的作用。用户对场景的要求也上升到身心沉浸、社群连接、价值共振的三维场景体验，这也是主流媒体衡量自身“破圈”影响力的关键性指标。

1. 游戏性：身心沉浸型场景

游戏精神是文化发展的精髓。[②]传播作为个体对个体的一种分享实践，始终与游戏的内在逻辑相吻合，游戏机制也一直被认为是理解传播现象的重要切入点。[③]面对数字叙事的交互性、多媒体性、动态性等数字化特性，以感官体验为基础、具有全身心沉浸的游戏性快感成为数字叙事新的审美

① 习近平．加快推动媒体融合发展 构建全媒体传播格局［J］．求是，2019（6）：4-8.

② STEPHENSON W. The play theory of mass communication［M］. Chicago：The University of Chicago Press，1967：1-3.

③ 喻国明，杨颖兮．参与、沉浸、反馈：盈余时代有效传播三要素 关于游戏范式作为未来传播主流范式的理论探讨［J］．中国出版，2018（8）：16-22.

体验。基于此，媒体机构可以以游戏的形态搭建起身心沉浸型场景，在高效满足用户功能需求的基础上，实现生理与心理的双向体验感满足。

将信息产品可视化、游戏化、科幻化，可以促使用户更愿意收看、收听内容并参与到媒介生产实践中。随着数智技术深度嵌入身体，线上线下重叠，虚拟现实技术驱动的新闻（VR 新闻）、实时交互内容（如互动游戏、在线发布会）、可穿戴设备新闻（如内容制作者的主观视角或生理信息作为产品的一部分呈现等）[①]这种基于身体的社交互动抹除了虚拟空间和现实场景之间的边界感，满足了用户对更多感官调动以及对“在场”话语权掌控的内容消费诉求。除此之外，得益于开源运动[②]的数据新闻可以向公众呈现原先“不可见”的数据、数据关系和规律[③]，并通过数据可听化，创造性地利用声音元素讲述数据故事，在人声之外，巧妙运用音乐和音效来完成对新闻真实性的塑造，是打造沉浸型场景的重要形式。例如，环保题材的 H5 新闻《英雄》将庄严壮丽的纯音乐作为背景乐，为英雄难敌自然力量的悲壮故事渲染出沉重的气氛，并在整个叙事过程中辅之以尖叫、爆炸、喘息等音效。以音频元素的叠加渲染丰富叙事层次，增强用户身临其境的接受体验。[④]种种事例都意味着观看时代的落幕，体验和虚拟实践时代的起航。[⑤]

需要注意的是，主流媒体中的“主流”并非某个组织所提出的固定概

---

① 李梦颖，陆晔．虚拟可导航空间与情感体验：可视化作为数字新闻核心叙事的中国经验与理论前瞻［J］．新闻界，2021（7）：33-42.

② CODDINGTON M. Clarifying journalism’s quantitative turn：a typology for evaluating data journalism，computational journalism，and computer-assisted reporting［J］. Digital journalism，2015（3）：331-348.

③ PÉREZ-MONTORO M，VEIRA-GONZÁLEZ X. Information visualization in digital news media［M］//PÉREZ-MONTORO M. Interaction in digital news media：from principles to practice. Cham：Palgrave Macmillan，2018：33-53.

④ 刘涛，刘倩欣．“一镜到底”：融合新闻的叙事结构创新［J］．新闻与写作，2020（2）：74-80.

⑤ 吴茜．符号・媒介・权力：网络流行语的青年身份认同建构［J］．新疆社会科学，2021（1）：133-139.

念，也不是大多数人所关注的“流量黑洞”，而是聚集物的景观，是范围最大化的公共场景。[①] 其意在借助强大的用户数和现场体验感，为用户提供仪式体验的空间并完成力量建构，从而引导观众、引领舆论。因而，在身体沉浸之外，媒体机构还需通过伴随式场景的打造实现用户的心理沉浸，完成最大化的用户卷入。“云监工”“慢直播”都是聚集用户，实现用户卷入虚拟“穿越场景”，带来更震撼体验感的方式。如央视频的火神山医院施工现场直播一经出现便迅速成为大众关注焦点，在线观看人数达到了 8624 万人次[②]，很大程度上缓解了受众的心理焦虑。央视频的《疫情二十四小时》专题通过慢直播的方式，向大众全程展现防疫医院的紧急施工进度，达到用户“云监工”的关注高潮，累计访问人数超过 2 亿人次[③]，高效实现了伴随式的个性传播，完成了对于用户心理沉浸消费需求的满足。

2. 情感性：社群连接型场景

情感在社会行动中拥有独特的内聚功能[④]，可以渗透个体心灵并产生难以估量的外部作用力。目前，在新媒介情感性、互动性、共享性等媒介特征下所催生的网络社群正逐渐成为推动新型主流媒体融合创新的重要力量。由于个体兴趣与价值取向方面存在“路径依赖”，用户会更加信任社群内成员所分享的信息，而不是仅仅依赖于外界的“权威来源”，以此降低认知成本。[⑤]

---

① 马陈静，陈笑春．慢直播对重大题材新闻报道的融合与创新［J］．中国出版，2022（4）：35-37.

② 袁舒婕．慢直播凝聚抗“疫”力量值得点赞［N］．中国新闻出版广电报，2020-02-04（3）．

③ 来莎莎．数千万“云监工”共同见证 5G 应用逐步落地［EB/OL］．（2020-02-05）．https://www.yicai.com/news/100491524.html.

④ 赵雅文，李世强．媒体融合背景下短视频平台政治传播与情感动员研究［J］．天津师范大学学报（社会科学版），2022（2）：95-101.

⑤ STERRETT D，MALATO D，BENZ J，et al. Who shared it：deciding what news to trust on social media［J］. Digital journalism，2019（6）：783-801.

因而，社群连接型场景主张满足用户的社交需求与情感诉求，通过情感动员[①]推动虚拟社群的连接，为用户提供实时的共情场域，促成情感连接。

首先，媒体应以公共性为突破口实现多元价值个性张力的展露，即在核心价值导向满足的基础上实现个性化审美满足。一方面，确保代表媒体自身特色与价值的原始素材充分聚合到中央平台，根据不同社群的特色进行素材选择、组合和二次加工，确保信息内容在风格、形态上契合不同社群的个性化需求，实现价值在不同社群中的最大化释放。把握好主流与支流、主流文化与亚文化之间的关系平衡，考虑到不同群体间的利益诉求，从而在公共空间与社会情境间建立起更广泛的连接。[②]另一方面，通过情感叙事和视觉修辞设置议程[③]，形成以情感传播为外动力，以信息模式、政论模式、故事模式等为信息要素的“混合情感传播模式”[④]。通过情感动员调动个体的情感世界，以情感机制的系统作用连接社群内成员[⑤]，形成一种“共同体”表征的信息交互模式，最终实现圈层内外的情感共鸣与意义共振。例如，澎湃新闻的“澎友圈”、齐鲁壹点的“情报站”等垂直社区频道，以圈层社交、本地社交加强用户间的黏性互动与情感连接，有效反哺了线上平台的活跃度和知名度，获得了更多的连接红利。

其次，主流媒体应通过服务创新延伸价值链，实现与社群的深度连接。为构建与社群成员间的强连接，媒体需突破以往内容为王的“短小”价值

---

① 白淑英，肖本立．新浪微博中网民的情感动员［J］．兰州大学学报（社会科学版），2011（5）：60-68.

② 李明德，李沙．数字时代主流媒体正面宣传的现实困境与优化路径［J］．西安交通大学学报（社会科学版），2022（3）：125-132.

③ 刘丹阳，张举玺．数字漫画外交：中国声音的视觉修辞实践［J］．当代传播，2022（2）：62-66.

④ 张志安，彭璐．混合情感传播模式：主流媒体短视频内容生产研究 以人民日报抖音号为例［J］．新闻与写作，2019（7）：57-66.

⑤ 詹小美，赵晓营．记忆仪式沉浸化：共同体意识传播的情感动员［J］．民族学刊，2021（1）42-48，88.

链，以服务创新为核心元素，从横纵两个维度全面延伸媒体机构的价值链。纵向上，构建营销闭环，向社群成员开放内容生产、开发、分发等各个环节，重视成员间在充分交流互动后所形成的群体意见，并根据他们的反馈及时调整内容与服务创新方向。横向上，在深度挖掘社群需求的基础上，有针对性地开发延伸服务以满足这些需求，如连接电商等其他平台来延伸价值链的长度[①]，促进社群成员从单一的内容消费向多元的产品消费转变，从而增加社群和媒体机构的互动频率，达到加强关系的效果。例如，央视频的“央友圈”功能将冬奥、健康等垂直品类的深度内容与针对用户的精准服务和价值引领相融合，以社交属性与品牌背书强化媒体与用户的情感连接，实现优质内容向社交产品的价值延伸。[②]

3. 文化性：价值共振型场景

场景价值的核心在于关系连接与价值共振，价值共振型场景致力于满足用户的价值认同。文化的生成是情感积聚的结果。在全球化背景下，将情感认同与传播媒介结合，将更有助于激发价值共振，达到超越个体传播界限的“全人类意义共享”。[③]这也对新型主流媒体产品创新提出了更高的要求。主流媒体将价值认同视为其谋求传播效果的重要角色，并进一步聚焦价值共振型场景的建构，适应全球化趋势。其通过对情感、关系性元素的运用，使不同文化背景的传播对象对内容符号产生价值共振，由此产生价值认同并搭建起关系连接，这也为新型主流媒体讲好中国故事、传播好中

① 麦尚文，张钧涵．“系统性融合”：新型主流媒体的社群驱动与传播生态建构［J］．现代传播（中国传媒大学学报），2021（6）：25-32.

② 王虎．内容创新与自主平台双轮驱动的电视媒体转型发展［J］．电视研究，2022（1）：16-20.

③ 詹恂，祝丹文．数字新闻学视域下主流媒体融合新闻的情感话语建构：基于第28—31 届中国新闻奖媒体融合奖项的叙事研究［J］．新闻界，2022（4）：15-22，41.

国声音提供了新的策略转向。

首先，从新型主流媒体的功能呈现和价值实现的角度来看，媒体机构应当将为内容生产提供相应的支持与价值服务作为主要发力点，而不只是为用户生产内容。以有影响力的优质内容为基点，打通各账号端口，围绕用户场景进行全时段、全渠道与终端再造，通过内容品牌的再中介化，创新内容连接的服务模式，以“内容 +”的媒体业态激活多元主体参与，将内容产品视为传递服务与价值的媒介，从传统的“To C 模式转为 To B 模式”[①]，完善内容生态的价值体系，为用户提供多元的信息体验与消费渠道。这不仅可以满足社会的内容价值需求，还可以拓展并延伸原有的传播边界，拓展媒体的社会文化功能。

其次，主流媒体化身为“人体”，成为具有人性、人情的魅力人格体。在内容饱和、信息过剩的压制下，主流媒体要构建自身的核心吸附力，在流动场景中冻结并聚合“流量”，成为自然而然的主流。[②]纪实影像是最好的呈现方式，其真实性、情感性可以有效消解低语境文化范畴中文化他者的解码障碍。在全球化语境下，新型主流媒体的发展需善用纪实影像讲故事，打造跨文化场域。媒体通过影像的方式将文化记忆展露出来，秉承人类命运共同体理念，聚焦国际受众的审美趣味，一方面挖掘具有自身特色的文化素材，另一方面关注有关“爱”与“美”的人类共同性情感表达[③]，满足异质性受众的审美诉求与文化需求，构筑与受众的情感联结，构建共享的意义和文化。通过国际化叙事与文化共同体建构的编码策略，向世界展现源远流长的中国文化。概言之，在价值共振型场景的搭建中，内容产品要

---

① 喻国明．新型主流媒体：不做平台型媒体做什么？ 关于媒体融合实践中一个顶级问题的探讨［J］．编辑之友，2021（5）：5-11.

② 智慧，陈功．流动时空中主流新闻媒体传播体系的融合与构建［J］．当代传播，2022（2）：54-57.

③ 韩梅．论中国纪录片解说在全球化传播中的美学建构［J］．中国电视，2019（2）：67-70.

最大限度地避免信息解码过程中的意义折损，需要完成两个维度的深耕，除了纵向深度价值的表达，也需要关注横向宽度价值的连接能力与共振效果，使不同文化属性的受众在同一个内容作品中实现情感共振和价值认同[①]，即跨文化共情，完成对于同一符码的认同，实现共享意义空间的可能。

（三）文本融合：跨媒介叙事是关键

数智技术的发展助推媒介间边界的消融，生产场景变复杂，创造性行动的空间也因此增大，这呼唤新的叙事规则和审美体验。基于场景的跨媒介传播[②]逐渐转向跨媒介叙事，其由多媒体共同组成，借助界面提供的交互功能推动故事发展。文本走向没有主轴的结构和开放系统，内部结构呈“块茎”状分布。跨媒介叙事作为随着媒介融合而出现的一种新美学形式[③]，是一种系统性很强的媒介实践，具有增值的美学属性[④]，强调媒介要超越自身的表达框架，进入另一媒介所擅长表现的状态，即“出位之思”[⑤]。这为媒介文艺审美的多元化与复合性提供了一种新的话语结构[⑥]，也决定了场景

① 喻国明．跨文化交流中的三个关键性传播节点：关于减少和消除“文化折扣”的传播学视角［J］．新闻与写作，2020（3）：62-65.

② 块茎结构是德勒兹与瓜塔里在《千高原》一书中提出的概念，与树形结构相对应。树形结构是从一个中心开始，通过二分法延伸，具有等级秩序且能回归最初中心；而块茎结构是由无数链接和节点交织而成，每一个链接都指向不同方向，任一节点都可以且必须连接到其他节点。块茎结构展示了一种新的书写形式和新的认知方式。

③ HENRY J. Convergence culture where old and new media collide［M］. New York：New York University Press，2006.

④ 文卫华，林小平，尹柳玉．跨界联动与形态融合：全媒体时代综艺节目的创新发展路径［J］．中国电视，2021（9）：22-26.

⑤ 龙迪勇．“出位之思”与跨媒介叙事［J］．文艺理论研究，2019（3）：184-196.

⑥ 晏青．媒介文艺的核心范畴及艺术自洽探讨［J］．文艺理论研究，2021（6）：158-170.

化转向下的叙事生产必须回应信息思维与流量思维的平衡问题[①]。这意味着，内容创新不仅需要回归内容本体，聚焦社会与民生议题，同时也需要在叙事形式上有所突破创新，借助不同的媒介元素，完善故事世界的构建。

作为贯穿跨媒介叙事全程的内部运行机制[②]，互文性是跨媒介叙事得以实现的路径，强调不同文本相互指涉映照、相互牵连，从而形成开放的网络以供用户将其无限延展。但值得注意的是，跨媒介叙事更强调叙事之间的整体性布局，互文性叙事只是故事扩张的一种方式。[③]

这种借助多种媒介创造的统一且连续的体验，是一种有计划的叙事，也是一种维持创作与意义并存的空间建构。新型主流媒体通过将跨媒介叙事应用于文本设计中，依托各媒介平台进行子文本开发，满足用户的多元媒介体验，形成多重消费、多向扩散的新格局，并基于不同平台间的文本协作，实现借内容资源的扩展与增值来打造叙事品牌的目的。[④]

（四）系统性融合：协作网络是保障

传统主流媒体主要从竞争的角度看待创新，其创新过程是内向型的，较少从组织外部寻求创新项目。[⑤]而在线网络增强了协作成员之间的连接，

---

① 刘涛．融合新闻选题：“信息逻辑”与“流量逻辑”的对接［J］．教育传媒研究，2020（1）：20-24.

② 陈先红，宋发枝．跨媒介叙事的互文机理研究［J］．新闻界，2019（5）：35-41.

③ 杨盈龙，孙百卉．媒介融合时代传统文化节目的“故事世界”建构：从跨媒介传播到跨媒介叙事［J］．中国电视，2019（12）：70-73.

④ 白岩．参与、延展与扩散：电视新闻的“跨媒体叙事”实践策略探析 以《新闻联播》抖音号为例［J］．传媒，2019（21）：68-72.

⑤ 常江，黄文森，杨惠涵，等．数字新闻学的崛起：2021 年全球新闻学研究综述［J］．新闻界，2022（1）：15-30.

并为跨区域甚至跨国界的协作项目提供了物质基础。[①]日常讨论、信息收集、项目监控和管理都是由来自不同组织的协作者通过在线网络达成的。这也正如斯通贝利（Stonbely）所说，数字时代诞生的技术使协作比以往任何时候都更加容易。[②]这也启示媒体机构可与不同主体之间建立契约关系，包括技术合作、服务契约、R&D（研究与开发）、技术转移、共同产制协定、战略联盟等，以项目制模式实现对生产任务的拆包和分工，打破固态生产模式，实现效率性与灵活性的统一，带来用户使用价值转化率的提升。

在未来，主流媒体可以加速从两个面向展开产品生产的协作实践：内容从业者之间的协作、内容从业者与其他群体的协作。前者如 30 多个国家的事实核查组织联手通过一个简单的在线工具核查 COVID-19（新型冠状病毒）的信息，并每天更新全球疫情数据库。[③]后者则更为广泛，一方面，专业媒体可以与行业专家等其他专业群体进行合作，以双重专业化的方式打造协作式内容；另一方面，专业媒体可以引导用户广泛参与内容生产实践。例如，澎湃新闻的“沿苏州河而行”项目便是由媒体机构主导、研究者以及感兴趣的普通市民等多主体参与的媒介实践。他们沿着苏州河漫步，了解它的历史与河岸现状。最终所派生的媒介产品除了常规的文字与影像呈现，还包括以众包形式完成的歌曲创作以及延展至线下实体空间的艺术展、学术分享会等。这一媒介实践所指向的是以社会连接和公众积极参与为核心的情感共同体以及深入的地理和文化社区所勾连起来的丰富多样的

---

① 刘天宇，罗昊 . 协作是新闻业的未来吗？：对跨组织新闻协作的元新闻话语分析［J］. 新闻记者，2021（11）：66-80.

② STONBELY S. Comparing models of collaborative journalism［EB/OL］. https://collaborativejournalism.org/wp-content/uploads/2017/09/Models-for-Collaborative-Journalism-research-paper.pdf.

③ ABIDI A. Fact-checkers go into battle against coronavirus misinformation［EB/OL］.（2020-03-09）. https://en.ejo.ch/ethics-quality/fact-checkers-go-into-battle-against-coronavirus-misinformation.

社会公共生活。[①]概言之，组织内外的协作实践本质上是各方资源的系统性融合过程，能够解决自身资源局限问题，加强舆论主导。这无论是在内容生产的呈现形式，还是后续社会文化价值的影响力方面，都极大地超越了传统的内容生产创新框架，是未来新型主流媒体推动供给侧结构性调整的重要保障。

（五）媒介仪式视域下中国故事的创新表达——以江苏卫视 2022 年跨年晚会为例

内容决定了传播的广度，而立意则决定了价值的高度。跨年晚会已成为一种新民俗，一种重要的媒介仪式。跨年作为一件全国性活动，具有承上启下的作用。其不仅是对上一年的回顾和总结，更是对下一年的开启与展望。具有浓厚仪式感的跨年晚会通过全方位、多层次的视听表演手段，运用多种艺术门类呈现主题，以开放的狂欢美感给予受众审美体验。凸显科技创新与时代奋斗精神的江苏卫视 2022 年跨年晚会，从主题策划、舞台呈现、节目编排等各个层面实现了整体内容的再升级。其不仅在全时段收视率上名列头部，而且还不断涌现出引起全网热议的节目。晚会播出后，中国广视索福瑞媒介研究（CSM）63 城收视率 4.70%、35 城收视率 4.75%，全国网收视率 1.73%，全国网城域收视率 2.04%，所有网别全域第一。与此同时，晚会的复合影响力持续领先，全网热搜超 600 次，累计在榜时长 1200 小时。“张光北朗诵谁是最可爱的人”“杨洪基唱了多少个奋斗”“2022 架无人机致敬中国航天人”等话题，引发全网热议，登上微博

① USHER N. Putting “place” in the center of journalism research：a way forward to understand challenges to trust and knowledge in news［J］. Journalism & mass communication monographs，2019（2）：84-146.

热搜超 100 次。[①] 回顾江苏卫视 2022 年跨年晚会，最大的亮点莫过于“三新”：讲好中国故事的新窗口、独具科技感的新民俗、书写主流价值的新影像。

1. 主题创新：仪式情境创新中国故事表达

仪式的研究侧重于对解释和意义的追求，强调符号的特征，即仪式所表达和传达的观念、价值、态度与情感。打造媒体仪式的目的在于分享信仰，建立共识。[②] 仪式作为晚会的重要组成成分，打破了观众对常规电视节目的收视惯性，起到了其他媒介内容所无法取代的作用，对于唤醒文化记忆具有深远影响。奋斗，是中国故事的核心构成要素。江苏卫视 2022 年跨年晚会继续以“用奋斗点亮幸福”为主题，以科技之笔描绘奋斗图景，融合时代主题、红色旋律与社会正能量等元素，在引领大众寻找民族与国家记忆的同时，也成为大众心中更加深刻的集体记忆。

（1）以个体人物转喻群体面貌

晚会的仪式性对于增强观众凝聚力、形成共同体、推动社会关系向“聚合”状态发展具有重要作用。观众通过对大众媒介所传递的符号进行解码，形成基于个人情感的共识，最终激发个人能量，形成民族情感。晚会本身作为一场歌曲的盛宴，亦是一场记忆的传承。个人奋斗与时代进程交织，以奋斗精神传递社会正能量。可以发现，江苏卫视此次开启了独特的创作视角，大幅提升了时代人物与素人的比例。晚会的不同篇章以不同行业的人物为代表，将个人的奋斗与时代的进步交织在一起。对于个体来说，晚会表达的是对于奋斗精神的弘扬。张光北朗诵、毛不易演唱的李大钊的

① 第一！江苏卫视 2022 跨年演唱会 用“奋斗之声”鼓舞幸福新征程［EB/OL］.（2022-01-01）. https://baijiahao.baidu.com/s?id=1720735327962934834&wfr=spider&for=pc.

② 格尔茨 . 文化的解释［M］. 韩莉，译 . 南京：译林出版社，1999：174.

《青春》，让观众感受到百年前“以青春之我，创建青春之国家”的青春活力；由关牧村、刘宇宁演唱的《假如你要认识我》，诞生于改革开放初期，在改革大潮下鼓舞了一代年轻人；谭维维与航天老同志合唱团完成的《祖国不会忘记》，唱出了将青春献给祖国的无怨无悔；周深演唱的《生活总该迎着光亮》，折射了年轻人的奋斗图景。带着时代印记的精神表达，在跨年晚会的熔炉中淬炼，提炼为对奋斗精神的弘扬。

晚会通过奋斗者的叙述，具化内容表达，将主题与后续娱乐节目相融合。以转喻的形式，以点带面，以个体人物来转喻群体面貌。[①] 晚会内容囊括经典、年代、青春，这些关键词将观众的注意力集中于时代个体，呈现出丰富的记忆内容，积极调动观众的情感共鸣，将个体记忆融合于家国情怀的框架之下，完成关于党领导人民奋斗百年的集体记忆建构。晚会通过具体人物和群体之间的转喻关系，以小见大地折射出社会和国家共同建设美好中国的全局图景，从而完成从个体视角到宏观叙事的转向。

（2）以集体记忆深化身份认同

从文化符号的角度看，民俗仪式与家国意识是跨年晚会的重要组成部分。在家国同构思想的指引下，其成为凝聚民族情感、激发爱国热情的重要舞台，渗透着显而易见且潜在的社会框架，使千万人在其中进行身体在场的交往和精神在场的情感联结，强化着文化意味。[②] 在围绕主题进行艺术创作时，江苏卫视 2022 年跨年晚会利用集体记忆的象征性与符号性建构来触发观众情绪并引起共鸣，通过集体记忆的功能不断传承和发扬家国同构的观念和优秀传统文化，从而增强仪式感。江苏卫视 2022 年跨年晚会通过

① 伍蠡甫，胡经之 . 西方文艺理论名著选编：下卷［M］. 北京：北京大学出版社，1987：429.

② 张丽，刘念，孙璐 . 融合 · 仪式 · 文化：2021 北京广播电视台春节联欢晚会创新分析［J］. 当代电视，2021（4）：8-13.

涵盖建党百年、航天事迹、全面小康等盛事，凝聚起海内外华人的集体记忆。本质上，集体记忆是基于现在而进行的对过去的重构。江苏卫视 2022 年跨年晚会充分利用情感的能量，在真实讲述中发力，通过文化符号促进身份共识，以集体记忆的凝聚力实现集体记忆共鸣。

奋斗事迹的具象呈现，可以唤起群体的记忆碎片，深化身份认同。正是对这些事件的记忆区分了“我们”和“他们”。观众在观看过程中被连接成想象共同体，并参与到晚会对历史的回溯中。在这个过程中，观众确认了自己的共同体身份。晚会通过创造仪式时间，使参与者获得特定的心理情境。除了日常生活中流动的客观物理时间，观众还存在着对于时间的主观感知，如各大重要时间节点中所蕴藏的文化与时代意义。2021 年，江苏卫视跨年晚会与澳门金光综艺馆（现“威尼斯人综艺馆”）第五次合作。在过去的五年里，这一 IP 已经成为江苏和澳门深化人文交流的一张文化名片。在粤港澳大湾区建设的背景下，此次跨年晚会进一步强化了澳门元素的表达。除了粤港澳大湾区优秀行业代表，演唱过《七子之歌》的歌手龙紫岚也受邀参加。晚会承载着重要的文化交流价值，对于深化身份认同起到了重要的辅助作用。

晚会中之于国家的当代表达，是百年回望下的新领航。在八大篇章中，“致敬百年风华”与“致敬新时代”占据了最重要的首尾位置。如今，中国正站在历史的交汇处。在这个特殊的时刻，作为主流媒体平台的江苏卫视也将别出心裁地设计融入这场跨年晚会中。序篇中由钟镇涛、关智斌等实力歌手与粤港澳大湾区优秀行业代表携手演唱的《百年》，终篇中由王传越和张靓颖合唱的《领航》，形成首尾互文。晚会用致敬的姿态回首几代人的初心与梦想，用动人的礼赞表达对未来的向往和期待。

2. 融合创新：打造仪式舞台，视觉建构重温中国故事

跨年晚会中所有的可视性符号与可听性符号都是为了服务于“奋斗”

这一核心主题。通过媒介渲染，晚会中的情感概念被反复唤醒与传播，在观众心中留下了深刻印记。最初分散和混乱的个体在国家共同体中得以重聚，并在精神层面上达成一致。

在江苏卫视2022年跨年晚会的这场媒介仪式中，舞台空间、节目编排、互动环节都成为具有情感特征和文化内涵的仪式符号，共同营造合家欢的氛围，促使观众成为情感共同体。在媒体深度融合的背景下，江苏卫视不断推进先进技术与艺术的结合，做好内容供给侧改革。无论是形式创新还是内容优化，其最终目的都是通过跨年晚会这个平台，实现渠道、理念、内容、生态的融合①，不断提升主流媒体的影响力和传播力，努力讲好年度中国故事，延续中国精神的当代表达。

技术与艺术的融合，实现了跨时空对话，最大限度满足观众的审美期待以及对于仪式的认同感。江苏卫视利用智能技术的特点，提供极致的视听体验；通过大胆使用更多的“黑科技”，实现空间与场景的技术互动以及视听体验的全面升级；以技术创新赋能精品内容制作，加快媒体融合转型升级。将技术融入内容表达是呈现创新的进一步发展，全新的内容编排打破了舞台艺术呈现的天花板。科技感是江苏卫视节目IP近年来的创新突破方向，用技术创新内容，将AR技术应用于晚会舞台，使传统歌舞节目的线性时间和平面的舞台空间融合②，实现传统与现代的交融以及身临其境的沉浸式体验。节目通过虚拟偶像技术重现昔日明星邓丽君，以创新方式致敬经典传奇，实现其与周深三首歌曲的对唱与特效换装。通过新的科技手段，经典得以再现，同时，将对歌手和作品的无限情怀发挥到极致。除了跨代、跨界的合作，也有突破次元壁的创新表演。虚拟歌手Vsinger家族也

① 张丽，刘念，孙璐．融合·仪式·文化：2021北京广播电视台春节联欢晚会创新分析［J］．当代电视，2021（4）：8-13.

② 雷纯梅，郝琦．讴歌党的丰功伟绩 实现内容形式创新：评文艺晚会《百年正青春》［J］．当代电视，2021（9）：47-49.

来到了现场。Vsinger 家族的六位数字人不仅要在同一个舞台上表演，还要和“硬糖少女 303”的成员们在同一个舞台上进行 PK（对决）。独舞、齐舞、斗舞等真人与数字人的互动，极大挑战了 AR 技术与舞台、机位、灯光的高度协调。

在内容创作、框架结构、舞台设计、节目拍摄等方面，晚会运用新一代信息技术对视听表现形式进行再造，构筑可视性符号。飞天自古以来就是中国人的共同梦想。2021 年是名副其实的航天大年，多项重大航天工程任务取得圆满成功，标志着中国向航天强国更进一步。在舞美呈现上，导演组在“可观性”方面做了诸多尝试。此次晚会主打宇宙太空的舞美概念，半球形的屏幕作为天空，灯光则被转换成宇宙星辰，散落在舞台上。晚会还运用了综艺节目《2060》中的虚幻引擎 4（UE4），将现场的舞台灯光一一复刻到虚拟嘉宾的节目之中，实现了虚拟空间与真实舞台之间的梦幻联动。此外，为了向中国的航天事业致敬，虚拟技术结合舞台结构，重现地球、月球和中国空间站的震撼视觉效果，呈现浩瀚的宇宙与灿烂的星辰。

3. 板块创新：颠覆节目流程，听觉召唤实现情感共鸣

跨年的仪式感不仅来自内容的创新，更来自跨年本身是观众进行回首与展望的价值节点。实际上，内容逻辑与价值逻辑的叠加融合是近年来大型晚会创新的普遍理念。江苏卫视 2022 年跨年晚会深耕社会价值传递，一方面在主题表达上建立长期的连续性，2019 年提出的“用奋斗点亮幸福”的主题，一直沿用；另一方面延伸价值表达链条，进一步释放价值取向和文化内涵中的正能量。在八个篇章的结构设计下，整场跨年晚会在主题升华上有着特殊的层次感。

从媒介仪式的角度来看，内容创造由大量的视觉符号与听觉符号构成。节目的构成和环节的设置，既要符合传统仪式的基本要素，又要不断探索

媒介仪式的独特性。由媒体组织制作、播出和传播的各种具有仪式感的节目，是媒介仪式传播的重要组成部分[①]，通过象征符号的重复再现和仪式场域的不断拓展，可以构建起观众的民族认同与家国意识。在结构上，节目通过篇章化的形式结构深化主题。江苏卫视坚持平民化、青春化、多元化、情感化的叙事风格，在每一个篇章的结尾设置旁白片段，由国家一级演员、航天员、抗疫一线医生等社会奋斗者分享他们的奋斗故事，使整场晚会的结构更加立体，同时也生动地展现了“奋斗之声”“从人民中来，到人民中去”的宽广情怀。在烘托篇章主题的同时，也为观众呈现出更加多元生动的中国传统文化与中国故事。

“人”“乐”“场”之间，是一个相互赋能的循环。篇章结构设计改变了长期以来选嘉宾的逻辑。首先，每一篇章都围绕一个时代主题，将表演者、节目内容和奋斗故事有机融合，营造出情感表达和思想内涵的递进效果。从不同角度诠释奋斗精神，以叙事的方式将节目安排衔接起来。将呼应时代主题的元素巧妙融入内容中，以篇章式的结构对音乐内容进行有机逻辑串联。江苏卫视 2022 年跨年晚会以板块创新，强化主题表达，通过“致敬百年风华”“致敬奋斗的你”“致敬经典之声”“致敬最可爱的人”“致敬美好生活”“致敬科技与创新”“致敬飞扬的青春”“致敬新时代”等八个篇章展开叙事。每一个篇章都巧妙地将主题元素与内容相结合，以“奋斗”为骨架的主题，为整场晚会奠定了基调。

其次，从人物符号来看，媒介仪式节目中的参演嘉宾是民族文化的缩影，在人员配备上，江苏卫视 2022 年跨年晚会，除了邀请实力派歌手，还大大扩充了时代人物与素人的参与比例，包括亲历长津湖战役的抗美援朝志愿军老战士代表陈良等。其人员配置代表着民间与官方、民主与权威的和谐统一。其不屈不挠、坚强独立的特质，与国家发展史十分相似。作为

① 张兵娟 . 电视仪式传播：理论、范式与研究视角［J］. 新闻爱好者，2016（1）：57-61.

民族文化的媒介仪式之一，跨年晚会舞台上展示的独特的人物符号具有良好的文化价值传播意义。[①]他们以奋斗故事讲述人的身份亮相，如来自粤港澳大湾区的行业代表、航天老同志合唱团等，共同奏响时代之声。与此同时，晚会以人物为线索串联起整体节目编排，成为内容与价值、思想与情感的连接纽带。

最后，在演唱曲目的选择上，晚会紧贴"奋斗"二字的内涵，力图使音乐元素与篇章内容相契合，用音乐来讲述中国故事，塑造听觉符号，创新内容编排。人与音乐的碰撞，创造了一个不断升华的情绪场域。选人逻辑的变化也给音乐带来了更加多样化的表达。《男儿当自强》等堪称国民经典的作品在跨年晚会舞台上有了颠覆性的全新呈现；谭维维与非物质文化遗产华阴老腔合作，让观众感受到传统在当代的表达与更新。这些富有创意的音乐内容，让舞台作品摆脱了工业流水线的机械复制，步入用音乐书写中国故事与当代精神的层面。

跨年晚会作为一种仪式，不断呈现出新的特点。其植根于自身独特的文化，以歌舞为载体，以文化意蕴为内核，借助电视媒体展现多元化的中华文化，在寓教于乐中建构影像语言的价值维度，回归内容吸引力本身，让"有趣"与"有意义"巧妙融合，促使文化内容、时代风貌与节目形式产生汇聚效应，有针对性地实现内容建设和情感输出，达成商业价值与内容价值的双赢。在新时代文化命题的语境中，创作者需要从内容到形式对晚会的文化建构进行深入思考，讲好中国故事，传播好中国声音。

---

① 方宁兰．文化交流与仪式传播：2020 年总台春晚评析［J］．电视研究，2020（5）：46-48.

四、传播创新：升级场域，重构传播矩阵[①]

在场域理论视域下，书籍、游戏、综艺节目、电影、纪录片等传统的传播渠道在整个传播场域中均扮演着不同的角色。但随着“万物皆媒”的智媒时代到来，大众对信息的获取逐渐有了更多的选择，以短视频、公众号为主要形式的新媒体传播逐渐入侵场域，重塑了传播格局。在此背景下，原本占据价值中心的科学纪录片需要明确自身定位，稳固自身“资本”，与多媒介共同打造传播合力，共创智媒时代下的科学传播健康场域。

科学传播由来已久，伴随人类对世界认识的逐渐加深与科学技术的发展进步而产生，在人类社会中的重要地位日益凸显。概括而言，科学传播是以倡导科学方法、传播科学思想、弘扬科学精神为目的，将人类在认识自然和社会实践中所产生的科学知识与技术知识在社会中进行传播与扩散的过程。[②]科学传播自身的发展经历了传统科普、公众理解科学和科学传播三个阶段。[③]从传统科普发展到如今的科学传播，一方面，受众的身份发生了巨大转变。受众逐渐从被动的接收者蜕变为具有一定科学素养及理解和反思能力的平等交流者，这是当下科学传播做到双向、平等交流的基础。[④]

---

① 张锐，张筱佩 . 影像书写：智媒时代科学纪录片传播角色探析 基于布尔迪厄场域理论［J］. 科学传播与科学教育，2023（1）：26-40.

② 黄时进 . 论科学传播受众的网络时代特征：基于布尔迪厄场域理论的视角［J］. 学术界，2008（2）：79-83.

③ 刘华杰 . 整合两大传统：兼谈我们所理解的科学传播［J］. 南京社会科学，2002（10）：15-20.

④ 张爱凤 .“疫”题材纪录片的科学传播价值［J］. 当代传播，2021（2）：109-110.

另一方面，随着媒介融合的不断深入，新技术、新媒介正逐渐丰富和重塑科学信息的表达方式，原有的传播模式正逐渐瓦解，新的传播渠道逐渐占据大众视野，以全新的位阶立于科学传播场域中。

（一）科学传播的场域构建

科学传播离不开传受双方的信息交流，传播渠道是连接科学传播者和受众的直接桥梁，是传播内容是否能够从传者向受者成功转译的关键。

最早的科学传播主要通过科普书籍、报刊等纸质读物来达到普及科学、提升素养的目的，也就是科学传播的纸媒阶段。随后广播、电视等媒体走入千家万户，科学传播路径开始有了声音和画面的加入，传播元素被进一步丰富，影像艺术应运而生。紧接着互联网、智能手机的大规模运用催生了大众娱乐模式的多样化，游戏也成了科学传播的新兴途径，从页游到手游都获得了年轻群体的青睐。再到如今人工智能、大数据、5G 等智能技术加入其中，科学传播逐渐发展到了智媒阶段，有了新的话语符号。以网红科学家为主角的科普短视频拥有病毒裂变式的传播速率，以碎片化的方式强势入侵了传播矩阵，取代了文字传播成为准入门槛最低、目标受众最广的传播方式，卷入了整个市场竞争中。在漫长的发展过程中，科学传播逐渐由相对滞后的单向通道构建成为多元主体共生的传播场域。

场域理论是社会学家皮埃尔·布迪厄（Pierre Bourdieu）提出的社会学概念："一个场域可以被定义为在各种位置之间存在的客观关系的一个网络，或一个构型。"[①] 位置、客观关系、网络是场域中的三个要素。首先，

① 布迪厄，华康德．实践与反思：反思社会学导引［M］．李猛，李康，译．北京：中央编译出版社，1998：133-134.

场域是由众多行动者形成的动态网络合集，并非单一的时空形态。其次，在复杂的网络中，位置代表了场域内部不同行动者的权力地位，各自在网络中占据着不同的中心，发挥着独特的价值。最后，客观关系体现了不同位置行动者之间的力量博弈，是资本的占有与掠夺。“资本”是场域理论的核心概念之一，不仅是场域内行动者斗争的武器，也是共同争夺的目标。它常常与利益相关联，支配着场域的日常运作规则。

总体而言，传播场域是一个权力和资本相互转化的场所，这种转化依托场域内的竞争而实现。各竞争者都在争相将自身的原始资本转化成权力，从而掠夺更多的资本，来达到确定自身在场域内的统治地位的目的。场域一直处于动态的结构中，内部的角色和地位会随着资源的占有和分配而随时变化，也会随着新角色的加入而重塑价值关系。具体到科学传播场域而言，科学信息通过不同的渠道抵达受众，也会碰撞出独特的传播效果。这些传播渠道可以被看成场域中不同的行动者，各有千秋，依托着与生俱来或后天掠夺的资本，各个渠道同样要开启竞争，瓜分受众市场，在动态的博弈中确立自身的角色地位。在此过程中，受众化身为各个渠道掠夺的资本，也成为衡量传播价值的重要标准。一方面，受众的流失便意味着某一传播方式话语权的消解；另一方面，受众表面的数量又并不能代表最终的传播效能，受众所能吸收的信息和反馈才是衡量效能的最终指标。这一指标有时也会因人而异，不同品味、生活、性情的人们在场域中拥有不同的行为方式，受众会被区隔成不同的阶层，接收科技传播的效能也大相径庭。也就是说，所有的传播渠道都拥有相应的目标受众，如何发挥自身优势掠夺这些资本是场域中恒久的议题。

场域理论可以有效地帮助我们深入考察各个传播渠道围绕受众市场展开的角逐，剖析彼此之间的竞争关系。随着新媒体渠道对科学传播场域的强势入侵，场域内部逐渐形成了一个以文字传播、影像传播、游戏传播、新媒体传播为四大主阵地的科学传播系统（见图 6-1）。本书通过对这一系统中不同行动者“位置”的探究与考察，剖析当下科学传播渠道的共生场域。

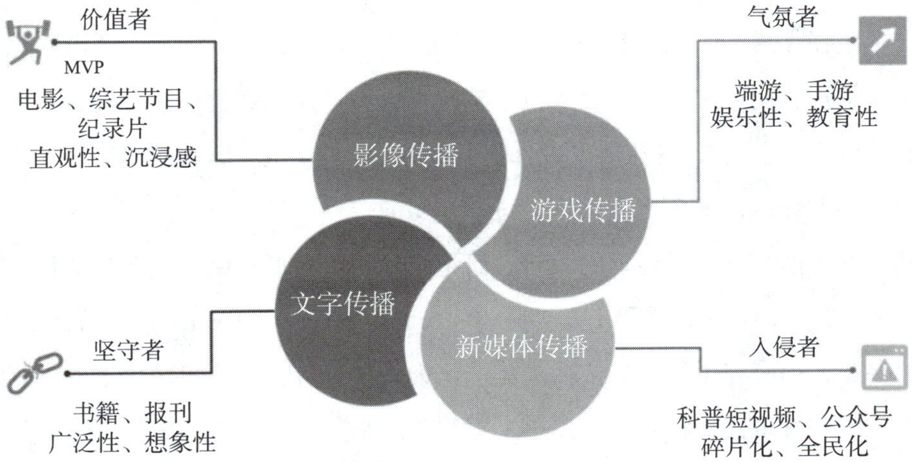

图6-1　科技传播场域的角色构架

文字传播是科技传播历史最悠久的方式，在其他传播渠道还未出现之时，就已经坚守在了“工作岗位”上，是场域内部的“原住民”。文字传播不仅是信息记载最便捷和最丰富的方式，同时也拥有最广的受众面和最低的准入门槛，老少皆宜。文字传播主要集中于书籍、报刊等传统方式，文字具有与生俱来的想象性，通过充分调动大脑的联想来产生画面，获取信息。但是文字阅读对外部环境要求较高，在碎片化、快节奏的现代社会，已经鲜有人能够静下心来去研读一本科普读物，曾经辉煌的主流阵地正面临着受众大量流失的困境。

影像传播是科技传播的主力军，随着影像艺术的蓬勃发展而诞生，以电影、综艺节目、纪录片这三大影视艺术为代表。科学的影像传播往往是科学与艺术的创造性结合，凝聚了科学研究者和影视制作者两类人员的智慧，承担着场域中价值引领的重任。电影形式的科学传播往往通过科幻类型的题材来实现，科幻电影能够通过合理的想象以直观的视觉体验揭示出与科学相关的诸多问题，能引起观众情感上的思考，在启发公众的层面上比起传统科普手段更胜一筹。[①]综艺节目是影像艺术的“娱乐担当”，能在这个“内卷”的时代里缓解年轻人的生活压力。“出圈”的科普综艺有以江苏卫视《最强大脑》为代表的科学竞技类节目，还有以中央广播电视总台《加油！向未来》为代表的科学实验真人秀，这两大类综艺分居竞技与娱乐两座“金山”，都在播出后收获了不俗的反馈。总的来说，电影和综艺一个侧重叙事，一个侧重娱乐，科学知识的传达只是精心设计背后的调味品，并不能扛起科学传播的大旗。而纪录片的传播形式便完美契合了科学传播的初衷，在传播效果上是“MVP”（most valuable player，最优秀选手）的存在，拥有与生俱来的传播优势。作为一种视听艺术，纪录片不仅具有视觉上的直观性、临场的沉浸感，更重要的是其画面、叙述的真实性。受众在观看纪录片的同时会不自觉地被吸引到信息汪洋中，在权威、真实的影像中达到最佳的传播效果。近年来，国内外的优秀科学纪录片数不胜数，已逐渐成为科学传播的最佳阵地。

游戏以娱乐性和交互性见长，是伴随着互联网和智能手机发展的产物，科普游戏也发展成了科学传播的新领域，充当了整个传播场域的调味剂、气氛者。长久以来，科学传播带给人的印象总是枯燥、乏味的，也给受众留下了“说教”的刻板印象，致使受众哪怕囿于“信息茧房”中也不愿意接受外界的信息。而游戏这一传播方式正好拥有与生俱来的趣味性，填补了科学传播自身存在的缺憾，调节了整个传播场域中的沉闷基调。科普游戏虽然也具有极强的娱乐性，但与娱乐游戏相比更加注重娱乐性与教育性的平衡，受众利用游戏设置的学习方式对科学知识进行获取。科普游戏的代表作不仅有关于交通安全的《驾车高手》、答题类的社交手游《脑力达人》，还有培养逻辑思维能力的《微积历险记》，甚至在如今的后疫情时代

① 秦晨菲，聂馥玲．科幻电影，放大的现实：科幻电影进行科学传播的可能性分析［J］．科普研究，2017（5）：36-42，108.

还诞生了相关的防疫类科普游戏作品。[①] 随着科学、科技与游戏更加深度的结合，科普游戏产业正逐渐丰满羽翼。但放眼当下，研究科普游戏的专业人员并不多，游戏开发面临成本较高等问题，科学传播的最终效果也有待进一步的探究。

新媒体传播伴随着社会化媒体、大数据、5G、云计算等的破坏性入侵而出现，出现时间最晚，但传播速度惊人，成为传播场域中的入侵者。新媒体传播从诞生伊始就打破了传播场域原有的平衡，迅速占据了较大的市场份额，甚至改变了观众的“惯习”，使观众极大地依赖于大数据和算法的推送来获取信息。随着新一代信息技术对人类生活的渗透，我们正处在信息飞速爆炸的时代中，那个车、马、邮件都慢的时代已全然脱胎换骨，逐渐开启了碎片化的序章。越来越多的受众借助新媒体的力量加入了科学传播的源头阵营中，撰写科普推文，制作科普短视频，将普通公众的话语权扩大，使科学传播不再停留于阳春白雪的位阶，转身以病毒式的裂变传入千家万户，掀起了全民传播的热潮。不过，在受众的参与下，众多科学信息真假难辨、良莠不齐，容易使谣言肆意生长。谣言又时常与流量挂钩，牵扯利益，被有心之人利用，从而造成对公众的错误引导。

科学传播场域在新媒体传播的入侵下逐渐形成了新的关系网络，资本的掠夺与竞争也有了全新的时代话语。但面对逐渐碎片化和娱乐化的信息社会，以长视频为代表的影像传播逐渐被短平快的短视频所取代，科学传播逐渐迷失在以流量为王的传播环境中，甚至成为娱乐化的附庸。要使科学传播场域继续在良性竞争中达到平衡，作为价值者的影像传播应当担起重任，这也对作为MVP的科学纪录片提出了更高的要求。

---

① 王小明，张光斌，宋睿玲．科普游戏：科普产业的新业态［J］．科学教育与博物馆，2020（3）：154-159.

（二）科学纪录片的“资本”价值探究

纪录片具有记录真实、深度传播的天生优势，理应在科学传播场域中承担重要角色。概括来说，科学纪录片是传播科学知识、解密科学现象、弘扬科学精神的一种纪实影像，能通过多种视听语言将晦涩、难懂的科学知识传递给观众，丰富观众的科学知识储备，提升全民科学素养，进而推动科学技术有更大的发展。科学纪录片作为一种重要的纪录片类型，是科学技术与影像艺术融合发展的产物，最大的特点是真实、严谨，正好契合了科学传播的初衷。在互联网飞速发展的今日，即使科学传播渠道层出不穷，但在拓宽公众科学视野、激发公众科学兴趣方面，科学纪录片具有无法替代的优势。[①] 这些优势是科学纪录片在场域中稳固自身地位的“资本”，也是核心竞争力的来源，是其作为 MVP 的价值所在。

1. 声画共舞：影像优势打造“奇观化”体验

纪录片作为影像传播的当家门面，依靠独特的视听文本和奇观化的体验发挥其传播优势。在万物皆媒的当代，受众在数以万计的信息中已逐渐形成碎片化的浅阅读“惯习”。这种“惯习”依赖于直观的声音与画面对感官的刺激，在短时间内迅速引起受众的注意，传播面广，但传播深度严重不足，往往只留给受众短暂的印象，转瞬即逝。

科学纪录片作为一种具有强大视听优势同时又具有强知识性的媒介，致力于将抽象的科学知识具象化，用精妙的镜头语言唤起受众的共鸣。随着新兴影视技术的发展，纪录片的镜头表达方式有了更多的可能，新时代的科学纪录片倾向于探索和追求更加生动的表达方式和结构技巧，为传播

① 何苏六．中国纪录片发展报告：2013［M］．北京：社会科学文献出版社，2013：145.

效果添砖加瓦。但这种传播效果并不像科幻类型电影的“炫技”，而是借助技术的力量使画面的呈现更具质感，细节更加真实，这才是科学纪录片的生命。例如李成才导演的关于植物生长的纪录片《影响世界的中国植物》，导演使用 4K 超高清摄影机展现植物生长的全过程，色调与构图十分考究，镜头下的一草一木灵动活泼，活灵活现地展现在观众面前。摄像机对植物情态的精准捕捉使观众能更加直观地与镜头下的植物进行对话。另外，大型航拍器也加入拍摄大军中，穿越层峦叠嶂，俯瞰祖国山川，捕捉了许多恢宏大气的移动全景，作为空镜插入纪录片中，展现了生生不息的天地万物。同时，纪录片还使用了延时摄影技术，全面地展现了植物生长、博弈、成熟的全过程。此外，还有水下摄影、高速摄影、显微摄影等技术的使用，共同成就了视觉语言的奇观化。[①] 纪录片的美学构图与画面旁白达到了完美契合，随着情节起伏娓娓道来，将科学信息凝聚于声画的深度体验中，好似与观众邂逅一场心灵奇遇。

视觉奇观型的科学传播纪录片以纪实与创作的手法打造了科学的奇观场景，这种类型的纪录片常常以第一人称作为视角，唤起观众感官上的视听联动，增加身临其境的沉浸感。但在这种奇观场域里，观众并不是被动的接收者，从接受美学的理论出发，摇身一变成了“隐含的读者”[②]，被创作主体事先设置在作品的空白意义中。很多科学纪录片都会将镜头设置成观众的眼睛，创作者在创作伊始就从受众的视角去展现镜头内部的震撼世界。这个世界在现实中不能够被轻易进入，往往都是一些极端的地域和独特的冒险旅程，对大众来说具有极强的新鲜感与挑战性，如领略名山大川、深入极地探险，或是陪伴不同的生命度过漫长的一生。这些旅程并不是凭空

① 阿忆．科学纪录片的传播策略：《影响世界的中国植物》评析［J］．青年记者，2020（12）：74-75.

② 著名理论家伊瑟尔指出，隐含的读者存在于作品之中，是艺术家凭借经验或者爱好预先设计在文艺作品中的读者，成为隐含在作品结构中的重要成分。

捏造为剧情和叙事服务的，而是在真实的记录中为观众展现世界另一头不为人知的奇妙存在，比虚无缥缈的想象更有意义。这一呈现视角巧妙运用了布莱希特戏剧理论中的间离效果，这些焕然一新的视觉景观使观众在纪录片的观看体验中从现实世界中剥离出来，随着摄影师的镜头一同徜徉在奇幻的影像世界中。在这一过程中，观众会以客观情感为心理基础，通过视听上的刺激激发灵感，进而用想象力补充客观情感，并通过审美和情感心理学获得“画外图像”的审美体验。这种审美体验是通过想象力创造的，但与文字传播的想象力不同，直观的视觉画面感知驱动着观众进入沉浸的场域体验，在身临其境的沉浸感中加深对作品的理解。[①] 这种理解是观众与创作者达到情感共鸣时的一种状态，是传播场域中的信息交流，将观众从原本的旧场域中抽离出来，吸引观众将情感和意识投入所营造的空间和内容当中，从而在陌生化的场景下获得与之相称的奇幻感观。

除了科学纪录片的纪录性呈现，特效技术的加入也给不少作品带来了视觉的奇观感受。例如在卡尔·萨根（Carl Sagan）的“宇宙”系列中，第一部《卡尔·萨根的宇宙》在 1980 年便开创了纪录片复合影像的先河。它将实景拍摄与演播室拍摄的素材进行结合，使主持人仿佛在真实的环境中漫步。这种影像表达方式，让整个系列的纪录片都呈现出独特的视觉效果。[②] 再如同题材影片《飞向月球》，同样深度依赖于“特效驱动”，该片利用三维技术对“嫦娥五号”在月球表面的活动进行模拟与还原，展现了探月工程的历史脉络，使广大观众通过影像直观地了解到探月研究的科学精神，同时也唤起人文情感的共鸣。[③] 但科学传播的整体奇幻效果，其实很大

① 毋嘉敏．新时代背景下科技题材纪录片的叙事话语研究［D］．金华：浙江师范大学，2021.

② 何艳，刘稳．科学纪录片《宇宙》的品牌创建与维护［J］．当代电视，2022（2）：104-108.

③ 卢亚凤．从《飞向月球》看国产纪录片的科学化奇观世界［J］．电影文学，2020（16）：91-93.

一部分取决于不同受众的“期待视野”①。面对不同的受众，科学传播所能达到的传播效果参差不齐，艺术形式的传播具有极强的主观性。这要求创作者需要根据不同的内容题材，持续地站在受众的视角进行艺术创作。

2. 情理共融：科学与影视构造“软传播”

科学纪录片不仅是科学与艺术的结合，也是理性与情感的深度碰撞。相对于科学的理性以及科学家的严谨态度，艺术的情感和艺术工作者的创造力是使科学传播具有活力的关键因素。例如中央广播电视总台纪录频道播出的国内首部8K生态人文纪录片《万物之生》，便巧妙地将生态呈现和人文情感结合起来，给枯燥的科学赋予了影像艺术的情感创造，充分展现了云南的风土人情与这彩云之境中的生物多样性之美。该片以人与自然的和谐共生为情感主题，突破了普通纪录片单纯描述生物的窠臼，用珍贵的笔墨展现了云南人民与生物之间的守护与陪伴，好似将一幅温润灵动的大自然画卷在观众面前徐徐展开。

当然，这些碰撞与融合都离不开背后创作者的辛苦付出。人类的创造力是纪录片最核心的要素，是影像艺术的生命。一部科学纪录片从策划、拍摄到制作都离不开创作者的参与，也离不开科学家与制片人的通力合作。科学家经常被认为是科学传播的发起者、践行者，是整个传播过程的源头。由于科学家自身的专业性，相比于普通的媒体或公众发言人，他们拥有更大的话语权和权威性，能最大限度地保障科学传播的准确性。不过长久以来，科学家对科学传播的影响程度十分有限，他们不擅于对既定的知识内容进行大众传播，也难以寻求到适合自身的传播渠道，但拥有一颗钻研的匠心，而这颗匠心与纪录片的创作人员不谋而合。

对于科学纪录片来说，一部成功的作品必将有科学家与艺术家之间匠

---

① 所谓“期待视野”是指受众在接受过程之前自身已存的阅读经验和审美趣味等，也是对于接受客体的预先期盼。

心的碰撞。一方面，科学家信源对公众来说具有更高的可信度，着重于科学知识内容的严谨呈现。另一方面，制片人则擅长利用影像技术去向公众解释问题、传递信息，侧重于视听形式和主题内容的互相平衡。因此，两者之间的通力合作是一种优势互补，能达到一加一大于二的效果。例如中央广播电视总台播出的纪录片《影响世界的中国植物》，摄制组为了深度了解植物的生长习性，进行更加专业的拍摄和捕捉，专门搭建了一个近 200 平方米的摄影棚。在拍摄实践中，摄影师还需要与植物学家进行深度沟通，学习植物的生长习性以及每种植物的不同特点，将农业知识和镜头技巧相结合。该片导演李成才在接受新华社采访时谈道："我们的摄影师要跟植物学家和导演商量，该用什么样的土壤，用什么样的水，用什么样的肥料，用什么样的光才能拍得最好。"① 正因如此，画面中的植物才得以活灵活现地呈现在观众面前。另外，由中央新闻纪录电影制片厂承制的医学纪录片《手术两百年》的成功也离不开制片团队与医学专家的深度合作。制片团队不仅以采访的形式与 50 多位国际医学专家进行交流和访谈，同时还邀请了 3 位中国院士作为学术顾问指导和出镜。另外，长期致力于医学科普的李清晨医生还在策划前期为《手术两百年》撰写了将近 8 万字的文字底稿，有了医学专家的合作，最终制片团队才得以用影像将医学的发展历程呈现出来并且深入人心。② 有效的科学传播实践离不开科学家和制片团队的互相配合。基于科学家和制片团队不同的制作立场，在影片的制作拍摄过程中，双方都要致力于将科学的理性存在与影像艺术的感性创造进行磨合。不过，除了双方团队在专业上配合与互补，作为纪录片创作主体的个人也需要在科学领域不断成长。创作者要想在科学纪录片领域不断深耕，创作出优秀的作品，必须

① 张博令．他拍了冷门题材纪录片，把"中国植物"的故事讲给世界听［EB/OL］．(2020-01-03)．https://baijiahao.baidu.com/s?id=1654671247059827429&wfr=spider&for=pc.

② 张雅欣，刘小可．科学纪录片的成功范例：《手术两百年》［J］．当代电视，2019（10）：69-72.

组建起专业的科学纪录片团队，团队成员需要更多的复合型人才，拥有相关科学类别的学科背景。例如大卫·爱登堡是BBC著名的科学纪录片制作者和主持人，也是知名的科学家。制片人和科学家的双重身份使他制作出了一大批受到全世界观众喜爱的纪录片，如《地球脉动》《冰冻星球》《生命的进化》等。[①]我国也需要更多类似的人才加入科学纪录片的创作之中。

科学与艺术的摩擦与碰撞不仅能够用生动的镜头语言和人类的情感创造将枯燥乏味的科学知识进行影像解读，同时还保障了影片科学内容的真实与严谨，守住科学传播的初心，真正实现科学知识的软传播，达到情与理的共融。

3. 价值共创："真实性"与"故事性"并驾齐驱

科学纪录片之所以能够带领影像传播成为场域的价值中心，很大程度上依赖于其影像记录的真实性。安德烈·巴赞（André Bazin）在《摄影影像的本体论》中说道："摄影的美学特性在于揭示真实。"[②]而科学纪录片便是记录真实、传递真实的艺术形式，最擅长将世间存在且发生的万物之变进行艺术的直观呈现，再通过镜头的蒙太奇手法，向观众呈现真实又不失单调的科学景观，这也是在新媒体传播的强势入侵下科学传播场域内需要坚守的表达。真实的记录在任何时刻都有可能激发观众的好奇心和求知欲，用影像带领观众进一步认识世界。相比于科幻电影、科普节目所带来的感官刺激和知识灌输，纯粹的真实更能够打动人心。这种真实是对世界的一种直观面对，不经过冗杂的布置，是一种纯粹的记录与展现，是纪录片灵魂深处的魅力，也最大限度地保障了科学传播信息的真实性、准确性。例

① 石佳．科学与艺术的结合：大卫·爱登堡科学纪录片研究［D］．重庆：重庆大学，2017.

② 巴赞．摄影影像的本体论［M］．崔君衍，译 // 李恒基，杨远婴．外国电影理论文选．修订本．北京：生活·读书·新知三联书店，2006：288.

如，2019 年在 CCTV-4 首播的纪录片《中国医生》，少了情节的煽情和镜头的渲染，呈现的是医生们一地鸡毛的平凡生活，他们将对医患关系的处理融入和患者的日常沟通中，这样的真实往往更能引起观众对生活的思考。

但纪录片的艺术创作也并非单一的平铺直叙，而是在真实性的前提下进行故事性创作，明确自身要表达的主题和记录的内容。在娱乐节目占据影视大半边天的当下，如果科学纪录片只是一本正经地把科学知识硬塞给观众，恐怕没人会买账。因此，纪录片创作也需要与时俱进，在坚守自身真实性的基础上对影片进行故事化和趣味化的设计，也需要拥有相应的叙事策略。例如，在中央广播电视总台的纪录片《超级工程》中，悬念的设置吊足了观众的胃口，第一季将中国五个大工程的建设过程进行呈现，也将建设面临的困难一一展现在观众眼前。导演在每一集里都预先设置一个总目标，使观众在预设的目标里牵挂着任务进度，从而在这个过程中了解到中国的工程建设，接触到工程师和工人的日常生活。叙事策略的加入能使影片的讲述更加流畅，使观众注意力更加集中。另外，纪录片叙述的趣味性也是必不可少的条件。《门捷列夫很忙》是在中央广播电视总台播出的化学类纪录片，在 B 站被称为“化学补习班”，该片以门捷列夫的卡通形象作为串联，向观众介绍了整个元素的发现历程。该作品以实拍和动画相结合的方式营造了影片“轻喜剧”的基调，在轻松幽默中带领观众进入化学的奇妙世界。枯燥的化学知识搭配上趣味性的讲述，观众仿佛将门捷列夫视为旧友，在聊天过程中伴随着他的讲述就了解了生活中这些元素的魅力，从而达到科学知识的趣味传播。如果说奇观化的视觉表达是先声夺人，抓住了观众的眼睛，那趣味化的幽默讲述则是在娓娓道来之间俘获了观众的心。[①] 贺拉斯在《诗艺》中强调着“寓教于乐”，喜剧元素的加入能使纪录片的气氛活跃起来，使观众在对知识长时间的接收中不感到疲惫，也使纪

① 王茵 . 中国科学纪录片的叙事特征与传播创新［J］. 中国电视，2020（11）：79-83.

录片走出“曲高和寡”的困境，走入“下里巴人”的生活。

正是纯粹的真实性与丰富的故事性的完美结合，造就了一部部优秀的科学纪录片作品。但始终要明确的是，任何纪录片的创作都应将真实性放在首位，真实性永远是纪录片的根基，切莫使其他因素喧宾夺主。叙事策略和趣味方式当是锦上添花，是纪录片走出小众市场的必备武器，帮助科学纪录片进入更广阔的天地。

（三）科学纪录片的传播矩阵搭建

1. 稳固自身“资本”，扩大传播优势

归根结底，科学传播的最终目的在于消除社会的知沟，提升全民的科学素养。20 世纪 70 年代，美国的传播学家蒂奇纳（Tichenor）、多诺霍（Donohue）、奥里恩（Olien）等人在《大众传播的流动与知识差别的增长》一文中提出了著名的“知沟理论”[①]。随着智能媒体的广泛应用，社会逐渐走入了 Web3.0 时代，在这个时代里，信息就是财富。互联网的普及看似使受众对信息的获取变得更加便捷，社会面上的知沟呈现缩小的态势。但由于网络对部分人来说存在进入的经济与文化壁垒，知识鸿沟转身以另外一种“数字沟”的形式存在。[②] 在大数据、算法等新兴技术的“挟持”下，受众更易被困于同质化的“信息茧房”中。目前看来，在泛娱乐化的社会氛

① 这一理论认为，在社会的发展过程中，由于经济地位的差异，社会经济地位高者通常能比社会经济低者更快、更有效地获得和利用信息。因而，大众传播媒介传送的信息越多，这两者之间的信息差也就越有扩大的趋势，从而衍化为知识鸿沟。参见：TICHENOR P J，DONOHUE G A，OLIEN C N. Mass media flow and differential growth in knowledge［J］. The public opinion quarterly，1970（2）：159-170.

② 王晓晴 . 网络传播中的知沟理论再探［J］. 当代传播，2006（6）：56-57.

围中，理性、秩序逐渐在众声喧哗下被解构为肤浅和碎片，文化创造也呈现出迎合娱乐之势。一方面，纪录片的雅致气质理论上能很好地平衡商业媒体中不时出现的“娱乐至死”的趋势。[①]另一方面，传播大环境的桎梏在实践中又将纪录片的影响力囿于一方之谈，始终停留于愿垂青眼的小众市场。影像传播要想进一步扩大纪录片的市场份额，减小新媒体入侵对场域内带来的负面影响，重新确立自身在传播场域中的核心地位，关键在于利用自身原有的固定资本去争夺“受众资本”。

正因如此，科学纪录片应该放大自身优势，其自身独特的价值性永远是其在众多传播渠道中立身的根本。“内容为王”不该沦为一句口号，“娱乐至死”也并非危言耸听。时代的变化并非要成为禁锢内容的枷锁，其实是以另一种形式开创天时地利。

首先，纪录片的选题制作要紧跟时代，如今科学技术发展日新月异，使人目不暇接，各行各业都发生了技术性的变革。上至浩瀚星海、苍茫宇宙，下至历史文化、衣食住行，都是纪录片内容制作取之不尽的选材库。科学纪录片选题制作要持续拓宽视野，挖掘事物表现背后的深层科学意义。其次，纪录片擅长用镜头语言进行真实的记录与呈现，是天生的资本占有，技术的发展也使镜头语言的硬件条件不断升级，4K、8K、光线追踪、CG、AI、VR 等技术在影视行业的深度运用已经并不罕见，技术的升级给观众带来了丰富的视效体验。另外，制作团队的建设更是纪录片制作的重点，科学纪录片的价值很大程度上来源于其科学性与严谨度，制片团队要保持自身的专业性，同时积极寻求权威的科学家进行合作，以保证影片传播内容的深度。此外还要注重故事叙述和影像技巧的结合，将科学信息润物细无声地融入影像的呈现中，减轻受众面对纪录片时产生的“枯燥”“畏难”的心理负担，力求在一场沉浸式的视听体验中完成高效的传播。最后，纪

① 李智．“互联网 +”语境下纪录片的话语重构和影像赋权［J］．当代电影，2016（10）：71-74.

录片还可以尝试打造国产 IP 品牌，扩大市场的影响力，同时延伸 IP 长链，将精品化进行到底，制作出更多有受众基础的佳作。

2. 打造传播合力，巧妙“化敌为友”

在场域理论的视角下，每一个行动者都不是独立的个体，而是共同处在特定的客观关系网络之中，自身的任何决策与实践都会受到其他行动者或浅或深的影响，这些影响在整个场域中蔓延开来，也二次影响着场域内部运行的规则。一方面，场域内的博弈与竞争固然存在，是场域得以维系与保持活力的基础；另一方面，各行动者之间的合作共生关系才是良性发展的结构条件。

在科学传播场域中，以科学纪录片为代表的影像传播占据了价值中心，与其他传播渠道不断发生着资本的转换与掠夺，但与此同时也相互借力、取长补短，为整个场域的良性循环做出贡献。在动态的共生与博弈中，构建以科学纪录片为主体的传播关系矩阵（见图 6-2）。

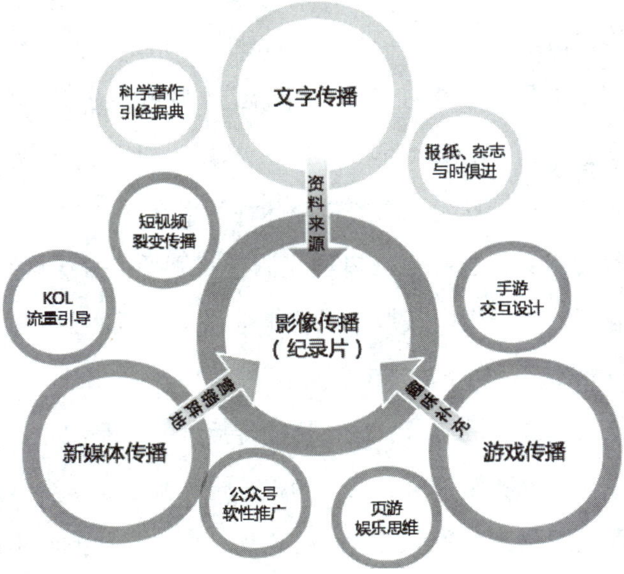

图6-2　科学纪录片传播关系构建

在整个传播场域中，文字传播是价值创造的资料来源。科学纪录片的制作团队为了把控其核心的内容价值，会对其间传播的科学信息进行筛选与确认。而随着历史的发展，大多数科学知识正是以文字的形式保存。陪伴人类社会已久的报纸、杂志会随着时代的更迭推陈出新，是不同时代下的记录，形成了纵向的历史长链。而科学传播的著作对细分化的专业知识有更深层次的解读。这两类文字传播方式都能够很好地为科学纪录片的创作提供史料支撑。例如首部反映中医药文化的系列纪录片《本草中国》，旨在挖掘中医药的历史与故事，向观众展现我国中医药文化的奥妙精髓。片中部分理论支撑就来自李时珍的著作《本草纲目》，其中介绍了各类本草及中药基本理论等内容，《本草纲目》对纪录片中提到的红花、天麻、红曲等中药材都进行了记载和介绍，为影像的二次加工提供了理论依据。

游戏传播则为纪录片创作提供了趣味化的补充。游戏的交互感使受众能够在娱乐体验中获得知识的捕捉，这种娱乐体验是玩家与游戏内部情节的一种共鸣。无论是冒险、养成、竞技还是经营类游戏都需要故事的存在，游戏对故事人物、情节的设计将用户思维运用到极致，力求满足不同类型玩家的游戏体验需求，这与纪录片对影像视效、沉浸体验的追求有异曲同工之妙。游戏中的用户思维和交互设计给纪录片提供了独特的创作思路，有利于纪录片进一步拓宽受众市场，走出“阳春白雪”的刻板印象。所以，纪录片在前期的选题策划当中就要将趣味性考虑在内，学习娱乐思维，在相应的故事叙述中穿插趣味点或者适当制造戏剧冲突来缓解观众的疲劳，使之在轻松愉快的氛围当中获得知识的能量补充。不过要注意的是，趣味性永远只是一种补充，切不可本末倒置。

新媒体传播掌握着最前沿、最年轻的传播媒介，是纪录片极佳的营销阵地。例如，抖音短视频的用户几乎涵盖了全年龄层，很多洗脑的视频和歌曲都以病毒式的裂变在受众之间疯狂蔓延，能轻易地掀起全民狂欢的热潮。新媒体传播已成为场域中的一分子，纪录片影像应“化敌为友”，将一些精彩片段制作成短视频投放到各个新媒体平台上，达到二次传播的效果，将好的纪录片作品带到观众面前。另外，纪录片还可以通过一些关键意见领袖对内容进行深耕，打造专业的科学纪录片发言人，以符合当下年轻人的喜好。公众号的推广其实是文字传播的新时代模式，但相比起传统的文字传播，公众号的传播更有软性推广的特点。遣词造句、字里行间会更加通俗和新潮，更加追求所谓的“网感”，同时，公众号的推送还会穿插各种图片、视频等，达到了多渠道的深度融合，还能使观众进行点赞、留言等互动，是纪录片进行长尾价值开发的不二之选。例如，CCTV-9 的官方微信平台“CCTV 纪录”设置了相关内容板块，不仅与微博客户端连接，让观众快速了解纪录频道的动态，还设置了专门的纪录片库，满足观众的查找、观看需求，另外还有相关的文创联名产品等供用户用积分兑换，扩大了纪录频道的影响力，也与受众形成了良好的互动关系。

总而言之，纪录片应当积极与各个传播渠道达成合作，将流量与价值进行“联姻”，为整个科学传播赋能。

五、受众体验：互联网语境下格式演进的大众接受

随着移动信息技术的更新迭代，影像内容通过便携式终端广泛传播，结合竖屏应用场景，突破了时空限制，视频时间由长变短，格式由横转竖。一项研究表明，53% 的用户不喜欢将手机切换到横屏模式，34% 的用户会将手机长期锁定在竖屏的状态①，短视频中竖屏格式更迎合用户喜好。从

① WATERHOUSE D. Unruly，News Corp and Moat partner to bring viewable vertical video to advertisers［EB/OL］.（2016-06-20）. https://unruly.co/news/article/2016/06/20/unruly-news-corp-moat-partner-bring-viewable-vertical-video-advertisers/.

移动短视频平台来看，抖音每日活跃用户已突破6亿[①]，快手、小红书等应用程序也风靡国内，这些平台皆以竖屏格式视频为主。竖屏正在成为移动短视频生产和消费的主要方式，竖屏新闻短视频也以轻量化和平民化满足着当下大众对新闻内容的消费需求。普通用户用手机竖屏模式拍摄身边见闻，产生了相当一部分竖屏UGC新闻素材，专业新闻媒体也迅速布局竖屏生态，探索自身领域与竖屏短视频的跨媒介融合，打造新闻资讯类竖屏短视频全新业态。而竖屏新闻短视频的媒介特征是否吸引用户，影响其使用意愿，成为重要的议题。因此，本部分内容以上述问题作为引导，以移动短视频应用上的竖屏新闻短视频为研究对象，以技术接受模型为理论基础，结合交互性、社会临场感和沉浸体验等人机交互相关理论，探究影响用户使用意愿的因素，并给予传统媒体布局竖屏新闻生态的建议。

（一）文献综述

1. 竖屏视频

影像格式的演进是技术因素逐渐渗透人类视听实践的过程，虽然最初面临与传播载体不兼容的矛盾，但视频从水平到垂直的变革有其必然的进化逻辑。保罗·莱文森的媒介进化论也揭示了这一点，媒介必定按人性化趋势演进，其使用功能趋向于满足受众的感官愉悦需求，消弭时空障碍，朝着轻巧化的方向发展。[②] 竖屏视频有悖于传统视听的长宽比标准，最初在国外社交平台上出现时饱受争议，遭到专业人士的质疑和抵制，不支持

① 抖音．2021抖音数据报告出炉啦！抖音这一年最重要的事情，都在这里了［EB/OL］．（2022-01-06）．https://www.douyin.com/video/7049648739257945351.

② 陈功．保罗·莱文森的人性化趋势媒介进化理论［J］．湖南科技大学学报（社会科学版），2016（1）：178-184.

者认为竖屏视频不符合视频拍摄的技术标准和美学规范，是业余且不美观的[①]，过窄的屏幕使视野受限，可能引起“幽闭恐惧症”[②]，更有横屏视频博主奚落这是“垂直视频综合征”。但竖屏影像并非横空出世的“错误”格式，从媒介考古的视角看，书本、报纸、电影海报等传统媒介都是竖式构图。[③]支持者认为竖屏视频是一种利用移动屏幕的视觉美学，不是一种症状[④]，其符合当下视觉快餐时代的媒介消费形式，顺应了用户对手机的使用习惯[⑤]。竖屏视频最终以轻量化、碎片化、移动化的特性证明了自身存在的“合法性”，消除了“刻板印象”和“偏见”，虽无法与大银幕适配，但与移动终端和网络视听媒体融合，推动建立新的移动视听标准，得以大规模传播并占领当下的视听平台。

竖屏与横屏的结构之别，使得影像的叙事和构图都有差异化的美学规范和受众体验。竖屏视频简单的叙事时空和文本逻辑符合当下受众审美，观者的互动参与打破“第四堵墙”。[⑥]竖屏视频的第一人称拍摄视角强化了观者的“媒介在场”，饱满的人物主体构图强化了社交想象[⑦]，近距离拍摄方式通过目光接触、水平视角和社会距离缩短引发人际互动和共情[⑧]。竖屏视频

---

① MENOTTI G. Discourses around vertical videos：an archaeology of “wrong” aspect ratios1［J］. ARS（São Paulo），2019（35）：147-165.

② 常春梅 . 竖屏短视频的瓶颈问题及突破路径［J］. 青年记者，2018（36）：44-45.

③ 梅诺蒂 . 竖屏影像：对“错误”的屏幕宽高比的媒介考古［J］. 陈朝彦，译 . 北京电影学院学报，2021（12）：37-44.

④ RYAN K M. Vertical video：rupturing the aesthetic paradigm［J］. Visual communication，2018（2）：245-261.

⑤ CANELLA G. Video goes vertical：local news videographers discuss the problems and potential of vertical video［J］. Electronic news，2018（2）：75-93.

⑥ 杨飞 . 碎片化网络语境下竖屏微电影的叙事策略：评张艺谋的竖屏微电影系列［J］. 电影评介，2020（4）：100-104.

⑦ 杨静，甘凌博 . 竖屏视频的叙事策略研究［J］. 当代电视，2021（4）：83-86.

⑧ 刘丹 . 视觉语法视域下竖屏微电影广告的多模态隐喻构建：以华为广告《悟空》为例［J］. 华侨大学学报（哲学社会科学版），2020（1）：154-160.

通过打造手机的“幽闭空间”影响人的沉浸阈值①，使画面填满屏幕而增强受众的沉浸体验②。在传播机制和接受效果方面，竖屏视频的生动性和交互性驱动了在场感的媒介效果，并正向影响受众参与程度③，用户的兴趣、参与度和操作视频的流畅性均比横屏视频高④。其社交化大众传播促进情感交流，增强传播效果。⑤另外，从社会文化角度看，竖屏构图契合了中国传统绘画的纵向创作思维和观赏习惯，更易被观者接受。⑥

2. 竖屏新闻短视频

传统新闻专业化、规范化的生产流程和严肃化的文本内容，使得大众对新闻的接受保持着一定的心理距离⑦，而在移动互联网时代，数字媒体介入新闻生产、分发和消费等各环节，重构了新闻的内容生态，使多媒体化的移动社交新闻成为连接人与人的工具。社交平台凭借可视、便携、交互等技术可供性、丰富的 UGC 生态和智能分发策略，开发新闻的综合利基市场，逐步掌握新闻传播主动权，不断缩小原始报道和用户参与之间的鸿沟，培养了用户对新兴媒介形式的接受习惯和对多元新闻内容的包容程度，新

---

① 张一新．沉浸理论视域下手机竖屏影像审美心理探析［J］．北方传媒研究，2020（6）：76-80.

② COPPOLA J. How to tell an effective story with vertical video［EB/OL］.（2018-07-11）. https://wistia.com/learn/marketing/effective-storytelling-with-vertical-video.

③ 喻国明，杨颖兮．横竖屏视频传播感知效果的检测模型：从理论原理到分析框架与指标体系［J］．新闻界，2019（5）：11-19.

④ MULIER L，SLABBINCK H，VERMEIR I.This way up：the effectiveness of mobile vertical video marketing［J］. Journal of interactive marketing，2021（1）：1-15.

⑤ 谷学强，秦宗财．竖屏时代抖音短视频创意营销传播研究［J］．新闻爱好者，2020（9）：65-67.

⑥ 宿志刚．竖式观赏的勃兴：短视频竖屏与中国画竖轴共向心理与视听制作研究［J］．北京电影学院学报，2018（4）：52-58.

⑦ KORMELINK T G，MEIJER I C. What clicks actually mean：exploring digital news user practices［J］. Journalism，2018（5）：668-683.

闻接受逐渐变成私人化的行为。这使得传统新闻媒体结合社交网络和移动设备可供性寻求自身发展的生态位，经历了从纸媒到与新媒介融合的过程，在产品形态上向竖屏短视频演进，以适应移动社交平台的分发规则[①]，抛弃“专业身份”和“职业性”，以“平民姿态”和“社会性”积极与用户进行交互，并通过受众偏好来调整自己的生产策略。

竖屏短视频形式改变了新闻的传播语境，提升了新闻可视化程度，消解了报道本身的严肃性，使新闻呈现效果得到优化，可受性和可分享性得到增强。在新闻传播过程中，视听兼具的多通道传播方式不仅和媒介融合趋势吻合，也有效改善了新闻传播效果和用户接受意愿。王朝阳等运用控制实验法证明移动新闻短视频的信息可视化和丰富的传播元素能提高观者认知效果。[②]闫玉荣等通过眼动实验发现竖屏新闻的人物采访更能将观者目光锁定在受访者面部，竖屏形式的事件报道采用旋转环绕镜头拍摄，能使观者视线聚焦于主体，有效抓取注意力，提高传播效率。[③]新闻短视频利用竖式构图打造的新闻现场，具有充分的临场感，通过竖屏下的数字交互赋予媒介人格化特质，引发受众心理认同。[④]新闻短视频采用竖屏格式传播，既符合用户对手机的纵向使用习惯，多重感官打造的沉浸性和感染力又能与当下的社交平台更好融合，具有广阔发展前景。

从新媒体角度研究短视频的用户接受和使用是当下热点，部分学者探究了移动新闻短视频和新闻客户端的使用意愿。汉森（Hanson）和哈里达基斯

---

① HEDMAN U，DJERF-PIERRE M. The social journalist：embracing the social media life or creating a new digital divide?［J］. Digital journalism，2013（3）：368-385.

② 王朝阳，魏杰杰 . 移动短视频新闻用户认知效果的比较实验研究［J］. 新闻与传播评论，2021（1）：13-25.

③ 闫玉荣，陈梓鑫，刘柯瑾 . 用竖视频讲好新闻故事：基于眼动实验的新闻报道呈现方式研究［J］. 新闻爱好者，2019（5）：84-87.

④ 马笑楠，贾乐蓉 . 基于竖屏语境的新闻叙事“在场”趋向研究［J］. 青年记者，2022（6）：37-39.

（Haridakis）证实用户的观看动机、平台使用习惯会影响新闻短视频的使用意愿。[①] 有学者认为用户的个人偏好、感知网络联系强度对社交媒体新闻使用和分享意愿有显著影响。[②] 匡文波和贾一丹研究了移动新闻客户端，认为感知有用性和感知易用性是用户考虑接受和使用的重要前提，同时，社交需求也影响其使用意愿。[③] 目前，关于竖屏新闻短视频这个细分领域的研究较少，且主要是围绕其特性的规范研究，从量化分析角度对竖屏新闻短视频使用意愿进行的实证研究极为稀少，因此，本部分内容以竖屏新闻短视频为研究对象，基于技术接受模型和人机交互相关理论探究影响用户使用意愿的因素。

此次研究沿袭了现阶段主流的新媒体研究策略，创新点在于从竖屏新闻短视频的结构性特征和数字交互特性出发，以技术接受模型为理论基础，结合感知交互性、社会临场感和沉浸体验等三个人机交互相关理论，构建结构方程模型，配合访谈深入探讨竖屏新闻短视频的用户使用意愿的影响因素。希望用人机交互相关理论搭配经典的技术接受模型，为竖屏新闻短视频领域拓展研究方法和新视角。

（二）理论模型和研究假设

1. 技术接受模型

技术接受模型（TAM）由戴维斯（Davis）在理性行为理论（TRA）和

① HANSON G，HARIDAKIS P. YouTube users watching and sharing the news：a uses and gratifications approach［J］. Journal of electronic publishing，2008（3）：6.

② MA L，LEE C S，GOH D H L. Understanding news sharing in social media：an explanation from the diffusion of innovations theory［J］. Online information review，2014（5）：598-615.

③ 匡文波，贾一丹 . 基于技术接受模型的新闻客户端用户行为和习惯研究［J］. 深圳大学学报（人文社会科学版），2018（1）：95-102.

计划行为理论（TPB）的基础上提出，用来解释或预测影响用户对信息系统接受程度和使用意愿的因素。[①]技术接受模型最先被用于研究与工作效率相关的信息系统，后被广泛应用于研究各种互联网系统和媒介技术的采纳，该模型的稳健性和可操作性已得到证实。技术接受模型的两个核心变量是感知有用性和感知易用性，两者影响个体对技术采纳的意愿。感知有用性是指个体认为使用某一技术系统对工作绩效的帮助程度；感知易用性是指个体认为使用某一技术系统的容易程度。除了这两个变量，根据不同的研究情景，该模型还可以加入更多变量。

在媒介研究中，TAM各项变量间的关系已被验证，拉乌尼亚尔（Rauniar）等证明了社交平台的感知易用性对感知有用性有积极影响。[②]有学者证实了在线学习社区的用户感知有用性对使用意愿有正向影响。[③]巴苏基（Basuki）等证明了感知有用性和感知易用性对流媒体平台上的网络电影使用意愿的正向影响。[④]陈等人证明了电子政务系统的感知有用性在感知易用性和使用意愿之间具有中介效应。[⑤]本书中用户的感知有用性是指观看

① DAVIS F D，BAGOZZI R P，WARSHAW P R. User acceptance of computer technology：a comparison of two theoretical models [J]. Management science，1989（8）：982-1003.

② RAUNIAR R，RAWSKI G，YANG J，et al. Technology acceptance model（TAM）and social media usage：an empirical study on Facebook [J]. Journal of enterprise information management，2014（1）：6-30.

③ LIU I F，CHEN M C，SUN Y S，et al. Extending the TAM model to explore the factors that affect intention to use an online learning community [J]. Computers & education，2010（2）：600-610.

④ BASUKI R，TARIGAN Z，SIAGIAN H，et al. The effects of perceived ease of use，usefulness，enjoyment and intention to use online platforms on behavioral intention in online movie watching during the pandemic era [J]. International journal of data and network science，2022（1）：253-262.

⑤ CHEN L，AKLIKOKOU A K. Determinants of e-government adoption：testing the mediating effects of perceived usefulness and perceived ease of use [J]. International journal of public administration，2020（10）：850-865.

竖屏新闻短视频后感知到对自身有益的程度，如获得有益信息、拓宽视野和节省时间等，感知有用性会影响用户使用意愿。感知易用性是指感知到的使用短视频平台和竖屏模式的简易程度，如对视觉界面设计和功能使用便捷度的感知。感知易用性受到感知有用性的影响，并通过感知有用性间接影响使用意愿。根据文献综述，笔者提出如下假设：

H1：竖屏新闻短视频用户的感知有用性正向影响使用意愿。

H2：竖屏新闻短视频用户的感知易用性正向影响感知有用性。

H3：感知有用性在感知易用性和使用意愿之间具有中介效应。

2. 感知交互性

交互性的概念出现于 20 世纪 80 年代，双向互动媒体的应用和互联网的普及引发学界对交互性的讨论。施托伊尔（Steuer）给出交互性的定义：用户能够实时参与修改中介环境的形式和内容的程度，且媒介属性影响用户对交互性的感知。[①] 纽黑根（Newhagen）等将交互性视作心理状态[②]，而霍夫曼（Hoffman）等将交互性视为客观的媒介特征，并将其分为人人交互和人机交互两类[③]。因此，有学者提出感知交互性（perceived interactivity）概念，与交互性相区别，将感知交互性定义为用户在交互过程中的心理状态。[④]

---

① STEUER J. Defining virtual reality：dimensions determining telepresence［J］. Journal of communication，1992（4）：73-93.

② NEWHAGEN J E，CORDES J W，LEVY M R. Nightly@nbc.com：audience scope and the perception of interactivity in viewer mail on the Internet［J］. Journal of communication，1995（3）：164-175.

③ HOFFMAN D L，NOVAK T P. Marketing in hypermedia computer-mediated environments：conceptual foundations［J］. Journal of marketing，1996（3）：50-68.

④ WU G. Perceived interactivity and attitude toward web sites［C］//Proceedings of the conference—American Academy of Advertising. American Academy of Advertising，1999：254-262.

其在用户与媒介双向沟通时出现[①]，适用于各种具有交互性的媒介。

感知交互性常被作为 TAM 的外部变量，经多位学者研究证实对感知有用性和感知易用性皆有影响。库尔萨里斯（Coursaris）等的研究证明网站的感知交互性与感知有用性、感知易用性有正相关关系。[②] 相关研究证实社交网站短视频分享功能的感知交互性对感知有用性和感知易用性有正向影响。[③] 本书中的感知交互性是指用户在观看和使用竖屏新闻短视频时感知到的交互体验，如观看时的点赞、评论、转发等即时交互动作以及下滑切换视频的体验，可能对用户感知有用性和感知易用性有正向影响，从而吸引用户观看和使用。笔者根据文献综述提出如下假设：

H4：竖屏新闻短视频用户的感知交互性正向影响感知有用性。

H5：竖屏新闻短视频用户的感知交互性正向影响感知易用性。

3. 社会临场感

社会临场感（social presence）来源于“临场感”一词，也称社会在场、社会呈现。与物理在场感不同，社会临场感理论研究人机交互环境中“与他人在一起的感觉”是如何被媒介塑造的。社会临场感与心理亲密度密切相关，通过媒介传达一种人际接触、社交和敏感的感觉。[④] 肖特（Short）等

① MCMILLAN S J，HWANG J S. Measures of perceived interactivity：an exploration of the role of direction of communication，user control，and time in shaping perceptions of interactivity［J］. Journal of advertising，2002（3）：29-42.

② COURSARIS C K，SUNG J. Antecedents and consequents of a mobile website's interactivity［J］. New media and society，2012（7）：1128-1146.

③ PAI F Y，YEH T M. The effects of information sharing and interactivity on the intention to use social networking websites［J］. Quality & quantity，2014（4）：2191-2207.

④ RICE R E，CASE D. Computers，education，and public policy electronic message systems in the university：a description of use and utility［J］. Journal of communication，1983（1）：131.

从电子通信领域出发给出定义：人们在通过媒介与对方互动的过程中，感知到对方存在的显著程度和双方人际关系受到影响的显著程度。[①] 目前该理论也在新媒体领域广泛应用。

社会临场感与 TAM 变量间有影响关系，卡拉汉娜（Karahanna）等证实了电子邮件系统产生的社会临场感对用户感知有用性有积极影响。[②] 达利里（Daliri）等证实了社会临场感对用户线上购物的态度有正向影响。[③] 有学者从“意识—情感—认知”维度证实了社会临场感对在线社区用户的参与行为有直接正向影响。[④] 李晶等证明了弹幕短视频中的社会临场感正向影响用户的使用意愿。[⑤] 还有学者证实了社会临场感对抖音短视频应用的用户接受意愿有正向影响。[⑥] 本书参考比奥卡（Biocca）等人的“意识—情感—认知”考察维度[⑦]，将社会临场感定义为：用户观看竖屏新闻短视频时感知

---

① SHORT J，WILLIAMS E，CHRISTIE B. The social psychology of telecommunications［M］. New York：Wiley，1976.

② KARAHANNA E，STRAUB D W. The psychological origins of perceived usefulness and ease-of-use［J］. Information & management，1999（4）：237-250.

③ DALIRI E，REZAEI S，ISMAIL W K W. Online social shopping：the impact of attitude，customer information quality，effectiveness of information content and perceived social presence［J］. International journal of business environment，2014（4）：426-450.

④ SHEN K N，KHALIFA M. Exploring multidimensional conceptualization of social presence in the context of online communities［J］. International journal of human–computer interaction，2008（7）：722-748.

⑤ 李晶，薛晨琦，宋昊阳 . 人机交互中的社会临场感研究：以弹幕短视频为例［J］. 图书馆论坛，2023（3）：141-150.

⑥ WANG Y. Humor and camera view on mobile short-form video apps influence user experience and technology-adoption intent，an example of TikTok（DouYin）［J］. Computers in human behavior，2020，110：106373.

⑦ BIOCCA F，HARMS C，GREGG J. The networked minds measure of social presence：pilot test of the factor structure and concurrent validity［EB/OL］. http://matthewlombard.com/ISPR/Proceedings/2001/Biocca2.pdf.

到他人同在的感觉。具体表现为感知到平台上他人存在，通过交互功能获知他人看法和感受他人情绪，并认为社会临场感会影响用户感知有用性以及最终使用意愿。笔者根据文献综述，提出以下假设：

H6：竖屏新闻短视频用户的社会临场感正向影响感知有用性。

H7：竖屏新闻短视频用户的社会临场感正向影响使用意愿。

4. 沉浸体验

沉浸体验又称心流体验，由心理学家米哈里·契克森米哈赖（Mihaly Csikszentmihalyi）于 1975 年首次提出。他认为，沉浸体验是人们完全参与一项活动时体验到的愉悦忘我的感觉。[①] 沉浸体验往往被视为一种内在动机[②]，对个体随后的态度和行为产生积极影响[③]。早期沉浸体验理论主要被用于心理学领域的研究，后来也被应用于信息系统以及互动媒介采纳研究。

沉浸体验会影响用户对媒介的态度和使用意愿，徐（Hsu）和陆（Lu）证实沉浸体验对网络游戏用户的使用意愿有积极影响。[④] 常（Chang）和朱（Zhu）发现沉浸体验对社交网站的用户满意度有积极影响。[⑤] 沉浸体验与感

---

① CSIKSZENTMIHALYI M. Beyond boredom and anxiety：the experience of play in work and games［M］. San Francisco：Jossey-Bass Publishers，1975.

② LU Y，ZHOU T，WANG B. Exploring Chinese users' acceptance of instant messaging using the theory of planned behavior，the technology acceptance model，and the flow theory［J］. Computers in human behavior，2009（1）：29-39.

③ NOVAK T P，HOFFMAN D L，YUNG Y F. Measuring the customer experience in online environments：a structural modeling approach［J］. Marketing science，2000（1）：22-42.

④ HSU C L，LU H P. Why do people play on-line games? An extended TAM with social influences and flow experience［J］. Information & management，2004（7）：853-868.

⑤ CHANG Y P，ZHU D H. The role of perceived social capital and flow experience in building users' continuance intention to social networking sites in China［J］. Computers in human behavior，2012（3）：995-1001.

知有用性和感知易用性也具有相关性。周（Zhou）证实手机电视用户的沉浸体验正向影响感知有用性。[①] 杨（Yang）和李（Lee）发现流媒体设备用户感知到的沉浸体验对感知有用性有积极的促进作用。[②] 戴维斯（Davis）和维登贝克（Wiedenbeck）证实沉浸体验对感知易用性有正向影响。[③] 本书参考穆恩（Moon）和金姆（Kim）的"享受、专注和好奇心"测量维度[④]，将沉浸体验定义为：用户在观看竖屏新闻短视频时，注意力集中、感受到时间流逝很快的体验。笔者认为沉浸体验分别影响感知有用性、感知易用性和使用意愿，并根据文献综述提出以下假设：

H8：竖屏新闻短视频用户的沉浸体验正向影响感知有用性。

H9：竖屏新闻短视频用户的沉浸体验正向影响感知易用性。

H10：竖屏新闻短视频用户的沉浸体验正向影响使用意愿。

5. 使用意愿

使用意愿是指个体采取某项行动的意图和倾向，对于竖屏新闻短视频的使用意愿包含了用户的观看行为以及点赞、评论和转发等交互行为。对于媒介使用意愿的研究可以追溯至20世纪电视这一媒介的普及[⑤]，再到家庭

---

① ZHOU T. The effect of flow experience on user adoption of mobile TV［J］. Behaviour & information technology，2013（3）：263-272.

② YANG H，LEE H. Exploring user acceptance of streaming media devices：an extended perspective of flow theory［J］. Information systems and e-business management，2018（1）：1-27.

③ DAVIS S，WIEDENBECK S. The mediating effects of intrinsic motivation，ease of use and usefulness perceptions on performance in first-time and subsequent computer users［J］. Interacting with computers，2001（5）：549-580.

④ MOON J W，KIM Y G. Extending the TAM for a World-Wide-Web context［J］. Information & management，2001（4）：217-230.

⑤ RUBIN A M. The interactions of television uses and gratifications［C］. Michigan：Association for Education in Journalism Convention，1981.

录像机的流行①，以及观众对广告的观看态度②。媒介技术发展日新月异，目前关于使用意愿的研究涉及网络直播、网络电影、广告、短视频等新媒体领域。本书中使用意愿是指用户在观看和使用竖屏新闻短视频后，继续使用、提高使用频率或向他人分享的意愿和倾向。笔者用使用意愿来衡量用户对竖屏新闻短视频的接受程度。

（三）研究设计

1. 问卷设计

此次研究的调查对象为全年龄段可能使用短视频平台观看竖屏新闻短视频的用户，笔者通过问卷及抽样调查获取数据。问卷设计本文采用文献分析法，参考了多位学者的研究，确定了研究变量以及调查问卷的题项。调查问卷包括三个部分：第一部分用来甄别对象，只有观看过竖屏新闻短视频的对象才可以继续回答问卷题目，由此来保证样本的有效性，共 1 个题项，题目类型为选择题；第二部分用来收集用户的个人特征和对竖屏新闻短视频的基本使用数据，由此考察用户自身的观看行为和经验，共 5 个题项，题目类型为选择题；第三部分用来收集衡量感知有用性、感知易用性、感知交互性、社会临场感、沉浸体验和使用意愿等 6 个核心潜变量的观测变量，共 20 个题项，采用李克特级量表进行编制，数字 1 到 5 代表从非常不赞同到非常赞同等 5 个维度。此次研究在发放正式调查问卷前，先

① COHEN A A，LEVY M R，GOLDEN K. Children's uses and gratifications of home VCRs：evolution or revolution［J］. Communication research，1988（6）：772-780.

② MITCHELL A A. The effect of verbal and visual components of advertisements on brand attitudes and attitude toward the advertisement［J］. Journal of consumer research，1986（1）：12-24.

进行了一次预调研，共收集问卷 114 份，通过小范围预调研进行测试，对被调查者难以理解、容易引起歧义的题项进行了删改，确定下来最终的调查问卷，随即开展正式调查（测量题项具体见表 6-1）。

2. 问卷发放与半结构访谈

此次研究通过问卷网制作线上调查问卷，并采用抽样调查的方式在微信平台上进行发放。问卷中附有三条不同题材的竖屏新闻短视频作为示例，邀请用户在观看后填写问卷。此次共发放 447 份调查问卷，剔除无效问卷（24 份），最终得到有效问卷共 423 份。

2022 年 5 月 1 日至 5 月 5 日，笔者对 6 名不同年龄和职业的受访者进行了半结构访谈，目的是进一步了解竖屏新闻短视频的用户态度、使用情况和原因，验证研究结果。之后，笔者还对 10 名不同年龄和职业的受访者进行了半结构访谈。问题包括："您认为竖屏新闻短视频是否方便使用？""您对于竖屏新闻短视频的交互功能有什么看法？""您是否在使用竖屏新闻短视频时感受到他人的情绪？"等。

（四）数据分析和结果

1. 信度和效度检验

为了保证量表的内部一致性，在进行探索性因子分析前，笔者通过 SPSS 软件用 Cronbach's α 系数对收集到的问卷数据进行信度检验。一般来说，Cronbach's α 系数越大，数据信度越高，若 Cronbach's α 系数大于 0.7，数据的可靠性则较高[①]。如表 6-1 所示，本调查问卷的总体 Cronbach's α 系

① NUNALLY J C. Psychometric theory［M］. 2nd ed. New York：McGraw-Hill，1978.

数为 0.951，各潜变量的 Cronbach's α 系数均大于 0.7，说明问卷内部一致性良好，可靠性较强。

表 6-1　问卷信度分析

变量	序号	测量题项	Cronbach's α 系数
感知有用性	Q1	竖屏新闻短视频是我新闻讯息的有效获取来源	0.895
	Q2	竖屏新闻短视频能使我增长见识、拓宽视野	
	Q3	观看竖屏新闻短视频节省了我从其他渠道获取新闻信息的时间	
感知易用性	Q4	竖屏模式下新闻短视频界面很简洁	0.780
	Q5	我很容易就能学会使用竖屏形式观看新闻短视频	
	Q6	观看竖屏新闻短视频时，各项功能（转发、评论、点赞等）使用很方便	
感知交互性	Q7	观看竖屏新闻短视频时，我会使用点赞或评论功能	0.852
	Q8	看到有用的 / 有意思的竖屏新闻短视频时，我可能会转发给他人观看	
	Q9	竖屏持握手机观看新闻短视频而不需要横向翻转手机很方便	
	Q10	竖屏新闻短视频可以在观看的同时进行点赞、评论和转发	
	Q11	单手就可以滑动浏览竖屏新闻短视频很方便	
社会临场感	Q12	通过竖屏新闻短视频的转发、评论、点赞功能，我能感受到与人接触交流的感觉	0.847
	Q13	我能与平台上其他人相互了解彼此对于竖屏新闻短视频的看法	
	Q14	我认为竖屏新闻短视频评论中人们的情绪会互相影响	

续表

变量	序号	测量题项	Cronbach's α 系数
沉浸体验	Q15	在观看竖屏新闻短视频时，我有注意力集中的感觉	0.897
	Q16	我常常沉浸在观看竖屏新闻短视频的过程中，感觉时间流逝很快	
	Q17	观看竖屏新闻短视频是我日常生活的一部分	
使用意愿	Q18	未来我会继续使用和观看竖屏新闻短视频	0.900
	Q19	我可能会提高使用和观看竖屏新闻短视频的频率	
	Q20	我会向他人分享竖屏新闻短视频	
总体 Cronbach's α 系数 =0.951			
KMO 值 =0.945			
Bartlett 球形检验	卡方值 =6462.697		
	自由度（DF）=191		
	显著性（Sig.）=0.000		

通过 SPSS 软件用 KMO 和 Bartlett 球形检验对量表的效度进行检验。KMO 值越接近于 1，变量间的相关性越强，因子分析的效果越好。此次研究的 KMO 值为 0.945，大于 0.7，符合标准。Bartlett 球形检验的卡方值为 6462.697，自由度为 191，显著性水平为 0.000，小于 0.001，通过了显著性水平为 0.1% 的显著性检验，问卷结构效度良好，适合做进一步因子分析。

2. 验证性因子分析

验证性因子分析是检验理论模型与实证数据是否一致的过程，即模型与数据的内在适配程度，用来衡量理论模型的真实性与适用性。首先，用标准化因子载荷量、组合信度（CR）和平均方差提取量（AVE）反映收敛效度[①]，通常情况下，潜变量与测量变量的因子载荷量大于 0.6，误差项与测量变量的因子载荷量（SMC）大于 0.36，即符合标准。笔者通过 AMOS 软件进行收敛效度检验，删除潜变量与观测变量的因子载荷量过低（低于 0.6）的题项，最终 15 个题项被保留下来，修正后的各项指标如表 6-2 所示。

表6-2　验证性因子分析

构念	题项	标准化因子载荷量	SMC	CR	AVE
感知有用性	Q1	0.894	0.799	0.897	0.743
	Q2	0.869	0.755		
	Q3	0.822	0.676		
感知易用性	Q4	0.825	0.681	0.787	0.649
	Q6	0.785	0.616		
感知交互性	Q9	0.816	0.666	0.859	0.671
	Q10	0.780	0.608		
	Q11	0.859	0.738		
社会临场感	Q12	0.918	0.843	0.883	0.792
	Q13	0.860	0.740		
沉浸体验	Q16	0.907	0.823	0.900	0.819
	Q17	0.903	0.815		
使用意愿	Q18	0.892	0.796	0.904	0.758
	Q19	0.876	0.767		
	Q20	0.844	0.712		

① BAGOZZI R P. Evaluating structural equation models with unobservable variables and measurement error：a comment［J］. Journal of marketing research，1981（3）：375-381.

修正后的各观测变量因子载荷量均大于 0.7，说明各因子间具有较好可靠性和收敛性[①]。其次，组合信度（CR）是用来评估结构方程模型潜变量信度质量的指标，此次研究的 CR 值均大于 0.7，表示测量模型的构念信度良好[②]。平均方差提取量（AVE）检验的是结构变量内部一致性，此次研究的 AVE 值均大于 0.5，证明潜变量从对应的观测变量中获得了尽可能多的变异量，各维度间存在良好的一致性，表明数据收敛效度良好[③]。对量表各维度进行区别效度检验，各变量间相关系数的绝对值小于 AVE 的平方根，这表明此次研究的测量具有良好的区别效度。

3. 模型拟合与修正

在信度和效度检验结果良好的基础之上，笔者运用 AMOS 软件建立结构方程模型，参考修正指数（MI）的检验结果，对模型进行拟合，最终模型的适配度指标为：CMIN/DF 为 2.619，小于 3 的标准值；GFI、AGFI（调整后拟合度指数）、NFI（规范拟合指数）、CFI 的值均大于 0.9，拟合度良好；RMSEA 为 0.062，小于 0.08，在可接受范围内。模型的适配度指标基本达到标准，拟合情况较好。

4. 假设检验

结构方程模型是基于协方差矩阵分析变量关系的一种统计方法，用于分析潜变量间的假设关系，潜变量被显性指标所测量。[④] 笔者利用 AMOS 软

---

① HAIR J F，BLACK W C，BABIN B J，et al. Multivariate data analysis［M］. 7th ed. London：Pearson，2009.

② GEFEN D. E-commerce：the role of familiarity and trust［J］. Omega，2000（6）：725-737.

③ BAGOZZI R P，YI Y. On the evaluation of structural equation models［J］. Journal of the academy of marketing science，1988（1）：74-94.

④ 吴明隆 . 结构方程模型：AMOS 的操作与应用［M］. 2 版 . 重庆：重庆大学出版社，2010：1.

件进行结构方程模型分析，对模型拟合度进行检验和修正，保证数据与模型吻合后，对提出的所有直接效应与中介效应假设进行验证。直接效应路径系数如表 6-3 所示，假设 H1、H2、H5 以及 H7—H10 结果为显著，假设成立；假设 H4、H6 不成立。

表 6-3 直接效应路径系数

假设	假设路径	标准化路径系数	SE	CR	P	假设结果
H1	感知有用性 → 使用意愿	0.309	0.06	5.157	***	成立
H2	感知易用性 → 感知有用性	0.547	0.078	7.057	***	成立
H4	感知交互性 → 感知有用性	–0.075	0.140	–0.536	0.592	不成立
H5	感知交互性 → 感知易用性	0.608	0.065	9.319	***	成立
H6	社会临场感 → 感知有用性	–0.097	0.073	–1.323	0.186	不成立
H7	社会临场感 → 使用意愿	0.198	0.054	3.662	***	成立
H8	沉浸体验 → 感知有用性	0.539	0.057	9.531	***	成立
H9	沉浸体验 → 感知易用性	0.218	0.038	5.67	***	成立
H10	沉浸体验 → 使用意愿	0.404	0.062	6.527	***	成立

注：*** 表示在 0.01 显著性水平下是显著的。

经假设检验，竖屏新闻短视频用户的感知交互性正向影响感知有用性的直接效应不显著，但是感知易用性正向影响感知有用性、感知交互性正向影响感知易用性的直接效应均为显著，感知易用性有可能在感知交互性和感知有用性间起中介作用。因此，研究需要验证感知易用性在感知交互性和感知有用性之间的中介作用，并提出假设 H11：感知易用性在感知交互性和感知有用性之间具有中介效应。

笔者利用普里彻和海斯提出的 Bootstrap 检验法①，对样本数据重复抽样 5000 次，检验感知有用性和感知易用性在模型中的中介作用，根据每次抽样对直接效应和间接效应进行估计，对每个效应建立 90% 的置信区间，当置信区间不包含 0 时，效应显著。笔者对假设 H3 与假设 H11 进行中介效应检验，结果如表 6-4 所示。此次研究的标准化路径系数图如图 6-3 所示，其中实线为直接效应，虚线为中介效应。

表6-4　中介效应检验

假设	中介路径	间接效应标准化路径系数	90% 置信区间		中介效果
			上界	下界	
H3	感知易用性 → 感知有用性 → 使用意愿	0.194	0.163	–0.018	不成立
H11	感知交互性 → 感知易用性 → 感知有用性	0.100	0.482	0.121	成立

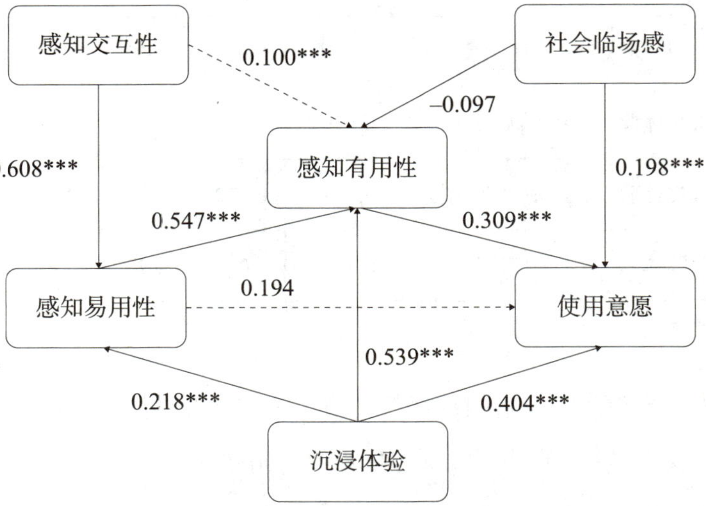

图6-3　标准化路径系数图

① PREACHER K J，HAYES A F. Asymptotic and resampling strategies for assessing and comparing indirect effects in multiple mediator models［J］. Behavior research methods，2008（3）：879-891.

（1）技术接受模型的检验结果

竖屏新闻短视频的感知有用性对使用意愿的标准化路径系数为 0.309，结果为显著，假设 H1 成立。感知易用性对感知有用性的标准化路径系数为 0.547，结果为显著，假设 H2 成立。感知易用性对使用意愿的间接效应标准化路径系数为 0.194，置信区间包含 0，中介效应为不显著，假设 H3 不成立。

（2）人机交互相关变量的检验结果

竖屏新闻短视频的感知交互性对感知有用性的标准化路径系数是 –0.075，结果为不显著，假设 H4 不成立。竖屏新闻短视频的感知交互性对感知易用性的标准化路径系数是 0.608，结果为显著，假设 H5 成立。感知交互性对感知有用性的间接效应标准化路径系数是 0.100，置信区间不包含 0，结果为显著，假设 H11 成立，即感知交互性通过感知易用性的中介作用间接影响感知有用性。

竖屏新闻短视频的社会临场感对感知有用性的标准化路径系数是 –0.097，结果为不显著，假设 H6 不成立。社会临场感对使用意愿的标准化路径系数为 0.198，结果为显著，假设 H7 成立。

竖屏新闻短视频的沉浸体验对感知有用性的标准化路径系数是 0.539，结果为显著，假设 H8 成立。沉浸体验对感知易用性的标准化路径系数为 0.218，结果为显著，假设 H9 成立。沉浸体验对使用意愿的标准化路径系数为 0.404，结果为显著，假设 H10 成立。

（五）讨论

1. 结论分析

本部分内容结合线上访谈，进一步对假设检验的结果进行分析，在技术接受模型的基础上，结合人机交互领域中用户体验的相关理论——感知交互性、社会临场感和沉浸体验，构建了竖屏新闻短视频用户使用意愿的影响因素模型；探寻了感知有用性、感知易用性、感知交互性、社会临场感、沉浸体验与使用意愿之间的影响机理，以及不同因素之间的关系；通过问卷调查获取数据，并运用结构方程模型进行实证研究，结合线上访谈，得出以下结论：

（1）感知有用性和感知易用性对使用意愿的影响

感知有用性对用户使用意愿有正向显著影响。有受访者表示："竖屏新闻短视频使我能够及时了解当下热点时事，正能量的新闻短视频会引起我的共鸣。""平台自动推送有热度的新闻，这种形式让我在放松娱乐的时候就能知晓国家大事。"

用户如果感知到能从竖屏新闻短视频中受益，能从中获取有效、有用的新闻信息，增加自身知识储备量，扩展个人视野，节省从其他渠道获取资讯的时间，则会对竖屏新闻短视频的使用有更积极的态度，提高使用意愿。

感知易用性对感知有用性有正向显著影响。有受访者表示："竖屏新闻短视频使用便利、界面简单，竖屏形式方便单手观看，搜索功能方便我进一步了解新闻的后续报道。""不需要复杂的操作，不喜欢就划走，换下一个。点赞、转发按钮很醒目，下载完很快就上手了。"

用户认为竖屏新闻短视频的播放平台是便于操作、简单易学的，且点赞、评论、转发等功能使用便捷，这会助益其对有用性的感知。但与预期相左，感知易用性通过感知有用性对使用意愿的间接效应不显著，这可能是因为竖屏的便捷形式并不能引起用户对竖屏新闻短视频本身的观看和使用行为。

（2）感知交互性对感知易用性和感知有用性的影响

感知交互性对感知易用性有正向显著影响，并通过感知易用性间接影响感知有用性。有受访者表示认可这种形式："切换视频无须退出再选择新视频，拇指向下滑动就可以。""竖屏新闻短视频我经常看，因为不用调转手机，非常省事，也可以看到好友赞过的新闻时事，也方便转发给别人。"

感知交互性来源于竖屏短视频的媒介结构性特征，竖屏符合人眼纵向浏览信息、垂直持握手机的习惯，单手操作即可完成各种交互功能，符合用户的手机使用习惯，且能够实现媒介消费与交互的同步，更加方便用户对于新闻短视频系统的使用。感知交互性通过感知易用性的中介作用间接影响用户感知有用性，即竖屏新闻短视频的人机交互功能间接影响用户对有益程度的感知。

（3）社会临场感对感知有用性和使用意愿的影响

社会临场感对使用意愿有显著正向影响。有受访者表示："更喜欢看新闻视频的评论，会有参与讨论国家大事的乐趣。""通过评论区看到不同人对热点事件的不同看法，有利于拓展自己思考问题的角度。""经常会收到家人转发的知识科普类竖屏新闻短视频，是家人间表达关心的一种交流方式。"

用户观看和使用竖屏新闻短视频是人机交互的过程，伴随着主动的心理参与，通过在线互动功能和竖屏格式的结构性媒介特性，产生在场感。用户感知到其他用户的存在，通过评论、转发等功能了解彼此对新闻的看法，感受彼此的情绪，产生真实的人际交流感，从而影响使用意愿。但与假设相反的是社会临场感对感知有用性的直接影响不显著，这可能是因为短视频在线与他人交流沟通的功能并不能给用户带来增长知识、拓宽视野等实质性帮助。

（4）沉浸体验对使用意愿、感知有用性和感知易用性的影响

沉浸体验对使用意愿、感知有用性和感知易用性均有显著正向影响。受访者表示："我很喜欢看央视主持人的《主播说联播》，简短有趣且更能关注到主播本身的表情和语言表达。""看竖屏新闻短视频总觉得时间过得很快，不喜欢的就刷掉，继续看下一条。”

由于竖屏能凸显画面中的主体，过滤掉背景中的不相关信息，自然构建出一个幽闭的场景，营造出在场的错觉，用户在观看新闻短视频时视觉专注度得到提高，忽略时间流逝，从而获得沉浸式的观看体验。另外，竖屏短视频用户可以在单手持握观看的同时进行点赞、评论，操纵感比横屏短视频的更强，使用户更容易进入沉浸状态。这种沉浸体验吸引用户使用，是感知到对自己有益和方便使用的基础，并且在专注状态下，用户更易增加对有用性、易用性的感知，提高使用意愿。另外，大部分受访者表示在观看竖屏短视频时时间过得很快，并认为新奇有趣、发挥竖屏优势的视频内容，更容易吸引自己，而同质化、低质量的视频会引发负面态度。

综上，通过实证研究，笔者发现技术接受因素（感知有用性、感知易用性）和人机交互因素（感知交互性、社会临场感、沉浸体验）共同影响着用户对竖屏新闻短视频的使用意愿，其中社会临场感和沉浸体验对用户使用意愿的直接效应表明，竖屏格式所带来的心理在场感、人际交流感以及充分构图带来的沉浸体验，直接吸引用户对于竖屏新闻内容的观看。这一研究在理论探索上丰富了技术接受模型在新媒体领域的应用，以及感知交互性、社会临场感和沉浸体验三个变量在竖屏领域的实证研究；从行业实践上为媒体拓展竖屏生态、改善视频形式提供了参考价值。另外，通过与用户的交流，笔者证实了竖屏新闻短视频使用意愿的影响因素以技术形式和媒介特征为主，但竖屏新闻短视频内容方面的特点也会影响用户意愿，形式和内容的协调配合问题不可忽视。

2. 建议与展望

当下，传统新闻领域专业壁垒被打破，新闻生产趋向多主体、弥散式演进，新闻文本和意义呈现碎片化的状态，内容质量难以与新颖的形式相匹配。一方面，UGC 竖屏新闻短视频内容缺乏权威性，质量和可信性不佳，且容易被互联网病毒式传播；另一方面，生产 PGC 的主流媒体对竖屏新闻短视频的涉足尚未成熟，部分竖屏新闻短视频内容来自对电视新闻的搬运剪辑，存在内容同质化现象。鉴于此，作为专业生产者的新闻媒体应创新产品形式，培养针对竖屏新闻短视频的专业内容生产团队，形成区别于 UGC 的高文本价值和影像叙事逻辑，与竖屏短视频的结构化优势更好结合。

一方面，新闻媒体应结合竖屏形式特点，实现新闻产品创新。相比于横屏，竖式构图尤其适合新闻主播节目、人物访谈、直播采访等形式，可捕捉到更细腻的面部表情和神态，给用户一种直面影像中的人物并与其一对一深入交流的感觉，带来强烈的社交临场感和真实感，用户更容易进入沉浸状态。中央广播电视总台在抖音上推出的《主播说联播》就采用了竖屏单一人物构图方式，新闻主播对时事热点的评论搭配轻松愉快的口语化表达，播报场景不时从严肃的新闻演播室转变成接地气的公园、餐厅等生活场景，其新闻内容影响力大、时效性强，形式上富有互动性和沉浸感，成功吸引年轻用户的观看。传统媒体可利用竖屏形式拍摄单人物构图的新闻解说或 Vlog，并利用动态文字、特效等形式在有限空间内呈现更多细节信息，进行有交流感、互动性的内容传播，拉近新闻与受众之间的距离，释放内容生产力。

另一方面，新闻媒体应坚守基本的专业化生产逻辑和职业操守，保证新闻内容质量。竖屏短视频与直接、简短的新闻内容相契合，但易出现过度娱乐化、不够客观深入、缺乏思想内涵等问题。这就要求新闻媒体在内容编排上有更高水准，在短时间内既能吸引用户注意力、有创意性，又能深度展现某一新闻事件，引导观众深入思考。竖屏新闻短视频的趣味性可以体现在视觉呈现上，将枯燥乏味的新闻文本以图片、音频、视频等生动活泼的方式呈现出来；也可以体现在选题角度的“小而精”上，并非一味选取吸睛、娱乐化的奇闻逸事和明星八卦进行放大，而是从单一角度切入，深入挖掘新闻事实，帮助用户摆脱碎片化信息接受，满足其追踪新闻进度的需求，使其形成对新闻事件的整体认识。在新闻领域，只有内容质量提升，新的技术形式才会与之产生协同效应，新闻视野的竖屏化反过来才会辅助增强新闻的可接受度。

简言之，媒体应善用技术的工具理性去颠覆传统的生产传播体系，借助竖屏视频的媒介技术优势，建立具有扎实新闻知识、竖屏视频创作能力的专业团队，除了新闻播报的出镜人员，还需要有负责前期策划与后期制作的独立部门，整合优质资源，打造有特色的、不同于横屏构图和叙事规则的创新性新闻节目，利用平台效应和社交媒体逻辑，打造和完善新闻内容生态。

本部分内容仍然存在一些有待完善的地方。比如，调研采用线上问卷的方式获取数据，并通过线上访谈补充研究，部分用户对填写线上问卷有排斥心理，用时较短，其问卷有效性不高，问卷结果不能衡量其真实态度。因此，在未来的研究中，我们可以进行线下调研，还可以进一步选择内容分析、民族志等方法进行深入探索。另外，对于竖屏新闻短视频的用户使用意愿研究除了选用技术接受模型和人机交互体验维度，还可以发掘其他更丰富的影响因素。

第七章

建议与对策：构建数字新闻传播生态

以 5G、区块链、大数据、虚拟交互技术和人工智能技术为代表的新一代信息技术，正在深刻影响着新闻传播的运行方式，重塑了新闻传播中个人、媒体组织、新闻行业等主要行动者的价值共创方式，也引发了关于构建数字新闻传播生态的思考。基于以上论述，我们可以从数字技术赋能新闻传播运行、推动媒体机构体制机制革新、再造新闻生产流程、创新新闻传播产品内容、集合新闻行业各行动主体价值共创以及利用数字技术和信息化的治理手段等六个角度出发，构建新闻传播的生态体系，实现新闻行业的整体价值跃迁。

一、技术赋能

随着互联网技术的不断发展，数字化已经成为新闻传播的主流趋势。在数字化时代，数字新闻传播生态系统的构建是非常重要的，它不仅可以为新闻传播提供更多的渠道，还可以提高新闻传播的效率和质量。技术赋能是构建数字新闻传播生态系统的重要手段之一。

首先，技术赋能是数字新闻传播生态系统构建的基础力量和底层支撑。技术赋能是指利用先进的技术手段来增强新闻传播的能力。在数字新闻传播生态系统中，技术赋能具有以下作用：第一，提高新闻传播的效率。技术赋能可以通过自动化、智能化的方式，提高新闻的生产、传播效率，缩短新闻传播的时间，减少人力成本，提高工作效率。第二，提高新闻传播的质量。技术赋能可以通过数据分析、内容审核等方式，提高新闻质量，避免虚假信息的传播，提高新闻传播的可信度和权威性。第三，扩大新闻传播的范围。技术赋能可以通过社交媒体、移动端等新的渠道，扩大新闻传播的范围，让更多的人了解到新闻信息，提高新闻传播的影响力。

其次，从实际应用角度来看，技术赋能背后所包含的技术可供性原理又指向了数字新闻的生产、流通和消费环节。[①] 在这几大环节中，技术赋能在数字新闻传播生态系统中的应用主要体现在以下方面：第一，自媒体平台的建设。自媒体平台是利用互联网技术赋能的新闻传播平台。通过自媒体平台，个人或团体可以自主发布新闻内容，扩大新闻传播的范围。自媒体平台不仅能够提高新闻传播的效率，同时也可以提高新闻传播的质量。通过自媒体平台，新闻传播者可以更好地掌控新闻传播的内容和形式，避免虚假信息的传播。第二，数据分析的应用。数据分析是利用计算机技术对数据进行处理和分析的过程。在数字新闻传播生态系统中，数据分析可以帮助新闻传播者了解读者的需求和兴趣，制定更加精准的新闻传播策略。同时，数据分析也可以帮助新闻传播者对新闻内容进行分析和评估，提高新闻传播的质量和可信度。第三，智能化审核的应用。智能化审核是指利用人工智能等技术对新闻内容进行自动化审核的过程。在数字新闻传播生态系统中，智能化审核可以帮助新闻传播者减少审核工作量，提高审核效率。同时，智能化审核也可以避免虚假信息的传播，提高新闻传播的可信度和权威性。第四，移动端应用的开发。移动端应用是指可以在移动设备上运行的应用程序。在数字新闻传播生态系统中，移动端应用可以扩大新闻传播的范围，让更多的人了解到新闻信息。同时，移动端应用也可以提高新闻传播的效率，让用户更加便捷地获取新闻信息。

最后，技术赋能在数字新闻传播生态系统中还面临着诸多挑战，这些挑战都是新闻从业者亟待解决的问题。第一，数据安全问题。在数字新闻

① 杨奇光 . 技术可供性视域下的数字新闻实践及其边界重思［J］. 西北师大学报（社会科学版），2023（4）：83-91.

传播生态系统中，大量的数据需要进行存储和传输。数据的安全问题是一个非常重要的挑战。新闻传播者需要采取一系列安全措施，保护数据的安全。第二，技术更新换代问题。随着技术的不断更新换代，新闻传播者需要不断学习新的技术知识，以适应新的技术环境。同时，新闻传播者也需要对旧的技术进行淘汰和更新，以保持数字新闻传播生态系统的竞争力。第三，隐私保护问题。在数字新闻传播生态系统中，个人信息的保护问题也非常重要。新闻传播者需要采取一系列措施，保护用户的隐私。

总之，技术赋能是构建数字新闻传播生态系统的重要手段，可以提高新闻传播的效率和质量，扩大新闻传播的范围。但是，技术赋能的过程中也存在一系列挑战，需要新闻传播者采取一系列措施应对。面向未来的数字新闻传播生态系统，应该积极拥抱新兴技术，利用新兴技术带来的变革力量实现新闻业的转型升级。科学技术是第一生产力，只有利用好技术发展带来的优势，才能助力数字新闻传播生态系统的稳定发展。

二、体制机制

20 世纪 80 年代，普尔（Pool）提出“数字技术的发展将导致各类传播形态汇聚，呈现多功能、一体化的态势”[①]，这被看作媒介融合理论的基础之一。随着报业、广电业与 IT 行业的紧密连接，在大数据、云计算、人工智能、虚拟现实等新技术的赋能下，媒介不断交叠衍化，也带来了媒体融合机制的创新。从 90 年代的媒体集团化管理体制改革以来，传媒机构体制机制革新越来越成为媒体融合纵深发展、提高媒体传播力与影响力的动力源泉。数智时代，继续深化媒体机构体制机制改革创新也成为媒体数字化转

① 史安斌，张耀钟 .“多维融合”理念引领下电视媒体体制机制创新思路［J］. 电视研究，2017（7）：4-6，10.

型、建立全媒体传播体系的必由之路。一般来说，媒体机构的体制机制革新主要体现在几个层面。媒体体制机制改革要以融合发展为指导战略，完善顶层设计，在内容上推动制播分离，在体制上打破地区和行业区隔，鼓励传媒产业与不同性质的企业合作。① 同时，要加强对于媒体机构的激励与监督管理，通过制度保障与激励政策激励媒体采用新技术、创新管理运营模式，同时坚持对于市场的监督管理，维护良性竞争的市场格局，平衡好主流媒体与新媒体等市场主体的关系，引导媒体公共服务体系的确立，鼓励不断构建全媒体体系，提高新闻舆论和新闻媒体的传播力、引导力、影响力和公信力，讲好中国故事，传播好中国声音。

在集团化的基础上，推动各级媒体融合发展，下好整体“一盘棋”。在区域上立足差异化的资源优势，强调各区域各级媒体“差异发展、协同高效”，大型国家级媒体承担好资源匹配与整合的平台型角色；地市级媒体加强协同一体发展，打造融合型产品，共享技术、数据、平台资源，扩大自身规模，提高品牌影响力与内容传播力；县级融媒体中心以本土特色资源优势为核心竞争力，积极与上级媒体合作，在留存量的基础上吸引流量，寻求“破圈”，并有效发挥基层社会治理作用。为了更好地协调各级媒体的共同发展，未来可进一步构建共享、共生、共创的跨区域、跨媒体开放型融合平台，真正实现资源有效聚合和统筹利用。

打通媒体价值链，编织价值网络与价值生态。数字时代，媒体机构不再处于单打独斗的竞争格局，其价值创造模式也不再遵循单向的线性模式，而是积极向价值链上下游拓展，建立和其他利益相关者的合作网络，彼此共享资源、协作共赢。媒体价值网意味着媒体机构需要以用户为核心，从过去的商品主导逻辑转变到服务主导逻辑，紧紧围绕用户在不同场景下的需求提供服务，加强与用户的互动，通过内容产品唤醒受众情感，建立与

---

① 王爱玲，朱金德．地方媒体“全媒体”转型的体制机制思考［J］．当代传播，2020（5）：110-112.

用户的长期关系，并允许用户主动参与到内容的生产和分发中。此外，媒体机构需要注重与不同性质的企业组织协同整合，如与技术供应商共同探索新一代信息技术在媒体行业的应用，以此赋能内容生成，与互联网新媒体平台交换资源，进行良性竞合，提高自身的可见性，以智能技术与内容平台提供智慧服务，探索“政务＋技术”“政务＋服务”“政务＋媒体”的新模式，辅助智慧政务建设，完善基础设施服务。湖北广播电视台打造的“媒体云”平台聚合湖北省 17 个市州、100 多个厅局政务“两微一端”产品 200 多个，实现全省新闻、政务、生活等资源的便捷汇聚，形成新闻产品、政务产品、服务产品三大业务群与便民利民的新媒体品牌。[①] 此外，媒体机构还需要探索新型盈利模式，如以内容 IP 为核心开发衍生品，实现内容付费、知识付费，通过“新闻＋游戏”“新闻＋直播”等方式进行跨界品牌合作等，从而建立自身品牌核心竞争力。

在媒体组织内部，一方面要加强媒体采编流程的再造，打造中央厨房式的复合型采编系统，提高内容采编与分发的效率，共享数据、信息、内容、人才等各种资源，在此之上打通组织各部门边界，进行组织分工与整体架构的调整，从科层制向扁平、开放、柔性、敏捷无边界的组织结构调整，并积极借鉴互联网思维搭建灵活型工作室、MCN 与平台型架构，联通多方利益相关者。另一方面要进一步优化用人管理机制、绩效考评标准与激励措施，如建立项目经理、产品经理制，鼓励内部创新，建立内部媒体创新实验室，并采用一系列动态的激励策略鼓励从业者跨界合作、持续学习，如鼓励采编人员积极采纳数智技术，和技术部门的联合共创。在此之上提高媒体从业者的工作积极性，形成懂内容、懂管理、懂技术的高素质全媒体人才团队。

新时期媒体体制机制的革新说到底是数字技术赋能下媒体融合的深化

---

① 蒋玉鼐．优化体制机制 坚持“内容为王”创新盈利模式：湖北广播电视台媒体融合的实践与探索［J］．中国记者，2015（8）：27-29.

与创新，意味着体制、价值创造模式、服务模式、流程组织、人才机制的整体变革，而未来随着媒体机构在各个层面的跨界合作，一个共生共荣的融合型全媒体生态成为可能。

三、流程再造

新一代信息技术与新闻生产流程的深度耦合正逐渐改变新闻的生产与传播实践，这种改变不仅体现在新闻主体的转换与扩张上，也体现在全流程的新闻生产活动的价值逻辑上。技术的加入使传统新闻场域转变为新的数字新闻生态，新闻的生产与传播形成了新的秩序。

一方面，新闻传播主体原有的新闻观念被重构，新闻的接收者从受众向用户转变，在游牧于互联网的同时也面对着碎片化传播造成的信息割裂。新闻的传播主体逐渐丰富，除了传统的专业新闻记者、编辑，互联网中不断下放的话语权赋予了每一个用户发声的机会。在这一过程中，“用户的崛起”扮演了至关重要的角色，用户不但拥有了技术所赋予的参与乃至介入新闻传播流程的更大的自由，而且正在以更加个性化和情感化的方式改造着整个新闻生态的气质。用户自身可以通过社交账号发声，发表对新闻的个性化评论，新闻的传播者与接收者之间在技术的不断迭代下连接了数字化的信息纽带，使传受双方消解了传统纸媒时代的二元分离关系，以更加紧密的关系共存于数字新闻生态中。同时，“流量为王”思维下的自媒体也以“意见领袖”的角色处于新闻生态的传播个体之间。值得关注的是，以人工智能为代表的智能技术逐渐入局新闻行业，成为新兴的技术主体，在辅助人工进行新闻生产创造的同时，也警醒着人们思考技术替代会带来的伦理忧患。随着权力的不断解构，新闻传播生态凝聚了更丰富的主体结构。

另一方面，新闻生产流程迎来了颠覆式的变革，从价值逻辑到技术实践都伴随着信息技术的发展全然脱胎换骨，使得多元主体开启了智媒时代的网络协同模式。在这一背景下，智能媒体平台被建设成新闻生产的基础设施，使整个新闻生态运作得以在平台上顺利运转，推动着实践层面的底层变革。新闻的采集、生产、分发、反馈都能够在智媒平台上得以实现，新闻之“眼”成为数万个传感器，一键捕捉新闻信息；人工智能写稿被布局进了新闻生产流程，生成式AI以工具的姿态给予了丰富的新闻语料，使生产主体从重复性工作中解放出来，转而投向灵感与创造力的酝酿与迸发；大数据将新闻内容精准分流，推动新闻寻找意向用户；最终的传播效果以直观的数据与垂直的用户反馈进行展现，转而又投入下一次的新闻流程中。技术变革以润物细无声的方式改变了新闻生产流程，从小的一次数据记录到大的万千用户画像，以跬步而至千里，共同打造了欣欣向荣的数字新闻生态。

随着数字技术的发展，媒体组织面临的外部环境呈现出与大众传播时代不同的特征，技术的指数级自生成带来了信息的内爆和场景体验需求的增长，人们要求随时随地消费信息、互联共生，并主动参与到内容的生产中。在这种情况下，拥有技术优势的互联网新媒体依靠“跑马圈地”的优势收割受众注意力，分流了传统媒体的受众，互联网的新媒介渐渐取代了报刊、电视等旧媒介。在此背景下，传统媒体组织面临着强大的市场竞争与流动性压力，通过组织变革适应颠覆性环境，推动组织内外部数字化转型，既是适应新型战略与流程、提高内容生产传播效率的需要，也是媒介融合下打造全媒体传播体系的必然要求。

一直以来，组织结构的变化往往顺应着技术发展的趋势，从工业时代至今，组织结构的逻辑经历了从直线制、职能制的科层式架构到较为扁平、灵活的事业部制、矩阵式组织结构，在内部分工层面出现了模块化组织、阿米巴组织、工作制、小组制等，能够最大限度上实现对组织的敏捷管理；在外部形成了虚拟组织、网络组织、社群组织等新型组织形态，能够实现组织成员的松散连接，兼具灵活性、开放性与高效性，能够实现内容产品的精益生产，并允许用户等不同参与者共同参与其中。而数字时代，平台型组织成为一种重要的组织形态，能够通过网络效应最大化其收益，一方连接受众，另一方连接其他利益相关者，顺应了Web3.0时代的市场逻辑，并能够有效促进数据、信息、人才等资源要素的流通与共享。对于传统媒体来说，有两种平台衍化模式。对于大型传媒机构来说可以通过自建平台发挥平台效应。平台型组织具备的协同性、连接性等特质，能够帮助大型传媒机构建构以需求为主导的媒体平台，增强自身规模，发挥网络效应，进一步整合获取用户、内容、人才、媒体组织与智能技术等资源要素，使双方的价值创造上升为多方的价值共创，基于共同的价值主张而互动互惠。对于中小型媒体组织来说，建构平台型组织的风险性较大。它们需要积极挖掘或寻求传媒行业中的联盟合作关系，通过主动嵌入大型媒体平台获取可见性，寻求自身资源的差异化优势，基于核心竞争力借力打力，为平台衍化积蓄力量。如湖南广电践行了平台包络战略，通过渠道和内容的整合推动业务融合，拓宽了组织的边界，促进新媒体平台向平台生态递进。

随着平台的逐步衍化，媒体组织逐渐向数智赋能、系统开放、多元共生、价值共创的生态圈跃迁，生态型组织能够通过多主体协同将资源和人员进行最高效的安排，促进媒体组织的可持续发展。为建设生态型组织，媒体需要以用户为中心，以技术为支持，打破不同部门的壁垒，共享IP、信息、数据和工具能力，鼓励不同部门协同合作，以打造内生态；同时立足多元场景与不同终端、品牌方等共生共创，以打造外生态，持续创新，推动媒体融合的纵深发展。

四、产品创新

数字时代，传媒内容的生产主体趋向多元化，由专业传媒机构全权负责新闻制作和传播的局面被打破。非专业传媒机构或个人媒体创作者，通过社交媒体平台传播内容和观点，人工智能等技术的应用也越来越广泛，如算法新闻和自动化新闻，机器通过算法和数据分析来生产和传播新闻内容，成为新主体。这种多元主体共存的格局丰富了传媒内容的来源和样式，使得传媒内容更具多样化和互动性。对于传媒机构来说，精益制造与敏捷生产的产制模式在数字化进程中愈加发挥积极影响。精益制造是一种以减少浪费和提高效率为目标的生产方式，可以帮助传媒机构在新闻生产过程中降低成本并提高生产效率。敏捷生产则注重快速迭代和灵活性，使传媒机构能够更好地应对市场需求的变化。这两种产制模式的应用有助于提高传媒内容生产的效率和品质，使传媒机构能够更快速、高效地生产和发布内容，创新生产思维。

数字技术赋能传媒产品多样化、智能化发展。虚拟现实技术革新产品样态，以临场感、交互性调动用户参与，打造多感官体验；元宇宙颠覆传统时空观，强化沉浸性、游戏化的虚拟交往；人工智能创新内容生成方式，智能应用向着高度拟真性、自动化、类人化方向演进；技术赋能产品思维，重构内容生态，数智技术拓展审美空间，打造新场景传播，价值共创塑造文化品牌。随着数字技术深入实践，传媒行业面临着越来越庞杂的平台、渠道和复杂多变的用户需求，传媒内容生产正在经历由产品思维向场景思维的转变。场景思维将传媒内容视为在不同的情境和环境中与用户进行交互的元素，不再局限于特定的产品形式，而是通过适应不同场景和用户需求来实现更全面、多样化的传播。体验经济时代，内容生产主体应注重从游戏性、情感性、文化性的维度来满足用户感官需求以外更深层次的情感体验和价值认同需求，通过数字技术跨越媒介间边界，构建协作网络吸引多主体互动参与，以情感为核心打造文化共同体，跨越不同的媒体形态和平台，从而建立起可持续发展、多主体参与的传媒内容生态。

传统媒体时代的传受关系是单向、线性的，信息由传媒机构传递给受众，受众作为终端消费者接受信息。然而数字技术的兴起使得传媒内容的生产者和受众之间形成了更加互动和多元化的关系，不再局限于传统的媒体平台和渠道，而是通过各种智媒工具和数字平台，向互联网、移动应用和社交媒体等数字化平台转移，以实现更广泛的覆盖和更精准的定位。传统的一对多传播模式正在被多对多的互动传播模式所替代，这种升级场域的趋势也使得传播更具多样性和灵活性。受众体验在新型传播矩阵中也得到重塑升级，多样化需求被更好地满足。

传媒机构需要与用户建立更加紧密的互动关系，通过社交媒体、用户生成内容和个性化服务等手段，实现用户参与和内容共创。总体来看，传媒组织要与其他相关组织、社区和个人建立合作和联盟关系，整合资源、扩大影响力，提供更多元化和丰富的内容，共同参与新闻的生产、传播和消费过程，实现互动共生与价值共创，从而共同构建可持续发展的数字内容生态系统。

五、价值共创

新一代信息技术的持续发展，使得新闻传播的运行环境发生了剧烈变化，主流媒体迫切需要探索新的价值创造方式，并逐步实现由价值链、价值网络向平台生态圈的转型与升级。在本质上，新型主流媒体的平台生态是在价值链 / 价值网的基础上进行的融合式、协同式升级，是主流媒体内外各主体价值协奏的集中体现。在全媒体传播的实践过程中，主流媒体应该以平台生态逻辑为基础，构建一个聚合平台，将价值链上的各个环节分拆重组成若干模块，统一协调连接资源，从而有效地生产内容，满足用户的场景需求，做大做强主流舆论。与此同时，要采用包络或嵌入等策略，建立自身的核心竞争优势，通过开放界面将用户社群、新媒体、政务媒体、技术商等跨圈层的参与者连接起来，形成一个自主、协同、可持续的公共媒体生态。

首先，在从价值链向价值网转型的过程中，主流媒体应以有影响力的优质内容为基点，打通 app 客户端、公众号、小程序、短视频账号等端口，围绕用户场景进行全时段、全渠道的内容与终端再造，为用户提供垂直化、个性化、泛在化的信息体验。同时创新服务形式，利用数据新闻、虚拟主播等技术的可供性增强用户的沉浸感与交互感。主流媒体可以利用情绪叙事与视觉修辞设置议程，进行情感动员，形成以情感传播为外在驱动，以政论模式、信息模式、故事模式等为信息要素的"混合情感传播模式"。通过激发用户的情感共振，主流媒体得以构建起微粒社会下的情感共同体，实现由弱关系主导的网民交互界面到由强关系主导的在线信息社群的转向。基于用户社群，主流媒体能够与用户进行点对点、无缝式的互动互连，有效提升用户黏性，而用户社群也成为主流媒体平台化转型的关键动力。

同时，主流媒体需要将生产流程由传统价值链的线性模式转向矩阵式的共时、共地、并行生产与分布式协作。一方面，主流媒体可以建立同产品模块对应的组织镜像，根据不同产品特性与分发场景进行细胞化分工与人员的自由组合，形成独立、扁平、流动、跨部门的业务单元、项目团队或内部创业工作室。每个单元模块有其特定的分工领域，能够进行自我决策与自我整合，确保各模块即时信息共享与资源脱钩。另一方面，主流媒体平台可通过跨边网络效应下的服务变现提高用户黏性，实现商业增值。通过持续的优质内容产出、个性化推送吸引用户，形成一定规模的会员订阅社群，建立自身的会员管理系统，将流量转换为存量，继而为广告商提供广告位，并开放打赏、众筹、内容付费墙等付费渠道进行变现。还可以通过"社群＋电商直播带货"的模式打通线上与线下消费场景，借鉴游戏化思维增强用户参与等，加强版权意识，并充分考虑自身的平台特性与社群场景，选择与其最适配的增值模式，与用户重新建立"互惠关系"。

其次，在价值网向平台生态升级的过程中，各主体依靠传统的价值创造模式难以适应当前的用户消费模式，要构建并栖居于平台生态系统，在多方协作共赢中谋求价值循环。第一，各媒体平台要开放自身边界，实现资源的互通与平衡，应尽可能打破封闭思维，加强体制机制创新，在保持适当边界的基础上选择较大的开放度。主流媒体平台可以通过开放 API 与源代码、社交插件与超链接等方式拓展数据渠道与信息功能模块，允许外部访问与资源链接，并进一步通过制定协议开放用户数据与产品服务，供生态合作者“即插即用”，调用创新。第二，主流媒体平台需要在以新媒体平台为主导的平台生态系统中，构建自己的核心竞争优势。具备技术、资金与用户基础的大型媒体集团需要“跳出传媒，发展传媒”，充分利用原有用户基础与关联技术深入其他领域，扩大生态圈，深化生态位，发挥赢者通吃效应，做大市场，在水平层面实现新型主流媒体平台与潜在竞争平台之间的兼容并包。中小型媒体机构通过精准的平台定位、嵌入主导者的平台生态进行依附式成长更加可行。第三，主流媒体平台要与其他利益相关者协同衍化，实现价值协奏。一方面，作为生态组织者的主流媒体平台需要扮演“指挥家”式的角色，充分协调数据、信息、人才、资金等要素的流动方向，推进行动者间的合作议程，进而通过一套共益承诺将相互依存的利益相关者“征召”进以自身为焦点的生态圈。另一方面，主流媒体平台自身需要在核心圈层不断创新升级，以保持自身的中心地位，提高生态系统活力；在第二圈层，与新媒体平台应以联合共创为先，利用新媒体平台的底层架构与用户量优化技术基础，获取用户数据，借助算法推荐系统提高自身的内容可见性；在第三圈层，与技术商联合探索 5G、元宇宙等颠覆性技术的应用形式，与金融业、教育业等跨行业主体协同，以扩大多方影响力，在为多主体赋能的同时拓宽整个生态系统的容量。第四，主流媒体平台要发挥价值引领作用，建设全媒体公共传播体系。要始终坚持为人民服务，在全媒体传播体系中具备极强的专业性与公信力，以事实标准而非流量标准进行价值判断，以协商合作而非寡头垄断进行价值创造，设计生态系统的共同目标与规则，选择有共同愿景的良性合作伙伴，并与人民群众、政府相关部门及行业协会联合监督治理。

最后，面对新一代信息技术给新闻传播运行带来的诸多挑战，产业自身需要借助外部驱动力量解决技术在安全性、效益性、可持续性等方面的应用问题，建立过渡机制，引导行业参与者采纳技术架构，提升各环节参与者的产业升级能力，并呼吁产业政策与技术联姻，以搭建与政府机构合作的桥梁，积极迎接挑战。综上所述，在当今的颠覆性环境中，各个主流媒体必须克服种种困难，构建并栖身于平台的生态体系中，才可以在多方合作共赢的情况下，寻求一个良性的、自主的、可持续的大众媒体生态。它不仅可以有效地推进国家治理体系和治理能力现代化，同时也可以凸显“人类命运共同体”这一隐喻结构，是提高中国话语权、传播中国声音的重要途径。

六、数字治理

数字治理是指利用数字技术和信息化手段来管理和运营社会、经济和政治等各个领域的过程。数字治理的发展已经对传统的新闻传播方式带来了巨大的冲击。在数字治理时代，数字新闻传播生态系统的构建将面临新的机遇和挑战。

首先，数字治理是数字新闻传播生态系统的外围维护力量。此处的数字治理是指利用数字技术的理念和手段对数字新闻传播生态系统中出现的问题进行系统化的治理优化。它通过制定和执行相关的政策法规、技术标准以及伦理准则，确保数字新闻传播的健康、有序发展。例如，在信息过载的时代，虚假信息和谣言的传播速度极快，数字治理可以通过算法监测、内容审核机制以及用户举报系统等多种技术手段，对这些有害信息进行识别和过滤，从而净化数字新闻传播的环境。同时，数字治理还能规范新闻生产主体的行为，防止未经授权的新闻传播和侵权行为的发生，保障新闻媒体的合法权益。它不仅关注新闻内容的质量，也注重平台的运营安全和用户的隐私保护，从多维度维护数字新闻传播生态系统的稳定与可持续发展。

其次，数字治理不仅包括新技术在治理环节的应用，还包括理念、制度、组织、法律、伦理等多个维度的协同支撑与规范制约。[①] 例如，在理念层面，需要树立以人民为中心的治理观念，将用户的需求和权益放在首位，确保数字治理的措施能够真正服务于社会公众。在制度方面，要建立健全与数字新闻传播相适应的监管机制，明确各方责任与义务，形成有效的治理框架。在组织维度，需要加强跨部门、跨领域的协同合作，整合各方资源，提升治理效率。法律和伦理则是数字治理的基石，通过制定和完善相关法律法规，明确数字新闻传播中的权利与义务边界，结合伦理准则，引导行业自律，规范新闻传播行为。同时，数字治理的具体应用还应该注重把握好效度、温度和尺度，这样才可以实现治理效果的最大化。效度指的是治理措施的科学性和有效性，要确保治理手段能够精准地解决数字新闻传播中的问题，避免“一刀切”的做法。例如，在打击虚假新闻时，不能简单地封禁账号，而应通过技术手段精准识别虚假信息的源头，并采取相应的教育和惩戒措施。温度则强调治理过程中的人性化，要充分考虑用户和新闻从业者的实际情况，避免过度干预影响正常的新闻传播活动。比如，在内容审核时，应给予创作者合理的解释和申诉机会，避免误判。尺度则是指治理的边界和平衡，既要严格监管，防止新闻传播中的违法违规行为，又要避免过度限制，保障新闻自由和创新活力。只有在效度、温度和尺度之间找到平衡，数字治理才能真正实现其应有的价值，推动数字新闻传播

① 郑磊．数字治理的效度、温度和尺度［J］．治理研究，2021（2）：5-16，2.

生态系统的良性发展。

最后，数字治理同样在数字新闻传播生态系统中面临着诸多挑战，新闻从业者只有解决好这些问题，才能实现数字治理效果在整个系统中的最大化。这些挑战主要包括技术更新的快速性、利益相关方的复杂性以及伦理道德的模糊性。一方面，数字技术的飞速发展使得治理手段常常滞后于问题的出现。例如，人工智能生成内容（AIGC）的出现，让虚假信息的制造更加难以识别，而现有的治理技术可能无法及时跟上这种变化。新闻从业者需要不断学习和掌握新技术，与技术开发者、平台运营者等紧密合作，共同探索适应新技术环境的治理模式。另一方面，数字新闻传播生态系统涉及新闻机构、社交媒体平台、用户、广告商等众多利益相关方，各方诉求不同，协调难度较大。新闻从业者需要在维护新闻真实性、客观性的同时，平衡各方利益，避免因过度迎合某些利益群体而损害公共利益。此外，随着数字新闻传播的发展，一些伦理道德问题也日益凸显，如隐私保护、算法偏见、信息茧房等。新闻从业者不仅要遵守传统的新闻伦理，还要面对新技术带来的新挑战，比如如何在个性化推荐中避免信息片面化，如何在数据收集和使用中保护用户隐私等。因此，新闻从业者必须积极应对这些挑战，通过提升自身素养、加强行业自律、参与多方协作等方式，推动数字治理的不断完善。只有这样，才能在数字新闻传播生态系统的复杂环境中，实现数字治理效果的最大化，为公众提供更加优质、可信的新闻信息，促进整个行业的健康可持续发展。

数字治理已经成为数字新闻传播生态系统的重要组成部分。数字治理可以通过技术手段和管理手段等多种手段，为数字新闻传播生态系统提供支持，提高新闻传播的效率和质量，扩大新闻传播的范围。但是，数字治理的过程中也存在一系列挑战，需要新闻传播者采取一系列措施应对。只有数字治理和新闻传播者共同努力，才能构建一个健康、完善的数字新闻传播生态系统。

参考文献

[1] NAKAMOTO S.Bitcoin：a peer-to-peer electronic cash system [EB/OL].（2008-10-31）. https://git.dhimmel.com/bitcoin-whitepaper.

[2] 蒋卫阳 . 区块链 + 媒体业的 N 种可能 [J]. 传媒评论，2018（4）：16-19.

[3] 纳拉亚南，贝努，费尔顿，等 . 区块链：技术驱动金融 [M]. 林华，王勇，帅初，等译 . 北京：中信出版社，2016.

[4] 斯万 . 区块链：新经济蓝图及导读 [M]. 韩锋，主编 . 北京：新星出版社，2016.

[5] 林小驰，胡叶倩雯 . 关于区块链技术的研究综述 [J]. 金融市场研究，2016（2）：97-109.

[6] 喻国明，冯菲 . 区块链对后真相的重新建构："分散—聚合"模式的设想 [J]. 现代传播（中国传媒大学学报），2019（5）：1-4，11.

[7] 谭小荷 . 基于区块链的新闻业：模式、影响与制约 以 Civil 为中心的考察 [J]. 当代传播，2018（4）：91-96.

[8] 张收鹏 . 区块链技术在传媒业的创新应用 [J]. 新闻战线，2018（23）：120-122.

[9] 维格纳，凯西 . 区块链：赋能万物的事实机器 [M]. 凯尔，译 . 北京：中信出版集团，2018.

[10] BORGIA E. The internet of things vision：key features，applications and open issues [J]. Computer communications，2014，54：1-31.

[11] YAN Z，ZHANG P，VASILAKOS A V.A survey on trust management for internet of things [J]. Journal of network and computer applications，2014，42：120-134.

[12] 朱洪波，杨龙祥，于全 . 物联网的技术思想与应用策略研究 [J]. 通信学报，2010（11）：2-9.

[13] 麦克卢汉 . 理解媒介：论人的延伸 [M]. 何道宽，译 . 北京：商务印书馆，2000.

[14] 胡泳 . 未来的传播媒介：物联网与可穿戴设备 [J]. 新闻与写作，2016（11）：11-14.

[15] 彭兰 . 未来传媒生态：消失的边界与重构的版图 [J]. 现代传播（中国传媒大学学报），2017（1）：8-14，29.

[16] 曹三省，鲁丹 . 万物互联时代的"物联网新媒体"[J]. 新闻与写作，2016（1）：21-24.

[17] 杨溟，鞠靖 . 源数据在人机智能融合发展中的意义及逻辑 [J]. 青年记者，2021（19）：55-60.

[18] 于艳华，宋美娜 . 大数据 1 [J]. 中兴通讯技术，2013（1）：57-60.

[19] 刘智慧，张泉灵 . 大数据技术研究综述 [J]. 浙江大学学报（工学版），2014（6）：957-972.

[20] 彭兰 . 社会化媒体、移动终端、大数据：影响新闻生产的新技术因素 [J]. 新闻界，2012（16）：3-8.

[21] 喻国明 . 大数据方法与新闻传播创新：从理论定义到操作路线 [J]. 江淮论坛，2014（4）：5-7.

[22] 刘义昆 . 大数据时代的数据新闻生产：现状、影响与反思 [J].

现代传播（中国传媒大学学报），2014（11）：103-106.

[23] FOSTER I，ZHAO Y，RAICU I，et al. Cloud computing and grid computing 360-degree compared [J]. Computer science，2008：1-10.

[24] 陈全，邓倩妮 . 云计算及其关键技术 [J]. 计算机应用，2009（9）：2562-2567.

[25] SADIKU M N O，MUSA S M，MOMOH O D. Cloud computing：opportunities and challenges [J]. Potentials IEEE，2014（1）：34-36.

[26] 黄陈横 . 3GPP 5G NR 物理层关键技术综述 [J]. 移动通信，2018（10）：1-8.

[27] 杨青，钟书华 . 国外“虚拟现实技术发展及演化趋势”研究综述 [J]. 自然辩证法通讯，2021（3）：97-106.

[28] Qualcomm.The mobile future of extended reality（XR）[EB/OL]. https://www.qualcomm.com/content/dam/qcomm-martech/dm-assets/documents/awe_2017_-_the_mobile_future_of_extended_reality_-for_pdf_1.pdf.

[29] 翟振明 . 黑科技惊爆出世，抹掉现实和虚拟界限的 ER 你知道吗？[EB/OL].（2016-12-14）. http://mp.weixin.qq.com/s?__biz=MzAwOTU5NTYyOQ==&mid=2658506720&idx=1&sn=0292f25ddde6cc0ebdd45ca4ec99a318&chksm=80dc0862b7ab8174a635ebe8da6e8c3dce24bea34cdbd8beaa00147f1fa12484a9ea02673b9c&mpshare=1&scene=23&srcid=1214odt7K3yBxP5Qn5tGQS58#rd.

[30] 武娟，刘晓军，徐晓青 . 扩展现实（XR）关键技术研究 [J]. 广东通信技术，2020（10）：34-39.

[31] 褚乐阳，陈卫东，谭悦，等 . 重塑体验：扩展现实（XR）技术及

其教育应用展望 兼论“教育与新技术融合”的走向［J］. 远程教育杂志，2019（1）：17-31.

［32］彭立，彭泺 . 新媒介技术正改变与增强新闻传媒：基于 VR 技术、AR 技术及 MR 技术的考察［J］. 西南民族大学学报（人文社会科学版），2016（10）：153-157.

［33］张雷 . 混合现实（MR）出版的理论与实践探索：以“魔法报刊”为例［J］. 出版广角，2017（24）：31-34.

［34］DIONISIO J D N，BURNS W G，GILBERT R. 3D virtual worlds and the metaverse：current status and future possibilities［J］. ACM computing surveys，2013（3）：1-38.

［35］张志伟 . 清华大学新媒体研究中心发布《2020-2021 元宇宙发展研究报告》［EB/OL］.（2021-10-26）. https://baijiahao.baidu.com/s?id=1714658282730354191.

［36］喻国明，耿晓梦 . 元宇宙：媒介化社会的未来生态图景［J］. 新疆师范大学学报（哲学社会科学版），2022（3）：110-118，2.

［37］刘中华，焦基鹏 . 元宇宙赋能数字非遗的场域架构、关键技术与伦理反思［J］. 浙江大学学报（人文社会科学版），2023（1）：19-29.

［38］方凌智，沈煌南 . 技术和文明的变迁：元宇宙的概念研究［J］. 产业经济评论，2022（1）：5-19.

［39］CHATURVEDI A R，DOLK D R，DRNEVICH P L. Design principles for virtual worlds［J］. MIS quarterly，2011（3）：673-684.

［40］GRAU O. Into the belly of the image：historical aspects of virtual reality［J］. Leonardo，1999（5）：365-371.

［41］LOUCHART S，AYLETT R. Towards a narrative theory of virtual reality［J］. Virtual reality，2003（1）：2-9.

［42］许鑫，易雅琪，汪晓芸 . 元宇宙当下“七宗罪”：从产业风险放大器到信息管理新图景［J］. 图书馆论坛，2022（1）：38-44.

［43］吕峰 . 元宇宙：从数字 DNA 到意识形态整合器［EB/OL］.（2021-12-15）. https://www.thepaper.cn/newsDetail_forward_15656452.

［44］仇筠茜，陈昌凤 . 基于人工智能与算法新闻透明度的“黑箱”打开方式选择［J］. 郑州大学学报（哲学社会科学版），2018（5）：84-88，159.

［45］蔡自兴，蒙祖强 . 人工智能基础［M］. 3 版 . 北京：高等教育出版社，2016.

［46］MCCULLOCH W S，PITTS W. A logical calculus of the ideas immanent in nervous activity［J］. The bulletin of mathematical biophysics，1943（4）：115-133.

［47］TURING A M. Computing machinery and intelligence［J］. Mind，1950（236）：433-460.

［48］成素梅 . 人工智能研究的范式转换及其发展前景［J］. 哲学动态，2017（12）：15-21.

［49］KAPLAN A M，HAENLEIN M. Siri，Siri，in my hand：Who's the fairest in the land? On the interpretations，illustrations，and implications of artificial intelligence［J］. Business horizons，2019（1）：15-25.

［50］CASTRO D，NEW J. The promise of artificial intelligence［J］. Center for data innovation，2016（10）：32-35.

［51］韩雨，韩丛英 . 2021 年人工智能领域科技发展综述［J］. 战术导弹技术，2022（2）：42-51.

［52］周志华 . 机器学习［M］. 北京：清华大学出版社，2016.

[53] HEATON J. Ian Goodfellow，Yoshua Bengio，and Aaron Courville：deep learning [J]. Genetic programming & evolvable machines，2018（1/2）：305-307.

[54] 卢奇，科佩克 . 人工智能：第 2 版 [M]. 林赐，译 . 北京：人民邮电出版社，2018.

[55] JURAFSKY D，MARTIN J. Speech and language processing [M]. 2nd ed. Upper Saddle River：Prentice Hall，2008.

[56] 阳翼 . 人工智能营销 [M]. 北京：中国人民大学出版社，2019.

[57] 邓乐园 . 传媒产业价值链重构：基于人工智能的考量 [J]. 新闻研究导刊，2019（15）：197-198.

[58] 李琦 . 基于 VC 的广告语音识别系统的设计研究 [D]. 南京：南京理工大学，2007.

[59] 汤嘉敏，邹亮梁 . 智能机器人基础 [M]. 上海：上海教育出版社，2019.

[60] 孙玮 . 赛博人：后人类时代的媒介融合 [J]. 新闻记者，2018（6）：4-11.

[61] DIAKOPOULOS N. Computational news discovery：towards design considerations for editorial orientation algorithms in journalism [J]. Digital journalism，2020（7）：945-967.

[62] 王沛楠 . 人工智能与全球新闻编辑室的转型 [J]. 中国编辑，2018（7）：9-13.

[63] 喻国明 . 人工智能的强势崛起与新闻传播业态的重构 [J]. 教育传媒研究，2018（1）：95-96.

[64] 喻国明，兰美娜，李玮 . 智能化：未来传播模式创新的核心逻辑 兼论“人工智能＋媒体”的基本运作范式 [J]. 新闻与写作，2017（3）：41-45.

［65］张锐，刘靖晗．以 ChatGPT 看生成式人工智能对传媒业的影响［J］．声屏世界，2023（10）：5-8.

［66］LOKOT T，DIAKOPOULOS N. News bots：automating news and information dissemination on Twitter［J］. Digit journal，2016（6）：682-699.

［67］李恒威，王昊晟．后人类社会图景与人工智能［J］．华东师范大学学报（哲学社会科学版），2020（5）：80-89，185-186.

［68］喻国明，苏健威．生成式人工智能浪潮下的传播革命与媒介生态：从 ChatGPT 到全面智能化时代的未来［J］．新疆师范大学学报（哲学社会科学版），2023（5）：81-90.

［69］Introducing ChatGPT［EB/OL］.（2022-11-30）. https://openai.com/blog/chatgpt/.

［70］ABUKMEIL M，FERRARI S，GENOVESE A，et al. A survey of unsupervised generative models for exploratory data analysis and representation learning［J］. ACM computing surveys，2022（5）：1-40.

［71］朱光辉，王喜文．ChatGPT 的运行模式、关键技术及未来图景［J］．新疆师范大学学报（哲学社会科学版），2023（4）：113-122.

［72］DALE R. GPT-3：What’s it good for?［J］. Natural language engineering，2021（1）：113-118.

［73］BURKE B. Summary translation：innovation insight for generative AI［EB/OL］.（2022-06-16）. https://www.gartner.com/en/documents/4002602.

［74］BAIDOO-ANU D，ANSAH L O. Education in the era of generative artificial intelligence（AI）：understanding the potential benefits of

ChatGPT in promoting teaching and learning［J］. SSRN electronic journal，2023.

［75］COULDRY N. Actor network theory and media：do they connect and on what terms?［M］//HEPP A，KROTZ F，MOORES S，et al. Connectivity，networks and flows：conceptualizing contemporary communications. Cresskill：Hampton Press，2008：93-110.

［76］李普曼. 舆论［M］. 常江，肖寒，译. 北京：北京大学出版社，2018.

［77］梅洛 - 庞蒂. 知觉现象学［M］. 姜志辉，译. 北京：商务印书馆，2001.

［78］申琦. 服务、合作与复刻：媒体等同理论视阈下的人机交互［J］. 西北师大学报（社会科学版），2022（3）：106-115.

［79］GIBSON J J. The ecological approach to visual perception［M］. Boston：Houghton Mifflin，1979.

［80］吕婷，俞逆思，陈昌凤. 可供性视角下新型主流媒体技术融合的生态发展路径转向［J］. 中国出版，2022（13）：5-12.

［81］TILSON D，LYYTINEN K，SØRENSEN C. Digital infrastructures：the missing IS research agenda［J］. Information system research，2010（4）：748-759.

［82］喻国明，赵睿. 媒体可供性视角下“四全媒体”产业格局与增长空间［J］. 学术界，2019（7）：37-44.

［83］张志安，黄桔琳. 传播学视角下互联网平台可供性研究及启示［J］. 新闻与写作，2020（10）：87-95.

［84］殷琦. 创新的转向：中国媒体融合演进的路径与机制［J］. 新闻大学，2021（1）：103-116，121.

［85］孙嘉宇，陈堂发. 理解新闻价值的两种逻辑：商品主导与服务主

导［J］. 国际新闻界，2022（2）：6-19.
［86］杨保军，余跃洪. 关系价值：新闻价值论的新维度［J］. 新闻与写作，2022（12）：45-54.
［87］VAN DIJCK J. Seeing the forest for the trees：visualizing platformization and its governance［J］. New media and society，2021（9）：2801-2819.
［88］郭小平，杨洁茹. 传播在云端：平台媒体化与基础设施化的风险及其治理［J］. 现代出版，2021（6）：30-37.
［89］AVILÉS J A G，LEÓN B，SANDERS K，et al. Journalists at digital television newsrooms in Britain and Spain：workflow and multi-skilling in a competitive environment［J］. Journalism studies，2004（1）：87-100.
［90］徐敬宏，袁宇航. 重建价值公地：新闻聚合平台的现有问题与未来发展方向［J］. 中国编辑，2021（10）：10-15.
［91］陈薇，王中字. 智媒时代下建设性新闻的价值理性与实践路径［J］. 编辑之友，2020（3）：27-34.
［92］肖叶飞. 新型主流媒体的基本特征、构建路径与价值实现［J］. 编辑之友，2020（7）：52-57.
［93］SCHOLTZ T. Platform cooperativism：challenging the corporate sharing economy［M］. New York：Rosa Luxemburg Stiftung，2016.
［94］黄楚新. 全面转型与深度融合：2020 年中国媒体融合发展［J］. 现代传播（中国传媒大学学报），2021（8）：9-14.
［95］POSTEMA S，DEUZE M. Artistic journalism：confluence in forms，values and practices［J］. Journalism studies，2020（10）：1305-1322.

［96］蒋琳．智媒趋势下新闻编辑思维的转向与拓展［J］．编辑之友，2018（10）：69-73，83.

［97］赵渊．人机关系与信息传播变革［J］．现代传播（中国传媒大学学报），2019（6）：150-154.

［98］王斌，顾天成．智媒时代新闻从业者的职业角色转型［J］．新闻与写作，2019（4）：29-36.

［99］WESTLUND O，LEWIS S C. Agents of media innovations：actors，actants，and audiences［J］. Journal of media innovations，2014（2）：10-35.

［100］张岩松，孙少晶．人—算法共生主体：计算新闻生产网络中的主体创新［J］．编辑之友，2022（3）：55-61.

［101］吕尚彬，岳琳．传媒受众：从受教育者到产消者［J］．编辑之友，2019（9）：69-75.

［102］彭兰．智媒趋势下内容生产中的人机关系［J］．上海交通大学学报（哲学社会科学版），2020（1）：31-40.

［103］沈浩，袁璐．人工智能：重塑媒体融合新生态［J］．现代传播（中国传媒大学学报），2018（7）：8-11.

［104］BRADSHAW P. The inverted pyramid of data journalism［EB/OL］.（2011-07-07）. https://onlinejournalismblog.com/2011/07/07/the-inverted-pyramid-of-data-journalism/.

［105］王美儿，王景周，王海蓉．智能软件对新闻内容创作的辅助实践与思考［J］．中国编辑，2021（3）：76-80.

［106］厉文芳．2016—2018：人工智能技术驱动下的中国传统媒体转型研究述评［J］．东南传播，2019（1）：10-12.

［107］郑满宁．人工智能技术下的新闻业：嬗变、转向与应对：基于ChatGPT带来的新思考［J］．中国编辑，2023（4）：35-40.

[108] 庞俊.人工智能在创新新闻流程中的应用分析：以中央广播电视总台“人工智能编辑部”为例[J].传媒，2021(9)：55-56，58.

[109] 宋建武，冯雯璐.全媒体时代主流媒体的数据化生存与发展[J].湖南大学学报(社会科学版)，2019(6)：153-160.

[110] 解学芳，张佳琪.AI赋能：人工智能与媒体产业链重构[J].出版广角，2020(11)：26-29.

[111] 周勇，赵璇.大数据新闻生产的实践与反思[J].新闻与写作，2016(6)：44-48.

[112] 王仕勇.算法推荐新闻的技术创新与伦理困境：一个综述[J].重庆社会科学，2019(9)：123-133.

[113] 张超，钟新.从比特到人工智能：数字新闻生产的算法转向[J].编辑之友，2017(11)：61-66.

[114] 陈昌凤，师文.智能化新闻核查技术：算法、逻辑与局限[J].新闻大学，2018(6)：42-49，148.

[115] 袁帆，严三九.从“点式”到“链式”：区块链技术对新闻透明的再推进[J].中国编辑，2019(3)：14-19.

[116] 钟祥铭，方兴东，陆舒怡，等.数据崛起和智能时代的全景扫描：2022年中国新媒体研究综述[J].传媒观察，2023(2)：47-56.

[117] 坦尼斯.2022年数字技术发展的六大趋势[J].张建中，编译.青年记者，2022(3)：94-95.

[118] EudemoniaCC@THUBA Research Core. Web3.0时代的媒体：链上媒体平台、链上自媒体与媒体DAO[EB/OL].(2022-12-08).https://coinvoice.cn/articles/29762.

[119] BOCZKOWSKI P J. The mutual shaping of technology and society

in videotex newspapers：beyond the diffusion and social shaping perspectives［J］. Information society，2004（4）：255-267.

［120］王亮 . 臭鼬工厂：互联网时代媒体组织结构设计创新［J］. 编辑之友，2017（10）：34-37，67.

［121］HEINRICH A.What is ‘network journalism’？［J］. Media international Australia，2012（1）：60-67.

［122］MOORE J F. Business ecosystems and the view from the firm［J］. The antitrust bulletin，2006（1）：31-76.

［123］卜彦芳，董紫薇 . 智媒时代主流媒体如何构建自己的生态圈［J］. 中国广播，2019（1）：10-16.

［124］PAPACHARISSI Z. Affective publics：sentiment，technology，and politics［M］. Oxford：Oxford University Press，2014.

［125］陈阳，周子杰 . 从群众到“情感群众”：主流媒体受众观转型如何影响新闻生产 以人民日报微信公众号为例［J］. 新闻与写作，2022（7）：88-97.

［126］喻国明，赵景锋，窦培育 . 体验时代的传播转型：非理性认知逻辑的三要素及作用机制［J］. 传媒观察，2022（10）：44-48.

［127］张锐，刘靖晗，张美伦 . 交互·创新·协同：数智化背景下传媒业的转型机制［J］. 视听界，2023（2）：15-20.

［128］王晓培，田浩 . 数字新闻生态与极化：赋能、固化与调和失效［J］. 新闻界，2021（3）：11-20.

［129］曾祥敏，董泽萱，况一凡 . 对话、合作、液态化融合：2022 全国两会融媒体产品创新研究［J］. 新闻与写作，2022（5）：94-106.

［130］STEENSEN S. Online journalism and the promises of new technology［J］. Journalism studies，2011（3）：311-327.

[131] 卢维林，宫承波 . 赋能视角下媒体组织智能化思考［ J ］. 青年记者，2019（ 27 ）：9-10.

[132] 中国传媒大学新媒体研究院 & 新浪 AI 媒体研究院：中国智能媒体发展报告（ 2019—2020 ）［ EB/OL ］.（ 2020-04-27 ）. http://nmi.cuc.edu.cn/2020/0427/c2509a169855/page.htm.

[133] OLIVEIRA T，MARTINS M F. Literature review of information technology adoption models at firm level［ J ］. Electronic journal of information systems evaluation，2011（ 1 ）：110-121.

[134] FICHMAN R G. The diffusion and assimilation of information technology innovations［ M ］//ZMUD R W. Framing the domains of IT management：projecting the future through the past. Cincinnati：Pinnaflex Publishing，2000.

[135] COOPER R B，ZMUD R W. Information technology implementation research：a technological diffusion approach［ J ］. Management science，1990（ 2 ）：123-139.

[136] DAY G S，SCHOEMAKER P J H. Avoiding the pitfalls of emerging technologies［ J ］. California management review，2000（ 2 ）：8-33.

[137] DOMINGO D. Interactivity in the daily routines of online newsrooms：dealing with an uncomfortable myth［ J ］. Journal of computer-mediated communication，2008（ 3 ）：680-704.

[138] BOCZKOWSKI P J. Digitizing the news：innovation in online newspapers［ M ］. Cambridge：MIT Press，2004.

[139] GARLAND A F，BICKMAN L，CHORPITA B F. Change what? Identifying quality improvement targets by investigating usual mental health care［ J ］. Administration and policy in mental health and mental health services research，2010（ 1/2 ）：15-26.

[140] WISDOM J P，CHOR K H B，HOAGWOOD K E，et al. Innovation adoption：a review of theories and constructs [J] . Administration and policy in mental health，2014（4）：480-502.

[141] PETERS C. Conceptualizing change in journalism studies：why change at all? [J] . Journalism，2019（5）：637-641.

[142] SINGER J. The political j-blogger：‘normalizing’ a new media form to fit old norms and practices [J] . Journalism，2005（2）：173-198.

[143] BELAIR-GAGNON V，HOLTON A E. Boundary work，interloper media，and analytics in newsrooms：an analysis of the roles of web analytics companies in news production [J] . Digital journalism，2018（4）：492-508.

[144] PAVLIK J V. New media and news：implications for the future of journalism [J] . New media and society，1991（1）：54-59.

[145] 张淑玲 . 数据新闻的创新采纳与扩散影响因素分析 [J] . 现代传播（中国传媒大学学报），2018（8）：149-153.

[146] 李艳红 . 在开放与保守策略间游移：“不确定性”逻辑下的新闻创新 对三家新闻组织采纳数据新闻的研究 [J] . 新闻与传播研究，2017（9）：40-60，126-127.

[147] 周葆华 . 中国新闻从业者的社交媒体运用及其影响因素：一项针对上海青年新闻从业者的调查研究 [J] . 新闻与传播研究，2014（12）：34-53.

[148] 丛挺 . 我国出版企业新媒体创新影响因素研究：以天闻数媒科技有限公司为例 [J] . 出版科学，2015（4）：47-50.

[149] 匡文波，吕聪聪，张晗煜 . 新媒体研究的 STIP 模型 [J] . 中国人民大学学报，2020（4）：125-134.

［150］丛挺．我国出版企业新媒体技术采纳研究［D］．武汉：武汉大学，2014.

［151］ZHU K. The complementarity of information technology infrastructure and e-commerce capability：a resource-based assessment of their business value［J］. Journal of management information systems，2004（1）：167-202.

［152］ROGERS E M. Diffusion of innovations［M］. 4th ed. New York：Free Press，1995.

［153］TORNATZKY L G，FLEISCHER M. The process of technological innovation［M］. Lexington：D.C.Heath & Company，1990.

［154］JEYARAJ A，ROTTMAN J W，LACITY M C. A review of the predictors，linkages，and biases in IT innovation adoption research［J］. Journal of information technology，2006（1）：1-23.

［155］WANG Y M，WANG Y S，YANG Y F. Understanding the determinants of RFID adoption in the manufacturing industry［J］. Technological forecasting & social change，2010，77：803-815.

［156］陈文波，黄丽华．组织信息技术采纳的影响因素研究述评［J］．软科学，2006（3）：1-4.

［157］CHEN L D，TAN J. Technology adaptation in e-commerce：key determinants of virtual store acceptance［J］. European management journal，2004（1）：74-86.

［158］HERMIDA A. Twittering the news：the emergence of ambient journalism［J］. Journalism practice，2010（3）：297-308.

［159］LERTWONGSATIEN C，WONGPINUNWATANA N. E-commerce adoption in Thailand：an empirical study of small and medium enterprises（SMEs）［J］. Journal of global information technology management，2003（3）：67-83.

［160］何哲军，朱茂然，王洪伟．企业电子商务采纳与应用关键影响因素实证研究［J］．计算机工程与应用，2009（2）：191-196.

［161］TVERSKY A，KAHNEMAN D. Judgment under uncertainty：heuristics and biases［J］. Science，1974（4157）：1124-1131.

［162］MEYER J W，ROWAN B. Institutionalized organizations：formal structure as myth and ceremony［J］. American journal of sociology，1977（2）：340-363.

［163］BRAHAMSON E，BRTNER L R. When do bandwagon diffusions roll? How far do they go? And when do they roll backwards?：a computer simulation［J］. Academy of Management，2017（1）：155-159.

［164］NAPOLI P M. Automated media：an institutional theory perspective on algorithmic media production and consumption［J］. Communication theory，2014（3）：340-360.

［165］RAMANATHAN R，RAMANATHAN U，KO L W L. Adoption of RFID technologies in UK logistics：moderating roles of size，barcode experience and government support［J］. Expert system with applications，2014（1）：230-236.

［166］GIBBS J L，KRAEMER K L. A cross-country investigation of the determinants of scope of e-commerce use：an institutional approach［J］. Electronic markets，2004（2）：124-137.

［167］PICKARD V. Can government support the press? Historicizing and internationalizing a policy approach to the journalism crisis［J］. The communication revie，2011（2）：73-95.

［168］胡正荣．智能化：未来媒体的发展方向［J］．现代传播（中国传

媒大学学报），2017（6）：1-4.

[169] 罗正清，和金生 . 面向技术创新的组织知识存量测度研究 [J] . 科技进步与对策，2009（23）：142-146.

[170] BETTMAN J R，PARK C W. Effects of prior knowledge and experience and phase of the choice process on consumer decision processes：a protocol analysis [J] . Journal of consumer research，1980（3）：234-248.

[171] DENNISON D R. What IS the difference between organizational culture and organizational climate? A native's point of view on a decade of paradigm wars [J] . The academy of management review，1996（3）：619-654.

[172] DERY K，SEBASTIAN I M，VAN DER MEULEN N. The digital workplace is key to digital innovation [J] . MIS quarterly executive，2017（2）：135-152.

[173] 吕荣杰，陈晓春，王云峰 . 高层领导支持企业信息系统实施的维度及形成机制 [J] . 技术经济，2012（12）：120-123.

[174] HALL J. Online journalism：a critical primer [M] . London：Pluto Press，2001.

[175] PREMKUMAR G，ROBERTS M. Adoption of new information technologies in rural small businesses [J] . Omega，1999（4）：467-484.

[176] DAVIS F D. Perceived usefulness，perceived ease of use，and user acceptance of information technology [J] . MIS quarterly，1989（3）：319-340.

[177] LEE S，KIM K J. Factors affecting the implementation success of internet-based information systems [J] . Computers in human

behavior，2007（4）：1853-1880.

［178］LIN A，CHEN N C. Cloud computing as an innovation：perception，attitude，and adoption［J］. International journal of information management，2012（6）：533-540.

［179］VAN HUY L，ROWE F，TRUEX D，et al. An empirical study of determinants of e-commerce adoption in SMEs in Vietnam：an economy in transition［J］. Journal of global information management，2012（3）：23-54.

［180］肖倩，谢海涛，高彩云 . 创新扩散：新兴技术时代中新闻研究的拓展思路 透视“数据新闻”研究脉络［J］. 北京印刷学院学报，2019（5）：40-48.

［181］LEVINSON P. McLuhan and media ecology［J］. Proceedings of the media ecology association，2000，1：17-22.

［182］程明，程阳 . 论智能媒体的演进逻辑及未来发展：基于补偿性媒介理论视角［J］. 现代传播（中国传媒大学学报），2020（9）：1-5.

［183］ZHANG P，GALLETTA D. Human-computer interaction and management information systems：foundations［M］. Armonk：M.E.Sharpe，2006.

［184］LU D，LAI I K W，LIU Y D. The consumer acceptance of smart product-service systems in sharing economy：the effects of perceived interactivity and particularity［J］. Sustainability，2019（3）：928.

［185］IGBARIA M，PARASURAMAN S. A path analytic study of individual characteristics，computer anxiety and attitudes toward microcomputers［J］. Journal of management，1989（3）：373-388.

［186］蒋琳．5G 赋能下新闻编辑的技术焦虑与认知调适［J］．中国编辑，2020（9）：49-53.

［187］URSELL G D M. Dumbing down or shaping up? New technologies，new media，new journalism［J］. Journalism，2001（2）：175-196.

［188］VAN DALEN A，DE VREESE C H，ALBÆK E. Different roles，different content? A four-country comparison of the role conceptions and reporting style of political journalists［J］. Journalism，2012（7）：903-922.

［189］VENKATESH V，DAVIS F D. A theoretical extension of the technology acceptance model：four longitudinal field studies［J］. Management science，2000（2）：186-204.

［190］葛明驷，沈阳，李祖希．媒介融合时代中国电视 VR 应用多维分析［J］．现代传播（中国传媒大学学报），2017（4）：85-90.

［191］HONG K K，KIM Y G. The critical success factors for ERP implementation：an organizational fit perspective［J］. Information and management，2002（1）：25-40.

［192］MOLLA A，LICKER P S. eCommerce adoption in developing countries：a model and instrument［J］. Information and management，2005（6）：877-899.

［193］GRANDON E P，PEARSON M J. Electronic commerce adoption：an empirical study of small and medium US business［J］. Information and management，2004（1）：197-216.

［194］HU K，KRAEMER K L. Post-adoption variations in usage and value of e-business by organizations：cross-country evidence from the retail industry［J］. Information systems research，2005（1）：61-84.

[195] PAN M J，JANG W Y. Determinants of the adoption of enterprise resource planning within the technology-organization-environment framework：Taiwan's communications industry [J]. Journal of computer information systems，2008（3）：94-102.

[196] WU J H，WANG S C. What drives mobile commerce?：an empirical evaluation of the revised technology acceptance model [J]. Information and management，2005（5）：719-729.

[197] 李雷，赵霞，简兆权.人机交互如何影响顾客感知电子服务质量？：基于广东、广西 634 个样本的实证研究 [J].外国经济与管理，2017（1）：96-113.

[198] MEUTER M L，OSTROM A L，BITNER M J，et al. The influence of technology anxiety on consumer use and experiences with self-service technologies [J]. Journal of business research，2003（11）：899-906.

[199] KARAHANNA E，STRAUB D W，CHERVANY N L. Information technology adoption across time：a cross-sectional comparison of pre-adoption and post-adoption beliefs [J]. MIS quarterly，1999（2）：183-213.

[200] CUDECK R，TOIT S D，SORBOM D. Structural equation modeling：present and future [M]. Lincolnwood：Scientific Software International，2000：169-194.

[201] PREACHER K J，HAYES A F. Asymptotic and resampling strategies for assessing and comparing indirect effects in multiple mediator models [J]. Behavior research methods，2008（3）：879-891.

[202] 温忠麟，叶宝娟.中介效应分析：方法和模型发展 [J].心理科

学进展，2014（5）：731-745.

［203］LI Y H. An empirical investigation on the determinants of e-procurement adoption in Chinese manufacturing enterprises［J］. Journal of global information management，2008（1）：70-84.

［204］GOODHUE D L，THOMPSON R L. Task-technology fit and individual performance［J］. MIS quarterly，1995（2）：213-236.

［205］张韵君 . 政策工具视角的中小企业技术创新政策分析［J］. 中国行政管理，2012（4）：43-47.

［206］中共中央办公厅 国务院办公厅印发《关于加快推进媒体深度融合发展的意见》［EB/OL］.（2020-09-26）. https://www.gov.cn/zhengce/2020-09/26/content_5547310.htm.

［207］HANSETH O，LYYTINEN K. Design theory for dymamic complexity in information infrastructures：the case of building internet［J］. Journal of information technology，2010，25：1-19.

［208］YOO Y.Computing in everyday life：a call for research on experiential computing［J］. MIS quarterly，2010（2）：213-231.

［209］CANADAY T. Evolving a payments business to meet the demands of a distributed economy［J］. Journal of payments strategy & systems，2017（1）：15-22.

［210］RICE R E，EVANS S K，PEARCE K E，et al. Organizational media affordances：operationalization and associations with media use［J］. Journal of communication，2017（1）：106-130.

［211］RYFE D M. Why has news production in the United States remained stable at a time of great change?［M］//VALDIVIA A N，NERONE J，GATES K，et al. The international encyclopedia of media studies. Hoboken：Wiley-Blackwell，2012.

［212］BOCZKOWSKI P J. The processes of adopting multimedia and interactivity in three online newsrooms［J］. Journal of communication，2004（2）：197-213.

［213］张光辉 . 聚焦“四大支柱”，加快传统媒体数字化转型［J］. 新闻爱好者，2022（10）：4-7，1.

［214］BOUTETIRE H，MONTAGNER A，REICH A. Unlocking success in digital transformations［R］. McKinsey insights，2018：1.

［215］上海报业集团党委书记、社长裘新：新型主流媒体集团的“四梁”“八柱”［EB/OL］.（2018-09-26）. https://mp.weixin.qq.com/s?__biz=MzA3NTY2NzIzOQ==&mid=2649639270&idx=1&sn=441d8f5a9366931c26e22298d6b90de4&chksm=8777eb2eb00062383196046fcf82d2f8d9a757b4f48cb5038fd9ec5c2e6a8c98f0b687df887a&scene=27.

［216］胡良光，曹斯，郑佳欣，等 . 新型主流媒体怎样“抢麦”？：南方 + 客户端的进阶之路［J］. 南方传媒研究，2021（5）：39-43.

［217］PICARD R G. The humanisation of media? Social media and the reformation of communication［J］. Communication research and practice，2015（1）：32-41.

［218］MARKOVITCH S，WILLMOTT P. Accelerating the digitization of business processes［EB/OL］.（2014-05-01）. https://www.mckinsey.com/capabilities/mckinsey-digital/our-insights/accelerating-the-digitization-of-business-processes.

［219］CHAN-OLMSTED S M. Competitive strategy for media firms：strategic and brand management in changing media markets［M］.

New York：Routledge，2006.

[220] BRANDENBURGER A M，NALEBUFF B J. Co-opetition [M]. New York：Currency Doubleday，1996.

[221] 邹欣，牛向洁，韩珅 . 间性理念、价值网建构、模式创新：深圳广电集团新媒体中心的发展路径研究 [J] . 电视研究，2018（9）：35-38.

[222] 袁野，曾剑秋 . 网络融合背景下广播电视网的价值重构 [J] . 现代传播（中国传媒大学学报），2014（3）：120-124.

[223] 喻国明，梁爽 . 移动互联时代：场景的凸显及其价值分析 [J] . 当代传播，2017（1）：10-13，56.

[224] 周葆华 . 永久在线、永久连接：移动互联网时代的生活方式及其影响因素 [J] . 新闻大学，2020（3）：84-106，120.

[225] 张志安，彭璐 . 混合情感传播模式：主流媒体短视频内容生产研究 以人民日报抖音号为例 [J] . 新闻与写作，2019（7）：57-66.

[226] 程思琪，喻国明 . 情感体验：一种促进媒体消费的新动力 试论过剩传播时代的新传播范式 [J] . 编辑之友，2020（5）：32-37，63.

[227] 马诺维奇 . 新媒体的语言 [M] . 车琳，译 . 贵阳：贵州人民出版社，2020.

[228] NIEBORG D B，POELL T. The platformization of cultural production：theorizing the contingent cultural commodity [J] . New media and society，2018（11）：4275-4292.

[229] 南苏格，浦翰林 . 融媒体如何打造主流新闻“爆款产品”：以人民日报社“麻辣财经”为例 [J] . 传媒，2020（10）：55-57.

[230] GILLESPIE T. The politics of ‘platforms’ [J] . New media and

society，2010（3）：347-364.

［231］GAWER A，CUSUMANO M A. Industry platforms and ecosystem innovation［J］. Journal of product innovation management，2014（3）：417-433.

［232］郭全中．智媒体构建中的中台建设［J］．新闻与写作，2019（11）：71-75.

［233］郑晓奕．直面“痛点”自我革新：新华社全媒报道平台的探索［J］．新闻与写作，2015（8）：14-17.

［234］DOHERTY S. Hypertext and journalism：paths for future research［J］. Digital journalism，2014（2）：124-139.

［235］BECCARIA L，DE SAINT-EXUPÉRY P. Content and its discontents［J］. Harper's magazine，2013（1961）：21-25.

［236］张莉，王慧敏．基于价值生态系统的企业定位及策略研究［J］．工业技术经济，2005（5）：84-86.

［237］常江，何仁亿．物质・情感・网络：数字新闻业的流程再造［J］．中国编辑，2022（4）：29-35.

［238］CENNAMO C，SANTALÓ J. Generativity tension and value creation in platform ecosystems［J］. Organization science，2019（3）：617-641.

［239］BOUDREAU K. Open platform strategies and innovation：granting access vs. devolving control［J］. Management science，2010（10）：1849-1872.

［240］EISENMANN T，PARKER G，VAN ALSTYNE M. Platform envelopment［J］. Strategic management journal，2011（12）：1270-1285.

［241］蔡宁，王节祥，杨大鹏．产业融合背景下平台包络战略选择与

竞争优势构建：基于浙报传媒的案例研究［J］. 中国工业经济，2015（5）：96-109.

［242］高宪春 . 平台·定位·价值·特色：论县级媒体融合的落地与创新［J］. 电视研究，2019（5）：18-21.

［243］德外 5 号 . 湖北经视：贴地飞行的融合传播"新物种"| 德外荐读［EB/OL］.（2021-07-01）. https://www.amz520.com/articles/30990.html.

［244］张辉刚，朱亚希 . 社会嵌入理论视角下媒体融合的行动框架构建［J］. 当代传播，2018（1）：41-44.

［245］安德森 . 新闻生态系统研究二十年：历史轨迹与未来发展［J］. 何仁亿，译 . 中国网络传播研究，2021（3）：18-31.

［246］王节祥，陈威如，江诗松，等 . 平台生态系统中的参与者战略：互补与依赖关系的解耦［J］. 管理世界，2021（2）：126-147，10.

［247］周逵，史晨 . 正当性的互嵌：广电 MCN 机构的创新动因与模式分析［J］. 新闻与写作，2020（10）：47-56.

［248］CENNAMO C. Competing in digital markets：a platform-based perspective［J］. Academy of management perspectives，2021（2）：265-291.

［249］KOSTOVSKA I，RAATS T，DONDERS K，et al. Going beyond the hype：conceptualising "media ecosystem" for media management research［J］. Journal of media business studies，2021（1）：6-26.

［250］周逵 . 反向融合：中国大陆媒体融合逻辑的另一种诠释［J］. 新闻记者，2019（3）：45-51.

［251］陈虹，杨启飞 . 平衡与连接：构建新型主流媒体的内在逻辑与行动框架［J］. 现代传播（中国传媒大学学报），2021（10）：1-5.

[252] 陈雪娴 . 主流媒体如何通过“平台号”推进深度融合：以“人民号”为例［J］. 青年记者，2021（15）：62-63.

[253] PRAHALAD C K，HAMEL G. The core competence of the corporation［J］. Harvard business review，1990（3）：79-91.

[254] 王习农 . 服务外包不等于服务业外包：服务外包概念再认识与理论新析［J］. 国际贸易问题，2012（8）：91-100.

[255] KRISHNA S，SAHAY S，WALSHAM G. Managing cross-cultural issues in global software outsourcing［J］. Communications of the ACM，2004（4）：62-66.

[256] JOHNSON-YALE C. “So-called runaway film production”：countering Hollywood’s outsourcing narrative in the Canadian press［J］. Critical studies in media communication，2008（2）：113-134.

[257] MILLER T. The new international division of cultural labor revisited［J］. Icono 14，2016（2）：97-121.

[258] GOVIL N. Hollywood’s effects，Bollywood FX［M］//ELMER G，GASHER M. Contracting out Hollywood：runaway productions and foreign location shooting. Lanham：Rowman & Littlefield，2005：92-114.

[259] KEANE M. Once were peripheral：creating media capacity in East Asia［J］. Media，culture & society，2006（6）：835-855.

[260] MILLER T，GOVIL N，MCMURRIA J，et al. Global Hollywood 2［M］. London：Bloomsbury Publishing，2019.

[261] WAISBORD S. McTV：understanding the global popularity of television formats［J］. Television & new media，2004（4）：359-383.

[262] GEREFFI G，HUMPHREY J，STURGEON T. The governance of

global value chains［J］. Review of international political economy，2005（1）：78-104.

［263］HUMPHREY J，SCHMITZ H. How does insertion in global value chains affect upgrading in industrial clusters?［J］. Regional studies，2002（9）：1017-1027.

［264］LEE J. Animating globalization and development：the South Korean animation industry in historical-comparative perspective［D］. Durham：Duke University，2011.

［265］GEREFFI G. The organization of buyer-driven global commodity chains：how U.S. retailers shape overseas production networks［M］//GEREFFI G，KORZENIEWICZ M. Commodity chains and global capitalism. London：Greenwood Press，1994：95-122.

［266］CHALABY J K. Television and globalization：the TV content global value chain［J］. Journal of communication，2016（1）：35-59.

［267］KENNEY M. The shifting value chain：the television industry in North America［M］//KENNEY M，FLORIDA R. Locating global advantages：industry dynamics in the international economy. Stanford：Stanford University Press，2004：83-100.

［268］FEENSTRA R C. Integration of trade and disintegration of production in the global economy［J］. Journal of economic perspectives，1998（4）：31-50.

［269］LAKHANI K R，IANSITI M. The truth about blockchain［J］. Harvard business review，2017（1）：119-127.

［270］长铗，韩锋，等. 区块链：从数字货币到信用社会［M］. 北京：中信出版社，2016.

[271] 王悦．区块链技术对传媒生态系统的影响研究［D］．济南：山东大学，2019.
[272] 蔡亮，李启雷，梁秀波．区块链技术进阶与实战［M］．北京：人民邮电出版社，2018.
[273] 邵奇峰，金澈清，张召，等．区块链技术：架构及进展［J］．计算机学报，2018（5）：969-988.
[274] 朱晓武．区块链技术驱动的商业模式创新：DIPNET 案例研究［J］．管理评论，2019（7）：65-74.
[275] 张健．区块链：定义未来金融与经济新格局［M］．北京：机械工业出版社，2016.
[276] 韩夏，侯宏．回归理性，区块链如何赋能传统行业：以 Everledger 在钻石行业的实践为例［J］．清华管理评论，2018（10）：84-91.
[277] 唐塔普斯科特，塔普斯科特．区块链革命：比特币底层技术如何改变货币、商业和世界［M］．凯尔，孙铭，周沁园，译．北京：中信出版社，2016.
[278] BISSON G，STANFORD E，WILSON A. Unblocking the chain：blockchain in TV & film production，finance and distribution［R］. AMPERE，2019.
[279] HEARN G，ROODHOUSE S，BLAKEY J. From value chain to value creating ecology：implications for creative industries development policy［J］. International journal of cultural policy，2007（4）：419-436.
[280] 李爱民．业务流程再造理论研究综述与展望［J］．现代管理科学，2006（8）：29-32.
[281] 郭忠金，李非．业务流程再造理论的起源、演进及发展趋势

［J］. 现代管理科学，2007（11）：8-9，92.
［282］周起岐. 全媒体时代中国报业集团的组织变革研究［D］. 长沙：湖南大学，2011.
［283］杨保军，孙新. 论新世纪以来新闻生产主体的结构变迁［J］. 未来传播（浙江传媒学院学报），2021（4）：2-13，120.
［284］陈昌凤，师文. 智能算法运用于新闻策展的技术逻辑与伦理风险［J］. 新闻界，2019（1）：20-26.
［285］张帆. 权威与角色：智媒时代的新闻职业话语研究［J］. 湖北大学学报（哲学社会科学版），2021（4）：140-147，177.
［286］刘畅. 从传媒到智媒：可供性视角下新闻生产的嬗变与思考［J］. 东南传播，2022（11）：1-4.
［287］令狐克睿，薛娇. 智媒时代的新闻生产：融合、重构与创新［J］. 中国编辑，2021（3）：71-75.
［288］刘义昆，赵振宇. 新媒体时代的新闻生产：理念变革、产品创新与流程再造［J］. 南京社会科学，2015（2）：103-110.
［289］徐泽城. 新闻传播从"受众"到"用户"身份变迁的研究［J］. 新闻研究导刊，2021（5）：76-77.
［290］贾军. 媒体智能化背景下的新闻生产研究［D］. 武汉：武汉大学，2017.
［291］杨蓓蓓. 从内容领域到非内容领域：智媒时代新闻编辑职能的转变与重构［J］. 新媒体研究，2021（11）：118-121.
［292］彭兰. 数字时代新闻生态的"破壁"与重构［J］. 现代出版，2021（3）：17-25.
［293］刘兆明. "融合架构"下的新闻业转型研究［D］. 上海：复旦大学，2013.
［294］塔奇曼. 做新闻［M］. 麻争旗，刘笑盈，徐扬，译. 北京：华

夏出版社，2008.
［295］孙旭．融合新闻的报道流程研究［D］．武汉：华中科技大学，2013.
［296］苏凯乐．融媒体背景下新闻采编流程再造的实践与思考［J］．传媒论坛，2021（7）：58-59.
［297］谢戈丽．中台思维在主流新媒体集团“大人力”管理体系应用的思考［J］．中国信息化，2022（12）：104-106.
［298］汪湛彬．浅谈全媒体时代出版编辑的流程再造和文化责任［J］．新闻世界，2013（7）：289-290.
［299］邓建国．速度与深度：Twitter 对美国报业内容生产流程的重构［J］．新闻记者，2011（3）：48-53.
［300］葛嘉欣．智能媒体下新闻生产流程研究［J］．新闻传播，2022（17）：37-38.
［301］孟笛．建设性视角下智能化新闻生产实践及反思［J］．编辑之友，2022（1）：44-49.
［302］邓建国．机器人新闻：原理、风险和影响［J］．新闻记者，2016（9）：10-17.
［303］祖峥．如何利用云技术重塑电视新闻制作流程［J］．东南传播，2021（6）：26-28.
［304］于淼．数据新闻实践：流程再造与模式创新［J］．编辑之友，2015（9）：69-72.
［305］吴璟薇，郝洁．智能新闻生产：媒介网络、双重的人及关系主体的重建［J］．国际新闻界，2021（2）：78-97.
［306］蒋博文．新媒体环境下新闻流程的再造：从“新闻不过夜”说起［J］．青年记者，2016（26）：47-48.
［307］鲍新文．融媒体背景下新闻采编流程再造的实践与思考［J］．中

国广播电视学刊，2017（2）：44-48.

［308］仇筠茜，陈昌凤．黑箱：人工智能技术与新闻生产格局嬗变［J］．新闻界，2018（1）：28-34.

［309］周亭．从“广播”到“宽带”：媒介融合时代电视新闻生产的流程再造［J］．现代传播（中国传媒大学学报），2012（1）：98-101.

［310］崔文波，范以锦．智媒时代数字新闻的生产转向与价值重塑［J］．传媒观察，2021（3）：5-10.

［311］彭兰．智媒化：未来媒体浪潮 新媒体发展趋势报告 2016［J］．国际新闻界，2016（11）：6-24.

［312］苏涛，彭兰．“智媒”时代的消融与重塑：2017 年新媒体研究综述［J］．国际新闻界，2018（1）：38-58.

［313］陈向明．扎根理论的思路和方法［J］．教育研究与实验，1999（4）：58-63.

［314］李欣，许泳佳．再造流程：新闻生产智能化应用现状及前景分析［J］．中国出版，2021（2）：44-48.

［315］付晓光，吴雨桐．论 AI 新闻写作的逻辑特征：基于 Dreamwriter 报道与人工报道的对比分析［J］．现代出版，2021（1）：48-55.

［316］陈莹．算法新闻分发平台对新闻业态的影响［J］．传媒，2021（17）：50-52.

［317］王敏．旧惯习与新常规：基于对互联网报纸“Brisbane Times”的新闻室考察［J］．新闻界，2016（19）：60-64.

［318］MECKEL M，FIESELER C，GRUBENMANN S. Social media-herausforderungen für den journalismus［J］. HMD praxis der wirtschaftsinformatik，2012（5）：25-35.

［319］CARLSON M. The robotic reporter［J］. Digital journalism，2015

（3）：416-431.
［320］朱垚颖．新闻写作的智能化趋势探析［J］．写作，2018（5）：63-69.
［321］杨奇光，张世超．自动化技术驱动下的新闻采编：流程再造、角色转型与内容治理［J］．中国编辑，2021（9）：46-50.
［322］陈昌凤，石泽．价值嵌入与算法思维：智能时代如何做新闻［J］．新闻与写作，2021（1）：54-59.
［323］黄楚新，文传君．新闻云采编的特征、优势及发展态势［J］．青年记者，2020（21）：9-10.
［324］李香钻．浅论大数据背景下的新闻采编工作［J］．新闻研究导刊，2020（19）：150-151.
［325］汪平．大数据时代新闻传播力重构［J］．今传媒（学术版），2014（9）：172-173.
［326］陈昌凤，乌日吉木斯．数据新闻与大数据思维的应用［J］．新闻与写作，2014（4）：5-8.
［327］赵智明.5G 全息异地同屏访谈引发的云采编思考：以新技术应用看新闻生产流程再造［J］．中国广播，2021（2）：52-55.
［328］朱惠．浅析新闻云影响下的新闻业务发展趋势［J］．记者观察，2020（20）：117.
［329］蓝桂强．社交媒体时代众包新闻生产模式探析［J］．新闻研究导刊，2022（16）：93-95.
［330］STICKLAND R. Self-development in a business organization［J］. Journal of managerial psychology，1996（7）：30-39.
［331］宋建武，彭洋．媒体的进化：基于互联网连接的平台型媒体［J］．新闻与写作，2016（8）：5-9.
［332］朱江丽．媒体融合背景下传统媒体组织结构调整的模式与策略

［J］. 传媒，2020（5）：73-76.

［333］严威，张明华 . 智慧媒体的组织变革［J］. 电视研究，2018（10）：18-20.

［334］姜琳 . 事业部制组织结构产生的多视角探讨［J］. 商业时代，2007（2）：64-68.

［335］有范数码 .BBC 这些年的变革，给中国广电什么启示？［EB/OL］.（2017-02-15）. https://www.sohu.com/a/126311723_188123.

［336］罗仲伟 . 网络组织的特性及其经济学分析：下［J］. 外国经济与管理，2000（7）：13-18.

［337］伊静波 . 出版社数字出版组织“模块化”重构路径研究［J］. 现代出版，2018（3）：21-24.

［338］DAFT R L，LEWIN A Y. Where are the theories for the ‘new’ organizational forms? An editorial essay［J］. Organization science，1993（4）：i-vi.

［339］余东华，芮明杰 . 模块化网络组织中的知识流动与技术创新［J］. 上海管理科学，2007（1）：20-26.

［340］吕尚彬，熊敏 . 模块化：传媒组织重构的动因与路径［J］. 编辑之友，2017（5）：5-10.

［341］夏徐寅 . 让潜质“种子”加速长成“塔尖”IP ｜上海报业集团启动“融媒工作室赋能计划”，着力提升内容生产力产品影响力［EB/OL］.（2022-06-16）. https://baijiahao.baidu.com/s?id=1735788196170430150&wfr=spider&for=pc.

［342］张敬博，葛京，杜艺姗 . 互补共融还是纵横分隔？：基于互补视角的平台组织架构设计研究［J］. 管理评论，2020（3）：307-322.

［343］EKSTRÖM M，WESTLUND O. The dislocation of news

journalism：a conceptual framework for the study of epistemologies of digital journalism［J］. Media and communication，2019（1）：259-270.

［344］白红义．“平台逻辑”：一个理解平台—新闻业关系的敏感性概念［J］. 南京社会科学，2022（2）：102-110.

［345］李海舰，李燕．企业组织形态演进研究：从工业经济时代到智能经济时代［J］. 经济管理，2019（10）：22-36.

［346］张成刚．数字化转型中的组织形态变革：理论与现状［J］. 上海商学院学报，2020（2）：72-83.

［347］HELMOND A. The platformization of the web：making web data platform ready［J］. Social media+society，2015（7）.

［348］孙辉刚，刘胜男，张君．浙江日报报业集团：融合立业，打造新时代一流传媒集团 | 媒体品牌巡礼［EB/OL］.（2022-09-22）. https://mp.weixin.qq.com/s?__biz=MzA5MzAxNjE5NA==&mid=2707572488&idx=1&sn=d2a135a36a36e6a41dd4b6379404f341&chksm=b4f2bee5838537f3d2b3a60f9843b8e9594883329e3b68534172e2b4ae2321803c7cc8c839b4&scene=27.

［349］FREEMAN J，HANNAN M T. Organizational ecology［M］. Cambridge：Harvard University Press，1989.

［350］严三九．融合生态、价值共创与深度赋能：未来媒体发展的核心逻辑［J］. 新闻与传播研究，2019（6）：5-15，126.

［351］钱旭潮，胡春龙．湖南广电：以“芒果模式”开拓融合发展新境界［J］. 出版广角，2021（3）：79-81.

［352］吴玉玲．媒体融合进程中的组织结构演变与发展［J］. 新媒体研究，2020（17）：93-95.

［353］阿什德．传播生态学：文化的控制范式［M］. 邵志择，译．北

京：华夏出版社，2003.

[354] GAWER A. Platform dynamics and strategies：from products to services [J] . Platforms，markets and innovation，2009：45-76.

[355] 王宝义 . 线上线下与物流协同的逻辑推演、影响因素与构建策略 [J] . 中国流通经济，2020（5）：22-31.

[356] 郭全中 . 中国直播电商的发展动因、现状与趋势 [J] . 新闻与写作，2020（8）：84-91.

[357] 季凌昊 . 商业生态全链路数智化转型的价值重构 [J] . 商业经济研究，2020（16）：36-39.

[358] 彭兰 . 增强与克制：智媒时代的新生产力 [J] . 湖南师范大学社会科学学报，2019（4）：132-142.

[359] 张志安，冉桢 . 互联网平台的运作机制及其对新闻业的影响 [J] . 新闻与写作，2020（3）：66-74.

[360] 宫承波 . 颠覆与重塑：区块链与未来传媒业秩序 [J] . 新闻论坛，2019（6）：1.

[361] 蒂瓦纳 . 平台生态系统：架构策划、治理与策略 [M] . 侯赟慧，赵驰，译 . 北京：北京大学出版社，2018.

[362] CUSUMANO M A. The platform leader's dilemma [J] . Communications of the ACM，2011（10）：21-24.

[363] 侯宏 . 从平台领导到生态共演：产业互联网的制度视角 [J] . 清华管理评论，2019（12）：94-103.

[364] 陈春花 . 传统企业数字化转型能力体系构建研究 [J] . 人民论坛 · 学术前沿，2019（18）：6-12.

[365] 朱勤，孙元，周立勇 . 平台赋能、价值共创与企业绩效的关系研究 [J] . 科学学研究，2019（11）：2026-2033，2043.

[366] 张建中 . 人工智能如何重塑新闻业：2018 年新闻媒体技术发展

趋势报告解读［J］. 新媒体与社会，2018（2）：151-163.
［367］王建平 . 工业 4.0 战略驱动下企业平台生态圈构建与组织变革［J］. 科技进步与对策，2018（16）：91-96.
［368］王凤彬，郑腾豪，刘刚 . 企业组织变革的动态演化过程：基于海尔和 IBM 纵向案例的生克化制机理的探讨［J］. 中国工业经济，2018（6）：174-192.
［369］Building a digital *New York Times*：CEO Mark Thompson［EB/OL］.（2020-08-10）. https://www.mckinsey.com/industries/technology-media-and-telecommunications/our-insights/building-a-digital-new-york-times-ceo-mark-thompson.
［370］WHITTEN S. Disney says its ‘primary focus’ for entertainment is streaming：announces a major reorg［EB/OL］.（2020-10-12）. https://www.cnbc.com/2020/10/12/disney-reorganizes-to-focus-on-streaming-direct-to-consumer.html.
［371］王瑜 . 价值链视角下模块化企业价值创新逻辑［J］. 商业经济研究，2018（4）：113-115.
［372］News Corp and Google agree to global partnership on news［EB/OL］.（2021-02-17）. https://newscorp.com/2021/02/17/news-corp-and-google-agree-to-global-partnership-on-news.
［373］TIWANA A. Platform ecosystems：aligning architecture，governance，and strategy［M］. San Francisco：Morgan Kaufmann，2014.
［374］刘江鹏 . 企业成长的双元模型：平台增长及其内在机理［J］. 中国工业经济，2015（6）：148-160.
［375］葛安茹，唐方成 . 基于平台包络视角的平台生态系统竞争优势构建路径研究［J］. 科技进步与对策，2021（16）：84-90.

［376］AFUAH A. Are network effects really all about size? The role of structure and conduct［J］. Strategic management journal，2013（3）：257-273.

［377］CENNAMO C，SANTALÓ J. Plaform competition：strategic trad-offs in platform markets［J］. Strategic management journal，2013（11）：1331-1350.

［378］初翔，仲秋雁．平台竞争战略分析框架研究：结合探索性与解释性案例［J］．中国管理科学，2014（S1）：519-524.

［379］何芳明，朱标．县级融媒体中心建设：从渠道整合到平台升级以浏阳市融媒体中心为例［J］．中国出版，2019（22）：7-10.

［380］王君超，刘婧婷．平台型媒体、“中央厨房”与深度融合：兼论《赫芬顿邮报》的衰变［J］．新闻界，2019（12）：17-26.

［381］罗瑾琏，徐振亭，钟竞．个体创造力的跨层次影响因素：个体目标取向与团队自省［J］．科技进步与对策，2016（4）：138-143.

［382］孙博，刘善仕，姜军辉．社会网络视角下组织间人才流动研究：相关概念、整合框架与未来展望［J］．科技进步与对策，2020（12）：154-160.

［383］林沛．湖南卫视徐晴工作室：工作室制度保证了人才迭代，不会“杀鸡取卵”［J］．中国广播影视，2020（8）：26-29.

［384］段玉厂，傅首清．中关村高层次创新创业人才循环机制建设路径研究：基于与硅谷的比较［J］．管理评论，2015（7）：87-93，176.

［385］JACOBIDES M G，KNUDSEN T，AUGER M. Benefiting from innovation：value creation，value appropriation and the role of industry architectures［J］. Research policy，2006（8）：1200-1221.

[386] 赵镛浩. 平台战争：移动互联时代企业的终极 PK [M]. 吴苏梦，译. 北京：北京大学出版社，2012.

[387] BRUSH C G，GREENE P G，HART M M. From initial idea to unique advantage：the entrepreneurial challenge of constructing a resource base [J]. The academy of management executive，2001 (1)：64-78.

[388] 吴义爽，徐梦周. 制造企业"服务平台"战略、跨层面协同与产业间互动发展 [J]. 中国工业经济，2011 (11)：48-58.

[389] JENKINS H. Fans，bloggers，and gamers：exploring participatory culture [M]. New York：New York University Press，2006.

[390] 希普尔. 民主化创新：用户创新如何提升公司的创新效率 [M]. 陈劲，朱朝晖，译. 北京：知识产权出版社，2007.

[391] 道奇森，甘恩，菲利普斯. 牛津创新管理手册 [M]. 李纪珍，陈劲，译. 北京：清华大学出版社，2019.

[392] 韩鸿. 论新媒体背景下的公民共享新闻学 [J]. 新闻与传播研究，2006 (3)：73-79，96.

[393] 潘忠党，刘于思. 以何为"新"？"新媒体"话语中的权力陷阱与研究者的理论自省：潘忠党教授访谈录 [J]. 新闻与传播评论，2017 (1)：2-19.

[394] 霍夫曼，卡斯诺查，叶. 联盟：互联网时代的人才变革 [M]. 路蒙佳，译. 北京：中信出版社，2015.

[395] WHITTAKER L，KIETZMANN T C，KIETZMANN J，et al. "All Around Me Are Synthetic Faces"：the mad world of AI-generated media [J]. IT professional，2020 (5)：90-99.

[396] 詹希旎，李白杨，孙建军. 数智融合环境下 AIGC 的场景化应用与发展机遇 [J]. 图书情报知识，2023 (1)：75-85，55.

［397］王惠芬 .ERP 应用中迭代效应实例分析［J］. 商业时代，2005（14）：26-27.

［398］苏宏元，舒培钰 . 网络传播重构新闻生产方式：协作、策展与迭代［J］. 编辑之友，2017（6）：58-62.

［399］STEUER J. Defining virtual reality：dimensions determining telepresence［J］. Journal of communication，1992（4）：73-93.

［400］HOFFMAN D L，NOVAK T P. Marketing in hypermedia computer-mediated environments：conceptual foundations［J］. Journal of marketing，1996（3）：50-68.

［401］蒋晓丽，赵唯阳 . 后互联网时代传媒时空观的嬗变与融合［J］. 社会科学战线，2016（11）：154-160.

［402］吉登斯 . 社会的构成：结构化理论大纲［M］. 李康，李猛，译 . 北京：生活 · 读书 · 新知三联书店，1998.

［403］索杰 . 第三空间：去往洛杉矶和其他真实和想象地方的旅程［M］. 陆扬，刘佳林，朱志荣，等译 . 上海：上海教育出版社，2005.

［404］肖超伟，张旻薇，刘合林，等 .“元宇宙”的空间重构分析［J］. 地理与地理信息科学，2022（2）：1-9.

［405］喻国明 . 未来媒介的进化逻辑：“人的连接”的迭代、重组与升维 从“场景时代”到“元宇宙”再到“心世界”的未来［J］. 新闻界，2021（10）：54-60.

［406］张洪忠，斗维红，任吴炯 . 元宇宙：具身传播的场景想象［J］. 新闻界，2022（1）：76-84.

［407］PENA N D L，WEIL P，LLOBERA J，et al. Immersive journalism：immersive virtual reality for the first-person experience of news［J］. Presence，2010（4）：291-301.

[408] 柯林斯 . 互动仪式链 [M]. 林聚任，王鹏，宋丽君，译 . 北京：商务印书馆，2011.

[409] 莱文森 . 软利器：信息革命的自然历史与未来 [M]. 何道宽，译 . 上海：复旦大学出版社，2011.

[410] 鲍曼 . 流动的现代性 [M]. 欧阳景根，译 . 上海：上海三联书店，2002.

[411] 哈维 . 后现代的状况：对文化变迁之缘起的探究 [M]. 阎嘉，译 . 北京：商务印书馆，2003.

[412] 伊尼斯 . 变化中的时间观念 [M]. 何道宽，译 . 北京：中国传媒大学出版社，2012.

[413] 卡斯特 . 网络社会的崛起 [M]. 夏铸九，王志弘，等译 . 北京：社会科学文献出版社，2001.

[414] 克里斯蒂娃 . 符号学：符义分析探索集 [M]. 史忠义，等译 . 上海：复旦大学出版社，2015.

[415] 谢静 . 微信新闻：一个交往生成观的分析 [J]. 新闻与传播研究，2016（4）：10-28.

[416] 李雪 . 叙事逻辑与影像价值：短视频主流化的内容生产张力 兼论主流媒体短视频艺术创新策略 [J]. 中国电视，2022（3）：65-68.

[417] 江潞潞 . 智能交往，未来已来：“激荡 AIGC”数字交往八人谈观点综述 [J]. 传媒观察，2023（3）：48-54.

[418] AGRAWAL A，MCHALE J，OETTL A. Finding needles in haystacks：artificial intelligence and recombinant growth [M] // AGRAWAL A，GANS J，GOLDFARB A. The economics of artificial intelligence：an agenda. Chicago：University of Chicago Press，2019：149-174.

［419］陈永国．游牧思想：吉尔·德勒兹 费利克斯·瓜塔里读本［M］．2 版．长春：吉林人民出版社，2010.

［420］陈功．保罗·莱文森的人性化趋势媒介进化理论［J］．湖南科技大学学报（社会科学版），2016（1）：178-184.

［421］王建磊，曹卉萌．ChatGPT 的传播特质、逻辑、范式［J］．深圳大学学报（人文社会科学版），2023（2）：144-152.

［422］GÓMEZ-ZARÁ D，DIAKOPOULOS N. Characterizing communication patterns between audiences and newsbots［J］. Digital journalism，2020（9）：1093-1113.

［423］陈晓颖，邱国栋．从产品主导逻辑到服务主导逻辑：能力重构视角下企业的数字化转型研究［J］．研究与发展管理，2022（1）：39-53.

［424］喻国明，马慧．互联网时代的新权力范式："关系赋权""连接一切"场景下的社会关系的重组与权力格局的变迁［J］．国际新闻界，2016（10）：6-27.

［425］PETERS C. Emotion aside or emotional side? Crafting an 'experience of involvement' in the news［J］. Journalism，2011（3）：297-316.

［426］VARGO S L，LUSCH R F，TANNIRU M. Service，value networks and learning［J］. Journal of the academy of marketing science，2010（1）：19-31.

［427］何志武，陈天明．场景嵌接、多元定制、全息传播：5G 时代知识付费的"3C"逻辑［J］．中国编辑，2021（5）：22-27.

［428］方可人，喻国明．参与式科学传播：公民科研的国际实践 基于知识图谱范式的分析［J］．东南学术，2020（4）：205-217，248.

［429］喻国明，陈雪娇．中国传媒经济研究 2021 年文献分析：发展转

向与未来趋势［J］. 全球传媒学刊，2022（1）：59-72.

［430］喻国明，陈雪娇 . 元宇宙：未来媒体的集成模式［J］. 编辑之友，2022（2）：5-12.

［431］克里斯塔斯基，富勒 . 大连接：社会网络是如何形成的以及对人类现实行为的影响［M］. 简学，译 . 北京：中国人民大学出版社，2012.

［432］习近平 . 加快推动媒体融合发展 构建全媒体传播格局［J］. 求是，2019（6）：4-8.

［433］STEPHENSON W. The play theory of mass communication［M］. Chicago：The University of Chicago Press，1967.

［434］喻国明，杨颖兮 . 参与、沉浸、反馈：盈余时代有效传播三要素 关于游戏范式作为未来传播主流范式的理论探讨［J］. 中国出版，2018（8）：16-22.

［435］李梦颖，陆晔 . 虚拟可导航空间与情感体验：可视化作为数字新闻核心叙事的中国经验与理论前瞻［J］. 新闻界，2021（7）：33-42.

［436］CODDINGTON M. Clarifying journalism's quantitative turn：a typology for evaluating data journalism，computational journalism，and computer-assisted reporting［J］. Digital journalism，2015（3）：331-348.

［437］PÉREZ-MONTORO M，VEIRA-GONZÁLEZ X. Information visualization in digital news media［M］//PÉREZ-MONTORO M.Interaction in digital news media：from principles to practice. Cham：Palgrave Macmillan，2018：33-53.

［438］刘涛，刘倩欣 . "一镜到底"：融合新闻的叙事结构创新［J］. 新闻与写作，2020（2）：74-80.

［439］吴茜．符号·媒介·权力：网络流行语的青年身份认同建构［J］．新疆社会科学，2021（1）：133-139.
［440］马陈静，陈笑春．慢直播对重大题材新闻报道的融合与创新［J］．中国出版，2022（4）：35-37.
［441］袁舒婕．慢直播凝聚抗“疫”力量值得点赞［N］．中国新闻出版广电报，2020-02-04（3）.
［442］来莎莎．数千万“云监工”共同见证 5G 应用逐步落地［EB/OL］．（2020-02-05）．https://www.yicai.com/news/100491524.html.
［443］赵雅文，李世强．媒体融合背景下短视频平台政治传播与情感动员研究［J］．天津师范大学学报（社会科学版），2022（2）：95-101.
［444］STERRETT D，MALATO D，BENZ J，et al. Who shared it：deciding what news to trust on social media［J］. Digital journalism，2019（6）：783-801.
［445］白淑英，肖本立．新浪微博中网民的情感动员［J］．兰州大学学报（社会科学版），2011（5）：60-68.
［446］李明德，李沙．数字时代主流媒体正面宣传的现实困境与优化路径［J］．西安交通大学学报（社会科学版），2022（3）：125-132.
［447］刘丹阳，张举玺．数字漫画外交：中国声音的视觉修辞实践［J］．当代传播，2022（2）：62-66.
［448］詹小美，赵晓营．记忆仪式沉浸化：共同体意识传播的情感动员［J］．民族学刊，2021（1）42-48，88.
［449］麦尚文，张钧涵．“系统性融合”：新型主流媒体的社群驱动与传播生态建构［J］．现代传播（中国传媒大学学报），2021

（6）：25-32.

［450］王虎 . 内容创新与自主平台双轮驱动的电视媒体转型发展［J］. 电视研究，2022（1）：16-20.

［451］詹恂，祝丹文 . 数字新闻学视域下主流媒体融合新闻的情感话语建构：基于第 28—31 届中国新闻奖媒体融合奖项的叙事研究［J］. 新闻界，2022（4）：15-22，41.

［452］喻国明 . 新型主流媒体：不做平台型媒体做什么？ 关于媒体融合实践中一个顶级问题的探讨［J］. 编辑之友，2021（5）：5-11.

［453］智慧，陈功 . 流动时空中主流新闻媒体传播体系的融合与构建［J］. 当代传播，2022（2）：54-57.

［454］韩梅 . 论中国纪录片解说在全球化传播中的美学建构［J］. 中国电视，2019（2）：67-70.

［455］喻国明 . 跨文化交流中的三个关键性传播节点：关于减少和消除“文化折扣”的传播学视角［J］. 新闻与写作，2020（3）：62-65.

［456］HENRY J. Convergence culture where old and new media collide［M］. New York：New York University Press，2006.

［457］文卫华，林小平，尹柳玉 . 跨界联动与形态融合：全媒体时代综艺节目的创新发展路径［J］. 中国电视，2021（9）：22-26.

［458］龙迪勇 . “出位之思”与跨媒介叙事［J］. 文艺理论研究，2019（3）：184-196.

［459］晏青 . 媒介文艺的核心范畴及艺术自洽探讨［J］. 文艺理论研究，2021（6）：158-170.

［460］刘涛 . 融合新闻选题：“信息逻辑”与“流量逻辑”的对接［J］. 教育传媒研究，2020（1）：20-24.

［461］陈先红，宋发枝．跨媒介叙事的互文机理研究［J］．新闻界，2019（5）：35-41.
［462］杨盈龙，孙百卉．媒介融合时代传统文化节目的“故事世界”建构：从跨媒介传播到跨媒介叙事［J］．中国电视，2019（12）：70-73.
［463］白岩．参与、延展与扩散：电视新闻的“跨媒体叙事”实践策略探析 以《新闻联播》抖音号为例［J］．传媒，2019（21）：68-72.
［464］常江，黄文森，杨惠涵，等．数字新闻学的崛起：2021年全球新闻学研究综述［J］．新闻界，2022（1）：15-30.
［465］刘天宇，罗昊．协作是新闻业的未来吗？：对跨组织新闻协作的元新闻话语分析［J］．新闻记者，2021（11）：66-80.
［466］袁冶．武侠电影的跨媒介叙事研究：以黄飞鸿的故事世界构建为例［J］．当代电影，2020（9）：170-176.
［467］杨成，宁魏蓉．跨媒体叙事视域下中国“神话电影宇宙”的开发［J］．电影文学，2021（8）：92-96.
［468］唐昊，李亦中．媒介IP催生跨媒介叙事文本初探［J］．民族艺术研究，2015（6）：126-132.
［469］STONBELY S. Comparing models of collaborative journalism［EB/OL］. https://collaborativejournalism.org/wp-content/uploads/2017/09/Models-for-Collaborative-Journalism-research-paper.pdf.
［470］ABIDI A. Fact-checkers go into battle against coronavirus misinformation［EB/OL］.（2020-03-09）. https://en.ejo.ch/ethics-quality/fact-checkers-go-into-battle-against-coronavirus-misinformation.

[471] USHER N. Putting “place” in the center of journalism research: a way forward to understand challenges to trust and knowledge in news [J]. Journalism & mass communication monographs, 2019 (2): 84-146.

[472] 第一！江苏卫视 2022 跨年演唱会 用“奋斗之声”鼓舞幸福新征程 [EB/OL]. (2022-01-01). https://baijiahao.baidu.com/s?id=1720735327962934834&wfr=spider&for=pc.

[473] 格尔茨 . 文化的解释 [M]. 韩莉，译 . 南京：译林出版社，1999.

[474] 伍蠡甫，胡经之 . 西方文艺理论名著选编：下卷 [M]. 北京：北京大学出版社，1987.

[475] 张丽，刘念，孙璐 . 融合 · 仪式 · 文化：2021 北京广播电视台春节联欢晚会创新分析 [J]. 当代电视，2021 (4)：8-13.

[476] 雷纯梅，郝琦 . 讴歌党的丰功伟绩 实现内容形式创新：评文艺晚会《百年正青春》[J]. 当代电视，2021 (9)：47-49.

[477] 张兵娟 . 电视仪式传播：理论、范式与研究视角 [J]. 新闻爱好者，2016 (1)：57-61.

[478] 方宁兰 . 文化交流与仪式传播：2020 年总台春晚评析 [J]. 电视研究，2020 (5)：46-48.

[479] 张锐，张筱佩 . 影像书写：智媒时代科学纪录片传播角色探析基于布尔迪厄场域理论 [J]. 科学传播与科学教育，2023 (1)：26-40.

[480] 黄时进 . 论科学传播受众的网络时代特征：基于布尔迪厄场域理论的视角 [J]. 学术界，2008 (2)：79-83.

[481] 刘华杰 . 整合两大传统：兼谈我们所理解的科学传播 [J]. 南京社会科学，2002 (10)：15-20.

［482］张爱凤．“疫”题材纪录片的科学传播价值［J］．当代传播，2021（2）：109-110.
［483］布迪厄，华康德．实践与反思：反思社会学导引［M］．李猛，李康，译．北京：中央编译出版社，1998.
［484］秦晨菲，聂馥玲．科幻电影，放大的现实：科幻电影进行科学传播的可能性分析［J］．科普研究，2017（5）：36-42，108.
［485］王小明，张光斌，宋睿玲．科普游戏：科普产业的新业态［J］．科学教育与博物馆，2020（3）：154-159.
［486］何苏六．中国纪录片发展报告：2013［M］．北京：社会科学文献出版社，2013.
［487］阿忆．科学纪录片的传播策略：《影响世界的中国植物》评析［J］．青年记者，2020（12）：74-75.
［488］毋嘉敏．新时代背景下科技题材纪录片的叙事话语研究［D］．金华：浙江师范大学，2021.
［489］何艳，刘稳．科学纪录片《宇宙》的品牌创建与维护［J］．当代电视，2022（2）：104-108.
［490］卢亚凤．从《飞向月球》看国产纪录片的科学化奇观世界［J］．电影文学，2020（16）：91-93.
［491］张博令．他拍了冷门题材纪录片，把“中国植物”的故事讲给世界听［EB/OL］．（2020-01-03）．https://baijiahao.baidu.com/s?id=1654671247059827429&wfr=spider&for=pc.
［492］张雅欣，刘小可．科学纪录片的成功范例：《手术两百年》［J］．当代电视，2019（10）：69-72.
［493］石佳．科学与艺术的结合：大卫·爱登堡科学纪录片研究［D］．重庆：重庆大学，2017.
［494］王茵．中国科学纪录片的叙事特征与传播创新［J］．中国电视，

2020（11）：79-83.

［495］TICHENOR P J，DONOHUE G A，OLIEN C N. Mass media flow and differential growth in knowledge［J］. The public opinion quarterly，1970（2）：159-170.

［496］王晓晴 . 网络传播中的知沟理论再探［J］. 当代传播，2006（6）：56-57.

［497］李智 .“互联网 +”语境下纪录片的话语重构和影像赋权［J］. 当代电影，2016（10）：71-74.

［498］WATERHOUSE D. Unruly，News Corp and Moat partner to bring viewable vertical video to advertisers［EB/OL］.（2016-06-20）. https://unruly.co/news/article/2016/06/20/unruly-news-corp-moat-partner-bring-viewable-vertical-video-advertisers/.

［499］抖音 . 2021 抖音数据报告出炉啦！抖音这一年最重要的事情，都在这里了［EB/OL］.（2022-01-06）. https://www.douyin.com/video/7049648739257945351.

［500］MENOTTI G. Discourses around vertical videos：an archaeology of“wrong”aspect ratios1［J］. ARS（São Paulo），2019（35）：147-165.

［501］常春梅 . 竖屏短视频的瓶颈问题及突破路径［J］. 青年记者，2018（36）：44-45.

［502］梅诺蒂 . 竖屏影像：对“错误”的屏幕宽高比的媒介考古［J］. 陈朝彦，译 . 北京电影学院学报，2021（12）：37-44.

［503］RYAN K M. Vertical video：rupturing the aesthetic paradigm［J］. Visual communication，2018（2）：245-261.

［504］CANELLA G. Video goes vertical：local news videographers discuss the problems and potential of vertical video［J］. Electronic news，2018（2）：75-93.

［505］杨飞．碎片化网络语境下竖屏微电影的叙事策略：评张艺谋的竖屏微电影系列［J］．电影评介，2020（4）：100-104.

［506］杨静，甘凌博．竖屏视频的叙事策略研究［J］．当代电视，2021（4）：83-86.

［507］刘丹．视觉语法视域下竖屏微电影广告的多模态隐喻构建：以华为广告《悟空》为例［J］．华侨大学学报（哲学社会科学版），2020（1）：154-160.

［508］张一新．沉浸理论视域下手机竖屏影像审美心理探析［J］．北方传媒研究，2020（6）：76-80.

［509］COPPOLA J. How to tell an effective story with vertical video［EB/OL］.（2018-07-11）. https://wistia.com/learn/marketing/effective-storytelling-with-vertical-video.

［510］喻国明，杨颖兮．横竖屏视频传播感知效果的检测模型：从理论原理到分析框架与指标体系［J］．新闻界，2019（5）：11-19.

［511］MULIER L，SLABBINCK H，VERMEIR I. This way up：the effectiveness of mobile vertical video marketing［J］. Journal of interactive marketing，2021（1）：1-15.

［512］谷学强，秦宗财．竖屏时代抖音短视频创意营销传播研究［J］．新闻爱好者，2020（9）：65-67.

［513］宿志刚．竖式观赏的勃兴：短视频竖屏与中国画竖轴共向心理与视听制作研究［J］．北京电影学院学报，2018（4）：52-58.

［514］KORMELINK T G，MEIJER I C. What clicks actually mean：exploring digital news user practices［J］. Journalism，2018（5）：668-683.

［515］HEDMAN U，DJERF-PIERRE M. The social journalist：embracing the social media life or creating a new digital divide? [J] . Digital journalism，2013（3）：368-385.

[516] 王朝阳，魏杰杰 . 移动短视频新闻用户认知效果的比较实验研究 [J] . 新闻与传播评论，2021（1）：13-25.

[517] 闫玉荣，陈梓鑫，刘柯瑾 . 用竖视频讲好新闻故事：基于眼动实验的新闻报道呈现方式研究 [J] . 新闻爱好者，2019（5）：84-87.

[518] 马笑楠，贾乐蓉 . 基于竖屏语境的新闻叙事"在场"趋向研究 [J] . 青年记者，2022（6）：37-39.

[519] HANSON G，HARIDAKIS P. YouTube users watching and sharing the news：a uses and gratifications approach [J] . Journal of electronic publishing，2008（3）：6.

[520] MA L，LEE C S，GOH D H L. Understanding news sharing in social media：an explanation from the diffusion of innovations theory [J] . Online information review，2014（5）：598-615.

[521] 匡文波，贾一丹 . 基于技术接受模型的新闻客户端用户行为和习惯研究 [J] . 深圳大学学报（人文社会科学版），2018（1）：95-102.

[522] DAVIS F D，BAGOZZI R P，WARSHAW P R. User acceptance of computer technology：a comparison of two theoretical models [J] . Management science，1989（8）：982-1003.

[523] RAUNIAR R，RAWSKI G，YANG J，et al. Technology acceptance model（TAM）and social media usage：an empirical study on Facebook [J] . Journal of enterprise information management，2014（1）：6-30.

[524] LIU I F，CHEN M C，SUN Y S，et al. Extending the TAM model

to explore the factors that affect intention to use an online learning community [J] . Computers & education，2010（2）：600-610.

[525] BASUKI R，TARIGAN Z，SIAGIAN H，et al. The effects of perceived ease of use，usefulness，enjoyment and intention to use online platforms on behavioral intention in online movie watching during the pandemic era [J] . International journal of data and network science，2022（1）：253-262.

[526] CHEN L，AKLIKOKOU A K. Determinants of e-government adoption：testing the mediating effects of perceived usefulness and perceived ease of use [J] . International journal of public administration，2020（10）：850-865.

[527] NEWHAGEN J E，CORDES J W，LEVY M R. Nightly@nbc.com：audience scope and the perception of interactivity in viewer mail on the Internet [J] . Journal of communication，1995（3）：164-175.

[528] WU G. Perceived interactivity and attitude toward web sites [C] // Proceedings of the conference—American Academy of Advertising. American Academy of Advertising，1999：254-262.

[529] MCMILLAN S J，HWANG J S. Measures of perceived interactivity：an exploration of the role of direction of communication，user control，and time in shaping perceptions of interactivity [J] . Journal of advertising，2002（3）：29-42.

[530] COURSARIS C K，SUNG J. Antecedents and consequents of a mobile website's interactivity [J] . New media and society，2012（7）：1128-1146.

[531] PAI F Y，YEH T M. The effects of information sharing and

interactivity on the intention to use social networking websites［J］. Quality & quantity，2014（4）：2191-2207.

［532］RICE R E，CASE D. Computers，education，and public policy electronic message systems in the university：a description of use and utility［J］. Journal of communication，1983（1）：131.

［533］SHORT J，WILLIAMS E，CHRISTIE B. The social psychology of telecommunications［M］. New York：Wiley，1976.

［534］KARAHANNA E，STRAUB D W. The psychological origins of perceived usefulness and ease-of-use［J］. Information & management，1999（4）：237-250.

［535］DALIRI E，REZAEI S，ISMAIL W K W. Online social shopping：the impact of attitude，customer information quality，effectiveness of information content and perceived social presence［J］. International journal of business environment，2014（4）：426-450.

［536］SHEN K N，KHALIFA M. Exploring multidimensional conceptualization of social presence in the context of online communities［J］. International journal of human–computer interaction，2008（7）：722-748.

［537］李晶，薛晨琦，宋昊阳 . 人机交互中的社会临场感研究：以弹幕短视频为例［J］. 图书馆论坛，2023（3）：141-150.

［538］WANG Y. Humor and camera view on mobile short-form video apps influence user experience and technology-adoption intent，an example of TikTok（DouYin）［J］. Computers in human behavior，2020，110：106373.

［539］BIOCCA F，HARMS C，GREGG J. The networked minds measure of social presence：pilot test of the factor structure and concurrent validity [EB/OL] . http://matthewlombard.com/ISPR/Proceedings/2001/Biocca2.pdf.

[540] CSIKSZENTMIHALYI M. Beyond boredom and anxiety：the experience of play in work and games [M] . San Francisco：Jossey-Bass Publishers，1975.

[541] LU Y，ZHOU T，WANG B. Exploring Chinese users' acceptance of instant messaging using the theory of planned behavior，the technology acceptance model，and the flow theory [J] . Computers in human behavior，2009 (1)：29-39.

[542] NOVAK T P，HOFFMAN D L，YUNG Y F. Measuring the customer experience in online environments：a structural modeling approach [J] . Marketing science，2000 (1)：22-42.

[543] HSU C L，LU H P. Why do people play on-line games? An extended TAM with social influences and flow experience [J] . Information & management，2004 (7)：853-868.

[544] CHANG Y P，ZHU D H. The role of perceived social capital and flow experience in building users' continuance intention to social networking sites in China [J] . Computers in human behavior，2012 (3)：995-1001.

[545] ZHOU T. The effect of flow experience on user adoption of mobile TV [J] . Behaviour & information technology，2013 (3)：263-272.

[546] YANG H，LEE H. Exploring user acceptance of streaming media devices：an extended perspective of flow theory [J] . Information systems and e-business management，2018 (1)：1-27.

[547] DAVIS S，WIEDENBECK S. The mediating effects of intrinsic

motivation, ease of use and usefulness perceptions on performance in first-time and subsequent computer users [J] . Interacting with computers, 2001 (5): 549-580.

[548] MOON J W, KIM Y G. Extending the TAM for a World-Wide-Web context [J] . Information & management, 2001 (4): 217-230.

[549] RUBIN A M. The interactions of television uses and gratifications [C] . Michigan: Association for Education in Journalism Convention, 1981.

[550] COHEN A A, LEVY M R, GOLDEN K. Children's uses and gratifications of home VCRs: evolution or revolution [J] . Communication research, 1988 (6): 772-780.

[551] MITCHELL A A. The effect of verbal and visual components of advertisements on brand attitudes and attitude toward the advertisement [J] . Journal of consumer research, 1986 (1): 12-24.

[552] NUNALLY J C. Psychometric theory [M] . 2nd ed. New York: McGraw-Hill, 1978.

[553] BAGOZZI R P. Evaluating structural equation models with unobservable variables and measurement error: a comment [J] . Journal of marketing research, 1981 (3): 375-381.

[554] HAIR J F, BLACK W C, BABIN B J, et al. Multivariate data analysis [M] . 7th ed. London: Pearson, 2009.

[555] GEFEN D. E-commerce: the role of familiarity and trust [J] . Omega, 2000 (6): 725-737.

[556] BAGOZZI R P, YI Y. On the evaluation of structural equation models [J] . Journal of the academy of marketing science, 1988

（1）：74-94.

［557］吴明隆 . 结构方程模型：AMOS 的操作与应用［M］. 2 版 . 重庆：重庆大学出版社，2010.

［558］杨奇光 . 技术可供性视域下的数字新闻实践及其边界重思［J］. 西北师大学报（社会科学版），2023（4）：83-91.

［559］史安斌，张耀钟 .“多维融合”理念引领下电视媒体体制机制创新思路［J］. 电视研究，2017（7）：4-6，10.

［560］王爱玲，朱金德 . 地方媒体“全媒体”转型的体制机制思考［J］. 当代传播，2020（5）：110-112.

［561］蒋玉鼐 . 优化体制机制 坚持“内容为王”创新盈利模式：湖北广播电视台媒体融合的实践与探索［J］. 中国记者，2015（8）：27-29.

［562］郑磊 . 数字治理的效度、温度和尺度［J］. 治理研究，2021（2）：5-16，2.

［563］WEICHERT M. The future of payments：how fintech players are accelerating customer-driven innovation in financial services［J］. Journal of payments strategy&systems，2017（1）：23-33.

［564］DHAR V，SUNDARARAJAN A. Information technologies in business：a blueprint for education and research［J］. Information systems research，2007（2）：125-141.

［565］推动媒体融合向纵深发展 巩固全党全国人民共同思想基础［N］. 人民日报，2019-01-26（1）.

［566］李恒基，杨远婴 . 外国电影理论文选［M］. 修订本 . 北京：生活 · 读书 · 新知三联书店，2006.

图书在版编目（CIP）数据

数智重构：新一代信息技术与新闻传播新生态 / 张锐等著. -- 北京：中国国际广播出版社，2025. 9.
ISBN 978-7-5078-5870-9

Ⅰ. G210-39

中国国家版本馆CIP数据核字第2025L89L08号

数智重构：新一代信息技术与新闻传播新生态

著　　者	张　锐　等
责任编辑	乌誉菡
校　　对	张　娜
版式设计	邢秀娟
封面设计	赵冰波
出版发行	中国国际广播出版社有限公司［010-89508207（传真）］
社　　址	北京市丰台区榴乡路88号石榴中心1号楼2001
	邮编：100079
印　　刷	天津市新科印刷有限公司
开　　本	710×1000　1/16
字　　数	380千字
印　　张	26.5
版　　次	2025 年 9 月　北京第一版
印　　次	2025 年 9 月　第一次印刷
定　　价	85.00 元